Maria Färber-Singer
Mein Weg zu mir selbst

vianova
Verlag Via Nova

Maria Färber-Singer

Mein Weg zu mir selbst

Ich-Erfahrungen

vianova
Verlag Via Nova

1. Auflage 2014
Verlag Via Nova, Alte Landstr. 12, 36100 Petersberg
Telefon: (06 61) 6 29 73
Fax: (06 61) 96 79 560
E-Mail: info@verlag-vianova.de
Internet: www.verlag-vianova.de
Umschlaggestaltung: Guter Punkt, München
Umschlagbild: „Verbundenheit“, 2013, Maria Färber-Singer
Satz: Sebastian Carl, Amerang
Druck und Verarbeitung: Appel und Klinger, 96277 Schneckenlohe

ISBN 978-3-86616-300-3

Inhalt

Vorwort

Dieses Buch will den Wandel als Ausdruck des Lebens bewusstmachen. Es will vermitteln, dass sich das Leben auf wunderbare Weise wandeln kann, wenn es gelingt, Veränderungen anzunehmen und somit dem Fluss des Lebens zu folgen. Wandel ist nichts, das einmal beginnt und dann wieder aufhört. Es ist ein fortlaufender Vorgang, weil nichts je so bleiben kann, wie es ist. Indem wir einverstanden sind damit, ermächtigen wir uns selbst, seine Entwicklung mitzugestalten. Den Wandel mitzugestalten macht uns zu kreativen Menschen und führt uns zum bewussten Kreieren aller Erfahrungen.

Gelingt es uns, auch noch den Tod als ultimativen Wandler zu erkennen, befreien wir uns selbst von der größtmöglichen Angst und versetzen uns in die Lage, Veränderungsprozesse als Motor des Lebens zu sehen und uns bewusst und willentlich die nächste Kreation zu erlauben. Um bewusst und willentlich zu kreieren, ist es gut zu wissen, wie Wandel geschieht. Was sind seine Auslöser? Was sein Gewinn? Wie kann er sich auswirken? Was ist unsere Rolle in dem Ganzen? Worauf sollten wir achten? Warum sollten wir überhaupt damit einverstanden sein?

Diese und ähnliche Fragen stellte ich mir, nachdem wie aus dem Nichts die Idee zu diesem Buch in mir aufgetaucht war. Dann bekam ich aus derselben Ebene „den Tipp", meine eigenen Veränderungsprozesse anhand diverser Rollen zu beschreiben und mit ihnen gemeinsam „zurück" zu schauen: Was hatte die Geschichtenerzählerin vor? Wo kam die Liebende her? Was ist eigentlich aus der Tochter geworden? Welche Entwicklungschancen verbergen sich in Partnerschaften? Wozu hat mich der Körper eingeladen und was hat er mich gelehrt? Was geschieht, wenn ein bis dato undenkbarer Herzenswunsch plötzlich die Regie in die Hand nimmt und Wunder über Wunder entstehen lässt? Und was hat mich letztendlich dabei unterstützt, meinen Überlebensmodus zu beenden und in den Schöpferstatus zu kommen?

Ich wusste immer schon, dass jeder meiner Schritte Sinn macht, auch der unangenehmste. Ich wusste auch, dass ich es bin, die damit einverstanden ist und die diesen Weg gehen will. Was mir nicht bewusst war und was ich beim Schreiben deutlich erkennen konnte, ist, wie punktgenau ich mich selbst geführt habe. Immer schon. Setzte ich zu Beginn meines Lebens einen Fuß vor den anderen wie ein Kind, das gehen lernt, trat ich im Laufe der Jahre immer bestimmter auf, wählte zunehmend den Weg, den ich gehen wollte, und versetzte mich schlussendlich in die Lage, jeden Schritt zu einem Genuss werden zu lassen.

Deutlich wie nie zuvor kann ich sehen, was der Zweck dieser Reise war und was ihr Ziel: die Auflösung der Angst und das Ankommen in der Liebe. „Die Liebe" zeigte sich mir schließlich als das geheimnisvolle Ganze, nach dem ich mich immer gesehnt hatte, als die wohlig satte Einfachheit, die alles beantwortet und die keine Fragen aufwirft. Wieder in MIR zu Hause angekommen, ließ sie mich wissen, dass ich mit einem liebenden Herzen auf die Erde gekommen bin. Auf eine Erde voll von Angst. Stück für Stück habe ich die Angst in meinen Körper aufgenommen und sie zunehmend mein Leben führen lassen. So sehr, dass ich sogar Jahrzehnte lang Angst davor hatte, das zu sehen. Ich wollte und konnte es nicht wahrhaben, wie sehr mein Denken und mein Verhalten davon bestimmt wurden. Dies zu verdrängen fiel mir auch gar nicht schwer, denn darüber wollte kaum jemand sprechen: Angst, nicht zu genügen, Angst vor Blamage, Angst, nicht dazuzugehören, Angst vor Unerwartetem, Angst vor Gewalt, Angst, zu versagen, Angst, Angst, Angst. Meine Welt war voll davon.

Meinen Weg heraus aus der Angst und hinein in die Liebe bin ich in Beziehung mit Menschen, Tieren, Orten, mit meinem „inneren Team", mit meinem „Himmel" und mit meinem Körper gegangen. Sie alle unterstützten mich dabei, ich selbst zu werden, vollkommen unabhängig davon, wie ich die Beziehung im Augenblick erlebte und bewertete. Rollen wie „die Tochter", „die Partnerin" und „die Kranke" wandelten sich an den Stellen, an denen ihre Aufgaben erfüllt waren, in das Bewusstsein, dass sich alles in einen Ozean der Liebe ergießt und kein Ende hat.

Ich freue mich, wenn durch das Lesen dieses Buches Ihr Interesse an einem Leben in Freude und Freiheit verstärkt wird und wenn Sie, liebe Leserin und lieber Leser, sich ermutigt fühlen, weiterzugehen, auch wenn der nächste Schritt nicht gerade einladend daherkommt. Ich freue mich, wenn ich Ihnen die

Schönheit des Wandels ein gutes Stück näherbringen kann und Sie ihn mit mir feiern. Ich wünsche Ihnen und mir, dass wir uns gemeinsam darüber freuen, wenn der Humor einen wohltuenden Abstand zu den scheinbaren Wichtigkeiten herstellt und uns von allem befreit, was uns nicht mehr dient.

Viel Freude beim Lesen!

1

Die Geschichtenerzählerin. Eine Einleitung

Als die Idee zu diesem Buch in mir aufgetaucht war, zeigte sich der Inhalt zuerst in Form von einzelnen Geschichten. Aufgereiht wie auf einer Perlenschnur tauchten sie aus meiner Erinnerung auf. Später, als ich eine nach der anderen niederschrieb, wurde mir bewusst, dass es Geschichten sind, die meine Entwicklungsschritte und Veränderungsprozesse sichtbar machen.

Dieses Buch hat also eine Geschichte, es besteht aus Geschichten, und wenn es nach Maria, der Weltverbesserin, geht, wird es Geschichte schreiben. Denn Geschichten können eine ganze Menge. Sie helfen, Wesentliches zu erkennen, einen Überblick herzustellen und Erfahrungen bewusstzumachen. Das, was wir unter „Leben" verstehen, ist nichts Absolutes, nichts Allgemeingültiges, nichts Ewiges. Es entsteht aus dem, was wir uns selbst und anderen erzählen und wie wir das tun. Im Zuge meiner Ausbildung zur Systemischen Beraterin habe ich ein Erklärungsmodell kennengelernt, das mir nach wie vor sehr gut gefällt. Es unterscheidet ein „gelebtes Leben" – was geschieht –, ein „erlebtes Leben" – was wir von dem, was geschieht, sehen, hören, riechen, schmecken, fühlen und wie wir es bewerten – und ein „erzähltes Leben" – was davon wir wem und wie weitergeben. Ein und dieselbe Situation wird von unterschiedlichen Personen unterschiedlich erlebt und erzählt. Jeder und jede formt sich ihr Leben, legt es zweckmäßig zurecht oder auch nicht, bewusst und unbewusst. Geben wir das Erlebte weiter, passen wir die Erzählung an die jeweilige Situation an. So werde ich meinem Partner von einem Treffen mit einem attraktiven Mann vermutlich anders berichten als einer Freundin. Und gäbe es von diesem Treffen eine Videoaufzeichnung, würde diese eine weitere Version „desselben" Ereignisses wiedergeben.

Mein bewusster Umgang mit Geschichten unterstützte mich dabei, mein Leben selbst zu gestalten. Ich erinnere mich noch gut daran, wann und wie ich damit begonnen habe. Es war in einer Lebensphase, in der ich mit der Welt, wie ich sie vorfand, sehr zu kämpfen hatte und die sich später als „Pubertät" herausstellen sollte:

Mir ist alles zu viel. Jeder nervt. Ich frag' mich, was ich hier überhaupt zu suchen habe. „Lauter Unfähige! Wozu das alles? Was macht das alles für einen Sinn? Kaum mach' ich etwas, werd' ich kritisiert. Keiner versteht mich! Und ständig passiert mir etwas Blödes und verhaut mir den Tag. Scheiße! Ich halt' das nicht mehr aus!" Mit Gedanken wie diesen quäle ich mich dahin und fürchte mich vor der nächsten unangenehmen Überraschung, bis eines Tages die rettende Idee auftaucht: *„Ich mache einfach aus allem, was ich so erlebe, eine Geschichte. Die kann ich weitererzählen und dann hat das Ganze wenigstens einen Sinn."* Und so ist es dann auch. Kaum passiert mir etwas Unangenehmes, denke ich sofort, dass das wieder Stoff für eine Geschichte ist. Nur Stoff! Nichts Schlimmes! Nichts, dem ich ausgeliefert bin! Nichts, das mich aus der Bahn werfen kann. Nur eine Geschichte. Zum Erzählen. Und ich bekomme Stoff. Viel Stoff.

Ich hatte wieder die Führung in der Hand und fühlte mich nicht mehr so stark äußeren Umständen ausgeliefert. Schon bald fiel mir auf, dass die Menschen in meiner Umgebung es liebten, wenn ich ihnen Geschichten erzählte. Vor allem dann, wenn diese lustig waren, eine Pointe hatten und wenn die handelnden Personen bekannt waren. Damit konnte ich dienen. Mein Elternhaus bot mir dafür nicht nur eine ausreichende Zuhörerschaft, sondern auch eine Menge Stoff für Geschichten aller Art.

So wurde aus einem anfänglichen Selbsthilfeinstrument über Nacht ein wunderbares Instrument, das mir Anerkennung verschaffte und einen Platz in der Gesellschaft. Indem ich die Menschen unterhielt, entwickelte sich das Erzählen weiter. Meine Geschichten wurden immer detaillierter und immer besser abgestimmt auf die Zuhörenden, auf Applaus und auf Lacher. Und schon kam ein weiterer Gewinn dazu. Die Fröhlichkeit. Die Leichtigkeit. Es gefiel mir, zu erleben, wie schnell sich die Stimmung von Menschen wandeln konnte, wenn ich sie mit meinen Geschichten zum Lachen brachte. Ich genoss die Dankbarkeit, die ich für diese Fähigkeit bekam, und den Stimmungswandel, der sich in mir selbst vollzog. Vollkommen unabhängig davon, wie ich mich noch zuvor gefühlt hatte, schaffte es das Lachen jedes Mal, dass ich das Leben im Nu wieder wunderbar fand.

Viele Erzählungen handelten von meinem Vater. Er bot mit seinem widersprüchlichen und kindlich-autoritären Verhalten, das auf Scheitern ausgelegt war, viel Stoff für humorvolle Geschichten. Dass ich als seine Tochter diese Geschichten der Öffentlichkeit preisgab, in der er eine wichtige Rolle spielte, hatte natürlich seinen ganz besonderen Reiz, für mich und die Zuhörenden, meist junge Männer. Wollte ich lernen, wie man lustvoll scheitern und Wandel verhindern kann, brauchte ich nur meinem Vater zuzusehen und meine Beobachtungen in Geschichten wie diese zu verpacken:

Eines Tages beschließt mein Vater, Literaturfreund zu werden. In einer Buchhandlung lässt er sich einen Querschnitt durch die Weltliteratur zusammenstellen. Zu Hause stapelt er die Bücher am Boden neben seinem Bett, in das er sich anschließend legt. Tagelang ist er nicht zu sehen. Als er wieder auftaucht, hat er genug vom Lesen, und die Bücher sind wieder zu haben.

Ein anderes Mal will er Schifahrer werden. Voller Freude kauft er eine komplette Schiausrüstung und fährt mit mir und meinen Geschwistern ins nächstgelegene Schigebiet. Nachdem er einiges an Zeit und Menschen verbraucht hat, um mit dem Sessellift die untrainierten hundertzehn Kilo auf die Piste zu befördern, fährt er schnurgerade in den Wald. Es kostet uns Kindern einiges an Mühe, seinen Körper aus dem Schneeloch zu buddeln und dafür zu sorgen, dass er unversehrt wieder im Tal ankommt. Unten angekommen, packt er die neue Schiausrüstung zusammen, stellt sie zu Hause in ein Eck, um dieses erfolglose Unternehmen so schnell wie möglich zu vergessen.

Jahre später, nachdem ich schon aufgehört hatte, Geschichten über meinen Vater zu erzählen, wurde mir bewusst, dass ich mir mit diesen Erzählungen ein weiteres Geschenk gemacht hatte. Selten zu Hause versteckte er sich hinter Ausreden oder einem Blick ins Leere. Klug und talentiert, humorvoll und voller Liebe fehlte ihm der Mut zu leben, wer er war. Der Vater in meinen Erzählungen hingegen war da, berührte und überraschte mich. Er verstärkte die Freude, die ich in mir spürte. Die Kraft dieser Geschichten begleitete mich lange. Sie erlosch mit der Geburt meines Sohnes. Dank ihm wurde das bedingungslose Lieben und Geliebtwerden zu einem Teil meines gelebten und erlebten Lebens, und die erzählte Liebe verlor an Bedeutung.

Heute weiß ich, wie sehr mir Geschichten auch dazu gedient haben, den Wandel nicht nur zu bewältigen, sondern ihn auch zu sehen und als das anzunehmen, was er ist – Leben pur. Die Antwort auf die Frage, wie Wandel bewusst gestaltet werden kann, ist für mich daher: hinschauen auf das, was war und was ist. Nicht mit einer Problem- und Katastrophenbrille, nicht mit der Bewertung „richtig/falsch“, „gut/schlecht“ und schon gar nicht mit der Frage: „Was oder wer hat Schuld daran?“. Hinschauen auf das Erlebte mit dem Wunsch, dass sich der Vorhang heben und den Blick auf die Entwicklungschance, die das Ereignis beinhaltet, freigeben möge. Handlungsimpulsen, die sich daraus ergeben, folgen wie bei dem Spiel „Schnitzeljagd“: Von Station zu Station löst sich ein Rätsel nach dem anderen auf, bis wir am Ziel ankommen und bereit sind für das nächste Spiel.

Mir war immer irgendwie bewusst, dass das, was ich aus dem Vergangenen herausnahm, nur ein Ausschnitt von etwas Größerem war. Ich wählte, was ich durch das Erzählen erleben wollte. Leichtigkeit, Freude, Anerkennung. Viel später erst wurde mir bewusst, dass nicht jede meiner Geschichten dazu gedient hatte, mich fröhlich zu stimmen. Meist stand der Unterhaltungseffekt so sehr im Vordergrund, dass mir gar nicht auffiel, dass die eine oder andere Geschichte in ihrem Kern eine traurige war oder mich selbst abwertete. Fiel mir bei anderen Menschen gleich auf, welches Leid ihre Erzählungen verursachten, wenn sie zum wiederholten Male davon erzählten, wie „dick“ oder „dumm“ sie seien oder wie „alleine“, hatte ich mir selbst gegenüber an dieser Stelle einen blinden Fleck.

Ganz besonders liebte ich die Stimmung, in die mich Geschichten versetzen konnten, und ihre Essenz, das, was sie mir über das Leben erzählten. Egal, ob ich den Geschichten aus „1001 Nacht“ lauschte, mich in biografischen Romanen wie „Désirée“ verlor oder mich neugierig nach den Details eines Reifenwechsels erkundigte, ich nahm schon sehr früh und sehr neugierig alles in mich auf. Das Zuhören gab dem Augenblick Tiefe und führte mich in immer wieder neue Welten.

Was ich lange nicht wusste, war, dass ich mich in der ersten Hälfte meines Lebens trotz vorrangigem Wohlbefinden im „Überlebensmodus“ befand. In einem Zustand, der die Basis für mein Denken, Handeln und Fühlen bildete und in dem ich davon ausging, dass das Leben ein Kampf sei. Die Hauptaufgabe im Leben sah ich darin, mit dem, was auf mich zukam, zurechtzukommen und „richtig“ darauf zu reagieren. Das, was zu tun und zu lassen sei, diktierte mir mein „Verstand“, in dem wie in einem Computerprogramm die Regeln und Richtlinien eines „richtigen Lebens“ durch Beobachtung und „Erziehung“ eingeschrieben worden waren.

Beim Schreiben an diesem Buch bin ich mehr oder weniger bekannten Geschichten aus meinem Leben begegnet. Damit sie sich in einem neuen Gewand zeigen und mir für mein Vorhaben dienen konnten, musste ich sie zuerst einmal loslassen und durfte sie nicht mit Kategorien wie „gut" oder „schlecht", „schmerzhaft" oder „schön" bewerten. Damit hätte ich die in ihnen verborgenen Informationen nicht entdecken können. Jede Erfahrung, egal ob gut oder schlecht, echt oder nicht echt, birgt die Möglichkeit des Wandels in sich. Alles, was ich anziehe, kann mir helfen, ganz ich selbst zu werden, alles. Auch dann, wenn es nie wirklich geschehen ist. Dass das so ist, machte mir folgende Geschichte bewusst:

Seit meiner Geburt befindet sich über meinem rechten Ohr ein kreisrunder, kahler Fleck. Da ich für solche und andere Phänomene immer gerne eine Erklärung habe, findet sich auch dafür eine: Ich bin eine Zangengeburt. Eine Zange hat bei der Geburt diese Stelle kahlgeschoren. Und Maria, die Psychotherapeutin, fügt dieser Erklärung noch eine psychologische hinzu: Traumatisierung durch zu langen Aufenthalt im Geburtskanal. Symptome: Angst vor engen Räumen. Diagnose: Klaustrophobie mit Neigung zu Panikattacken.

Bei einem Urlaub in Griechenland mit Mann und Sohn bekommen wir in dem gebuchten Hotel am Meer ein Dreibettzimmer, dessen einziges Fenster in einen überdachten Innenhof geht. Während die Männer tief schlafen, verbringe ich mitten unter ihnen eine Nacht mit meinen Gedankenmonstern, begleitet von panikartigen Zuständen: „Luft! Luft! Luft! Was mache ich nur, wenn plötzlich Feuer ausbricht? Wen rette ich zuerst? Wo laufe ich hin? Wie kann man nur solche Häuser bauen!! Mein Gott, ist das heiß hier!" Nach jedem neuen Gedanken dreht sich das Gedankenkarussell schneller. „Stopp! Stooopppp!", denke ich, doch es nützt nichts.

Irgendwie geht auch diese Nacht zu Ende. Sobald ich Geräusche im Haus höre, stürme ich in die Rezeption und beschwere mich über das Zimmer. Um meinem Anliegen Nachdruck zu verleihen, schildere ich höchst dramatisch die Entstehung meines Geburtstraumas. Tief beeindruckt sucht die Rezeptionistin nach einer Lösung. Im Handumdrehen wird uns ein Zimmer mit Meeresblick zugeteilt. Ich bin erleichtert. Alle sind glücklich. „Na schau", denke ich mir, „wofür so ein Trauma gut sein kann!" Zufrieden und versöhnt mit meinem verunglückten Start in dieses Leben ziehe ich in das wunderschöne, neue Zimmer ein.

Beim nächsten Besuch bei meiner Mutter erzähle ich ihr dieses Erlebnis. Ich will sie beruhigen. Sie soll wissen, wie gut es mir gelingt, trotz dieses verpatzen Startes auf mich zu schauen. Sie hört mir staunend zu und sagt dann: „Du? Eine Zangengeburt? Wie kommst du denn auf diese Idee? Keines meiner Kinder war so schnell da wie du."

Nach einer Minute der Enttäuschung muss ich schallend lachen. „Jetzt habe ich zwei Geschichten", denke ich mir, „die eine erzählt davon, wie gut mich Geschichten – egal ob wahr oder nicht – durchs Leben führen. Die andere erzählt davon, wie schnell ich eine ausgediente Geschichte loslassen und eine neue bilden kann." Denn: Ich bin mir jetzt sicher, dass die kahle Stelle an meiner Schläfe von einer Verbrennung stammt, die durch das schnelle Herausflutschen aus dem Geburtskanal entstanden ist. Diese Geschichte verheimliche ich allerdings meiner Mutter. Ich will sie behalten, zumindest eine Zeitlang.

Je satter mich die Wandlungsprozesse machten und je stiller es in meinem Verstand wurde, desto freier von Bewertungen aller Art wurden auch meine Geschichten und desto besser konnte ich die Weisheit sehen, die in ihnen steckte, und die Wandlungskraft, die von ihnen ausging. Wollte ich früher zum Beispiel erleben und ausdrücken „Wow! Ist das Leben schön!", gelang mir das am besten durch eine Erzählung. Dann erzählte ich mir selbst oder anderen, was ich mir gerade dachte, was ich sah, was ich hörte, was ich roch,... Heute genieße ich den Augenblick direkt, ohne den Weg über das Denken zu nehmen. Ich spüre den Tau auf der Wiese über meine Hände, freue mich über das Rot der Rose und lass das Speiseeis genüsslich auf meiner Zunge zergehen.

In den Jahren, in denen ich übte, mein Leben aus mir heraus zu gestalten und nicht mehr über den konditionierten Verstand, verpackte ich meine Wünsche in Geschichten, um mir das „Wie-es-sein-Soll" besser vorstellen und überprüfen zu können, ob sich das Erwünschte auch wirklich gut anfühlt. Mein zunehmendes Vertrauen in das Bewusstsein, dass meine Herzenswünsche meinem Potential entsprechen, führte letztlich dazu, dass ich freigab, was aus mir oder durch mich entstehen will. So formen sich jetzt die Geschichten aus dem Augenblick heraus in der Qualität von Wundern. Die erste Erfahrung dazu machte ich vor Jahren in einem Seminar:

Ich bin mit dem Wunsch, Heilung spontan erfahren zu können, in das Seminar gekommen: „Ich fühle mich schlecht. Ich will, dass sich das jetzt ändert und dass ich mich jetzt wohlfühle." Tatsächlich drücke ich mich aber nicht so kurz und bündig aus, sondern erzähle der Leiterin die gesamte „Problem"-Geschichte, um ihr die von mir vermuteten Zusammenhänge zu erklären, damit sie die „richtigen" Schlüsse daraus zieht und mich punktgenau unterstützen kann. Ich denke, dass ich nur so die Hilfe bekommen kann, die ich suche. Während ich detailgetreu schildere, lese ich am Gesichtsausdruck der Leiterin ab – wohl weil ich bereits ahne, dass mein Geschichtenerzählen die Wunscherfüllung behindert –, dass sie meine Erklärungen nicht braucht. Sie hört mir trotzdem geduldig zu. Als ich mit dem Erzählen fertig bin, lässt sie mich die Gedanken ausatmen und lädt mich ein, das Erwünschte in meinen Körper zu holen. Einfach so. Direkt. Und von einem Moment auf den anderen ist das Wohlgefühl, das zuvor in Form eines Wunsches noch weit außerhalb von mir war, in mir und ich fühle mich pudelwohl. Indem ich letztlich jegliche Vorstellung von dem, wie es zu geschehen hat, losgelassen hatte, konnte ich annehmen und aufnehmen, was bereits da war. Sehr spannend! Und so „einfach"!

Auf Basis solcher und ähnlicher Erfahrungen entstand dieses Buch mit seinen Geschichten „wie von alleine". Sie erzählen von meiner Kindheit und Jugendzeit, die mein Denken und mein Verhalten geprägt haben. Sie führen chronologisch entlang unterschiedlichster Befreiungsschritte, die den Befreiungsschritten einer Generation des Aufbruches entsprechen und somit auch einen evolutionären Aspekt beinhalten. Diese Erfahrungen geben heute meine Erkenntnis wieder, dass das Leben, das ich mir immer gewünscht habe, aus mir selbst entsteht und dass eine freie und friedliche Welt nicht aus dem Kampf, sondern tatsächlich aus der Liebe geboren wird.

2

Wie alles begann

„Deutsch ist die Erde“

In den Sechzigerjahren des 20. Jahrhunderts ist die Loiblpass-Bundesstraße eine bedeutsame Straße. Sie verbindet den kühlen Norden mit dem warmen Süden und führt sonnenhungrige Sommerfrischler an das Erholung verheißende Mittelmeer. Mit der Partnerin als Beifahrerin und den Kindern auf den Rücksitzen steuern die Männer ihre neuerworbenen Autos am Gasthaus meiner Eltern vorbei nach Jugoslawien. Der aufstrebende Urlaubsboom beschert allen, die etwas zu diesem neuen Glück beitragen wollen, Hochbetrieb.

In unserer Freizeit sitzen meine Geschwister, Nachbarskinder und ich in der Wiese am Straßenrand. In mitgebrachten Heften notieren wir fein säuberlich die Nummern der vorbeifahrenden Autos. Anschließend vergleichen wir unsere Notizen, entschlüsseln die Kennzeichen und ordnen die Aufzeichnungen nach „Deutschland“, „Niederlande“, „Österreich“, „Italien“, „Frankreich“ und „andere“. Ist weniger los, halten wir auch noch die Automarke und die Farbe der Autos fest.

Das Beobachten der vorbeifahrenden Autos zieht mich so in den Bann, dass in mir alles zu einem zusammenfließt: Ich bin die Schreiberin, ich bin die Lenkerin, ich bin das Auto, ich bin das Meer. Dass ich dabei die Wiese am Straßenrand nicht verlasse, hat keine Bedeutung. Am Abend vor dem Einschlafen schaue ich oft noch die Notizen durch und stelle mir vor, wie es dort wohl aussehen mag, in Düsseldorf, Köln, München, Rotterdam, Wien, Berlin, Salzburg? Wer die Menschen in dem einen oder anderen Auto wohl sind? Was sie arbeiten? Wie sie leben? Auf der Suche nach Antworten reise ich in die Küchen und Wohnzimmer der Urlauber, während diese bereits auf ihren Luftmatratzen über die Meereswellen gleiten. Ich reise in meinen Gedanken, wohin ich will, staune und bin glücklich.

Mit zunehmendem Alter dehnen sich meine Recherchen aus. Ich beginne, durchreisende Gäste, die meine Aufmerksamkeit auf sich ziehen, zu befragen. Während sie Wiener Schnitzel mit Pommes Frites, Berner Würstel oder ein Gulasch essen, setze ich mich an ihren Tisch und interviewe sie: „Woher kommen Sie? Wohin fahren Sie? Wie schaut es dort aus?" Wie Puzzlestücke fügen sich ihre Antworten in mein bruchstückhaftes Bild von der „Welt da draußen".

Indem ich mich auf das Erzählte so einlasse, dass ich sehen, hören, riechen und schmecken kann, was die ErzählerInnen erlebt haben, sammeln sich in meiner Innenwelt Bilder, Gerüche, Stimmen, Töne. Bausteine von Wünschen. Wegweiser in die Zukunft. In meine Zukunft. Sätze wie „So will ich mich fühlen" und „Das möchte ich gerne sehen" verbinden sich mit den Erzählungen und lassen sich in meinem Körper nieder. Sie bestätigen, dass das, was ich mir wünsche, möglich ist und dass es nur eine Frage der Zeit ist, es „richtig" zu erleben.

Mit jeder Geschichte, die ich erzählt bekomme, wird meine Welt größer und meine Vorstellungskraft wächst, wie auch die Sicherheit, dass viele Abenteuer auf mich warten. Ganz besonders bestätigt mir das ein Gespräch mit einem Motorradfahrer. Er ist alleine unterwegs. Verwegen und wild sieht er aus, braungebrannt die Haut, die Haare zerzaust vom Fahrtwind. Er kommt aus Dubrovnik, hat dort gezeltet und sich mit Freunden getroffen. Sie hätten dort gemeinsam Urlaub gemacht, erzählt er, auf einem herrlichen Campingplatz direkt am Meer. Gleich nach dem Aufstehen hätte er ein Bad im Meer genommen und sich von den Wellen tragen lassen. Abends hätten sie rund ums Lagerfeuer gesessen, Musik gemacht und gesungen. Oft hätten sich auch Einheimische dazugesellt und mit ihnen bis in die frühen Morgenstunden gefeiert. Jetzt sei er auf dem Weg nach Hause. Er wohne in Wien. Ich hänge an seinen Lippen und bin wie verzaubert. Er riecht nach Freiheit und nach Lebenslust, salzig und herb. So will ich riechen! So will ich leben!

Doch bis es – endlich – so weit ist, dass ich mich der Schönheit und der Freude mit Haut und Haar hingeben und so leben kann, wie ich leben will, werden noch viele Jahre vergehen. Jahre, in denen ich meine Herzenswünsche hintanstellen werde, um sie dann wieder zu entdecken. Jahre, in denen ich Hindernisse aufbauen werde, um sie dann wieder aufzulösen. Jahre, in denen mir bewusst werden wird, dass ich mich auf einem Weg befinde, der mich zu mir selbst führt und der mir viele Abenteuer bescheren wird.

Ich komme als erstes von den vier ehelichen Kindern meines Vaters im Juli 1953 zur Welt, vier Monate nach der Hochzeit meiner Eltern. Einen Monat vor der Hochzeit betrat meine Mutter mit mir im Bauch zum ersten Mal das Haus ihrer zukünftigen Schwiegereltern. Während sie von ihrem zukünftigen Schwiegervater freundlich empfangen wurde, würdigte die Mutter des Bräutigams die schwangere Frau an der Seite ihres Sohnes mit keinem Blick. „Na, von wo kommst du denn daher?", fragte sie ihn und ging an den Herd, um zu kochen. Es gefiel ihr ganz und gar nicht, dass ihr Sohn mit einer Neuen hier auftauchte. Es war noch nicht lange her, dass eine andere zukünftige Schwiegertochter mit ihrem ersten Enkel aus diesem Haus hatte ausziehen müssen, weil sich ihr Sohn in die, die jetzt hochschwanger in der Küche stand, verliebt hatte. Monatelang hatte die Kleinfamilie bereits in ihrem Schlafzimmer gelebt, während sie mit ihrem Mann am Dachboden geschlafen hatte. Ein Einfamilienhaus auf dem Familiengrund war in Bau, die Heirat war scheinbar nur mehr eine Frage der Zeit gewesen.

Meine Mutter war geschockt vom Verhalten ihrer zukünftigen Schwiegermutter. Doch ihre Verliebtheit ließ es nicht zu, sich darüber groß Gedanken zu machen. Auch nicht über die vielen Gerüchte, die ihr von allen Seiten zugetragen wurden. Sie wollte den Worten ihres Verlobten vertrauen, der meinte: „Die Beziehung ist schon lange beendet. Sie (die Mutter seines ersten Kindes) ist nur für ein paar Tage vorbeigekommen, um sich nach der Geburt zu erholen." Jahre später wird sie erfahren, dass nicht nur das nicht wahr gewesen ist, sondern dass die erste Frau mit ihrem Kind von ihrem Schwiegervater mit seiner Beiwagenmaschine in ein anderes Bundesland gebracht worden war, damit die Hochzeitsfeierlichkeiten in Ruhe stattfinden konnten.

Die ersten Monate meines Lebens verbringe ich mit meinen Eltern im Ausgedinge des bäuerlichen Anwesens meiner Großeltern mütterlicherseits. Sie legen mich zum Schlafen in das kleine Haus, während sie sich im Haupthaus aufhalten oder am Hof mitarbeiten. Das Zimmer, in dem ich liege, ist eiskalt. Ich bin gerade ein paar Tage alt, als mein Vater nach mir schauen kommt, weil er glaubt, mich schreien gehört zu haben. Er findet mich vollkommen nackt im Gitterbett. Mein Kopf ist dunkelrot, meine Arme und Beine strampeln wild und ich schreie mir die Seele aus dem Leib. Um mich herum liegen eine nasse Stoffwindel, die Windelhose, das Oberteil, das mit einer Schnur an meinem Hals festgemacht war, eine Strampelhose und die Decke. „So klein und so viel

Kraft", wird mein Vater noch Jahre danach mit einer Mischung aus Schuldgefühl und Bewunderung erzählen. „Wie du das nur geschafft hast? Sterben hättest du können! Mitten im Sommer erfrieren." Und in mir wird sich ein vertrautes Gefühl breitmachen. Kälte. Es ist, wie wenn sich dieses erste Erschrecken in meinen Körper eingeschrieben hätte und mir sagen würde: „Sie ist kalt, die Welt. Pass auf!"

Das Einfamilienhaus neben dem Bauernhof meiner Großeltern väterlicherseits wird fertiggestellt und wir ziehen ein. Als ich zweieinhalb Jahre alt bin, beziehen wir das Wirtshaus im Ort. Ein paar Wochen nach dem Umzug entdeckt mich eine Nachbarin auf der Hauptstraße. Es ist Winter und ich schleppe alleine meinen Rodel durch den Schnee. Auf die Frage, was ich hier mache, antworte ich: „Ich will zu meiner Oma!" Klar und eindeutig ist mein Wunsch, kraftvoll das „ich will". Monate später will ich wieder einmal zu meiner Oma. Meine Mutter ist dagegen. Ich kann nicht verstehen, warum. Kraftvoll stampfe ich mit meinen Füßen auf und rufe: „Ich will aber! Ich will aber!" Das fühlt sich gut an. So stark. Meiner Mutter scheint das gar nicht zu gefallen. Ihre Augen blicken streng und ich höre, wie sie sagt: „Dir werde ich deinen Willen schon noch austreiben!" Das tut weh. Und es fühlt sich falsch an. Ihr Vorhaben wird nicht gelingen. Nicht ganz. Das „ich will" wird bleiben, aber es wird sich zurückziehen. An wichtigen Stellen wird es kurz hervorkommen, wird mir zeigen, wo mein Weg weitergeht, um sich dann wieder für Wochen oder Monate hinter dem „ich soll" zu verstecken.

Das Wirtshaus, in dem ich nicht wohnen will, ist einige Jahrhunderte alt. In der Volksschule erfahre ich, dass ich in einem „berühmten" Haus wohne. Als im 15. Jahrhundert die Türken von Slowenien aus Kärnten einnehmen wollten, soll in der Nähe dieses Hauses der Anführer des türkischen Heeres von einem einheimischen Bauern erschossen worden sein, als er die Brücke, die dort über die Drau führte, betrat. Damit sei der Vormarsch gestoppt worden und das Wirtshaus hätte zur Erinnerung an diese Tat den Namen „Simandl" („Siehst, Mandl, jetzt hab' ich dich!") erhalten. Ein sogenanntes „Türkenkreuz", das zum Gedenken an diesen Vorfall vor dem Gasthaus steht, muss einer Tankstelle, die meine Eltern errichten lassen, und einer neuen Straße weichen. Wenige Jahre später wird gegenüber der Tankstelle ein Denkmal, das an den Kärntner Abwehrkampf erinnern soll, aufgestellt. Mein Großvater hält als Obmannstellvertreter der Abwehrkämpfer die Einweihungsrede und ich darf zur Feier des Tages ein Gedicht aufsagen. Stolz rufe ich, eine Zweitklässlerin, in die Menge der Feiernden: „Deitsch samma, deitsch bleib‘ ma, und deitsch is die Erd‘n, auf der ma san gwoxn und noch woxn wean!“ (Deutsch sind wir, deutsch bleiben wir und deutsch ist die Erde, auf der wir aufgewachsen sind und weiterhin aufwachsen werden). Ich habe keine Ahnung, worauf genau sich diese Worte beziehen und welche Geschichte hinter ihnen liegt, aber es fühlt sich sehr gut an, beklatscht und bejubelt zu werden. 1972 wird im Zuge des Kärntner „Ortstafelsturmes“ von unbekannten Tätern der Versuch unternommen werden, das Denkmal zu sprengen. Zum Glück wird der Mechanismus der Bombe nicht funktionieren und die Gegend um das Denkmal wird nur knapp einer Katastrophe entgehen, denn in der Nähe des Denkmals befinden sich die Benzintanks der Tankstelle.

Der Gast ist König

Mein Großvater ist Zimmermannsmeister bei der „Herrschaft“, einem Großgrundbesitzer. Sein Sohn, mein Vater, hat seine Zimmermannlehre abgebrochen. Daher kaufte er ihm das Wirtshaus im Ort. Das Wirtshaus soll es ihm ermöglichen, seine Familie zu versorgen. Anfang der Sechzigerjahre nimmt mein Vater einen Kredit auf und lässt das alte Haus aufstocken und zu einer „Pension“ ausbauen. Fremdenzimmer mit „Kalt- und Warmfließwasser“ werden eingerichtet. Die Familie bekommt zwei der Fremdenzimmer, die mit einer Verbindungstüre vom restlichen Haus abgetrennt werden. Eines für die Eltern, eines für die drei Kinder. Bei Bedarf werden auch diese Zimmer vermietet. Die Eltern schlafen dann auf dem Dachboden, die Kinder bei der Oma im Ort. Im Garten entsteht ein Schwimmbecken aus Beton mit einem blauen Anstrich. Sind keine Gäste da oder nur wenige, dürfen auch die Nachbarskinder zum Baden kommen. Alle vierzehn Tage muss das Becken gereinigt werden. Wer sich nicht rechtzeitig versteckt, muss mit einer Reibbürste die grünen Algen von Wand und Boden schrubben. Ein Fernseher wird angeschafft. An den Samstagabenden strömen die Nachbarn herbei, um sich „Die Löwinger Bühne“ oder „Einer wird gewinnen“ anzuschauen. Wird ein Fußballspiel übertragen, sind die Begeisterungsschreie im ganzen Ort zu hören.

Alles ist groß. Meist ist es laut. Rund um mich fremde Menschen. Alte Männer, junge Männer. Sie stinken nach Alkohol und Zigaretten. Sie diskutieren, streiten, raufen. Und wenn sie mich sehen, rufen sie: „Hast du dir deine Augen nicht gewaschen, die sind so schwarz?", „Willst du dem Onkel kein Bussi geben?!" „Warum schaust du so böse? Lach doch!" „Wenn du nicht brav bist, schicke ich den Lokführer vorbei, der die schlimmen Kinder einsammelt und mit seinem Waggon wegbringt!" Ich fürchte mich. Mir graust. Ich erzähle es Mama. „Du musst niemandem ein Bussi geben. Du musst dich auch nicht angreifen lassen. Aber sei auch nicht frech!", sagt sie.

Mama ist meine große Liebe. Ich würde alles für sie tun, nur um ein Lächeln oder ein „Brav!" zu bekommen. Sie will, dass ich brav bin und nicht fluche und nicht schimpfe und nicht lüge und nicht frech bin und schön grüße. Also versuche ich, brav zu sein, nicht zu fluchen, nicht zu schimpfen, nicht zu lügen, nicht frech zu sein und schön zu grüßen. Leicht fällt mir das nicht, aber ich bemühe mich. Und ich suche laufend nach Mitteln und Wegen, um ihre Wünsche und meine unter einen Hut zu bekommen.

Da kommt mir eine Idee. Ich frage meine Mutter, ob man Tiere beschimpfen darf? Ja, meint sie, das sei erlaubt. Unsere Nachbarn besitzen einen Schäferhund, der an einer dicken Eisenkette hängt und vor dessen lautem Gebell ich mich ähnlich fürchte wie vor den Gästen. Mamas Antwort gefällt mir. Beim nächsten Mal, als mich ein Betrunkener anpöbelt, sage ich: „Lass mich in Ruhe, Depperter!" Er starrt mich an und ist still. Ich bin sehr zufrieden mit dem Ergebnis und mache ermutigt weiter. Wann immer mir jetzt etwas an einem Gast nicht passt, denke oder sage ich, was ich will. Eines Tages beschwert sich dann einer der Gäste bei meiner Mutter, dass ich frech zu ihm gewesen sei. Sie fragt mich, ob das stimmt, was sie gehört habe. „Ja", sage ich, „ich weiß, dass ich nicht frech sein darf. Ich habe das auch nicht zum Gast, sondern zum Nachbarhund gesagt." Ich bin mir ganz sicher, dass ich alles richtig gemacht habe, denn neben dem jeweiligen Gast habe ich immer den Hund gesehen und in meiner Vorstellung habe ich mich auch an ihn gewandt. Meine Überzeugung und meine Sicherheit zeigen Wirkung. Mama lacht und die Bestrafung fällt aus.

Mama steht meist in der Küche und kocht. Vati kommt und geht, kommt und geht. Manchmal bringt er Geschenke mit. Eine Puppe mit schwarzem Haar und buntem Kleid aus Tarvis. Eine Puppe mit blondem Haar, beweglichen Armen und Beinen aus Belgrad. Einen Puppenwagen, Süßigkeiten. Meine Schwester, mein Bruder und ich schlafen in einem Zimmer. Ich bei der Tür. Als Älteste sei ich die „Gescheitere", die „Vernünftige", meinen meine Eltern. Vor dem Einschlafen kommt Mama, um sich zu verabschieden. Jeder bekommt ein Gute-Nacht-Bussi. Meine Schwester spart sich ihre Bussis tagelang auf und lässt sich dann alle auf einmal geben. Unter dem Kinderzimmer ist die Küche. Mit einem Besenstil klopfen wir: Dreimal – Mama komm! Viermal – Hunger! Fünfmal – Durst! Wenn wir krank sind, bekommen wir alles, was wir uns wünschen: „Fix und Foxi", Bananen, Schokolade, Fru Fru. Meist bekommen wir dann auch Vati. Er will auch gepflegt und „verwöhnt" werden und legt sich auf eine Matratze in unser Zimmer.

Mit Mama und Oma scheint etwas nicht zu stimmen. „Oma macht die Palatschinken aber besser!", sage ich. „Dann geh` doch zu ihr. Lass dir von ihr das Essen kochen. Verschwind!", schimpft Mama. „Was hab` ich wieder falsch gemacht?", denke ich, „ich will doch gar nicht zur Oma." Mama redet nicht mehr mit mir. Sie tut so, als ob ich nicht da wäre. Frage ich sie etwas, dreht sie den Kopf weg. „Du hast mich beleidigt. Du musst dich entschuldigen." Ich verstehe das nicht. „Was habe ich falsch gemacht?", frage ich sie. „Das weißt du selbst am besten!", antwortet sie. Ich weiß es nicht. In mir geht es drunter und drüber. Ich will, dass mich Mama gern hat. Ich will, dass sie mich versteht. Ich will, dass sie stolz auf mich ist. Sie will, dass ich etwas mache, das ich nicht verstehe, das ich nicht will, das nicht zu dem, was ich spüre, passt. Sie hört nicht auf, durch mich hindurchzuschauen. Das tut mir weh. Ich halte es nicht mehr aus. Ich sage: „Mama, bitte entschuldige. Ich werde das nie wieder tun." Sie schaut mich wieder an. Endlich! „Gut", sagt sie, „es ist entschuldigt. Mach es aber nie wieder!" Ich mache es wieder. Ich kenne „es" nicht.

Als mir in den Schulbüchern Bilder und Erzählungen von Familien begegnen, wundere ich mich sehr: Die Mutter hält mit einem zärtlichen Blick ein Kind im Arm. Zu ihren Füßen spielen Mädchen und Buben in allen Größen friedlich miteinander. Am Herd brutzelt die Lieblingsspeise der Kinder. Die Großmutter sitzt im Schaukelstuhl neben dem Herd. Sie strickt eine Pudelmütze und lächelt gütig. Hinter den Frauen steht ein Mann mit stolzem Blick und breitet seine beschützenden Arme über seine Familie.

„Ach, wäre das schön!", denke ich mir. Die Szenen aus meinem Leben sehen etwas anders aus: Ein kleines Mädchen läuft einer vielbeschäftigten Frau hinterher. Es versucht, alles richtig zu machen. Fängt es ein Lächeln auf, geht ein Strahlen über sein Gesicht. Es gibt sein Bestes. Und es hofft, dass seine Mutter das weiß. Der Vater ist selten zu Hause. Und wenn, teilt er Befehle aus, will bedient werden. Er kümmert sich nur sporadisch um das Familienunternehmen. Er gibt das Geld lieber aus, als dass er es einnimmt. Jahre später wird der Besitz geteilt werden und seine Frau wird dann auch offiziell den Betrieb führen. Die Omas leben in der näheren Umgebung. Sie wirken schwer und düster. Trauer und unterdrückter Zorn scheinen ihre Seelen aufzuessen.

Wir spielen „Vater, Mutter, Kind". Die Bühne ist der Fahrzeugschuppen meines Großvaters: Holzanhänger, Holzkarren, zwei Pferdekutschen, eine mit Kufen und eine mit Rädern. Wir sind zu dritt. Beate will – wie immer – die Mutter sein. Gerhard will – wie immer – nicht der Vater sein. Ich wäre so gerne das Kind. Doch das getraue ich mir nicht zu sagen. „Wie schaut das denn aus für die anderen? Was werden sich die beiden denn von mir denken?", denke ich und übernehme – wieder einmal – die Rolle, die frei ist. Ich spiele den Vater. Und das, was ich mir wünsche, gehalten und gewiegt zu werden, ist wieder einmal in den Hintergrund gerückt.

In einem winzigen Topf auf einer winzigen Kochplatte über einem winzigen Stück glühendem Kochwürfel rühre ich mit einem winzigen Kochlöffel ein Schokoladestück nach dem anderen, bis es flüssig ist. Diesmal bin ich „die Mutter". Um mich herum sitzen „meine hungrigen Kinder". Ich verteile die flüssige Schokolade an sie. „Wenn ich schon nicht bemuttert werde, dann bemuttere ich halt andere", denke ich und freue mich, dass das so gut klappt. Doch kaum ist die Schokolade aufgegessen, sind „die Kinder" auch schon wieder weg.

Die langen Haare meiner Schwester ziehen mich magisch an. Ich will sie kämmen, will ihre Mutter spielen. Sie wehrt sich. Sie will nicht, dass ich sie anfasse. Enttäuscht bürste ich das lange, blonde Echthaar meiner Lieblingspuppe. Eines Tages spiele ich „Friseurin" und verpasse der Puppe einen Kurzhaarschnitt. Tage später bin ich traurig, dass ich jetzt niemanden mehr habe, dem ich die Haare bürsten kann. Ich sammle Grillen am Feld, gebe sie in eine Schuhschachtel mit Gras und allem, was sie aus meiner Sicht brauchen, um glücklich zu sein. Die Schuhschachtel stelle ich mit Deckel an eine geschützte Stelle ins dunkle Stiegenhaus. Mehrmals am Tag schaue ich vorbei, um zu sehen, wie es denn „meinen" Grillen wohl geht. Von Stunde zu Stunde wirken sie schwächer und das bricht mir fast das Herz. Als ich sie schließlich tot vorfinde, weine ich bitterlich und trauere noch tagelang um sie.

Irgendetwas scheint nicht zu stimmen mit mir, denke ich, denn warum sonst scheitere ich immer wieder mit dem, was ich tue oder tun sollte, und warum kann ich nicht tun, was ich tun will? *„Sei wie das Veilchen im Moose, sittsam, bescheiden und rein. Nicht wie die stolze Rose, die immer bewundert will sein.“* Diesen Spruch, der in den Stammbüchern die Runde macht, mag ich nicht und doch beschäftigt er mich. „Wie soll ich sein?“, frage ich mich, „wie das Veilchen im Moose? So klein? So versteckt? Das schaffe ich nicht!“ Doch wie es scheint, bleibt mir nichts anderes übrig, als das zu machen, was andere für richtig halten, wenn ich dazugehören möchte. Auch wenn die Worte „sittsam“ und „bescheiden“ in mir alles durcheinanderbringen, will ich es zumindest versuchen. Dass es mich viel stärker zur „stolzen“ und aufrechten Rose zieht und ich nicht verstehen kann, warum sie für mich kein Vorbild sein darf, getraue ich mir nicht einmal zu denken.

Es ist klar, dass dieser Spruch nur für Mädchen gilt. „Bin ich kein Mädchen, wenn mir das nicht passt?“, frage ich mich. Doch auch mit Sätzen aus meiner Umgebung wie „An dir ist ja ein richtiger Bub verloren gegangen! Wir sollten dich besser Fritzi nennen!“ kann ich nichts anfangen. Ich will am liebsten keines von beiden sein. Ich mag keine Vorgaben, auch wenn ich ihnen nicht entkomme: Männer sind stark, sie weinen nicht und bestimmen, was passiert. Frauen bekommen Kinder und sind für ihre Erziehung und für den Haushalt zuständig. Männer bringen das Geld nach Hause. Zumindest meistens. Oft versaufen oder verspielen sie es auch in unserem Wirtshaus.

Doch viel Zeit zum Nachdenken habe ich ohnehin nicht. Ständig ist etwas los. Alles ist in Bewegung. Rückzugsorte gibt es so gut wie keine. Am ehesten noch die Au, durch die ich mit meinen Geschwistern und FreundInnen aus dem Ort streife, sobald wir dem Betrieb im Haus entwischen können. Und da gibt es einiges zu entdecken: leere und volle Gewehrpatronen, Bäume, die über den Bach gefallen sind und die wir für den Brückenbau verwenden können, allerlei Geheimnisse und – besonders an den Sonntagen – die Liebespaare.

Und dann ist endlich wieder Sommer. Im Wirtshaus geht es rund. Jeder verfügbare Tisch wird im Haus und ums Haus herum aufgestellt und mit möglichst vielen Sesseln versorgt. Eine weiße Baumwolltischdecke wird drübergelegt und das Besteck in weiße Papierservietten eingewickelt. Die Gäste können kommen! Und das tun sie auch. Denn jede dritte deutsche, holländische oder österreichische Familie, die sich in Richtung Adria aufgemacht hat, muss an unserem Haus vorbei. Und alle sind hungrig. Und durstig. Meine Mutter kocht mit Hilfe einer Angestellten, mein Vater nimmt die Bestellungen entgegen und koordiniert die Zubereitung der Speisen. Zwei Kellnerinnen servieren Speisen und Getränke. Ich wasche den Salat, die Gurken und die Tomaten, schäle Kartoffeln und graue mich vor dem schmutzigen Geschirr.

Für die Tätigkeiten im Sommer bekommen wir Kinder Geld. Weil ich die Hektik und die Hitze in der Küche nicht mag, bin ich froh, wenn ich die Gästezimmer putzen darf. Und schon bald mache ich aus dieser Arbeit etwas ganz Besonderes für mich. Indem ich den Inhalt der Papierkörbe aus den Zimmerfenstern kippe, die Waschbecken mit den Gästehandtüchern reinige und den Staub unter die Kästen kehre, spare ich kostbare Zeit, um mich der Garderobe und der Kosmetik der modischen Damen unter den Gästen widmen zu können. Ist eine von ihnen mit ihrer Familie gar auf einem Ausflug, sperre ich mich in ihrem Zimmer ein, um es in Ruhe durchsuchen zu können, und fühle mich wie im Paradies. Ich schlüpfe in die Kleider und in die Schuhe, schminke mich und betrachte das Ergebnis ausführlich vor dem Spiegel. In die Fülle, in die Farben und in die Schönheit einzutauchen, ist unbeschreiblich schön für mich. In jedem Zimmer befindet sich eine eigene Welt, die ich erforschen kann, ohne mein Elternhaus zu verlassen. Was ich in diesen Zimmern mache, bleibt mein Geheimnis. Diese Stunden sind außergewöhnlich und ich genieße es, dem hektischen Alltag zu entfliehen und für niemanden auffindbar zu sein.

Im Sommer arbeiten Studenten an der Tankstelle, das restliche Jahr teilen sich mein Vater und meine Mutter diese Aufgabe. Später steige auch ich ein. Nach der Schule sitze ich im kleinen Kiosk aus Glas und mache meine Schulaufgaben. Ein herrlicher Ort. Nur für mich. Für diese Freiheit nehme ich gerne die Arbeit in Kauf. Außerdem bin ich hier für alle, die sich für mich interessieren, gut erreichbar und kann selbst alle in Ruhe beobachten, für die ich mich interessiere. Vor allem die jungen Männer, die das Gasthaus besuchen.

Zugang zu Geld habe ich schon sehr früh. Für Funktionen wie Kegelaufsetzerin, Zimmermädchen, Büglerin und Küchengehilfin werde ich nach Zeit bezahlt, entweder von den Gästen oder von meinen Eltern. Als Tankwartin bekomme ich die große schwarze Geldtasche, um kassieren zu können. Für diese Arbeit gibt es keine fixe Bezahlung. Das Trinkgeld gehört mir. Erscheint es mir nicht angemessen, bediene ich mich selbst aus der Kasse. Erstaunlicherweise nehme ich nie mehr aus der Geldtasche, als mir aus meiner Sicht zusteht. Die Höhe der Honorierung variiere ich allerdings je nach Stand der Beziehung zu meinen Eltern. Habe ich den Eindruck, dass sie meine Arbeit nicht genügend wertschätzen, kaufe ich mir aus der Kassa nicht eine Milka Nuss, sondern gleich zwei oder drei. Schicken sie mich zum Tanken in den Kiosk, obwohl ich sie gebeten habe, mir heute frei zu geben, nehme ich am Abend nicht zehn Schilling, sondern zwanzig aus der Kasse.

Die Arbeit an der Tankstelle verschafft mir auch wohltuende Distanz zu meinen Eltern. Habe ich gerade mit einem von beiden gestritten, bin ich froh, dass ich mich zurückziehen kann und dabei etwas mache, das sie gutheißen, weil sie mich dann in Ruhe lassen. Ich denke dann noch einmal über den Vorfall oder über die Situation in der Familie nach, lasse mich von einem Freund beraten oder vergesse alles so schnell wie möglich, weil eh schon wieder etwas Neues, Spannendes aufgetaucht ist, durch einen Kunden, durch einen Besucher oder beim Lesen in einem Buch.

Auch wenn ich die Freiheiten, die ich habe, nicht immer genießen kann, weil sie nicht frei gewählt sind, so bin ich doch froh, sie zu haben. Als Älteste in der Geschwisterreihe und als führendes Mitglied der „Dorfbande" bin ich das Gestalten und Entscheidungentreffen gewohnt und genieße es auch. Doch wenn ich dann wieder allein vor Herausforderungen stehe, die mir durch das Gasthaus oder durch die konfliktreiche Beziehung meiner Eltern laufend serviert werden, fühle ich mich einsam und der Willkür der Erwachsenen ausgeliefert. Dann träume ich davon, eine „beste Freundin" zu sein, eine beste Freundin zu haben. Eine, die nur für mich da ist. Eine, die mich versteht, besser als ich selbst. Eine, die mich unterstützt, mir zuhört, mit mir über die Erwachsenen lacht und abfedert, was von außen auf mich einprasselt. „Am besten gleich eine Zwillingsschwester wie bei ‚Hanni und Nanni'", denke ich mir, „und mit ihr in einem Internat zur Schule gehen. Das wär' toll!" Und vor meinem geistigen Auge sehe ich ein Internat, das uns alle Freiheiten gibt, und in dem sich unsere Freundschaft beweisen kann. Nachts sehe ich uns gemeinsam unter einer Decke schlafen und mit einer Taschenlampe verbotene Romane lesen. Tagsüber spielen wir den LehrerInnen Streiche und gehen Hand in Hand über den Schulhof, damit uns alle beneiden können. Außerhalb meines Gedankenkinos, genährt von meinen Lieblingsromanen, schaut die Welt jedoch ganz anders aus. Auch Internate sind in dieser Welt kein Ort, die Kinder glücklich machen, wie ich Jahre später mit Schaudern feststellen werde.

Nach außen hin wirkt mein Leben so gar nicht einsam. Für Einsamkeit gibt es keinen Ort und auch keine Zeit. Ich bin beliebt bei den Gästen und die Mädchen im Ort möchten mich gerne zur besten Freundin haben. Nehme ich ein Angebot an, kann es anstrengend werden: „Wenn du mit der Karin ins Kino gehst, kannst du mich vergessen!“ „Siehst du, ich hab`s dir ja gleich gesagt, die Hildegard ist eine falsche Kuh. Kaum bist du weg, redet sie schlecht über dich.“ Mache ich mit einer etwas, ist die andere beleidigt. Jede will mich nur für sich alleine haben. Und auch mich drängt es danach, eine Freundin nur für mich zu haben. Ist es mir zum Beispiel gelungen, eine Freundin für einen Sonntagsspaziergang mit Transistorradio entlang der Drau zu gewinnen, muss ich fürchten, dass am nächsten Tag ein anderes Mädchen mit einem attraktiveren Angebot aufkreuzt und mir meine Sonntagsfreundin wegschnappt.

Der Sommer ist – wie bei vielem – auch hier meine Rettung. Er bringt eine Fülle an Reisenden und „beste Freundinnen“ in mein Leben. Die Töchter unserer Sommergäste sind für mich ein willkommenes Geschenk. (Später auch die Söhne!) Ihr Aufenthalt ist auf drei Wochen begrenzt und ich kann mich ganz auf die Beziehung zu ihnen einlassen. Zusätzlich genieße ich es sehr, durch sie Informationen über „die Welt da draußen“ zu bekommen. Ich tauche ein in meine Sommerwelt, beobachte, gebe, nehme, spiele, lerne und zehre davon bis zum nächsten Jahr. Herrlich. Alles ist da und es gibt keine (Freundschafts-) Regeln, die für die Ewigkeit halten müssen.

Man wird nicht einfach so geliebt

Ich bin acht Jahre alt. Unter den Sommergästen ist diesmal ein Mädchen, das einen neuen Badeanzug mitgebracht hat. Er liegt eng an, betont die Figur und wird sofort zum Objekt meiner Begierde. „So einen will ich auch haben!“, denke ich mir. Er ist so ganz anders als meiner mit seinen kindlichen Rüschchen und Bändchen. Zu meiner großen Freude ist das Mädchen bereit, ihren Badeanzug mit meinem zu tauschen, und schon am nächsten Tag spaziere ich stolz mit ihm um das Schwimmbecken herum, damit mich alle bewundern können.

In diesen Tagen macht ein älterer Herr alleine bei uns Urlaub. Er beobachtet mich. Stunden später fragt er mich, ob ich Bananen mag? „Ja!“, antworte ich. Ich liebe Bananen. Sie schmecken wunderbar. Er fragt mich, ob er mir welche schenken darf? „Ja, bitte!“, sage ich. Ich könne so viele haben, wie ich wolle, wenn ich mit auf sein Zimmer komme. „Warum bringen Sie sie nicht herunter?“, frage ich. „Das geht nicht!“, meint er, er könne sie mir nur auf seinem Zimmer geben und nur, wenn ich alleine käme. Ich solle einfach an seiner Zimmertüre klopfen, wenn ich sie haben will.

Das alles kommt mir komisch vor, aber ich will wissen, um was er so ein Geheimnis macht, und ich will die Bananen. „Das wird schon gutgehen“, denke ich mir. „Ich bleibe einfach am Gang vor seinem Zimmer stehen.“ Minuten später klopfe ich an seine Zimmertüre. Er öffnet und zeigt auf den Tisch in der Raummitte. Dort liegt in einer Glasschale ein großes Bündel Bananen. Ich bleibe im Türrahmen stehen und bitte ihn, sie mir zu geben. „Du musst sie dir selbst holen“, sagt er. Damit habe ich nicht gerechnet. „Dann renne ich halt schnell und schnapp sie mir“, denke ich und sprinte los.

Als ich losrenne, schließt der Mann die Tür, greift nach meinen Armen und verstellt mir den Fluchtweg. „Du musst dich noch bedanken“, sagt er. „Danke“, sage ich und will mich losreißen. „Nicht so“, sagt er, „so!“ und steckt mir seine Zunge in den Mund, während er meinen kleinen Körper an sich presst. Ich strample und stoße um mich und schließlich kann ich mich aus seiner Umklammerung befreien. Mit den Bananen in der Hand stürze ich zur Tür und stürme hinaus. Der Geschmack in meinem Mund ist ekelhaft. Minutenlang spüle ich mit Wasser. Es wird noch Tage dauern, bis sich mein Mund wieder wie mein Mund anfühlen wird.

Überglücklich, entkommen zu sein, verteile ich die Bananen an die anderen Kinder. Ich kann keine essen. Ich fühle mich schlecht. Ich fühle mich schuldig. „Hätte ich den Badeanzug nicht anziehen sollen? Warum bin ich mitgegangen, wo mir eh schon alles so komisch vorgekommen ist?“ Ich fürchte mich vor Strafe und getraue mich nicht, meiner Mama davon zu erzählen. Nur meinen Geschwistern erzähle ich den Vorfall, um nicht daran zu ersticken.

Als wir am Abend zu dritt in der Badewanne sitzen und von unserer Mutter geschrubbt werden, plappert mein Bruder fröhlich drauflos und erzählt ihr von dem Vorfall. Meine Mutter lässt den Badeschwamm fallen und schaut mich an. Ich fürchte mich vor dem, was jetzt kommt. Sie fragt: „Ist das wahr?“ „Ja!“, sage ich. „Der kann was erleben!“, sagt sie und rauscht aus dem Badezimmer. Sie reißt die Türe des Gästezimmers, das dem Bad gegenüber liegt, auf und schreit: „Packen Sie sofort Ihren Koffer!“. Dann schnappt sie den Mann beim Hemdkragen und stößt ihn die Treppe hinunter. Den Koffer und Gewandteile wirft sie ihm nach. Als die anderen Gäste erfahren, was passiert ist, suchen sie die Gegend mit ihren Autos ab, um den Mann der Polizei zu übergeben. Doch er ist nicht mehr zu finden.

Es ist nicht das erste und auch nicht das letzte Mal, dass ich sexuellen Missbrauch erlebe, aber es ist die Erfahrung, die mir bewusstmacht, dass es ihn gibt, wie er sich anfühlt und dass ein solches Verhalten nichts Natürliches, nichts „Normales" ist. Das Gefühl, dass das Verhalten von Männern gefährlich für mich werden kann, ist mir vertraut. Missbrauch in jeder Form liegt in der Luft, die mich umgibt. Nicht nur in den Blicken, in den Worten und in den Handlungen der männlichen Gäste verbirgt sich ein Verlangen, das mich erstarren lässt, auch in der Art, in der mein Vater meine körperliche Nähe sucht, ist etwas Abstoßendes. Doch interessanterweise sehe ich in den Augen dieser Menschen mehr als das: Betteln nach Zuwendung, Drängen nach Glück um jeden Preis, Hunger nach Leben. Wie wenn es ihnen nicht anders möglich wäre, holen sie sich mit allen Mitteln ihr scheinbares Glück von denen, die sich am wenigsten wehren können. Mit „schmutzigen" Gedanken und Worten, mit Gewalt, mit Lügen und mit sogenannten „Witzen". Und wer eignet sich besser als Objekt dafür als Kinder? Wer sonst steht mit einer solchen Offenheit liebend in der Welt? Wer sonst ist bereit, das Gute im Menschen zu sehen, sein Potential, seine kreativen Möglichkeiten? Und wer sonst ist so angewiesen darauf, dass es die „Erwachsenen" gut mit ihm meinen?

Viele Jahre später werden mir in meiner Funktion als Psychotherapeutin Frauen und auch Männer ihre Missbrauchsgeschichten erzählen. Viele, viel zu viele. Dann werde ich jedes Mal im Stillen meiner Mutter dafür danken, dass sie als meine Anwältin rasch und eindeutig gehandelt hat. Ihre Reaktion auf die Geschichte mit dem Gast und ihre Unterstützung im Umgang mit den „aufdringlichen" Gästen verstärkt mein Gefühl von „da stimmt etwas nicht" und ich kann deutlich sehen, dass nicht ich es bin, die für dieses Verhalten verantwortlich ist. Alleingelassen wäre ich bereit gewesen, die Verantwortung auf mich zu nehmen und mir Schaden zuzufügen, denn ich war es ja, die schön sein und auch den anderen gefallen wollte. Dank meiner Mutter weiß ich jetzt, dass es Einladungen gibt, auf die ich nicht einsteigen soll und die ich auch nicht aushalten muss. Ich weiß jetzt, dass ich mich wehren kann und es auch soll. Und ich weiß jetzt, dass ich mir selbst vertrauen kann.

Und dieses Wissen macht mich sensibel für jede Form von Missbrauch, nicht nur für den sexuellen. Ich beginne, direkt und offen anzusprechen, was ich sehe und denke. So steige ich aus einem „Spiel“ aus, das von Doppeldeutigkeit und vom So-tun-als-ob lebt und das ich nicht spielen will. Spricht mich ein Mann zweideutig an, schaue ich ihm in die Augen und spreche ihn direkt auf das an, was er vermutlich wirklich sagen will. Das wirft ihn aus der Bahn. Damit hat er nicht gerechnet. Die Schrecksekunden nutze ich dann, um das Gespräch an mich zu reißen oder ganz einfach zu gehen. Jetzt bestimme ich. So entsteht ein neues Spiel, mein Spiel. In diesem Spiel bin ich Erfinderin, Spielleiterin und Gewinnerin. Und ich habe damit einen Jackpot geknackt, meinen ersten großen. Sexualität erlebe ich als Tabu in meiner Umwelt, auch wenn vor allem die Männer damit sehr freizügig umzugehen scheinen. Indem ich mich nicht errötend abwende, sondern sehr direkt darauf reagiere, störe ich das Spiel. Es gibt zu dieser Zeit an diesem Ort keinen anderen Weg für mich, als mich davor zu schützen, missbraucht zu werden. Und das gelingt mir so ganz gut. Mich einem Mann hinzugeben, erscheint mir viel zu gefährlich.

Seit ich mich selbst und die Welt um mich bewusst wahrnehme, begleitet mich eine unbestimmte Sicherheit, dass es hinter dem, was ich sehe, höre, rieche und schmecke, einen Raum gibt, der größer und weiter ist als die Bühne, auf der sich das tägliche Leben abspielt. Obwohl ich keinen Zugang zu diesem „Raum“ habe, ist er für mich da. Immer wieder denke ich, dass ich ihn wohl sehen könnte, wenn auf der „Bühne“ weniger los wäre. Interessanterweise will ich dort nicht alleine hin, sondern am liebsten alle und alles dorthin mitnehmen. Dass es einen Zugang zu diesem Raum geben muss, davon bin ich überzeugt. Diesen Zugang zu finden, stelle ich mir als das Spannendste vor, was es geben kann, und ich nehme mir immer wieder vor: „Das will ich. Da will ich hin. Ich will wissen, wie alles zusammenhängt.“ Dass sich mir dieses Dahinter einmal als „Liebe“ zeigen wird, davon habe ich an dieser Stelle meines Lebens nicht einmal eine Ahnung.

Das Wort „Liebe“ höre ich in meiner Kindheit so gut wie gar nicht. Nicht einmal in Form von „Sei so lieb und bring mir, hilf mir bitte, mach!“ Meist höre ich nur „Bring mir! Hilf mir! Mach!“ Will ich selbst ausdrücken, dass ich mich mit jemandem sehr verbunden fühle, kann ich im besten Fall „Ich habe dich gern!“ sagen, wenn überhaupt. Mehr ist nicht drin. Mehr ist kitschig, blöd, fremd, höchst unwirklich. In Filmen und Büchern ist das schon etwas anderes. Da finde ich es schön, wenn ein Mann zu einer Frau „Ich liebe dich!“ sagt und ich mir sicher sein kann, dass er sie jetzt ein Leben lang auf Händen tragen wird. Die Wärme, das In-den-Arm-genommen-Werden, das Aufgehobensein im „danke, dass es dich gibt!“, das freie Lachen und das fröhliche Miteinander, dem ich in Filmen und Büchern begegne, scheinen mir nicht alltagstauglich zu sein. Sie haben keinen Platz in der Rauheit und in dem Kampf ums Überleben, die um mich herum fröhliche Urständ feiern.

Das heißt allerdings nicht, dass sie ganz weg ist, die Liebe, in dem, was ich rund um mich wahrnehme. Sie versteckt sich oft hinter einem kurzen Blick oder hinter einem Lächeln. Gesprochen darf darüber nicht werden, dann verschwindet sie ganz. Sie passt offensichtlich nicht zu dem, was getan, was gedacht und was gesagt werden muss.

Besonders schmerzlich vermisse ich die Liebe als „es fein miteinander haben“ in der Beziehung meiner Eltern. Ihr Miteinander fühlt sich für mich wie ein Hornissenschwarm an. Ihn zu ignorieren scheint genauso gefährlich wie ihn zu fassen zu kriegen. Die Ausrichtung darauf, das Miteinander halbwegs unversehrt zu überstehen, scheint die gesamte Aufmerksamkeit in Anspruch zu nehmen. Für Kinder kann das zu einem gefährlichen Raum werden. Ein Schrei aus Angst oder Freude zur falschen Zeit am falschen Ort reichen aus, um die vor Zurückhaltung berstenden Emotionskörper der Erwachsenen zur Explosion zu bringen. Ich bin sehr dankbar für das kleine Liebesnest, das mir die Beziehung zu meinen Geschwistern bietet.

„Und bist du nicht willig, so brauch‘ ich Gewalt!“

Die Familie und die Gegend, in der ich aufwachse, werden mir später vorkommen wie eine kleine Welt, in der sich eine große widergespiegelt hat. Die Zeit vor dem Zweiten Weltkrieg und der Krieg selbst haben hier Spuren hinterlassen, die weit in die Auseinandersetzungen und Probleme der Gegenwart hineinreichen und die ich täglich zu spüren bekomme, ohne zu wissen, was genau um mich herum los ist. Schon sehr früh beginne ich daher, die Menschen zu beobachten und mir einen Reim auf ihr Verhalten zu machen. Eindeutige Antworten finde ich keine, doch das hindert mich nicht, weiterhin alles aufzunehmen, was ich sehe und höre, und mich zu fragen: Wo kommt dieser Zorn her, der plötzlich aus einer Person hervorbrechen kann? Wieso streiten die Wirtshausgäste in slowenischer Sprache über das Thema „Wer ist ein slowenischer Kärntner und wer ein deutscher?“ Was ist so schlimm daran, wenn der Pfarrer auch in slowenischer Sprache predigt? Warum ist nicht jeder mit dem Abwehrkämpferdenkmal vor unserem Haus einverstanden?

Der Vater meiner Mutter war Bauer. Die Eltern meines Vaters sind Nebenerwerbsbauern. Beim Heueinsammeln ist es meine Aufgabe, mit einem Ast die Fliegen von den Augen der Pferde zu vertreiben, während der Wagen beladen wird, vor den sie gespannt sind. Dabei studiere ich ihre Augen, ihre Nüstern, ihr Maul mit den riesigen gelben Zähnen, die Mähne, die sich nach einer Mischung aus Stroh und Flachs anfühlt. Ich präge mir jedes Detail genau ein. Um die Hunde mache ich einen großen Bogen. Sie sind an dicken Eisenketten im Hof der Anwesen angebunden, schlafen in Verschlägen und Erdhöhlen und bellen, sobald sich etwas bewegt. Mit leichtem Schauder sehe ich durch die Öffnungen ihrer Behausungen, versuche mich in der Dunkelheit zurechtzufinden und stelle mir vor, wie es dem Hund in diesem Durcheinander von Stroh, alten Fetzen, kaputten Matratzen und Erde wohl ergehen mag. Meinem Großvater assistiere ich bei seinen Bienenstöcken. Ich zünde für ihn, einem Nichtraucher, eine filterlose Zigarette nach der anderen an, stecke sie ihm in den Mund. Paffend hält er sich die Bienen fern, während er ihnen die mit Honig beladenen Waben wegnimmt. Mit meiner Großmutter suche ich die Nester der Hühner nach Eiern ab, klettere auf Leitern in schwindelnde Höhen, lege die noch warmen Eier in einen Weidenkorb und erschrecke mich immer wieder aufs Neue, wenn ein Nest besetzt ist und mich kleine Knopfaugen anstarren.

Bekommt eine Katze Junge, springt mein Herz vor Freude. Ich nehme sie in meine kleine Hand, streichle sie, passe auf, dass sie sich nicht wehtun, beobachte sie stundenlang. Dann kommt Oma, nimmt sie, packt sie in einen Sack und verschwindet mit ihnen. Jahre später erfahre ich, dass sie sie in den Fluss geworfen hat. Alle. Immer. Das sei ganz normal, das mache jeder so, wird mir erklärt.

Einmal im Jahr werden Schweine geschlachtet. Das macht Opa. Mit einem großen Messer. Später mit einem Schussapparat. Spätestens, wenn er sich auf den Weg in den Schweinestall macht, verstecke ich mich. Ich halte mir die Ohren zu. Durch die Finger höre ich leicht gedämpft lautes, aufgeregtes, verzweifeltes Quieken. Ich halte still. Später, wenn die Schreie der Tiere verstummt sind und die Hektik der Menschen nachgelassen hat, verlasse ich mein

Versteck. Den Ort der Hinrichtung werde ich wochenlang nicht betreten. Die Bilder und Gerüche prägen sich tief in mein Gehirn ein.

Ich lerne schon sehr früh, dass Tiere für die Menschen nur dann einen Wert haben, wenn sie etwas von ihnen haben. Ob als Wachhund, als Mittagessen oder zur Feldarbeit – solange sie ihnen dienen, werden sie auch versorgt. Daran ändern für mich auch Geschichten nichts, die von treuen Hunden oder gescheiten Katzen handeln. Obwohl ich zugeben muss, dass sie mich rühren und mir Hinweise darauf geben, dass es so etwas wie Liebe geben muss. Auch im echten Leben. Eine solche Geschichte erzählt mir mein Vater immer wieder:

„Wie du ja weißt, habe ich keine Geschwister. Ich war mit Oma alleine auf dem Bauernhof, Opa war viel weg. Mein bester und einziger Freund war Rex, ein Schäferhund. Mit ihm war ich oft im Wald unterwegs. Eines Tages marschiere ich alleine zum Teich, um zu fischen. Als ich einen Fisch, der sich unter dem Steg versteckt, mit der Hand fangen will, falle ich Hals über Kopf ins Wasser. Ich kann nicht schwimmen und denke, dass ich jetzt sterben muss. Da werde ich plötzlich an der Schulter geschnappt und aus dem Wasser gezogen. Es ist Rex. Er muss mir gefolgt sein. Er hat mein Leben gerettet. Ohne ihn wäre ich heute nicht hier.“

Mein Vater bleibt Zeit seines Lebens mit Hunden verbunden. Eine Zeitlang züchtet er sie sogar. Er mag Hunde sehr, sagt er, und füttert sie nicht einmal, nicht zweimal, sondern pausenlos. Dann spricht er mit ihnen, tätschelt sie, sein Blick wird weich und versinkt im Nirwana. Will ein Hund lieber mit uns Kindern spielen oder sich im Ort herumtreiben, ist ihm das nicht immer recht. Es kommt vor, dass ein Hund von einem Tag auf den anderen verschwindet. Fragen wir unsere Eltern danach, bekommen wir ausweichende Antworten. Jahre später, als ich bereits in Wien lebe, werde ich von meinem Bruder erfahren, dass unser Vater diese Hunde erschossen hätte, weil sie „zur Belastung“ geworden seien.

Die Gewalt ist allgegenwärtig. Ich beginne, auf die Menschen um mich herum aufzupassen, ohne dass diese etwas davon mitbekommen. Ich denke, dass ich gebraucht werde und Gewalt verhindern kann. Dass auch die Tiere meine Hilfe brauchen könnten, darauf komme ich erst viele Jahre später. Ich bin acht, es ist Nacht und ich liege in meinem Bett. Rechts von mir liegt meine Schwester und zu meinen Füßen mein vier Jahre jüngerer Bruder. Das Zimmer ist ein sogenanntes „Dreibettzimmer“. Schräg gegenüber befindet sich das Schlafzimmer meiner Eltern. Ich habe die Türe, durch die ich auf die Schlafzimmertüre meiner Eltern schauen kann, wie immer einen Spalt offen gelassen, damit ich über ihren Schlaf wachen kann. Meine Eltern streiten viel und ich habe Angst, dass etwas Schlimmes passieren könnte. Was, weiß ich nicht so genau. Ich will es mir auch nicht vorstellen, aber so wie der Streit oft klingt, scheint alles möglich zu sein.

Gehen meine Eltern Stunden nach uns zu Bett, bin ich sofort munter und lausche gebannt auf die Geräusche, die aus ihrem Zimmer dringen. Reden sie nur oder streiten sie? Weint da jemand? Wer von beiden? Warum? Soll ich etwas tun? Unter welchem Vorwand könnte ich an die Tür klopfen? Auf die Idee, dass die Geräusche auch aus einer lustvollen Quelle stammen könnten, komme ich erst gar nicht. Zwei Menschen, die sich bei Tag bekämpfen, sollen in der Lage sein, nachts Spaß miteinander zu haben? Absurd!

Alle scheinen sie zu kämpfen: für Freiheit und für mehr Rechte, für niedrigere Preise, für den ersten Platz, durchs Leben und durch die Schule. Kampflos aufzugeben ist ein Zeichen von Schwäche. Und Schwäche zeigen ist schlecht. Ganz schlecht! Da fällt es noch leichter, ein Verhalten zu dulden, das sich nach dem Motto „Und bist du nicht willig, dann brauch‘ ich Gewalt!“ richtet. Wer im Religionsunterricht stört, wird vom Lehrer mit der Hand oder mit dem Lineal geschlagen. Wer zu einem Erwachsenen frech ist, muss damit rechnen, eine „Watschn“ (Ohrfeige) zu kassieren. Halte ich mich nicht an das, was mir meine Mutter vorgibt, werde ich mit einer Weidenrute bestraft. Gehen den Gästen im Lokal die Argumente aus und kochen die Emotionen über, wird gerauft. Auflehnung dagegen wird mit einem Mehr desselben beantwortet. Es scheint so „normal“ und „richtig“ zu sein und immer wieder höre ich, dass ich es „verdient“ hätte, bestraft zu werden. Und es wirkt. Auch wenn ich mich nicht ganz von dem abhalten lasse, was ich tun will, so taucht doch immer öfter eine Stimme in mir auf, die mich warnt: „Pass auf!“

Doch obwohl die Erwachsenen um mich herum sicher scheinen im Umgang mit Strafen und Gewalt, sehe ich auch noch etwas anderes: ihre Unsicherheit, ihre Ohnmacht. Der Schläger fühlt sich nicht stark. Vielleicht ein paar Momente lang, aber nicht lange genug. Das weiß ich. Ich bin gut im Beobachten. Ich frage viel und ich bekomme manchmal auch Antworten. Und mit jeder Beobachtung mehr will ich noch bestimmter heraus aus dem Leid und heraus aus der Gewalt. Ich ahne, dass ich in der Lage bin, Veränderungen herbeizuführen. Und ich beginne damit, indem ich das, was gerade passiert, nicht ganz ernst nehme. Schilderungen tragischer Ereignisse interessieren mich nur mehr bedingt. Meist bis zu dem Punkt, an dem die Frage in mir hochkommt: Und wie geht es weiter? Wie kann sich das verändern? Ich höre sehr gerne zu, wenn jemand eine Geschichte erzählt, doch bereits bei der ersten Wiederholung beginnt mein Interesse an der Person und ihren Schilderungen zu erlöschen. Dann beginne ich, das Erzählte zu unterbrechen und die Aufmerksamkeit des Erzählers auf die Lichtblicke, auf das Gute im Schlechten zu lenken. Steigt der Erzähler darauf ein, staune ich, wie schnell sich seine Stimmung wandeln kann.

Seit ich in der Lage bin, in Zusammenhängen zu denken, werden meine Gedanken oft von Sorgen dominiert. Sorgen um die Eltern, Sorgen um die Geschwister, Sorgen um die Gäste, Sorgen um die Welt. Um mich selbst mache ich mir so gut wie keine Sorgen. Doch was immer ich auch mache, an meinen Sorgen und am Verhalten der mir nahestehenden Menschen ändert sich nichts. Dabei weiß ich doch ganz genau, was zu tun wäre: Meine Mutter sollte sich scheiden lassen. Mein Vater sollte nicht so misstrauisch sein. Gitti, unsere Angestellte, sollte doch endlich den Mut haben, dem Freund, der sie nur ausnutzt, den Laufpass zu geben. Albert, ein Stammgast, sollte weniger trinken, damit ihm Jesus nicht ständig erscheinen muss, um ihn zurechtzuweisen.

Von mir selbst, wie es mir geht, was ich denke und was ich wirklich will, erzähle ich nichts. Meine Wünsche, meine Sehnsüchte und meine intimsten Gedanken verlassen meinen Körper nicht. Meine Erfahrungen haben ergeben, dass es für die Menschen um mich nicht einfach zu sein scheint, zu verstehen, was ich (sagen) will. Erzählte ich frei aus mir heraus, kam es beim Gegenüber meist ganz anders an und nicht selten ergab sich aus dem Missverstehen ein Konflikt. Der selbstgewählte Abstand tut mir gut. Mein Innerstes steht nicht mehr zur Verfügung. Für niemanden, mich selbst eingeschlossen, denn schon bald komme auch ich nicht mehr an meine Herzenswünsche heran.

Krank sein bringt Zuwendung

Oma hat Nasenbluten. Leuchtendes Rot tropft in eine weiße Emailschüssel. Sie sitzt mit gebeugtem Rücken. Ihre Haare werden von einem schwarzen Tuch, das im Nacken gebunden ist, zusammengehalten. Ihr dunkles Gewand bildet einen schönen Kontrast zum Weiß der Schüssel und zum Rot des Blutes. Plopp, plopp, plopp... Ein süßer Duft rundet das Bild ab. Baldrian. Ich stehe wie immer ein wenig abseits und beobachte gebannt dieses Schauspiel. Angst, Ekel, Staunen und Bewunderung wechseln sich ab. Oma sitzt mitten im Vorhaus ihres Bauernhauses, aus ihrer Nase tropft Blut und sie strahlt Befriedigung aus. Ich bin noch ein Kind und allein mit Oma. Ich kann ihr nicht helfen. Sie bittet mich auch um nichts. Es ist, als ob das Zuschauen die Hilfe ist, um die sie mich nicht bittet.

Viele Jahre später. Mein Vater, ihr Sohn, liegt in seinem Bett und ist krank. Ich mache mir Sorgen um ihn und eile gleich nach der Schule in sein Schlafzimmer. Er sei dabei, zu sterben, sagt er und glaubt es sichtlich auch. Der Schreck fährt mir in die Glieder. Auch wenn ich diese Szene nicht das erste Mal erlebe, so jagt sie mir doch immer wieder Angst ein. Vati stirbt! Er will beweint werden, getröstet und gehalten. Ob ich ihn wohl liebe? Was ich tun werde, wenn er nicht mehr lebt? Ob ich traurig sein werde? Wie sehr? Mein Herz geht über vor Schmerz und ich versuche alles, was in meinen Möglichkeiten liegt, um ihm meine Liebe zu zeigen. Meine vollkommene Hingabe aus Anlass seines Dahinscheidens zeigt Wirkung. Nach einiger Zeit schlägt er die Bettdecke zurück, steht auf, verlässt das Zimmer und ist weg. Ich bleibe alleine zurück. Vaterlos und ohne Dank. Lange Zeit werde ich wieder nichts bis wenig von ihm mitbekommen. Er wird sich mir gegenüber erst wieder öffnen, wenn er befürchtet, dass eine tödliche Krankheit dabei ist, seinen Körper zu zerstören.

Um zu helfen, gewöhne ich mir an, mich in die Symptome meiner Oma und meines Vaters hineinzuversetzen. Sobald mir einer von beiden beschreibt, was sich im Körper gerade tut, konzentriere ich mich auf diese Stelle in mir und versuche, das Ziehen und Drücken und Stechen auch zu erleben: „Meinst du das? Es sticht im oberen Teil vom Bauch und strahlt nach unten hin aus? Wenn du dich hinunterbeugst, wird es stärker? Ja? Das kenne ich. Das sind Blähungen! Von der Kohlensäure. Du hast sicher wieder zu viel Orangeade getrunken.“ So beruhige ich mich selbst und offensichtlich auch mein Gegenüber. Ich freue mich, wenn sich nach meinen Bemühungen die Gesichtszüge des „Todkranken“ wieder entspannen und wenn er aufhört, mir mit der Schilderung seiner Beschwerden Angst zu machen.

Ohne es zu bemerken, sauge ich eine Krankengeschichte nach der anderen in mich auf. Zuerst die meines Vaters und meiner Oma und später auch die von anderen Menschen. Und ich trainiere – ebenfalls unbemerkt – meine Aufmerksamkeit darauf, auch in meinem Körper nach Hinweisen für Krankheiten zu suchen. Und das mache ich mit großem Erfolg. Mein Körper gewöhnt sich schnell an diesen „Stoff“ und fordert zunehmend diese Form an Aufmerksamkeit von mir und anderen ein.

Mit dreizehn Jahren entgehe ich wegen meiner „Haltungsschäden“ nur knapp einem Korsett, mit sechzehn Jahren werde ich mit einer „hysterischen Lähmung“ ins Krankenhaus eingeliefert, mit siebzehn prophezeit mir ein Internist „lebenslange Magenbeschwerden aufgrund eines nervösen Magens“, und im letzten Halbjahr vor der Matura verbringe ich einen Nachmittag pro Woche bei einem Orthopäden, der meine Kopfschmerzen aufgrund einer „Wirbelsäulenverkrümmung – ein Röntgenbefund wie von einer 70-Jährigen!“ mit dem Herumreißen meines Kopfes bekämpft. Je lauter es dabei kracht, desto zufriedener ist er. Kurz danach erkranke ich an einer Gelbsucht mit „lebenslangen Folgen“. In meinem Kopf sammeln sich die Worte und die Bilder, die mir die Ärzte auf den Weg in eine bedauernswerte und eingeschränkte Zukunft mitgeben. Zum Glück gibt es auch noch mein Gefühl. Mein Gefühl, das mir trotz alledem vermittelt, dass die Zukunft, über die die Ärzte sprechen, nicht meine sein muss.

Es ist zum Ausreißen

Mindestens so stark, wie ich mit meinem Körper beschäftigt bin, beschäftigt mich „die Welt da draußen“. Auch wenn ich ein sehr mulmiges Gefühl dabei habe, nehme ich jede Gelegenheit wahr, diese Welt kennen zu lernen. Ich bin knapp sieben Jahre alt, als ich unbedingt einmal alleine verreisen und bei meiner Großmutter mütterlicherseits übernachten möchte. Sie wohnt drei Orte weiter, in dem kleinen Häuschen, in dem ich mit meinen Eltern die ersten Monate meines Lebens verbracht habe. Während des Tages erkundige ich die Gegend.

Als es draußen finster wird, muss ich ins Haus. Oma bewohnt nur einen der zwei Räume, in dem sie kocht und schläft. Während es im Freien angenehm war, fühle ich mich jetzt immer unwohler. Der Raum ist klein und dunkel. Er riecht modrig und nach verbranntem Holz. Und Oma verfolgt mich mit ihren Blicken. Überall hin. Ich kann mich nirgends verstecken. Jetzt soll ich auch noch ins Bett. Widerwillig ziehe ich mir mein Pyjama an, kraxle auf das hohe Bett und schlüpfe unter die kalte Bettdecke. Oma schiebt mir die Decke bis unter die Nase. Sie riecht säuerlich. Mir graust. Mit jedem Atemzug dringt der Geruch eines traurigen, schweren Lebens tiefer in mich ein. Ich getraue mich nicht mehr zu atmen. Und jetzt steigt auch noch Oma ins Bett. Sie drängt mich an die Wand. Wie versteinert liegt sie neben mir und versperrt mir den Fluchtweg. Panisch überlege ich, wie ich da wieder herauskomme. Da platzt es aus mir heraus: „Ich bleib da nicht. Ich will nach Hause! Jetzt."

Ich kraxle über sie hinweg aus dem Bett und wiederhole, dass ich zu meiner Mutter will, zu meinen Geschwistern, nach Hause. Oma will mich beruhigen, überreden. Sie hält mich fest. Das macht alles nur noch schlimmer. Ich höre den Inhalt ihrer Worte nicht mehr. In meinem Kopf hämmert es nur: „Heim, heim, heim!" Schließlich gibt sie auf und packt mich und meine Sachen zusammen. Telefon hat sie keines. Auto natürlich auch nicht. Mit mir an der Hand macht sie sich in stockdunkler Nacht auf zum Haus meiner Eltern.

Ich bin erleichtert und sehr glücklich darüber, mich durchgesetzt zu haben. Dass mein Wunsch ernst genommen wurde, stärkt mich. Und ich spüre zum ersten Mal, dass ich mein Zuhause mag, auch wenn mich dort einiges belastet. Ein paar Jahre später bekomme ich dann auch die Gelegenheit, meine Sehnsucht nach einer „richtigen" Familie, nach einem „kuscheligen, wohlbehüteten Zuhause", die mich seit dem Betrachten der Familienbilder in den Schulbüchern begleitet, zu stillen. Ich besuche seit einigen Wochen die erste Klasse eines Gymnasiums in Klagenfurt. Nach der ersten Woche beklagte ich mich bei meiner Mutter darüber, dass die Menschen in der Stadt nicht antworteten, wenn ich sie grüßte. „Lass es!", sagte sie und nahm meine sichtliche Überforderung mit dem Schulbeginn in der Stadt zum Anlass, mich für das Aufgabenmachen bei Nachbarn unterzubringen, als sie Wochen später zur Kur fährt. Ich bin es gewohnt, die Schulaufgaben alleine zu machen, erkläre mich jedoch trotzdem einverstanden damit, weil ich neugierig bin, wie es in einer „richtigen" Familie wohl zugeht.

Die Nachbarn haben eine Tochter. Sie besucht die vierte Klasse eines Gymnasiums und ist schon sehr „erwachsen“. Ich bewundere sie insgeheim dafür, wie locker sie im Schulbus während der Fahrt mit dem Fahrer plaudert. Außerdem beneide ich sie ein wenig, weil sie von ihren Eltern so verwöhnt wird. Im Winter macht ihr Vater nur für sie alleine einen kreisrunden Eislaufplatz im Garten des Einfamilienhauses. Und jetzt darf ich auch an diesem Familienglück teilnehmen. Ich freue mich schon sehr darauf, auch so umsorgt und behütet zu werden.

Am ersten Tag mache ich mich frohen Mutes mit meinen Heften und Büchern auf den Weg. Der Nachbar und die Nachbarin empfangen mich an der Haustüre, nehmen mir die Schultasche ab, lassen mich die Schuhe ausziehen und bringen mich in die Küche. Sie weisen mir einen Platz hinter einem großen Tisch zu und setzen sich rechts und links von mir nieder. Ich soll ihnen erklären, welche Schulaufgaben ich heute zu erledigen habe. Damit sie jederzeit erreichbar sind, wenn ich eine Frage habe, würden sie beide in der Küche bleiben. Ihre Tochter hätten sie in ihr Zimmer geschickt, damit sie sich in Ruhe auf mich konzentrieren könnten. Nach jeder erledigten Aufgabe dürfte ich für ein paar Minuten in den Garten. Am Ende bekäme ich ein Stück Schokolade als Belohnung. Wenn ich dazwischen zur Toilette müsse, sollte ich es einem von ihnen sagen.

Das erste Mal bekomme ich das ganz gut hin. Auch am zweiten Tag bin ich sehr motiviert, alles richtig zu machen. Doch je länger ich hinter dem großen Tisch sitze, desto härter kommen mir seine Kanten vor und das Sitzpolster rutscht ständig unter meinem Popo weg. Jetzt beginnt es auch noch, in meinem Körper zu rumoren. Im Darm zwickt und zwackt es und die Blase wirkt übervoll. Ich muss auf die Toilette. Immer wieder, immer öfter. Es ist mir zwar peinlich, aber es geht nicht anders. Ich muss raus! Komme ich zurück und zwänge ich mich hinter den Tisch, der immer größer zu werden scheint, schaut mich der Nachbar, der mich hineinlassen muss, immer strenger an. Wenn ich nicht gerade auf dem Weg zur Toilette bin, stelle ich Fragen über Gott und die Welt, um die Aufmerksamkeit der Nachbarn von meinem Verhalten abzulenken. Die Erledigung meiner Aufgaben zieht sich in die Länge. Schließlich will ich nur mehr weg. Doch ich getraue mich nicht, es auszusprechen. Das muss ich auch nicht. Am dritten Tag teilen mir die Nachbarn mit, dass sie leider nicht mehr auf mich achtgeben könnten. Ich bin wieder frei und mir fällt ein Stein vom Herzen.

Diese Erfahrung wirkt auf mich wie ein Kippbild. Habe ich mich vorher bedauert, weil meine Eltern so wenig Zeit für mich haben, beglückwünsche ich mich jetzt dazu. Ich will nicht mehr „wohlbehütet" sein. Es erscheint mir sehr anstrengend. Die Freiheit, die es in meiner Familie gibt, kommt mir mit einem Mal kostbar vor. Ich sehe, wie selbständig ich bin und was ich alles machen kann, und ich weiß, dass ich mich in Notfällen auf meine Eltern verlassen kann. Das reicht mir. Vorerst. Und ich weiß, dass ich so bald wie möglich hinaus will in die große, weite Welt. „Wenn ich groß bin, werde ich viel reisen!", denke ich und lege damit, ohne es zu wissen, den Grundstock für den Weg zu mir selbst.

In der Ferne liegt das Glück

„Karl May hat seine Romane geschrieben, ohne jemals selbst in Amerika gewesen zu sein." Als ich das erfahre, habe ich bereits alle Winnetou-Bücher gelesen. Ich kann es nicht glauben. Er, der meine Phantasie beflügelt, der mir ermöglicht, zu reisen, ohne mein Elternhaus verlassen zu müssen, hat alles erfunden? Er hat beim Schreiben aus derselben Quelle geschöpft wie ich beim Lesen? Aus dem Gedankenkino? „Nur" aus seiner Vorstellung heraus hat er diese spannenden Abenteuer mit den vielen Details beschrieben? Unglaublich. Kurz bin ich irritiert und frage mich, ob jetzt alles, was ich von ihm gelesen habe, keinen Wert mehr hat, weil es ja nicht echt ist, nicht wahr? Doch dann denke ich mir: „Ist es nicht vollkommen egal, woher wir den Stoff unserer Träume beziehen?", und lese neugierig und gespannt weiter.

Das Lesen wird zu meiner ersten großen Leidenschaft. Wir haben zu Hause außer „Micky Maus" und „Fix und Foxi" zwar nur wenig Lesestoff, doch meine Mutter gibt ihre Begeisterung für Bücher, die sie als Mädchen und junge Frau gelesen hatte, bevor ihr das Leben keine Zeit mehr dafür übrig ließ, an mich und meine Geschwister weiter. Ich werde Mitglied in der Bibliothek in der nächstgelegenen Stadt und borge mir oft ganze Stöße an Büchern aus. Jedes Buch gibt mir für Momente den Zugang zu etwas frei, das ich spüre, aber nicht benennen kann. Etwas, das ich erleben will. Etwas, das die Menschen um mich herum nicht ausdrücken, nicht zeigen können. Erst viele, viele Jahre später werde ich herausfinden, was dieses Etwas ist: die Freiheit, zu sein, wie ich wirklich bin, und zu spüren, dass ich geliebt bin. Die Tränen, die ich bei manchen Szenen weinen muss, sollen mich wohl daran erinnern, wer ich bin.

Mit Begeisterung lese ich auch Biografien von Menschen und Bücher über das Leben in fremden Ländern und aus längst vergangenen Zeiten. In meiner Phantasie reise ich überall hin und genieße es, dass mich niemand daran hindern kann. Ich kann und darf mir alles vorstellen, worauf ich Lust habe. Und wie leicht das geht! Augen zu und los!

Während mich die Reisen in meine Innenwelt bereichern und erfreuen, erlebe ich die ersten wirklichen Reisen nur bruchstückhaft und von dem Gefühl begleitet, „nicht aus meiner Haut schlüpfen zu können". Dabei schaut bei meiner ersten Reise ans Meer am Anfang alles noch recht vielversprechend aus. Ich bin neun, als meine Eltern am Ende der Sommersaison mit uns Kindern ans Meer nach Jugoslawien fahren. Am Strand gibt es einen Kinderspielplatz mit einer hohen, rotlackierten Rutschbahn aus Eisen. Meine beiden Geschwister klettern mit Begeisterung auf das Eisengestell, rutschen hinunter und ich fange sie am Ende auf. Ich fühle mich erwachsen und es geht mir wunderbar. Der fremde Ort, der Geruch des Meeres und die Sprache der Leute vermitteln mir das Gefühl von Freiheit. Hier weiß niemand, wer ich bin und woher ich komme, keiner versteht meine Sprache. Endlich kann ich sagen, was ich will, machen, was ich will, und denken, was ich will.

In der Nähe der Rutsche sitzt eine alte Frau auf einer Bank und schaut uns beim Spielen zu. Mit stolz geschwellter Brust gebe ich meinen Geschwistern eine Kostprobe meiner neu erworbenen Freiheit: „Schaut euch die alte Frau da an! Der können wir alles sagen. Die versteht uns nicht", und zur Demonstration des Gesagten wende ich mich ihr mit einem Lächeln zu und sage: „Blöde Kuh, was schaust du denn so?!" „Hallo Kinder", antwortet die alte Dame, „wie ich höre, seid ihr aus Österreich. Wie gefällt euch das Meer?" Das sitzt. Ich möchte am liebsten in den Boden versinken, so sehr schäme ich mich.

Hätte sie mit mir geschimpft, hätte ich dieses Ereignis wohl schon bald danach vergessen. Es ist ihre Freundlichkeit, die mich erschreckt und die mir bewusstmacht, dass ich nicht automatisch frei bin, nur weil ich mich in einem fremden Land aufhalte. Um mich frei bewegen und den Aufenthalt an fremden Orten genießen zu können, muss sich etwas verändern. Aber was?

Die Erfahrung, dass das Reisen in der wirklichen Wirklichkeit anstrengender ist als in meiner Vorstellung und dass ich dadurch zu Veränderungen aufgefordert werde, wird mich von da an noch lange begleiten. Aber was ich will, weiß ich jetzt schon: mich fallen lassen in das Neue, Unbekannte, Abenteuerliche. Frei sein! Und diesem Ziel werde ich mit jeder Reise näher kommen.

Angst zu spüren ist gefährlich

„Angst? Das Wort kenne ich nicht! Ich habe keine Angst! Andere vielleicht, aber ich sicher nicht." So denke ich, wenn ich überhaupt darüber nachdenke, was sich in mir abspielt. Ich weiß, dass ich eine Menge an eigenartigen, belastenden und unangenehmen Gefühlen in mir haben kann, aber nie im Leben würde ich sie mit „Angst" bezeichnen. Ich will es nicht so sehen und daher sehe ich es auch nicht so. Angst haben ist nicht gut. Angst haben hilft mir nicht. Angst haben ist gefährlich. An dieser Einstellung werde ich noch lange festhalten. Bis zu einem Seminar im Rahmen meiner Ausbildung zur Supervisorin. Ein Ausbilder wird davon sprechen, dass ein wesentliches Thema, das wir als SupervisorInnen beachten sollten, die Angst sei. Die latente Angst und ihre Abwehrstrategien. „So ein Blödsinn!", werde ich mir denken und mich darüber fürchterlich aufregen: „Wenn hier jemand Angst hat, dann höchstens er!" Doch der Samen, den er säen wird, wird langsam die Erkenntnis in mir wachsen lassen: „O.k., also gut! Ich habe Angst! Und ich trage sie schon sehr lange mit mir herum. Und ich habe wirksame Abwehrstrategien entwickelt, um zu überleben. Kein Wunder, bei dem, was alles auf mich eingewirkt hat." Mir wird bewusst werden, dass ich die Abwehr für meinen natürlichen Zustand gehalten habe und dass ich mich in zwei Marias gespaltet hatte.

Die eine Maria wird von Ängsten wie eine Postkutsche von Räubern überfallen, während sich die andere den Räubern mutig und überzeugt entgegenstellt. Wie Robin Hood die Armen beschützt Maria, die Mutige, Maria, die Ängstliche, und mit ihr gleich alle anderen armen Menschen in ihrer Umgebung. Und „arme", angstbesetzte Menschen gibt es genug um mich. Auch wenn sie das Wort „Angst" so gut wie nie in den Mund nehmen, sprechen sie meist nur über Schicksalsschläge oder drohende Katastrophen. Am besten und am liebsten über die der anderen. Das eigene Leid wird ausgespart, sofern es nicht ein körperliches Leiden betrifft. Hält sich jemand nicht an diese verdeckte Regel, heißt es dann schnell, dass er oder sie „sich selbst zu wichtig nehme und in Selbstmitleid bade". Dass es gute Gründe dafür gibt, Angst zu haben, daran erinnert mich ein Ereignis, von dem mir mein Vater, der so gut wie nie von sich erzählt, immer wieder mit folgenden Worten berichtet:

„Ich bin elf Jahre alt. Als das Radio am 1. September 1939 über den Einmarsch der Wehrmacht in Polen berichtet, bin ich alleine zu Hause. Opa ist in der Arbeit, Oma arbeitet auf dem Feld. Das Schlimmste, das ich mir habe vorstellen können, ist passiert, und niemand ist da, der mich trösten könnte. Ich habe schreckliche Angst vor dem, was jetzt kommen wird. Alle werden sterben. Ich weiß nicht, wohin mit meiner Angst. Ich verstecke mich in dem kleinen Raum unter der Stiege und bete zu Gott, dass er uns helfen soll."

Als Jahrzehnte später der Krieg schon lange zu Ende ist und mein Vater längst schon zu jenen gehört, von denen sich jetzt andere Halt erwarten, hängt er mit einem Ohr immer noch am Radio. Egal, ob im Haus, im Auto oder an einem anderen Ort mit Stromanschluss, überall stehen Nachrichtenempfänger und sorgen dafür, dass er und alle um ihn herum auf dem neuesten Stand der Weltereignisse sind. Ob ich will oder nicht, ich höre mit. Die Angst meines Vaters und die Inhalte der Nachrichten fressen sich schön langsam in mein Gehirn und in meinen Körper. Und wie mein Vater 1939 bin auch ich alleine damit. Niemand, mich eingeschlossen, bemerkt, wie sich die Angst in mein Leben schleicht, wie sie beginnt, meine Tagebücher mitzuschreiben. Niemand spürt das. Niemand will das. Und doch geschieht es.

Es geht ums Überleben. Immer noch. Der Krieg ist vorbei, aber der Kampf geht weiter. Parolen wie „Das Leben ist schwer. Nur die Härtesten kommen durch. Und von denen auch nur zehn Prozent." oder „Vertrauen ist gut, Kontrolle ist besser.", die ich zu hören bekomme, wenn es darum geht, Hilfe zu geben oder zu bekommen, helfen mir nicht wirklich weiter.

Was die Zeit des Krieges und die Jahre danach anbelangt, darüber erfahre ich nur sehr wenig. Stelle ich Fragen, ernte ich Schweigen oder werde meist zurückgewiesen. Nur wenige erzählen. Immer wieder dieselben Geschichten. Sie handeln meist von Wundern und von der Dankbarkeit, überlebt zu haben. In einem kleinen Zimmer meines Elternhauses wohnt ein Mann, der im Konzentrationslager in Dachau interniert war. Franz ist zu diesem Zeitpunkt knapp fünfzig Jahre alt und lebt von Gelegenheitsarbeiten. Ich mag ihn. Seine Aufmerksamkeit, seine Neugierde, seine Dankbarkeit für die Aufnahme in unsere Familie berühren mich. „Weißt, Maria, ich hab‘ schon viel Grausliches erlebt. Jeder Tag ist ein Geschenk!“, sagt er oft zu mir, und was er damit sagen will, bekomme ich hautnah mit.

Nacht für Nacht besuchen ihn die Monster aus dem Lager. Meist kommt er alleine mit ihnen zurecht. Wogen die Erinnerungen zu stark hoch, werden wir von schrillen Schreien geweckt. „Neiiiiin, nein, nicht! Weg, weg, weg! Bitte niiiicht! Lasst mich! Neiiiin! Neiiiiiin!“ Mein Vater springt aus dem Bett und läuft zu ihm. Einige Male bin auch ich dabei und versuche mein Bestes. Es zerreißt mir das Herz, ihn wie ein Häufchen Elend am Boden in einer Ecke des Zimmers kauern zu sehen. Er zittert am ganzen Körper und deutet mit einer Hand immer wieder in eine Ecke an der Zimmerdecke: „Da, da! Seht ihr? Da sind sie! Sie sehen alles. Sie sind überall, überall! Weg! Weg! Psssst! Leise! Sie hören alles! Alles! Daaaaa! Schau!“ Menschen mit Schweinsköpfen, Abhörgeräte, Riesenspinnen. Mein Vater hält ihn umschlungen. Ich wiederhole: „Da ist nichts. Nein. Da ist nichts. Du träumst. Es ist vorbei! Es ist vorbei!“ Doch sicher bin ich mir nicht. Seine Angst ist so stark, dass ihre Bilder im Bündnis mit der Dunkelheit in der Lage sind, alles einzuschließen. Auch mich.

Franz bringt den Zweiten Weltkrieg in mein Leben. In der Schule lerne ich darüber so gut wie nichts. Es geht mir nicht ab. Ich konzentriere mich gerne auf andere Inhalte. Gewalt und Angst bestimmen oft genug mein Leben, sodass mir weitere Geschichten darüber nicht fehlen. Ich will lachen, schäkern, flirten, schimpfen, streiten und alles immer wieder in Frage stellen – dafür habe ich Raum und damit kann ich mich von dem befreien, was in der Luft liegt. Zumindest zeitweise. Ausreichend oft, um mir immer sicherer zu werden, dass es auch ein Leben ohne Angst geben muss.

Franz hilft mir nicht nur, zu sehen, dass es einen Grund für die gewaltvolle Atmosphäre um mich herum gibt, er hilft mir auch, mitzufühlen. Und er hilft mir, mir bewusstzumachen, was ich will und was ich nicht will. An einem der Abende, in denen ich mich in meinem Zimmer einsperre, weil sich die ganze Welt gegen mich verschworen zu haben scheint und ich von der Sinnlosigkeit dieses Lebens zutiefst überzeugt bin, stelle ich mir vor, wie es wohl wäre, tot zu sein. „Dann werden sie weinen an meinem Grab und es wird ihnen leid tun, was sie mir angetan haben. Aber dann wird es zu spät sein! Sie werden nichts mehr tun können, denn ich werde nicht mehr da sein!“ Sie fühlt sich gut an, diese (zu) späte Liebe. Sehr gut. Ich bin spontan geheilt. Es tut mir auch gut, mir das Sterben und das Totsein vorzustellen, und es überrascht mich, dass es sich so angenehm anfühlt, so frei und so leicht. „So möchte ich mich fühlen. Auch im Leben!“, denke ich und staune.

Ich bin mir immer sicher, dass es möglich sein muss, dass die Freude und die Leichtigkeit das Leben bestimmen. So sicher, dass ich dranbleibe an dieser Vorstellung, auch wenn es mir nicht immer leichtfällt. Egal, was auch geschieht. Egal, wie es mir gerade geht. Auch wenn ich mich streckenweise unendlich weit weg davon erlebe, bleibt diese Verbindung aufrecht. Um auf dem Weg dorthin nicht von der Schwere und dem Leid aufgesogen zu werden, lege ich mir Strategien zurecht. Ein Abwehren hier, ein Ablenken dort. Ein kraftvolles Argument, ein guter Witz oder eine spannende Geschichte helfen, Dunkelheit zu verscheuchen. Sie sind hilfreich für den Augenblick, sind jedoch nicht in der Lage, die Angst, die ich mittlerweile in meinen Körper aufgenommen habe, aufzulösen. Dafür braucht es wohl mehr, wie mein weiterer Weg zeigen wird.

Doch bis es so weit sein wird, hilft mir das wirksamste aller Instrumente, den Ereignissen die Schärfe zu nehmen, und über Angstwellen zu surfen: der Humor. Der Humor ist es auch, der unsere Familie zusammenhält und der auch in den dramatischsten Zeiten zum Vorschein kommt. Für mich wird er zum treuesten und hilfreichsten Begleiter auf meinem Weg zu mir selbst. Auch wenn er in den ersten Jahren meines Lebens vorrangig dem Überleben und somit der Angstreduktion dient, ist es wunderbar, dass es ihn gibt.

Eines Nachts werde ich durch den Schrei „Alles auf den Boden! Die Jugos sind da!“ aus dem Schlaf gerissen. Mein Vater steht mit einem Gewehr am Fenster unseres Kinderzimmers und ruft uns zu: „Schnell! Kommt! Und bleibt mit dem Kopf unten!“ Meine Geschwister und ich lassen uns aus dem Bett auf den Boden fallen und robben aus dem Kinderzimmer hinaus in den Gang, wo wir auf weitere Hausbewohner treffen. Auch sie kriechen auf allen Vieren herum oder sitzen auf dem Fußboden. Vater sucht durch die Fenster die Umgebung des Hauses ab. Kurz darauf gibt er Entwarnung. Ein Missverständnis! Unsere Kellnerin, die meinen Vater mit dem Satz „Die Jugos sind wieder da!“ aus dem Schlaf gerissen hat, wollte, dass er sie bei einer Auseinandersetzung mit zwei jugoslawischen Gastarbeitern, die schon einmal im Lokal miteinander gekämpft haben, unterstützt. Als uns Vater darüber aufklärt, fällt mir ein

Stein vom Herzen und alle beginnen schallend zu lachen. Es ist also nicht die Jugoslawische Armee, die uns überfallen wollte! Es sind nur zwei Männer, deren Hass sich auf den jeweils anderen konzentriert. Die Familienchronik ist um eine weitere Anekdote reicher. Wieder etwas zu erzählen, wieder etwas zu lachen. So schlimm kann es also nicht sein, das Leben!

Wer an Gott glaubt, glaubt nicht an sich selbst

So wie der Humor mich immer wieder herausholt aus dunklen Gassen, so lässt mich auch mein Interesse an allem, was Leben ausmacht, ganz gut mit Belastendem umgehen. Genau genommen kann alles, was mir Schmerzen verursacht und Unsicherheit erzeugt, nicht lange im Vordergrund stehen, weil es schon bald von Fragen oder Staunen überdeckt wird. Meine Neugierde und mein Wissenwollen, mein Erlebenwollen schieben mich weiter. Sie ziehen meine Aufmerksamkeit vom Leid weg hin zu Neuem und legen meine Freude am Leben frei. Immer wieder, immer wieder. Das Gefühl, dass alles, was sich um mich herum tut, auf einer Bühne geschieht, die Teil von etwas Größerem ist, das ich (noch) nicht sehen kann, begleitet mich laufend. Interessanterweise erlebe ich auch das Wort „Gott" und die Geschichten, die mir die Menschen dazu erzählen, wie Stücke, die auf einer Bühne aufgeführt werden. Der Gott, von dem sie mir erzählen, ist sehr menschlich. Er liebt uns, wenn wir seine Gebote einhalten, und er straft uns, wenn uns das nicht gelingt. Angeblich soll er alles sehen. Und wenn ich dann (was ich ziemlich sicher nicht schaffen werde) in den Himmel komme, sitzt er da mit seinem weißen Bart und den gütigen Augen und schaut sich auf einer langen Liste mein Leben an und richtet über mich.

Die Menschen in meiner Umgebung beten meist dann zu Gott, wenn sie keinen Ausweg mehr sehen oder wenn es ihnen schlecht geht. Sie nehmen ihn aber auch oft statt der Weidenrute in die Hand: „Wenn du nicht brav bist, wird Gott dich strafen!" Meine Eltern schicken uns Kinder jeden Sonntag in die Kirche. Sie selbst bleiben zu Hause. Wegen der Arbeit! Wir sollen gehen, damit auch jemand aus unserer Familie zur Messe geht. „Was werden denn sonst die Leute über uns denken?" Doch es gibt einige Gründe, warum ich die Vorgabe meiner Eltern, sonntags zur Messe zu gehen, annehmbar finde. Ich fühle mich wohl in diesem feierlichen Raum, singe mit Hingabe Lieder in deutscher und slowenischer Sprache und bin jeden Sonntag aufs Neue gespannt darauf, was die Frauen wieder anhaben werden. Ich treffe dort Menschen, die mich interessieren und von denen ich sonst nicht viel mitbekomme. Und ich darf meinen neuen Rock, meine neue Bluse oder die wunderschönen Schuhe anziehen und mich damit bewundern lassen.

Die Kirche befindet sich im Nachbarort. Zwanzig Minuten Fußmarsch entfernt. Vorausgesetzt man pflückt keine Blumen, klettert auf keine Bäume, baut keine Dämme im Bach und spielt nicht mit elektrischen Weidenzäunen. In meiner Kindheit und Jugendzeit ist sie ein Ort der Zusammenkunft, der Unterhaltung, der Modeschauen und sie ist auch ein Ort der Politik. Die Frage, ob der Pfarrer heute in Deutsch oder in Slowenisch beten wird, erhitzt schon im Vorhinein die Gemüter. Auf welcher Seite steht er jetzt? Auf „unserer" oder auf der anderen? Die Gründe dafür sind mir zum Großteil fremd. Dass sie mit seelischem Leid und mit uraltem Hass zu tun haben, spüre ich jedoch sehr deutlich.

Diese Kirche kann viel, aber eines kann sie nicht: mich ihrem Gott näher bringen. Dieser alte Mann, der zulässt, dass sein Sohn herumhängt und leiden muss, ist mir unheimlich. Er macht Vorschriften und kann mich überall beobachten. Sogar am Klo. Das mag ich am allerwenigsten, denn das ist der einzige Ort, wo ich mich sicher fühle vor den Menschen. Ich mag auch nicht, dass er sich mir nicht zeigt, sondern sich hinter Pfarrern, Männern und Frauen mit ernst dreinschauenden Gesichtern versteckt. Und erst die vielen Sünden, für die ich bestraft werden muss. Egal, was ich mache, es ist sicher etwas dabei, das verboten ist. „Dann kann ich es ja am besten gleich sein lassen, denn das schaffe ich eh nie!", denke ich mir und versuche, die selbstkritischen Gedanken, die sich davon unbeeindruckt in meinem Kopf einnisten, wieder loszuwerden.

In den Messen fallen Worte, die ich nicht verstehe, die mich aber faszinieren. Sie haben etwas Kunstvolles, Melodisches. Der Einklang beim gemeinsamen Aufsagen der Texte, das Gefühl des Miteinanders durchrieselt mich wohlig. In diesen Kreis der Feiern und Rituale als vollwertiges Mitglied aufgenommen zu werden, fühlt sich trotz alledem gut an. Die Erstkommunion erlebe ich sehr ehrfürchtig, freue mich über den Kakao und den Kuchen im Pfarrhaus. Sorgfältig verdecke ich mit meinem kleinen Blumenstrauß bei den Fotoaufnahmen den großen Kaokaofleck auf meinem weißen Kommunionskleid. Es ist mir sehr peinlich, dass ich es nicht geschafft habe, sauber zu bleiben. Schmutzig zu werden, bin ich gewohnt. Mich dafür schuldig zu fühlen, ist neu.

Doch jetzt darf ich ja endlich beichten, jetzt nimmt mir „Gott“ die Last ab, die ich im Geheimen mit mir herumschleppe. Endlich bin ich damit nicht mehr alleine. Endlich ist ein Wesen an meiner Seite, das größer und mächtiger ist als alle Menschen zusammen und das mir helfen kann. So heißt es. Die erste Beichte ist herrlich erfrischend. Befreit sehe ich mich um nach weiteren „Sünden“, die ich loswerden kann. „Was von dem, was ich so mache, ist falsch? Was ist verboten? Was könnte ich das nächste Mal dem Pfarrer erzählen?“, frage ich mich und denke: „Umbringen will ich niemanden, meine Eltern liebe ich sowieso und dass ich meine Tante Susi begehre, weil sie bessere Palatschinken macht als meine Mutter, gilt angeblich auch nicht.“ Damit ich beim Gottesdienst wie die Großen nach vorne gehen und eine Hostie in Empfang nehmen darf, muss ich aber vorher beichten. Also gehe ich zur Beichte und gestehe: „Ich habe Vater und Mutter nicht geehrt.“ Da sich meine Eltern ständig über mein Verhalten beklagen, nehme ich an, dass ich etwas falsch machen muss.

Und dann, endlich, kommt es zu einem Vorfall, der einen echten und gewichtigen Beichtgrund ergibt. Einige Monate nach meiner Aufnahme in die Gemeinschaft nehme ich aus einer Lade im Schlafzimmer meiner Mutter ein paar Zuckerln, ohne sie zu fragen. Meine Mutter schimpft und schreit: „Du hast mich bestohlen! Das ist eine Sünde!“ Sie befiehlt mir, mein Vergehen zu beichten. Mir kommt zwar die Reaktion meiner Mutter übertrieben vor, aber ich bin froh, endlich ein richtiges Vergehen für eine Beichte gefunden zu haben. Sorgfältig lege ich Worte und Sätze zurecht und kann es kaum erwarten, diese beim Pfarrer loszuwerden.

Es ist so weit. Ich knie in dem dunklen Kasten auf einem dunklen Schemel, starre auf das dunkle Holzgitter und versuche, dahinter ein Gesicht zu erkennen. Ein Ohr, das sich auf der anderen Seite an die Gitterstäbe presst, wird sichtbar. Aufgeregt lege ich los. Trotz höchster Konzentration komme ich immer wieder ins Stocken, muss die wohlüberlegten Worte mühsam aus dem Gedächtnis zusammenklauben. Um diese zu ersetzen, fehlen mir Übung und Gelassenheit. Mitten in meinen Ausführungen verschwindet plötzlich das Ohr, Augen starren mich an und aus einem Mund weiter unten kommt ein ungeduldiges „Ja, ja, ja, ist schon gut. Bete drei Ave Maria und vier Vater unser!“ Ratsch! Zwischen Gesicht und Holzgitter schiebt sich eine Holzwand. Er ist weg! Stille. Fertig? Ich kann es nicht fassen! Ich bin verwirrt und enttäuscht. „Sind meine Taten nicht interessant genug? Bin ich nicht gut genug? Was habe ich falsch gemacht? Da komme ich nicht mehr her! Den interessiere ich ja gar nicht!“ Und nach ein paar Gedankenrunden, bei denen mein Zorn immer größer wird, treffe ich eine Entscheidung, die für immer halten wird: „Das war meine letzte Beichte!“ Zur Messe gehe ich noch einige Jahre und lasse mir auch vom Pfarrer eine Hostie geben. Ohne Beichte. Als vierundzwanzig Jahre später mein Sohn, der nicht getauft werden wird und bei der Erstkommunion seiner Mitschüler und Mitschülerinnen dabei sein darf, ohne jedoch eine Hostie zu bekommen, traurig nach Hause kommen wird, werde ich ihm einen Sack voller Oblaten kaufen, die er mit Begeisterung aufessen wird.

Monate später bin ich alleine am Weg von der Schule nach Hause. Der Pfarrer, der die Beichten abnimmt und zugleich auch mein Religionslehrer ist, kommt mir in seinem Volkswagen entgegen. Er bleibt stehen, kurbelt sein Fenster herunter und bittet mich zu sich. „Eine Respektsperson!“, sagt Oma. Er fragt mich, ob ich brav bete und dem lieben Gott folge und nimmt dabei meine Hand. Während er so tut, als ob er sich für meine Antworten interessiere, hält er mit einer Hand meinen Arm fest und streichelt ihn mit der anderen in einer Art, die mir kalten Schauer über den Rücken jagt. Ich denke an das, was Oma sagt, und wage es nicht, ihm den Arm zu entziehen. Endlich nickt er gütig, kurbelt das Fenster wieder hoch und fährt weiter. Ich schüttle den Ekel aus meinem Körper. „Der greift mich nie wieder an!“, schwöre ich mir und zornig denke ich, „Wenn dieses schleimige Reden und diese Falschheit mit Gott zu tun haben, dann kann er mir gestohlen bleiben.“

In der sogenannten „Pubertät“ beginne ich dann, mir Fragen zu stellen: „Wo kommen wir her? Wo gehen wir hin? Was wird aus mir, wenn ich heute sterbe? Staub? Und der Rest? Was wird aus meinen Erfahrungen, aus meinen Gedanken? Sterben die auch?“ Meine Fragen führen mich von einem Bild zum nächsten in eine Weite, die mir Angst macht. Je weiter weg ich von dem, was ich sehen, hören und riechen kann, komme, desto unheimlicher wird mir. Da ich an keinen Gott glaube und auch an sonst nichts Außerirdisches, finde ich in dieser Weite keinen Halt. Nehme ich aus Angst dann doch die Vorstellung von „Gott“ in meine Gedanken auf, fliegen vor meinem geistigen Auge Kanonenkugeln vorbei, werden Menschen getötet und Tiere geschlachtet, Freiheiten eingeschränkt und Kinder missbraucht, robben Leidende auf Knien durch Kirchen, wird Schuld gesprochen und werden Versprechen gebrochen.

In einem Sommer in diesen Jahren sitze ich an einem Lagerfeuer am Ufer der Drau. Es ist Nacht und ich bin alleine. Möglicherweise ist es auch Abend und ziemlich sicher bin ich nicht alleine. Aber ich fühle mich so. Tief in mich versunken blicke ich in den Himmel und will von ihm wissen, wie mein Leben wohl sein wird. Werde ich glücklich werden? Werde ich das tun, was ich tun will? Werde ich einen Mann finden, der mich liebt? Werde ich Antworten auf alle meine Fragen finden? Wenn ich doch nur einen kurzen Blick darauf werfen könnte, auf das, was kommen wird. Nur einen kurzen Blick bitte. Ich warte und bin offen für alles, was kommt. Doch der Vorhang bleibt zu. Die Gegenwart bleibt die Gegenwart. Das Jetzt bleibt das Jetzt.

Nachdem ich einige Zeit so verbracht und den Flammen zugesehen habe, entscheide ich, nicht länger darauf zu warten, dass mir meine Zukunft serviert wird, sondern es selbst in die Hand zu nehmen. Ich stelle mir ganz intensiv vor, wie ich leben möchte und wie sich das anfühlen wird, während ich ein Stück angebranntes Holz aus dem Feuer nehme und auf einem Stein zu schreiben beginne. „LOVE". Ich staune. „Das war nicht ich!", denke ich, „Ich hätte so etwas Kitschiges nie geschrieben!" Doch das Gefühl, das ich habe, während ich auf den Stein schaue und auf das Wort, ist so stark und so schön, dass es mich fast umwirft. Ich bin mir jetzt sicher, dass alles gut wird. Es ist, wie wenn mir eine Maria aus der Zukunft die Hand gereicht und mich in den Raum hinter der Bühne mitgenommen hätte. Ich fühle mich gestärkt und weiß, dass ich „die Liebe" erleben werde. In meiner Zukunft habe ich einen Mann gesehen, fröhliche Menschen, spannende Abenteuer. Alles erschien mir neu und vertraut zugleich.

Beziehungen sind etwas sehr Kompliziertes

Mein Elternhaus besteht aus zwei Stockwerken, einem leeren Dachboden, sechs Toiletten, zwei auf jeder Ebene, Männer und Frauen getrennt. Es ist offen für alle. Alle sind Gäste und manche Gäste sind Freunde. Für die Familie gibt es nur einen Ort, an dem sie sich für ein paar Augenblicke am Tag trifft: der Essplatz in der länglichen Gasthausküche, am Ende des Raumes, im linken hinteren Winkel. Eine Eckbank und drei Stühle, in ihrer Mitte ein rechteckiger Tisch aus Vollholz. Dort werden Hausaufgaben gemacht, wird hastig gefrühstückt, zu unterschiedlichen Zeiten zu Mittag gegessen und Besuch empfangen.

Es ist früher Morgen. Meine Schwester, mein Bruder und ich sind auf dem Weg zur Schule. Wir sitzen um den Tisch herum und schlürfen den heißen Kakao. Unser Vater sitzt auf der Bank an der Wand und schmiert sich eine Buttersemmel. Mutter steht am Arbeitstisch in der Mitte des Raumes und macht Jausenbrote. Ich bin mit meinen Gedanken schon im Autobus, der mich zur Schule bringt. Da reißen mich vertraute Töne aus meinen Gedanken. Mutter schreit. Vater bewirft sie mit Schimpfwörtern. Plötzlich sehe ich aus dem Augenwinkel, wie meine Mutter ihr Kaffeehäferl nimmt und in unsere Richtung schleudert. Krach! Knapp vorbei am Kopf meines Vaters. Das Porzellan zerschellt an der Wand. Der Kaffee rinnt sternförmig, zuerst schnell und dann immer langsamer, über die weiße Wand. Die Zeit steht für ein paar Sekunden still. Das Erschrecken verbindet uns und schenkt uns drei Atemzüge Frieden. Mein Gehirn nutzt diesen Moment der Stille und friert die Szene ein.

Am Abend umrahmen meine Schwester und ich die Kaffeebahnen mit bunten Linien und verleihen dem Zufall Schönheit. Das Wandgemälde ist jetzt von weitem sichtbar und schaut richtig gut aus. Wir sind sehr zufrieden. Um dem Ganzen einen letzten Schliff zu geben, signiert meine Schwester das Werk mit Vaters Unterschrift. Als unsere Eltern kurz darauf den Raum betreten, steuern sie auf das „Bild" zu. Ich sehe ihnen an, dass sie nicht so recht wissen, wie sie darauf reagieren sollen. Meine Mutter entscheidet sich, zu schweigen. Gerade als mein Vater den letzten Rest seiner dahinschmelzenden Autorität zu fassen kriegen will und dabei ist, einen Vorwurf zu formulieren, fällt sein Blick auf die Unterschrift. Er stockt und fragt uns – sichtlich verwirrt –, ob wir ihm sagen können, wie seine Unterschrift auf diese Wand kommt. Wir haben keine Ahnung. Monate später bedauere ich sehr, dass dieses Mahnmal der Streitkultur im Zuge einer Küchenrenovierung weißer Farbe zum Opfer fällt.

Meine Sehnsucht nach einer einfachen Ordnung und einem liebevollen Miteinander ist groß. Rund um mich erscheint alles kompliziert und schmerzvoll undurchschaubar. So sehr ich mich auch bemühe, kann ich nicht verstehen, warum es ist, wie es ist, warum nichts zusammenzupassen scheint. Das große Haus, das viele Verstecke bietet und doch kein Geheimnis hüten kann. Eine Flut von Einheitszimmern, die die Einheit verwehren. Die Bedürfnisse der Gäste als Kriterium für „richtig und falsch", „wichtig und unwichtig". Mutter gibt ihren Emotionen freien Lauf. Vater schießt mit Worten auf ihr Herz. Beide suchen die Schuld und finden sie beim anderen. Sie streiten. Vater setzt sich ins Auto und fährt weg. Und trotz alledem erlebe ich das Miteinander meiner Eltern wie ein Schauspiel. Es kommt mir nicht so vor, wie wenn das die ganze Wahrheit wäre, wie wenn es überhaupt die Wahrheit wäre. Es erscheint mir wie ein nie enden wollender Hochseilakt, weil sich beide weigern, den Boden zu betreten.

Als Älteste bekomme ich von meinen Eltern Rollen wie „Verteidigerin“, „Schiedsrichterin“, „Rivalin“ und „Rächerin“ angeboten. Ich versuche mich in jeder Rolle, bin aber in keiner wirklich gut. Außerdem bezweifle ich mit der Zeit, dass meine Eltern diese Rollen auch so wichtig nehmen wie ich. Denn warum sonst werde ich das Gefühl nicht los, dass sie gar nicht bemerken, wie sehr ich mich für sie anstrenge?

Wenn ich schon keine Ordnung angeboten bekomme, mache ich meine eigene: Meine Mutter ist ein „Opfer“, mein Vater ein „Täter“. Oder ist es vielleicht doch umgekehrt? Meine Mutter ist eine „starke Frau“. Mein Vater ist ein „schwacher Mann“. Bin ich mir da ganz sicher? Meine Mutter arbeitet. Mein Vater vergnügt sich. Oder vielleicht doch nicht? Sie versteckt Geld. Er sucht es. Sie nennt das „stehlen“. Er nennt es „abrechnen“. Wieso weiß ich das? Sie lacht, auch wenn es laut ihren Schilderungen nichts zu lachen gibt. „Wenn es euch nicht gäbe“, sagt sie, „wäre ich schon längst gegangen.“ Es liegt also vielleicht doch an uns? Sind wir schuld an diesem Durcheinander?

Im täglichen Leben ist meine Mutter meine Bezugsperson. Sie ist da. Sie packt an. Sie steht zur Verfügung, wenn nicht gerade etwas im Gasthaus zu tun ist. Mit ihrer tatkräftigen Präsenz hält sie einen unsichtbaren Rahmen aufrecht, achtet auf die Grundregeln für ein erfolgreiches Leben: „Pass auf, dass du nicht fluchst, nicht stiehlst, nicht lügst, freundlich zu den Menschen bist und immer schön „bitte“ und „danke“ sagst. Schau, dass du einen Beruf erlernst, damit du als Frau unabhängig bist.“ Dankbar nehme ich alles an und verzeihe ihr die Watschen, die Teil ihrer „Erziehung“ sind.

Die Beziehung zu meinem Vater verwirrt mich. Ich kann mir nicht erklären, was zwischen uns beiden los ist. Ich erlebe ihn unzuverlässig, abgelenkt und sehr fordernd. Seine Launen bestimmen das Klima im Haus. Obwohl er mich nie schlägt oder bestraft, gehorche ich ihm. Er bindet mich in einer Mischung von Kindlichkeit, Traurigkeit und Bestimmtheit an sich. Weihnachten starre ich beim Auspacken der Geschenke auf ihn und denke mir: „Hoffentlich ist er zufrieden mit dem, was ich ihm geschenkt habe. Oje, er schaut schon wieder so traurig. Nein, jetzt geht er wieder! Kann er nicht einmal bei uns bleiben?" Sein Verhalten irritiert mich. Ich will, dass er bleibt und zuhört. Ich will, dass er teilnimmt an meinem Leben. Ich will ihn aus seinem Versteck locken. Ich suche in meinem Gedächtnis nach einer Geschichte, die ihn interessieren könnte. Finde ich eine spannende mit einer guten Pointe, bekomme ich für ein paar Minuten seine Aufmerksamkeit und bin glücklich. Er lacht. Doch kaum ist die Erzählung zu Ende, steht er auf und geht. Über weite Strecken hasse ich ihn so, dass ich mir ein Leben ohne ihn ausmale. Ich stelle mir dann in Gedanken vor, wie ich eine nasse Kernseife auf die oberste Stufe der steilen Stiege lege und dann von unten laut „Vati, komm schnell!" rufe.

Parallel dazu spüre ich eine Verbindung zu ihm, die nichts mit dem gelebten Leben zu tun hat. Egal, ob ich mich über ihn ärgere, mich vor ihm fürchte oder ihn beschimpfe, diese Verbindung wird davon nicht berührt. Wie ein ruhiger Fluss, breit und tief, fließt sie neben uns her. Diese Ebene kann ich nicht greifen, kann sie nicht benennen, sie ist einfach da. Bei niemandem sonst erlebe ich das. Auch nicht mit ihm, wenn wir uns begegnen. Würde mich jemand fragen, ob ich meinen Vater liebe, würde ich mit einem schallenden Gelächter antworten und sagen: „Wie kommst du auf die Idee? Wie soll ich jemanden lieben, der sich so aufführt? Unvorstellbar!" Einzig, wenn wir miteinander telefonieren, ist dieses Gefühl der tiefen Verbundenheit da. So nahe und so kraftvoll, dass sich keine Emotionen zwischen den gesprochenen Worten breitmachen können. Erst in den letzten Monaten vor seinem Tod wird sich unsere Beziehung so wandeln, dass wir in der Lage sein werden, zu leben, was uns immer begleitet hat: Liebe. Es wird uns gerade noch rechtzeitig gelingen, um in Frieden auseinandergehen zu können. Physisch. Gefühlt wird es kein Ende dieser Verbindung geben.

Mir ist nicht bewusst, wie sehr ich mich nach Liebe sehne. Erst als mir eines Tages eine Schulfreundin freudestrahlend erzählt, dass sie einen kleinen Bruder bekommen hat, bricht etwas in mir auf. Ich sauge jedes Wort ihrer Schilderungen in mich auf und kann an nichts anderes mehr denken. Ich will auch eine Schwester, einen Bruder! Nein, ich will am liebsten selbst ein Kind bekommen. Ein süßes kleines Wesen nur für mich. Ich will es wickeln, füttern und überall mit mir herumtragen. Ganz nahe an meinem Körper. Tag und Nacht. Die Bilder und die Gefühle dazu sind so überwältigend, dass sie mich fast zerreißen. „Ich will ein Kind! Ich will lieben und geliebt werden! Bitte! Bitte!", wünsche ich mir ganz fest.

Und meine Bitte wird erhört. Wochen später erzählt uns Mutter, dass sie ein Kind erwartet. Einen Nachzügler! Vollkommen unerwartet. Sie ist sechsunddreißig und für eine Schwangerschaft zu dieser Zeit schon relativ alt. Ich bin fix und fertig. „Warum sie und nicht ich? Wie kommt mein Kind in ihren Bauch? Wie ist das passiert?", frage ich mich verwirrt. Für mich gibt es keinen Zweifel. Sie ist schwanger geworden ist, weil ich mir das so sehr gewünscht habe. Ich kann gar nicht anders, als es so zu sehen. Ich habe zwar keine Ahnung, wie das gehen kann, aber ich bin mir ganz sicher, dass mein starkes Wünschen irgendwie mit der Schwangerschaft meiner Mutter zusammenhängt. Denke ich darüber nach, wie das sein kann, klingt das natürlich verrückt. Aber gefühlsmäßig erscheint alles klar und eindeutig. Als sich diese starken Gefühle in mir wieder legen, bin ich sehr froh darüber, dass meine Mutter das Kind bekommt und nicht ich. Über die Geburt meines kleinen Bruders freue ich mich sehr und ich verspreche mir selbst, immer gut auf ihn aufzupassen. In den ersten Wochen und Monaten halte ich mich auch daran, doch dann wird meine Aufmerksamkeit von meiner Hingabe an das „Muttersein" durch neue Interessen wieder abgezogen.

Im Gasthaus ist immer viel los. Da die Gasthausküche auch unser „Wohnzimmer" ist, bin ich für die Gäste so gut wie immer sichtbar, wenn ich mich nicht ins Schlafzimmer zurückziehe oder – wie meine Schwester – in die Badewanne. Die Gäste bestehen fast nur aus Männern. Die alten Männer kommen wegen des Alkohols und der Unterhaltung. Die Jüngeren wegen des Alkohols, der Unterhaltung und wegen der Kellnerin. „Anständige" Frauen besuchen zu dieser Zeit keine Gasthäuser, höchstens am Sonntagnachmittag auf einen Kaffee. Eine Kellnerin und eine Gasthaustochter sind daher attraktive Anziehungspunkte.

Ich besuche die vierte Klasse der Volksschule. In der achten Klasse gibt es ein hübsches blondes Mädchen. Die Art, wie sie geht und ihre Hüften schwingt, ist einzigartig. Jede Bewegung scheint auf ein Publikum ausgerichtet zu sein. Damit zieht sie nicht nur mich in den Bann, auch alle Burschen, deren Antennen bereits auf das andere Geschlecht eingestellt sind. Nach Schulschluss kämpfen sie darum, ihre Schultasche tragen zu dürfen. So entsteht eine kleine Karawane. Angeführt wird diese von der blonden Prinzessin, an ihrer Seite der jeweilige Träger. Dahinter – mit einem großen Respektabstand – fünf bis sechs weitere Schüler und Schülerinnen, mich eingeschlossen. Ich bewundere und beneide sie um die Aufmerksamkeit, die sie bekommt.

Irgendwann erzähle ich meiner Mutter von dieser Karawane. Keine gute Idee! Denn das, was sie darauf sagt und vor allem, wie sie es sagt, zerstört ruck zuck die ganze Romantik: „Willst du wissen, wie das weitergeht, wenn du dir von einem Burschen die Schultasche tragen lässt? Ja? Er macht dir ein Kind. Und dann noch eines. Und noch eines. Du musst auf deine Ausbildung und auf alles verzichten, was du vorgehabt hast, weil du zu Hause bei den Kindern bleiben musst. Du musst kochen, bügeln, putzen. Und dein Mann? Der sitzt im Gasthaus und hat seinen Spaß. Ist es das, was du willst? Lass dir ruhig die Schultasche tragen, aber denk` daran, dass du dann aus diesem Tal hier nicht mehr herauskommst!"

Das sitzt. Ich will heraus aus diesem Tal und hinaus in die Welt. Ich will reisen, will interessante Menschen kennenlernen, will tun und lassen, was ich will. Davon träume ich. Nicht, dass mir das Leben in meinem Heimatort nicht auch gefällt, durchaus. Aber ich will weg, weil das, was ich erleben will, „da draußen" ist. Auch wenn ich nicht weiß, was „da draußen" auf mich wartet, so bin ich mir doch hundertprozentig sicher, dass ich dafür frei bleiben muss. Und ich schwöre mir, dass ich alles tun werde, um frei zu bleiben. Konkret bedeutet das: keine fixe Beziehung. Kein Kind. Keine Abhängigkeit. Auch wenn ich noch zu jung bin für eine sexuelle Beziehung und nur wenig Vorstellung davon habe, was Paare genau miteinander machen, wenn sie „Sex haben", bin ich mir ganz sicher, dass ich keinen haben werde, solange ich noch zu Hause lebe. Schwanger zu werden erscheint mir als die größte Gefahr, die mich von meinen Plänen abhalten könnte. Und wie ich es nicht nur an meiner Mutter beobachten kann, scheinen Kinder das Schicksal der Frauen in unserer Gegend zu besiegeln.

Eine Frau zu sein macht keinen Spaß

Den Frauen aus dem Ort begegne ich auf der Straße, im Geschäft und in der Kirche. Schwarz gekleidete alte Frauen, Mütter mit Kinderwagen und junge Frauen mit ihrer Familie beim Sonntagsspaziergang. Neugierig lausche ich ihren Gesprächen: „Was sagt dein Mann dazu? Bei meinem dürfte ich mir das nicht erlauben. Der bringt mich um!" „Deiner lässt dich arbeiten gehen? Meiner würde das nie zulassen." „Wer kocht für ihn, wenn du nicht da bist?" „Der Meinige wird ganz narrisch, wenn ich alleine weggehe." Und im Gasthaus belausche ich die Männer. Mit dicken Bäuchen und mit vom Alkohol aufgedunsenem Gesicht sitzen sie am Stammtisch und ereifern sich darüber, wie eine Frau auszusehen hat: „Einen großen Busen muss sie haben und lange Haare." „Auf keinen Fall soll sie geschminkt sein, damit sie nicht ausschaut wie eine Hure." „Ein rassiges Weib ist mir am liebsten. Mit einem gebärfreudigen Becken, damit etwas zum Anpacken da ist! Eine andere kommt mir nicht ins Haus!"

Diese Beschreibungen versetzen mir einen Stich ins Herz. Ich fürchte mich davor, eine Frau zu werden. So will ich nicht geliebt werden! So eine Partnerschaft will ich nicht haben. Ich will nicht, dass selbsternannte Schönheitsexperten in meiner Seele herumrühren und mir ihre Sicht der Welt aufzwingen. Da sich meine Gefühle mit den Beobachtungen nicht decken, beginne ich, genauer hinzuschauen. Ich höre nicht mehr nur auf die Worte, sondern betrachte auch die Gesichter und die Körperhaltung der Erzählenden. Und dann sehe ich darüber hinaus, wie sich die Menschen fühlen, sehe, worauf sie beim Erzählen achten und was sie vermutlich wirklich wollen. So entdecke ich, dass es den Männern und den Frauen mit diesen Aussagen vor allem darum zu gehen scheint, vor dem eigenen Geschlecht gut dazustehen. Ich sehe, dass die männlichen Schönheitsexperten in Wirklichkeit viel dafür geben würden, eine erfüllende Beziehung zu einer Frau haben zu können. Und dass sich die Frauen trotz kritischer Äußerungen und leidvoller Erfahrungen darin sonnen, „Einen" zu haben.

Das alles zu sehen hilft mir zwar nicht, aus den Abläufen ausbrechen zu können, stärkt jedoch zunehmend mein Vertrauen in meine Gefühle. Ich weiß, dass ich für ein Mädchen dieser Zeit einen außergewöhnlichen Freiraum besitze. Einen Freiraum, der mich auch vor große Herausforderungen stellt. Ob im Haus, in der freien Natur oder bei unseren Streifzügen durch den Ort, ich bin meist auf mich alleine gestellt und muss oft auch mit Anfeindungen zurechtkommen. Am stärksten treffen mich Aussagen, die aus meiner Freiheit „Verwahrlosung" machen und mir eine düstere Zukunft als „gefallenes Mädchen" voraussagen. „Ja, ja, der Apfel fällt nicht weit vom Stamm!", sagt ein Gast grinsend zu mir und spielt damit auf die vielen Frauengeschichten meines Vaters an, die im Tal die Runde machen. Die Worte sickern langsam, aber sicher in mich ein und schon bald quäle ich mich selbst mit Gedanken, die mir weismachen wollen, dass ich nicht gut bin, so wie ich bin. Auch wenn ich diese Zweifel nie zugeben würde und mich ganz gut zu wehren weiß, nisten sie sich still und heimlich in meinem Kopf ein.

Um das, was sich in meiner Innenwelt abspielt, zu schützen, nehme ich mich selbst zurück. Um den Menschen zu zeigen, dass mich das, was sie sagen, verletzt, beschließe ich, nicht mehr zu lachen und auf ihre Worte nicht mehr zu reagieren. Einige Monate ziehe ich dieses strenge Programm durch. Dann wird es mir selbst zu anstrengend und ich nehme wieder teil am Geschehen. Doch die Tür zu meinem Innersten ist zu. So sehr, dass auch kein aufrichtig gemeintes Kompliment mehr zu mir durchdringen kann. Gerade rechtzeitig vor der nächsten großen Herausforderung. Mein Busen wächst und wächst und ist bald nicht mehr zu verheimlichen. Große Pullover und nach vorn hängende Schultern verstecken nur mehr mangelhaft, was nicht mehr zu übersehen ist: Ich bin eine Frau.

Auch meiner ersten großen Liebe bleiben die Veränderungen an meinem Körper nicht verborgen. In dem Sommer, in dem ich zwölf Jahre alt werde, nimmt mich mein Freund, der Sohn von Sommergästen aus Hamburg, mit ernster Miene bei der Hand und meint, dass er mir jetzt zeigen würde, wie sich eine Frau zu benehmen habe. Ich solle kleinere Schritte machen und beim Gehen nicht so hüpfen. Ich solle nicht so laut lachen und den Mund dabei nicht so aufreißen. Ich solle mich mit dem Reden zurückhalten und lernen, zuzuhören. Mit großer Aufmerksamkeit folge ich seinen Ratschlägen. Es gefällt mir gut, wie er das macht, so stark und bestimmt. Dass er sich Gedanken um mich macht, macht mich glücklich. Als mir dann am Tag meines zwölften Geburtstages und zur Feier meiner ersten Party seine Mutter eine Kochschürze überreicht, wandelt sich meine Begeisterung allerdings in Enttäuschung: „Eine Kochschürze? Als Geschenk? Für mich? Unglaublich!!" Auch wenn die

Schürze meine Motivation, mich weiterhin den Anleitungen meines Freundes mit Freude hinzugeben, ordentlich dämpft, verfehlen seine Tipps ihre Wirkung nicht ganz. Denn schließlich will ich ihm nach wie vor gefallen und bin bereit, mich dafür auch anzustrengen. Außerdem schenkt er selbst mir eine Langspielplatte von den „Rolling Stones“. Und deren Musik klingt ganz eindeutig nach dem Leben, das ich führen will.

Am wohlsten fühle ich mich, wenn ich mich in Ruhe meinem Körper und meinen Gefühlen widmen kann, was nur sehr selten möglich ist. Ich will selbst herausfinden, was mir am Frausein gefällt und was nicht. Sicher bin ich mir nur darin, dass es mir Freude machen soll. Alles andere erlebe ich verwirrend und undurchschaubar. Meine Tante Susi ist klein und trägt Stöckelschuhe. Sie stehen in allen Farben in einer Kammer neben der Garderobe und haben genau meine Größe. Herrlich! Dass mir ihre Schuhe – richtige Frauenschuhe! – passen, bedeutet, dass ich auch schon eine richtige Frau bin. Wenn ich will und wenn ich in sie hineinschlüpfe! Das Bewusstsein „ich bestimme“ fühlt sich sehr gut an. Wenn ich sie besuche, verschwinde ich in der Kammer und gehe aufgeregt und glücklich ein paar Runden.

Ich hätte gerne mehr von solchen Momenten, in denen ich so sein kann, wie ich bin, und Spaß mit mir selbst habe. Ich möchte auch gerne mehr Freundinnen haben, die für mich da sind und mich nehmen, wie ich bin. Und ich will, dass ich mich bei meinen Vorhaben nicht mehr von dem irritieren lasse, was „die anderen“ dazu sagen könnten. Ist eine Freundschaft auf „Ende nie“ angelegt, verursachen mir die Regeln, die für immer gelten sollen, eine Art Dauerstress: „Du willst weg von hier? Und was wird dann aus unserer Freundschaft? Wirst du mich überhaupt noch kennen, wenn du auf Besuch kommst?“ Der Wunsch, ich möge mich bitte nie verändern und „immer die Gleiche bleiben“, schnürt mir den Hals zu.

Und wie immer bietet mir der Sommer eine willkommene Abwechslung. Ulrike ist meine Lieblingssommerfreundin. Sie ist zwei Jahre älter als ich und kommt mit ihren Eltern und ihrem Bruder jedes Jahr für drei Wochen in unser Haus. Zu Beginn haben wir uns immer viel zu erzählen. Ein ganzes Jahr muss aufgearbeitet werden. Wir verraten uns die intimsten Geheimnisse. Für mich ist sie eine kleine „Dame von Welt“, und was sie erzählt, wirkt so echt, so wahr. Es ist das, was sie wirklich denkt. So offen und so ehrlich wie mit ihr kann ich mit niemandem sonst sprechen.

In dem Sommer, in dem sie sechzehn Jahre alt ist, verliebt sie sich in den diesjährigen Tankwart, einen Studenten. Dass sie sich in ihn verliebt, kann ich gut verstehen. Mir gefällt er auch sehr. Er erwidert ihre Gefühle und ich darf an der ersten richtigen Liebesgeschichte in meinem Leben als Liebesbotin teilhaben. Die Zartheit, die Vorsicht und die stille Freude, die die beiden ausstrahlen, tun auch mir sehr gut. Es ist so anders als der raue Ton und die groben, ungeschickten Annäherungsversuche, die ich aus dem Gasthaus kenne. Daher helfe ich ihnen auch gerne, sich von den Erwachsenen abzuschirmen, und suche nach geschützten Orten für ihre Rendezvous. Ich erfinde Erklärungen für ihre Abwesenheit, die Ulrike dann ihren Eltern präsentiert, und stehe ihr Tag und Nacht für Gespräche zur Verfügung.

Nach einem Treffen mit dem Tankwart will mich Ulrike dringend sprechen. Ich muss ihr helfen. Sie hätten sich geküsst und jetzt befürchte sie, schwanger zu sein. Ich glaube, ich höre nicht richtig. Sie ist doch schon sechzehn! Ich frage nach, lasse mir die Vorgänge genau schildern und komme aus dem Staunen nicht heraus. Es stimmt! Sie glaubt wirklich, dass man vom Küssen schwanger wird. „Das gibt's doch gar nicht!", denke ich mir, „diese Frau von Welt weiß nicht, wie man wirklich schwanger wird!" Wo sie diese Erklärung denn her habe, frage ich sie. Von ihrer Mutter, sagt sie, und das sei ganz, ganz sicher wahr, denn die müsse es ja wissen. Sie ist so überzeugt davon und ich bin so beeindruckt von ihr, dass ich bereit bin, meine Sicht der Dinge als „unwahr" zu verwerfen und ihre anzunehmen.

Meine Bewunderung für sie, unsere Freundschaft und das, was sie für mich bedeutet, hat mehr Gewicht als das Wissen, das ich aus den Gesprächen der Gäste und aus Artikeln in Zeitschriften zusammengetragen habe. Außerdem gefällt mir Ulrikes Version besser, weil sie eingebettet ist in Zartheit und nicht in raue Worte und nacktes Verlangen. Ich entscheide, dass sie recht hat, ohne ihr das zu sagen, weil ich sehe, wie sie das, was ich ihr über das Kinderkriegen berichte, beruhigt: „Nein, vom Küssen kannst du sicher nicht schwanger werden! Keine Angst!" Sie übernimmt dankbar meine Version und ich ihre. So helfen wir uns gegenseitig. Das ist wahre Freundschaft. Wie in den Büchern über „Hanni und Nanni". Doch auch dieser Sommer hat ein Ende und es ist an der Zeit, mich von einer echten Expertin aufklären zu lassen. Gitti ist Mitte zwanzig, bei uns als Zimmermädchen angestellt und meine mütterliche Freundin. Ich bin ihre Vertraute in Beziehungsangelegenheiten und daher bin ich auch überzeugt, dass sie die Richtige dafür ist. Ich frage und sie erzählt. „Hatte ich doch Recht!“, denke ich mir, als sie mir meine ursprüngliche Version bestätigt, und bin mir nicht sicher, ob ich mich darüber freuen soll.

Die Welt um mich scheint dichter zu werden. Ich bin nicht mehr zu übersehen. Täglich prasseln Szenen, Worte und Erwartungen auf mich ein, die mich herausfordern, etwas aus ihnen zu machen. Eine Situation schnell einzuschätzen, sie auf mögliche Gefahren zu überprüfen und entsprechend zu reagieren, wird zu meinem wichtigsten Überlebensinstrument. Zeigte sich der Missbrauch früher im Übergangenwerden oder in Ansprüchen der Erwachsenen, die mich überforderten, so richtet er sich jetzt direkt auf meinen Körper. Habe ich einen guten Tag, geht es mir wie bei meinem Lieblingsballspiel, dem „Völkerball“: Meine ganze Aufmerksamkeit richtet sich darauf, dem Ball, der mich abschießen will, zu entgehen oder ihn zu fangen, um dann wählen zu können, wohin ich ihn schieße. Schlechte Tage versuche ich möglichst schnell wieder zu vergessen.

Und dann kommt der Sommer, in dem ich fünfzehn Jahre werde. Konnte ich bis jetzt um das Gasthaus noch einen großen Bogen machen, wenn ich mich vor seinen Gästen schützen wollte, erfährt diese Wahlmöglichkeit ein rapides Ende. Mitten im Hochbetrieb kündigt eine der beiden Kellnerinnen. Eine mittlere Katastrophe für den Betrieb. „Du musst uns helfen und einspringen!“, sagt meine Mutter und bindet mir eine kleine, weiße Schürze und eine schwarze Ledertasche um die Taille. Sie drückt mir eine große, schwarze Geldtasche in die Hand, erklärt mir in ein paar Minuten die Aufgaben einer Kellnerin und zeigt mir, wie ich in meinen Händen mindestens fünf große Teller mit Schnitzeln, Saucen, Reis und Kartoffeln unterbringen kann. Dann schickt sie mich in das Lokal, in dem mich hungrige und durstige Durchreisende empfangen, die aus ihrer Sicht schon viel zu lange darauf gewartet haben, bedient zu werden.

„Ich will nicht! Ich will nicht!“, hämmert es in meinem Kopf. „Nein, bitte nicht! Nicht das!“ Mein Körper wird steif, und es erscheint mir unmöglich, dass er mich in den Raum mit den Gästen wird tragen können. Wie ein Roboter setzt er einen Schritt vor den anderen, während ich mich bemühe, die Mundwinkel zu einem Lächeln hochzuziehen. „Was darf ich Ihnen bringen?“, höre ich mich plötzlich fragen und schaue mir selbst zu, wie ich von einem Tisch zum nächsten gehe und auf einem kleinen Papierblock, den ich in der weißen Schürze gefunden habe, die Bestellungen niederschreibe. Dieser Schritt, zu dem ich gezwungen worden bin, verändert mein Leben von Grund auf. Nach Tagen und Wochen, in denen ich laufend mit Überforderung zu kämpfen habe, werden schließlich das Gasthaus zu meinem Wohnzimmer und die Gäste zu meiner erweiterten Familie.

Ich stehe hinter der Theke und höre zu. Erzählt wird viel. Vorrangig von Männern. Und worüber reden diese meist? Über Frauen. Sie prahlen mit ihren Erfahrungen, während sie zugleich betonen, wie unwichtig Frauen doch seien. Will einer auf der internen Beliebtheitsliste ganz oben stehen, sollte er so viele Frauen wie möglich „gehabt haben" und nichts Gutes an ihnen finden. Außer vielleicht, dass die eine oder die andere besonders „geil" gewesen sei. Schilderungen, wer wann mit wem, wo und wie oft Sex hatte, machen die Runde. Je höher der Alkoholpegel steigt, desto waghalsiger werden die Schilderungen und umso häufiger die Wiederholungen.

Wenn es mir zu viel wird, mische ich mich ein. Rotzfrech und mit einer inneren Sicherheit, die weiß Gott woher kommt, fahre ich mitten hinein und finde so gut wie immer einen Schalter, der die aggressiv klingenden Unterhaltungen stoppt. Ich weiß, dass mindestens die Hälfte davon erfunden ist, und lese aus der Art, wie wer erzählt, heraus, was erzählt wird, und was sich in der Person wirklich abspielt.

Als dann eines Tages zwei junge Männer in unserem Haus Urlaub machen und ich die Gelegenheit bekomme zu erfahren, wie die männlichen Stammgäste auf die ungewohnten Impulse der beiden reagieren, sehe ich meine Annahmen bestätigt. Die beiden sind ein Paar und bekennen sich öffentlich zu ihrer Homosexualität. Als ich sie das erste Mal darüber im Lokal reden höre, erschrecke ich. Ich habe Sorge, dass die einheimischen Männer sie niedermachen und verletzen könnten. Doch wie es sich schon bald herausstellt, ist meine Sorge unbegründet. Mehr noch. Ich glaube, ich sehe und höre nicht richtig: Die beiden Männer rocken das Lokal. In der Woche, in der sie da sind, ziehen sie viele Gäste an und die Stimmung im Lokal ist bewegt bis begeistert. Es wird viel diskutiert und ab und zu fallen auch die Worte „Liebe" und „Gefühle" in bisher ungehörten Zusammenhängen. Aber am meisten erstaunt es mich, dass die beiden Männer, die in der Gegend als „die größten Frauenhelden" gelten, nicht von der Seite der beiden schwulen Männer weichen. Sie scheinen von diesem Kontakt am meisten für sich zu profitieren und erzählen mir noch Monate danach davon.

Die Beobachtungen, die ich zum Thema „Beziehungen“ mache, dienen mir fast ausschließlich dazu, zu wissen, was ich nicht will. Auf der einen Seite sehe ich viele, die sich, wie meine Eltern, gegenseitig das Leben schwermachen. Auf der anderen Seite sehe ich Paare, die alles richtig zu machen scheinen. Sie gehen gemeinsam zur Kirche, erziehen ihre Kinder in „geordneten Verhältnissen“, sind Mitglieder in diversen Vereinen und grüßen freundlich, wenn man ihnen begegnet. In das Leben Letzterer bekomme ich nicht mehr Einblick, denn zu ihrem Lebenswandel gehört auch, Orte wie unser Gasthaus zu meiden.

Was mich selbst anbelangt und die Chancen, die ich mir ausrechne, erfüllende Beziehungen zu erleben, wird in diesen Jahren von Zweifel überschattet: „Welcher interessante Mensch soll sich denn schon für jemanden wie mich interessieren? Ich komme vom Land und bin noch dazu ein Gasthauskind. Ich muss froh sein, wenn mich überhaupt jemand mag.“ Während mich mein Gehirnkino mit solchen und anderen Gedanken ablenkt, schwirren die jungen Männer des Tales um mich herum und kämpfen um meine Aufmerksamkeit.

Was mein Interesse für meine Umwelt anbelangt, für die Menschen, ihre Geschichten und für das, was sie aus ihrem Leben machen, bin ich mittlerweile hellwach. Ich beobachte, höre zu, stelle Fragen und sauge alles auf, was ich sehe und erzählt bekomme. Seit ich auch die Stammgäste zu meiner „Familie“ zähle, wächst der Kreis derer, auf deren Seelenheil ich achte. Ich will helfen. Ich will die Menschen und die Welt verändern. Ich will dabei sein, wenn sie sich von Aschenputteln in Prinzessinnen und von Fröschen in Prinzen verwandeln. Am liebsten so schnell wie irgendwie möglich. Denn ich kann sehen, was in ihnen steckt, und dass sie in der Lage sind, sich ihre Wünsche zu erfüllen, während sie selbst so tun, als seien sie nur hier, um Katastrophen, Missgeschicke und Enttäuschungen einzusammeln. Es ist mir unverständlich, dass sie selbst nicht sehen, was ich sehe, und dass sie laufend Gelegenheiten verstreichen lassen, glücklich und frei zu werden. Und es ist mir schleierhaft, warum sie, obwohl sie mir immer wieder versichern, es zu wollen, nicht einmal einen kleinen Veränderungsschritt wagen. Während meines Studiums und auch danach werde ich oft an diese Zeit zurückdenken und darüber staunen, wie intensiv meine Lehrjahre im Gasthaus waren. Das Studium selbst wird mir dann wie der Zuckerguss auf einer Torte erscheinen, die ich bereits in diesen Jahren gebacken habe. Ohne Rezept dem folgend, was mir „logisch“ erscheint.

Mir ist schon bewusst, dass die meisten der jungen Männer nicht wegen meiner guten „Kochkünste“ meine Nähe suchen, sondern weil ich für sie eine attraktive Gesprächspartnerin bin und weil sie an mir ihr Geschick im Umgang mit jungen Frauen erproben können. Und ich selbst will auch nicht nur „kochen“, genau genommen will ich schlicht und einfach Spaß haben, will flirten, will tanzen, will ausgeführt werden in andere Lokale und an romantische Orte. Dank des Lokals habe ich viele Möglichkeiten, zu gestalten und die Menschen anzulocken, für die ich mich interessiere. Ich habe mittlerweile den Ankauf neuer Schallplatten für die Musikbox übernommen und einen Raum des Hauses so hergerichtet, dass ich in ihm Disco-Abende veranstalten kann. Es ist viel los und es fühlt sich gut an, das Geschehen unter Kontrolle zu haben und ihm nicht mehr ausgeliefert zu sein.

Mittlerweile kann ich auch die Blicke der jungen Männer, die auf mir ruhen, genießen. Auch wenn der eine oder der andere „Ich liebe dich“ oder etwas Ähnliches haucht, manchmal mutig nach ein paar Bieren, manchmal schüchtern beim Abschied, tut mir das gut. Zuweilen bekomme ich eine Liebeserklärung auch über einen Schlager aus der Musikbox vermittelt, begleitet von entrückten Blicken: „In deinen Augen steht so vieles, was mir sagt: Du fühlst genau so wie ich. Du bist das Mädchen, das zu mir gehört. Ich lebe nur noch für dich. Du bist alles, was ich habe auf der Welt, du bist alles, was ich will. Duhuhu, du allein kannst mich versteh‘n, duhuhu, du darfst nie mehr von mir geh‘n!“, singt Peter Maffay für sie. Und während ich den Worten lausche, frage ich mich: „Will ich das? Will ich so geliebt werden?“

Gegen Märchenprinzen mit schnellen Autos, viel Geld und einer anerkannten Position bin ich auf jeden Fall immun. Denn auch wenn ich mich von dem einen oder dem anderen angezogen fühle, so hält mich letztlich der Geruch von Abhängigkeit davon ab, mich auf eine Beziehung einzulassen. Käme allerdings ein Hippie mit Gitarre und zwei Flugtickets nach San Francisco in der Gesäßtasche seiner hautengen Jeans im Gasthaus vorbei und würde zu mir sagen „Komm! Lass uns abhauen!“, würde ich wohl mit ihm gehen. Zumindest bis San Francisco.

Wird mir die Aufmerksamkeit, die ich bekomme, zu viel, erlebe ich mich wie in einem Schaufenster. Ich muss immer damit rechnen, gesehen zu werden. Während ich mir die Gesichter der Gäste nur teilweise merken kann, bin ich selbst als eine von wenigen jungen Frauen in der Öffentlichkeit leicht wiederzuerkennen. Einmal werde ich von unserem Tankwart auf einen Kaffee eingeladen. Ich bitte ihn, ein Lokal zu wählen, das so weit weg ist von meinem Elternhaus, dass wir in Ruhe plaudern können, ohne erkannt zu werden. Er fährt mit mir ans andere Ende des Tales in einen Ort, den ich noch nie gesehen habe. In dem Lokal sind nur drei Gäste, die ich nicht kenne. Ich genieße den Ausflug. Als ich drei Stunden später wieder zu Hause ankomme, erwartet mich schon meine Mutter mit der Frage: „Was hast du am anderen Ende des Tales zu suchen? Und noch dazu mit unserem Tankwart?“ Ich will frei sein. Ich will tun können, was ich tun will. Ich will Beziehungen erleben, wie ich sie noch nie erlebt habe.

Bildung macht frei

Ende August verlassen die letzten Urlauber unser Haus, und die Herbstnebel ziehen ins Tal ein. Die Luft riecht feucht und würzig. Ich stehe jetzt wieder fast ein Jahr lang jeden Morgen bei der Bushaltestelle, um in das Gymnasium zu fahren. „Was wird das neue Schuljahr bringen? Wer wird heuer in meiner Klasse sein? Welche Lehrer werden wir bekommen? Werde ich auch dieses Jahr wieder in die nächste Klasse aufsteigen können? Und steigt damit meine Chance, die Matura zu schaffen?“, ist alles, was mich jetzt beschäftigt.

Ich war eine von drei SchülerInnen in der vierten Klasse der Volksschule, deren Aufstieg in eine weiterführende Schule die Lehrerin befürwortete. Während die anderen zwei, beide Buben, und deren Eltern sich für die Hauptschule entschieden, und die restlichen achtzehn SchülerInnen in der Volksschule blieben, war es für mich vollkommen klar, dass ich die Aufnahmeprüfung in das Gymnasium machen möchte. Nicht, weil ich mir so gescheit vorkam, nein, weil dieser Schritt einer war, der mich am weitesten von zu Hause wegbrachte. Ich wusste nicht, was ich einmal machen wollte, aber ich wusste ganz genau, dass ich immer das wählen sollte, was mir den größtmöglichen Spielraum einbrachte und mir so viel wie möglich offenhielt. Und so kam ich in das Bundesgymnasium in Klagenfurt.

Ich bin die Erste aus meiner Herkunftsfamilie, die eine höherbildende Schule besucht. Ich bin mir sicher, dass ich das will, aber ich bin mir nicht sicher, ob ich es auch bis zur Matura schaffen werde. Daher konzentriere ich mich immer nur auf das eine Schuljahr, in dem ich mich gerade befinde. Ein Jahr kann ich überschauen und kann auch sehen, dass ich es erfolgreich abschließen kann. Mehr geht nicht. Stelle ich mich auf die Matura ein, erscheint mir diese unendlich weit weg, und mein Verstand schließt daraus: „Das ist zu groß und unerreichbar für dich!“ Doch mit den kleinen Schritten, von einem Jahr zum nächsten, komme ich ganz gut zurecht. Diese Strategie hilft mir auch über andere Hürden hinweg.

Die meisten Schüler und Schülerinnen in meiner Klasse sind aus der Stadt. „Vom Land“ zu kommen bedeutet nichts Gutes. Ich fühle mich nicht wohl damit, „ein Mädchen vom Land“ zu sein. Doch auch das Stadtleben erscheint mir nicht besonders attraktiv, und daher können mich die Schüler und Schülerinnen, die ihre Bedeutung daraus zu schöpfen scheinen, nicht allzu sehr beeindrucken. Es kann schon vorkommen, dass ich manchmal neidisch bin auf ein Stadtmädchen, um das sich alle scharen, oder auf eine Erzählung darüber, „was gestern in der Stadt wieder Tolles los war“, doch der Neid hält sich nicht lange in mir. Das Leben, das ich zu Hause führe, bietet mir so viel, dass ich vollauf damit und mit dem, was für die Schule zu tun ist, beschäftigt bin. Ich bin eine ganz gute Schülerin, von den Noten her bewege ich mich im oberen Mittelfeld. Die Hausaufgaben mache ich immer alleine und wie nebenbei. Diese Sicherheit, die in mir ist, und das Einfachtun kommen jedoch nie ganz in meinem Kopf an. Er kann nicht sehen, wie reibungslos ich von Jahrgangsklasse zu Jahrgangsklasse weitermarschiere, und schließt daher nie daraus, dass ich die Matura und vielleicht sogar ein Studium genauso leicht schaffen könnte.

Und dabei gibt es Lehrer, die mir das Leben nicht gerade leicht machen. In der zweiten Klasse habe ich eine Deutschlehrerin, die uns zur ersten Schularbeit ein Thema aufgibt, das wir Wochen zuvor schon als Hausaufgabe bearbeiten mussten. Als sie uns die Hefte zurückgibt, lässt sie mich zu ihrem Pult kommen und stellt sich mit mir vor die Klasse. Sie hält eine glühende Rede für „die Kinder vom Land“ und lobt meine Schularbeit. Ein Einser sei es geworden, sagt sie, doch leider, leider könne sie es nicht dabei belassen, denn ich hätte „geschwindelt“ und aus dem Hausaufgabenheft abgeschrieben. Infolgedessen sei es ein „nicht genügend“, weil sie sich nicht „von einem Landmädchen hinters Licht führen“ lasse! Es ist schrecklich für mich, so bloßgestellt zu werden vor der gesamten Klasse und noch dazu an meinem wundesten Punkt.

Zu Hause erzähle ich alles meiner Mutter. Sie geht daraufhin in die Sprechstunde der Lehrerin und erklärt ihr, dass das nicht wahr sei. Tage später kommt die Lehrerin zu uns nach Hause. Ich spiele gerade mit den Dorfkindern auf der Wiese hinter dem Haus „Wer fürchtet sich vorm schwarzen Mann?“. Sie schaut uns zu, lächelt und spricht eine Zeitlang mit mir und meiner Mutter über dies und das. Ich freue mich sehr darüber, dass sie so lieb zu mir ist, und denke mir, dass jetzt wieder alles gut sei. In der nächsten Deutschstunde stellt sie sich vor die Klasse und beginnt mit der Frage: „Wisst Ihr, womit sich die Kinder vom Land am Nachmittag beschäftigen?“ Es folgt eine abwertende Schilderung nach der anderen von ihrem Besuch bei mir zu Hause, bis sie mich schließlich ein „dummes Trutscherl“ (einfältiges, schüchternes Mädchen) nennt und meint, dass man von „so einem naiven Ding wie mir ja nichts Besseres erwarten könne“. Weil ich „zu schwach sei, mich selbst zu wehren“, hätte ich meine Mutter zu ihr geschickt, damit ihr diese erzähle, dass das mit dem Abschreiben der Schularbeit nicht wahr sei. Sie glaube mir zwar nicht, gebe mir jetzt aber statt eines Fünfers einen Vierer, „weil sie ja nicht so sein wolle“. Monate später wird diese Lehrerin in der Schule nicht mehr auftauchen und Jahre später werde ich erfahren, dass sie in die Psychiatrie eingewiesen und vom Dienst suspendiert worden sei, weil sie in einer anderen Klasse „mit ihren Methoden zu weit gegangen“ war.

Gegen Ende der vierten Klasse steht wieder eine Entscheidung an: Bleibe ich an dieser Schule und mache ich hier die Matura oder soll ich in eine berufsbildende Schule wechseln? Ich bin unschlüssig, weil ich mir ja noch immer nicht zutraue, die Matura zu schaffen. Meine Eltern lassen sich von einem Freund beraten, der ihnen als Fachschulabsolvent kompetent erscheint: „Für eine Frau ist es besser, sie lernt möglichst bald einen Beruf, damit sie arbeiten und Geld verdienen kann, um dann für die Familie da zu sein, wenn es so weit ist“, meint dieser und schlägt vor, die Aufnahmeprüfung in die Handelsakademie zu machen. Mit dieser Matura könne ich dann auch gleich danach etwas anfangen. Ich könne in einer Bank unterkommen oder als Sekretärin in der Privatwirtschaft. Ich kann dem Argument, möglichst schnell zu eigenem Geld zu kommen, viel abgewinnen, mache die Aufnahmeprüfung und melde mich mit Ende des Schuljahres aus dem Gymnasium ab. Alles wunderbar. Ich freue mich auf die neue Herausforderung, denn eine Matura mit Berufsausbildung zu erreichen erscheint mir machbarer. Bis zum ersten Schultag!

Mein neuer Schulweg führt mich an meiner alten Schule vorbei und ich sehe die Schüler und Schülerinnen in das vertraute Gebäude stürmen. Das zu sehen und weitergehen zu müssen bricht mir fast das Herz. Wie ferngesteuert setze ich einen Fuß vor den anderen in Richtung Handelsakademie. Beim Betreten der neuen Schule finde ich alles schrecklich: Die Eingangshalle ist zu groß, die Treppen zu flach, die SchülerInnen zu laut, die LehrerInnen zu ernst. Als ich nach einem nicht enden wollenden Spießrutenlauf endlich bei meinem Platz in der neuen Klasse ankomme, nehme ich die SchülerInnen wie durch Watte wahr. In meinem Kopf hämmert es: „Was mache ich da? Was mache ich da? Was mache ich da!!!“

Die erste Stunde geht irgendwie an mir vorüber. Als in der zweiten Stunde eine Lehrerin darüber zu sprechen beginnt, was uns in „Buchhaltung“ in diesem Jahr erwarte, stehe ich auf, nehme meine Schultasche und verlasse fluchtartig den Raum. Ich melde mich beim Direktor von der Schule ab und – wieder auf der Straße – fällt mir ein Fels vom Herzen. Schnurstracks gehe ich zurück ins Gymnasium, in „meine“ Klasse. Mein ehemaliger Klassenvorstand sitzt am Lehrerpult und sagt erstaunt: „Singer, du kannst hier nicht bleiben! Du bist abgemeldet.“ Das irritiert mich und öffnet mir für Sekunden den Blick in meine unmittelbare Zukunft: „Ich will hier maturieren und dann studieren!“, höre ich mich bestimmt sagen. „Gut“, meint der Klassenvorstand, „wenn du dir so sicher bist, dann besprich das mit dem Herrn Direktor, denn nur der kann dich wieder aufnehmen.“ Der Herr Direktor nimmt mich wieder auf und den Rest des Schultages verbringe ich bereits überglücklich in meiner neuen, alten Klasse. Zu Hause erzähle ich meinen Eltern von meiner Wahl. Sie sind einverstanden.

Es ist das erste Mal, dass ich so eine große Entscheidung alleine treffe und durchziehe, und es ist ein supertolles Gefühl. Alles stimmt. Und das Beste daran ist, dass ich jetzt weiß, dass alles gut gehen wird: „Ich werde die Matura machen. Und ich werde nach Wien gehen, um zu studieren. Probieren werde ich es auf jeden Fall. Schritt für Schritt. Dass das funktioniert, weiß ich ja bereits.“

Trimester um Trimester vergeht und ich komme gut in der siebenten Klasse an. Unser Religionslehrer, ein katholischer Priester, erzählt in seinem Unterricht immer wieder von seinen Reisen, die er in den Ferien unternimmt. Dazu lade er auch ab und zu Schüler ein, sagt er. Einige Wochen vor Ostern kündigt er eine Reise nach Oberitalien an, die er für die Osterferien plane. Auf diese Reise sei er bereit, zwei bis drei Schüler oder Schülerinnen mitzunehmen. Zwei meiner Mitschülerinnen überzeugen mich, mitzufahren. Wir wollen Spaß haben und uns von unserem Lehrer die Welt zeigen lassen. Meine Eltern sind dafür.

Drei Tage vor Reisebeginn – mittlerweile freue ich mich schon sehr drauf – ruft der Lehrer bei mir zu Hause an und teilt mir mit, dass die beiden anderen Mädchen abgesprungen seien. Enttäuscht sage auch ich ab. Doch der Lehrer gibt nicht auf und kommt zu mir nach Hause. Er redet so lange mit meinen Eltern und mit mir, bis meine Eltern und ich schließlich einwilligen. Ich fahre. Alleine. Mit ihm. Seine Hartnäckigkeit und meine große Reiselust führen zu dieser Entscheidung.

Wir fahren mit seinem Volkswagen durch Oberitalien. Jeden Tag besuchen wir eine andere Stadt. Alles blüht, es ist warm und ich werde mit Geschichten, Anekdoten und Kunstwissen gefüttert. Ich genieße die Schönheiten dieses Landes. Und ich bin hellwach. Hochkonzentriert achte ich darauf, dass die Aufmerksamkeit des Lehrers bei der Schönheit des Landes bleibt. Gegen Ende der Reise wollen wir in einer Klosterherberge übernachten, doch es sind keine Einzelzimmer mehr frei. „Dann geben Sie uns ein Doppelzimmer", meint der Lehrer an der Rezeption. Auf den Einwand der Rezeptionistin, dass ein junges Mädchen und ein alter Mann nicht in ein gemeinsames Zimmer dürften, antwortet er entrüstet: „Ich bin doch Priester! Was denken Sie!" Und zum Beweis zieht er sein Kollar heraus und befestigt es um seinen Hals.

Zu meinem Entsetzen lässt sich die Frau davon überzeugen. „Wie konnte sie nur nachgeben?", frage ich mich ängstlich und verärgert zugleich. Warum ist ihr denn nicht bewusst, dass sie mit ihrer Reaktion Missbrauch Vorschub leistet? „Das kenne ich doch von wo!", denke ich mir und erinnere mich an all die Doppeldeutigkeiten, denen ich im Gasthaus meiner Eltern schon ausgeliefert war. Zum ersten Mal auf dieser Reise wird mir bewusst, dass ich mich in einer gefährlichen Situation befinde und mich möglicherweise nicht so gut vor Missbrauch schützen kann, wie ich denke. Ich sage dem Lehrer, dass ich sofort nach Hause möchte, weil ich nicht mit ihm in einem Ehebett schlafen will. Er reagiert gekränkt und verspricht mir, mich nicht zu berühren. Außerdem hätte ich ja auch das Geld nicht für eine Zugfahrt, meint er. Das Zimmer ist groß. In der Mitte steht ein riesiges Doppelbett. Ich bin müde. Ich schaue ihn ernst an und sage: „Greifen Sie mich ja nicht an! Ich werde es allen erzählen!" Ich lege mich ganz an den Rand des Doppelbettes und mache kein Auge zu in dieser Nacht. Das tiefe Atmen im Nebenbett beruhigt mich ein wenig. Die ersten Sonnenstrahlen fühlen sich wunderbar an. Ich habe überlebt. Und ich bin stolz auf mich! Ich habe gut auf mich aufgepasst.

Wieder zu Hause, fällt eine große Last von mir ab, und erst jetzt spüre ich, wie verkrampft und verspannt ich auf der gesamten Reise gewesen bin. Kein Lachen. Keine unkontrollierten Bewegungen. Ich wundere mich, warum mir das nicht schon während der Reise aufgefallen ist. Die Freude über die vielen Sehenswürdigkeiten, die Schätze und der Farbenreichtum haben wohl überwogen. Trotz alledem ist mir bewusst, dass mich diese erste große Reise ohne vertraute Begleitung einen großen Schritt in meiner Entwicklung weitergebracht hat. Sie hat mir gezeigt, dass sie schön ist, „die Welt da draußen", und dass es sich lohnt, sie zu besuchen. Sie hat mir auch gezeigt, dass ich wählen kann und dass ich keinen Preis für das zahlen muss, was ich will, indem ich zum Beispiel meine Leichtigkeit und meine Lebendigkeit unterdrücke.

Unsere Familie lebt davon, freundlich zu allen zu sein und die eigenen Bedürfnisse hintanzustellen. Es ist ihr Geschäft. „Der Gast ist König!", sagte meine Mutter und ich gab mein Bestes, indem ich mich selbst so weit wie möglich zurücknahm. Auch wenn es mich innerlich manchmal fast zerriss, achtete ich darauf, dass nichts davon nach außen drang. Training machte schließlich die Meisterin. Ich lernte zu lächeln und mehr und mehr zu übersehen, worauf ich ohnehin nicht reagieren sollte. Doch zeitgleich mit diesem Training wuchs auch die Sehnsucht in mir, ich selbst sein zu können, und ich verschob dieses Vorhaben immer wieder auf die Zeit nach der Matura. Umso glücklicher macht mich jetzt die Erkenntnis, dass ich auf der Italienreise einen kleinen Teil davon bereits verwirklichen konnte.

Gestärkt durch diese Erfahrungen engagiere ich mich zu Hause bewusster für das, was mich interessiert. In einem unserer Fremdenzimmer lebt seit einigen Jahren ein junger Mann mit der Diagnose „Schizophrenie". Er wird von einem Sachwalter betreut und ist Teil unserer erweiterten Familie. Er selbst heißt Johann, seinem zweiten Ich hat er den Namen „Adolf" gegeben. Adolf ist der Name für den bösen Teil, wie könnte es auch anders sein. Johann ist der Gute. Er lebt diese beiden Identitäten so eindeutig, dass es mir auch ohne Studium sehr leichtfällt, die Dramaturgie zu erfassen. Die Art und Weise, wie Johann sein Leben organisiert, wie er darüber erzählt und was er so macht, faszinieren mich. Vor allem der Umstand, dass er nicht besonders unter dieser „Diagnose" zu leiden scheint. Im Gegenteil, er scheint die Freiheit, die ihm die Wahl – Johann oder Adolf? – bietet, mitunter sogar zu genießen. Auf die Frage, wie es ihm gehe, antwortet er meist „gut!" und betont immer wieder, wie stolz er sei, nicht mehr bei den Eltern leben zu müssen. Er genießt auch die Aufmerksamkeit, die er von unseren Gästen bekommt. Diese übertreffen sich gegenseitig im Erfinden von Heilungsangeboten, wie eine Todesanzeige für „Adolf" und Ähnliches. Gefällt ihm ein Vorschlag nicht, dreht er sich um und geht weg mit dem Hinweis: „Den Adolf interessiert das nicht!"

Das alles beobachte ich ein paar Monate, und weil ich – trotz der vielen Versuche unterschiedlichster Menschen – bei Johann keinen Heilungserfolg wahrnehme, schreite ich zur Tat und bitte ihn zu einem Gespräch unter vier Augen. Freudig steigt er darauf ein und wir setzen uns zusammen. Ohne zu ahnen, dass es so einen Beruf mit dem von mir gewählten „Setting" – vereinbarter Termin, klarer Auftrag, störungsfreier Raum – einmal geben wird, setzen wir uns in seinem Zimmer zusammen.

Ich spreche und er hört zu. Schritt für Schritt erläutere ich ihm sein Verhalten, mache ihm die Zusammenhänge bewusst und versichere mich bei jedem Schritt, dass er mir folgen kann.

„Du heißt Johann. Du bist dreißig Jahre alt und du lebst seit ein paar Monaten hier bei uns."

„Ja. Stimmt."

„Manchmal denkst du, dass du „Adolf" heißt, und dann tust du das, was Adolf tun würde."

„Ja. Genau."

„Der Adolf macht lauter Sachen, die verboten sind. Er schimpft. Er ist frech und er denkt schlecht über andere. Der Johann ist nett, freundlich und brav."

„Genau! Woher weißt du das? Genau so ist es!"

„Jetzt sag` ich dir was: Es gibt nur eine Person, nicht zwei. Und diese Person heißt Johann. Den Adolf, den bildest du dir nur ein. Du ziehst ihn aus dem Sack, so wie es dir passt."

„Na geh! So ist es? Sehr interessant!"

„Ja, so ist es! Hast du jetzt alles verstanden?"

„Ja. Hab ich. Danke! Weißt du, was jetzt ganz toll wäre? Wenn du das auch noch dem Adolf erklären könntest!"

Was für eine Enttäuschung! Für mich. Johann wirkt sehr zufrieden und geht weiterhin seiner Wege. Ich kann es nicht fassen, dass ich es nicht geschafft habe! So viel Mühe habe ich mir gegeben und jetzt das! Ich komme nicht an ihn heran. Wo doch sein Glück so zum Greifen nahe ist! Unbegreiflich! Nach einigen qualvollen Gedankenrunden kann ich schließlich akzeptieren, dass Johann seinen „Adolf“ behalten will. Zumindest will er ihn sich nicht von mir oder den Gästen wegnehmen lassen. Was habe ich ihm denn schon als Alternative zu bieten? Ich werde in einigen Monaten für immer diesen Ort verlassen und er wird – so wie jetzt auch schon – auf sich alleine gestellt sein. Immerhin hat er es mit der Hilfe von Adolf bereits geschafft, seine Eltern zu verlassen und auf eigenen Beinen zu stehen. Etwas, das mir noch bevorsteht.

Ich bin bereits in der achten Klasse und ein Studium rückt in greifbare Nähe. Je näher ich an die Matura herankomme, desto konkreter werden auch meine Vorstellungen von dem, was ich studieren will. Auf jeden Fall ein Studium, das „etwas mit Menschen zu tun hat“. Bei der Berufsberatung in der Schule nenne ich dem Berater daher meinen Herzenswunsch: „Ich möchte gerne Psychologie studieren!“ „Vergessen Sie das, das macht heutzutage schon jeder! Sie werden damit keine Arbeit bekommen“, meint er im Jahr 1971 und empfiehlt: „ Machen Sie ein Lehramtsstudium! Lehrer werden immer gebraucht.“ Und obwohl ich genau weiß, was ich will, und bereits Erfahrungen gesammelt habe, die mir das bestätigen könnten, lasse ich mich von dieser Beratung beeindrucken und entscheide mich für das Lehramt in „Englisch und Deutsch“.

Es ist Frühjahr und ich stehe kurz vor der Matura. Zu Hause ist es mittlerweile eng geworden für mich. Vor allem die Auseinandersetzungen mit meinem Vater sind heftig und ich will nur noch heraus aus diesem Haus und aus den Kämpfen, die ich führe. Bei einem Streit mit meinem Vater – er will mir vorschreiben, mit welchen jungen Männern ich sprechen darf und mit welchen nicht – flippe ich total aus. „Jetzt will er sich plötzlich in mein Leben einmischen? Jetzt? Wo war er, als ich ihn wirklich gebraucht hätte?“, denke ich verärgert und schreie mir die Seele aus dem Leib, schlage wild um mich und möchte am liebsten aus der Haut fahren. Ich will abschütteln, was an mir klebt, will von mir schleudern, was sich meiner bemächtigt hat. Mitten in dieser berauschenden Orgie unkontrollierter Bewegungen sehe ich plötzlich die Augen meines Vaters, nehme ich die Angst, die Sorge und die Liebe in ihnen wahr und höre, wie er sagt: „Du bist ja völlig fertig. Brauchst du Hilfe? Soll ich dich in die Psychiatrie einliefern lassen?“ Während ich weitertobe, breitet sich trotz dieser Dramatik ein erlösendes Gefühl in mir aus und erleichtert denke ich: „Ich habe sein Herz erreicht. Er sieht mich. Endlich!“

Obwohl ich mich seltsamerweise weigere, mich „ordentlich“ auf die Abschlussprüfungen vorzubereiten, schaffe ich die Matura und kann es kaum fassen, dass ich jetzt dort bin, wo ich immer hinwollte. „Spekulantin!", flüstert erbost mein geliebter Deutschlehrer bei der Zeugnisüberreichung in mein Ohr und löst damit Verwirrung aus in mir. „Ich habe ihn wohl enttäuscht", denke ich und spüre die Absicht nicht, die er mit seinem Vorwurf verbindet. Stattdessen wird mir in diesem Moment bewusst, dass mein (Nicht-)Tun dazu hätte führen können, die Erfüllung meines größten Herzenswunsches zu verhindern. Gleich nach der Matura mache ich den Führerschein. Ein weiteres Symbol für „Freiheit". Dass meine Eltern meinem Plan, nach Wien zu gehen, um zu studieren, zustimmen, macht mich sehr froh und ich bin seltsam zufrieden damit, dass ich das Geld für mein Studium selbst verdienen muss. Freiheit! Dafür bin ich bereit, jeden Preis zu bezahlen.

3

In die Welt hinaus

Endlich frei, oder?

Es ist so weit. Ich bin frei! Endlich! Im September 1971 bringt mich mein Vater mit seinem Auto und einem Koffer nach Wien. Es ist ein großer, ein sehr großer Schritt, den ich mache, und ich kann es kaum erwarten, nur mehr das zu tun, was ich wirklich tun will. Meine beste Freundin verlässt mit mir den Ort und so fällt mir der Übergang leicht. Sie hat sich eine Arbeitsstelle in Wien organisiert und wir beziehen gemeinsam eine Untermiete bei einem alleinstehenden, pensionierten Polizisten. Als mich einige Tage nach dem Einzug ein Brieffreund aus Deutschland besuchen kommt und ich ihn – gemeinsam mit meiner Freundin – vor Schreck, weil er sich so unangenehm anfühlt, anlüge, dass ich ins Krankenhaus müsse, beschwert sich dieser bei meinem Wohnungsvermieter über mein Verhalten, während ich mit meiner Freundin die Zeit in einem Kaffeehaus absitze. Als wir Stunden später wieder nach Hause kommen und hoffen, dass mein Besucher mittlerweile von alleine draufgekommen ist, dass ich ihn nicht treffen will, empfängt uns ein empörter Vermieter mit den Worten: „Wie kannst du nur einen sympathischen jungen Mann derart enttäuschen? Wenn du so weitermachst hier in Wien, dann wirst du mit einem Messer im Rücken enden!"

Die Prophezeiung erstaunt mich. Die Erkenntnis, dass es „lebensnotwendig" sein könnte für mich, klar und deutlich auszudrücken, was ich will und was nicht, ist neu. Es bleibt vorerst beim Staunen. Um die Erkenntnis auch umsetzen zu können, dazu fehlt mir wohl noch einiges. Meine gesamte Aufmerksamkeit wird davon in Anspruch genommen, mit der neuen Umgebung zurechtzukommen. So gut es geht, versuche ich daher, meine Lieblingsgewohnheiten beizubehalten. Als meine Freundin ein paar Tage nicht da ist und ich mich einsam fühle, will ich mir etwas Gutes tun und meine Lieblingstorte backen. Eine Topfentorte. Nur für mich. Das erste Stück schmeckt köstlich. Auch das zweite bereitet mir Freude.

Als sich am dritten Tag der Geschmack der Torte leicht zu verändern beginnt und sie fast noch so groß ist wie am ersten Tag, macht mich das sehr traurig. Zu Hause hatte ich Mühe, ein zweites Stück zu ergattern, und jetzt, wo alles nur für mich da ist, erkenne ich, dass mir das Teilen den Genuss verschafft hat.

Ich beginne wie geplant mit einem Lehramtsstudium für die Fächer Englisch und Deutsch. Meine Freundin lernt schon bald nach unserer Ankunft in Wien einen Mann kennen und gegen Ende des ersten Semesters teilt sie mir mit, dass sie auf Wohnungssuche seien. Jetzt hält auch mich nichts mehr in der düsteren Wohnung des pensionierten Polizisten. Eine ehemalige Schulfreundin, die dasselbe studiert wie ich, wohnt in einem kleinen Heim für Studentinnen. Dort sei ein Zimmer frei, sagt sie, und ich solle doch bei ihr einziehen.

Anfang 1972 ziehe ich um. Und jetzt, wo ich mitten unter jungen Frauen aus der ganzen Welt bin und „freier" als jemals zuvor, bin ich so einsam wie noch nie. Ich fühle mich halb, ohne mir sicher zu sein, jemals ganz gewesen zu sein. Ein Teil von mir scheint irgendwo zwischen dem Haus meiner Eltern und meinem jetzigen Wohnort liegengeblieben zu sein. So schön und abenteuerlich habe ich mir mein neues Leben vorgestellt und jetzt liege ich in meinem Bett herum, weiß nicht, was ich tun soll, fühle mich hässlich und schwer. „Wo kommt das nur her?", frage ich mich. „Ich war doch immer so stark. So selbstbewusst!" Und mir wird schmerzlich bewusst, dass ich mich – mein Selbstbewusstsein, meine Freude und mein Wohlfühlen – bis jetzt nur in einer vertrauten Umgebung erlebt habe und dass ich es gewohnt bin, auf Anforderungen von außen zu reagieren. Mit dem Raum, der mir jetzt zur Verfügung steht, kann ich nicht umgehen. Ich weiß nicht, wie das geht, etwas aus mir heraus entstehen zu lassen. Aus dieser verwirrenden Leere in mir schließe ich, dass nicht ich es war und bin, die liebenswert und interessant ist und die für ein bewegtes Leben gesorgt hat, sondern dass es „die anderen" waren, die mich zu der Maria, die ich war, gemacht haben.

Läutet der Wecker, um mich daran zu erinnern, dass ich am Abend davor geplant habe, auf die Uni zu gehen, erscheint er mir wie ein Despot, der mich zu etwas zwingen will, zu dem ich nicht in der Lage bin. Ich will nicht aufstehen. Ich kann nicht aufstehen. Womit soll ich die Zeit füllen, die ich angekleidet und aufrecht stehend zur Verfügung habe? Das würde mich nur noch mehr daran erinnern, dass ich nichts bin und nichts kann und mit der Welt da draußen nichts anzufangen weiß. Folglich bleibe ich liegen und zwinge mich dazu, zu schlafen, zu schlafen, zu schlafen. Um Mittag herum verlasse ich das Bett, weil es mir nicht mehr gelingt, in den Raum zwischen Wachheit und Schlaf abzutauchen, in dem mich meine selbstkritischen Gedanken wenigstens für ein paar Minuten in Ruhe lassen. Schaffe ich es bis auf die Uni und spreche ich dort mit den anderen StudentInnen, erkenne ich mich nicht wieder. Ich fühle mich unsicher und klein und die Worte bleiben mir im Hals stecken. Keine Pointe will gelingen, weg ist die Lebensfreude, die ich zu Hause prickelnd und lustvoll versprüht habe. Ich komme mir vor wie eine graue Maus und ich verhalte mich auch so. Immer in Angst, in einem unachtsamen Moment von einer der vielen Katzen um mich gefressen zu werden.

„Habe ich Angst? Vor was?“, frage ich mich. Doch schnell lasse ich diesen unangenehmen Gedanken wieder sein. „Nein, das kann nicht sein! Ich doch nicht!“, denke ich mir und hole mir Gedanken her, die mir sagen sollen, was ich denn mit dem heutigen Tag anfangen könnte. Für die Erkenntnis, dass ich nicht nur mit einem Koffer voller Kleider nach Wien gekommen bin, sondern auch mit ganz viel Angst, ist der richtige Moment noch nicht gekommen. Ich bin noch nicht bereit, es zu sehen.

Ohne dass es mir bewusst ist, sind die Angst und ich mittlerweile ein gut eingespieltes Team. So gut, dass es mir nicht auffällt, dass ich mich an eine Regel halte, die ich von anderen gelernt habe: „Hast du Angst, dann gestehe es dir auf keinen Fall ein. Tu so, als ob alles in Ordnung sei, und sprich auf keinen Fall mit jemand anderen darüber!“ Eines meiner beiden Ohren ist, wie bei meinem Vater, immer offen für Nachrichten aus aller Welt. Höre ich vom Krieg in Vietnam, von den Hungersnöten in Afrika oder von russischen oder amerikanischen Aufrüstungsplänen, schluckt ein dunkler Gedankennebel meine letzten Reste an Zuversicht und Freude. Jetzt, wo die Ablenkungen von zu Hause weggefallen sind, hat mein Verstand alle Zeit der Welt, mir Bilder von Katastrophen aller Art in mein Gedankenkino zu bringen. Gebe ich mich ihnen hin, existiert für mich nichts mehr darüber hinaus.

Was ich nicht will

Die Welt um mich herum dreht sich – unabhängig von dem Kampf, der in meiner Innenwelt stattfindet – weiter und sie präsentiert mir einen Maskenball. Viele junge Männer aus einem anderen Heim werden in das Studentinnenheim eingeladen. Ein Fest, viele Gäste, Musik. Das ist mir vertraut. Nach langer Zeit fühle ich mich wieder wohl und verliebe mich in einen jungen Mann, der aus Südamerika stammt. Seine Eltern sind nach dem Krieg dorthin emigriert. Er gehört zu einer Gruppe südamerikanischer Studenten, die aus reichen Familien kommen und vor der sozialistischen Regierung ins Ausland geflohen sind.

Mein Freund ist im Vergleich zu seinen vor Testosteron strotzenden Freunden ein schlanker und ruhiger junger Mann. Seine Freunde reden laut, fahren bei Rot über die Ampel und lassen sich von ihren attraktiven Freundinnen bewundern. Ihre Gewaltbereitschaft tarnen sie als „Temperament" und „Lebensfreude". Sie sind stolz darauf, Teil einer politischen Bewegung zu sein, deren Anführer sich in Spanien im Exil befindet. Da ich nicht mehr wissen will, belasse ich es bei den Informationshappen, die ich zufällig aufschnappe. Irgendwann bekomme ich mit, dass ihr Anführer für ein paar Tage nach Wien kommen wird und dass das alle sehr beschäftigt.

Eines Nachts, ich schlafe bei meinem Freund in einer Wohnung im Parterre eines kleinen Hauses, reißt uns die Türglocke aus dem Schlaf. Während ich im Bett liegen bleibe, zieht er sich den Morgenmantel über und geht hinaus. Durch die geschlossene Wohnungstüre höre ich mehrere Männerstimmen. Ich kann nicht verstehen, was sie sprechen, aber ich höre, dass es zwischendurch sehr heftig wird. Laut, fordernd und dann wieder beschwichtigend sind die Töne, die an mein Ohr dringen. Es fühlt sich unangenehm an und ich denke mir: „Bitte, bitte lass sie nicht herein!" Dann stelle ich mich auf die Situation ein und schiebe die Eindringlinge in meiner Vorstellung durch die Tür hinaus.

Nach einer gefühlten Ewigkeit öffnet sich die Schlafzimmertür wieder und mein Freund kommt alleine herein. Ich bin erleichtert. Er wirkt sehr aufgewühlt und erzählt, dass das seine Freunde mit ihrem Anführer gewesen seien. Sie seien gekommen, um mich ihrem Anführer zum Geschenk zu machen. Es sei nämlich üblich in dieser Gruppe, dass ihm die Männer ihre Frauen als Zeichen besonderer Wertschätzung anböten. Diesmal hätten sie mich ausgesucht, weil ich als Österreicherin etwas Besonderes für ihn sei.

Ich bin geschockt und erleichtert. Nie im Leben hätte ich meinem Freund so viel Mut und Standhaftigkeit seinen Freunden gegenüber zugetraut. Zugleich wird mir bewusst, dass meine Bitte und das Wegschieben der Besucher in meiner Vorstellung zur Standhaftigkeit meines Freundes beigetragen haben. Auch wenn dieses Erlebnis gut ausgegangen ist, ist es der Anfang vom Ende unserer

Beziehung. Ich schaue jetzt genauer hin zu dem, was sich um mich herum tut, und überprüfe, ob es mir gefällt. Die Aktivitäten der Gruppe gefallen mir nicht. Ihre Aggressivität und ihre Überheblichkeit anderen Menschen gegenüber sind mir sehr unangenehm. Ihr Umgang mit Frauen stößt mich ab. Als mir bewusst wird, dass hinter der Sanftheit meines Freundes auch die Zustimmung zum Verhalten seiner Freunde steckt, sehe ich deutlich, wo ich mich befinde. Und ich weiß, dass das kein Platz ist, an dem ich sein will. Ich will mit diesen jungen Männern und ihrer Welt nichts zu tun haben. Als er mich nach Tagen mit einem Auto abholt, das ich zu Beginn unserer Beziehung schon einmal gesehen habe, frage ich ihn, wem dieses Auto gehöre. „Meiner früheren Freundin!“, antwortet er. „Ja, die passt wohl besser zu dir!“, sage ich und verlasse ihn.

Ich bin wieder „allein“ und staune. Ich fühle mich nicht mehr so einsam und muss auch nicht mehr so lange schlafen. Etwas in mir ist in Bewegung gekommen. Und dieses Etwas knüpft offensichtlich an Erfahrungen aus meiner Kindheit und Jugendzeit an. Beobachtungen, die ich damals gemacht habe, die ich mir nicht ausreichend erklären konnte und wohl auch nicht erklären wollte, fügen sich plötzlich aneinander und geben meinen Blick auf Zusammenhänge frei, die historisch gewachsen sind und die das Klima in diesem Teil der Welt immer noch bestimmen. Mein politisches Interesse ist erwacht.

Und jetzt wird mir auch bewusst, dass mein starker Drang nach Freiheit nicht nur mit mir als Person zu tun hat, sondern dass er sich immer auch schon auf das große Ganze bezogen hat. Aus meinem Wunsch nach Freiheit für mich wird die Forderung nach Freiheit für alle Menschen. Es ist, wie wenn meine Erfahrungen mit den südamerikanischen Studenten einen Vorhang in meinem Kopf weggezogen hätten, der Erfahrungen verdeckt hat, die ich in den ersten achtzehn Jahren meines Lebens gesammelt habe. Auf einmal kann ich deutlich sehen, welcher Kampf in meiner Heimat tobt, wie alt er schon ist, wo er herkommt und wie kompliziert verwoben er ist: verdrängte Ereignisse, die vom Nationalsozialismus geprägt sind, Diskriminierung der slowenischen Minderheit, Ortstafelkonflikt, Angst vor einem Einmarsch der Russen über Jugoslawien, vermeintliche Sicherheit durch das Anklammern an einen längst vergangenen „Abwehrkampf“ und eine längst vergangene Volksabstimmung.

Mein stolz vorgetragenes Gedicht mit dem Titel „Deutsch sind wir, deutsch bleiben wir….“ zur Eröffnung des Denkmals vor unserem Haus im Jahre 1960 zu Ehren des Kärntner Abwehrkampfes hallt jetzt unangenehm nach in mir.

Mein Großvater, auf den ich so stolz war an diesem Tag, weil er als Obmannstellvertreter des „Abwehrkämpferbundes“ eine schöne Rede gehalten hat, bei dem sein Kaiser-Franz-Josefs-Bart und seine beeindruckende Größe alle anderen in den Schatten gestellt haben, erscheint mir in einem neuen Licht. Die hitzigen Diskussionen im Gasthaus, die in slowenischer Sprache gehaltenen Plädoyers für das Deutsch-Sein-Sollen-Müssen-Wollen, die Ablehnung von Ortstafeln, auf denen der Name des Ortes so steht, wie er auch in den Gesprächen vorkommt – nämlich in slowenischer Sprache: „Ja, wenn auf der Ortstafel außer der deutschen und der slowenischen Bezeichnung auch noch eine französische und eine englische steht, dann bin ich auch für mehrsprachige Tafeln, sonst nicht!“ – die Anfeindungen, die sich gegen den Pfarrer richteten, wenn er in seinen Predigten der slowenischen Sprache den Vorzug gab, die hohe Bedeutung des alljährlichen Fackelzuges zu Ehren der Kärntner Volksabstimmung. Alles das ergibt für mich mit einem Mal ein Ganzes. Und es gefällt mir nicht.

Ich schließe mich einer Gruppe Kärntner Slowenen an, die ich über mein Lehramtsstudium kennengelernt habe, und lasse mich über Fakten informieren, die ich im Gasthaus nicht erfahren habe. Mein Kampf für eine gerechtere Welt nimmt immer mehr eine politische Dimension an und führt mich als Nächstes in „linke“ Studentengruppen. Dort bin ich gern gesehener Gast, weil ich direkt aus dem Leben berichten kann und somit eine gute Ergänzung zu den Theorien biete, die die Köpfe der Aktivisten in Beschlag nehmen. Bei einer dieser Aktivitäten lerne ich Elisabeth kennen und den Kreis, in dem sie sich bewegt. Ich will nicht mehr in dem Studentinnenheim wohnen, weil ich mich mit meinem erwachten Interesse dort nicht mehr wiederfinde. Da sie auch auf der Suche nach einer neuen Wohnmöglichkeit ist, beschließen wir, zusammenzuziehen. Was für ein Segen! Es fühlt sich an, als ob wir uns seit Ewigkeiten kennen würden. Unendlich vertraut. Meine Schranken fallen. Der Schutz, den ich mir mühsam und schmerzvoll aufgebaut habe, bröckelt von mir ab.

Elisabeth ist wie ich ein Gasthauskind und in einer Kleinstadt aufgewachsen. Kaum sind wir in die Zimmer-Küche-Wohnung eingezogen, legen wir auch schon los. Die Erzählungen fließen. Eine Geschichte ergibt die andere. Geben und Nehmen gehen wohltuend ineinander über und ich bin mit meiner Aufmerksamkeit ganz, ganz da: „Kennst du das auch? Wie hast du das erlebt? Was hast du dir dabei gedacht? Wie ist es dir damit ergangen? Nein! Sowas! Was, du auch? Das gibt‘s ja gar nicht! Das ist doch ein Wahnsinn, gell?! Unglaublich!“

Der Austausch erhebt sich über Zeit und Raum, macht die Nacht zum Tag und öffnet bei mir alle Schleusen. Endlich darf ich von mir erzählen! Endlich kann ich von mir erzählen! Endlich! Und Elisabeth hört sich das einfach nur an. Sie schlägt nicht zurück und vermutet keinen doppelten Boden. Es ist so herrlich befreiend!

Seelische Reinigung pur! Maria, die Unterhaltungskünstlerin, erzählt mit einem Mal Geschichten von Schmerz, Demütigung und Verzicht und wundert sich, wo das alles herkommt. Nie im Leben hätte ich gedacht, dass ich (auch) so viel Belastendes erlebt habe, während ich auf Freude und – wie mir jetzt erst bewusst wird – aufs Überleben ausgerichtet war. Wie Zombies kriechen Geschichten aus Gräbern eines längst aufgelassen geglaubten Friedhofes. Während sie für ein paar Stunden wiederbelebt werden, um sich dann für immer zu verabschieden, stirbt Maria, die Unterhalterin, still und leise. So schmerzhaft dieser Prozess an manchen Stellen auch ist, bringt er mir doch den höchsten Gewinn, der in ihm angelegt ist. Mit seiner Hilfe mache ich einen kraftvollen Schritt in eine neue Form von „Freiheit" und eine noch nie dagewesene Leichtigkeit und Zuversicht: „Es wird!" Die Form der Freiheit, die ich jetzt erfahre, speist sich aus mir selbst, aus dem Wissen, dass ich es bin, die es mir erlauben kann und muss, meinen eigenen Weg zu gehen. Ich bin das! Ich kann das! Ich will das! Und warum? Weil es sich so superfein anfühlt, so tiefgehend, so echt und weil es mir so guttut.

Und während sich vieles von dem, was ich für „Maria" gehalten habe, aus meinen Gedanken verabschiedet, wird Maria, die Selbsterfahrungsexpertin, geboren. Der neue Zugang zu mir selbst und zu meiner Vergangenheit gibt nicht nur neue Perspektiven auf mich selbst, sondern auch auf mein Umfeld frei: Ich sehe jetzt das Vergangene in einem größeren Zusammenhang. „Vergessene" Erlebnisse tauchen auf und tauchen vieles in ein neues Licht. Ich sehe zum Beispiel, wie der Krieg weiterlebt in den Köpfen der Menschen, wie er ihr Denken und Handeln bestimmt und sie zum Schweigen zwingt. Ich sehe, wie die Angst vor der Zukunft eine Zukunft voller Angst entstehen lässt und wie unerwünschte Gedanken und Emotionen Regie führen. Und ich beginne zu verzeihen. Der Bann des Schweigens ist gebrochen und ich will mehr. Viel mehr! Ich will am liebsten alles! Was auch immer dieses Alles ist, ich will es. Und ich bin bereit, zu tun, was zu tun ist.

Nach ungefähr einem Jahr zieht Elisabeth zu ihrem Freund, und eine Frau aus dem Kreis der slowenischen StudentInnen zieht bei mir ein. Über sie lerne ich einen Wirtschaftsstudenten kennen und wir werden ein Paar. Irgendwie. Manchmal. Ich weiß nicht, ob das Liebe ist, was mich mit ihm verbindet. Er zeigt sich sehr männlich. Ich bin sehr beeindruckt. Der Sex, den wir miteinander haben, erinnert mich an Turnübungen. Mein Körper scheint dafür nicht geschaffen zu sein. Er ist zu steif, zu schwerfällig. Das scheint meinem neuen Freund nicht aufzufallen. Er ist vorrangig damit beschäftigt, alles richtig zu machen. In seiner Gegenwart kann ich nicht einmal Spiegeleier kochen. „Was ist nur los mit mir?", frage ich mich, während meine Hände zittern und das aufgeschlagene Ei neben der Pfanne auf die Herdplatte rinnt. „Die Frau, die ich einmal heiraten werde, muss in der Lage sein, mir gesunde Kinder zu gebären", sagt er. „Oje", denke ich mir, „gesund bin ich selten. Das werde ich wohl nicht schaffen!" Wochen später finde ich in seinem Kasten unter seinen T-Shirts ein Foto in einem Glasrahmen. Eine junge Frau strahlt mir entgegen. Ich getraue mich nicht, ihn zur Rede zu stellen, also frage ich seinen Freund, wer das ist: „Seine Verlobte. Sie lebt in seinem Heimatort." Päng! Der Schuss trifft. Die letzten Reste meines Selbstwertes verkriechen sich unter den Teppich der Studentenwohnung. Tage später soll ich für ihn eine Schallplatte aus einem Wiener Musikgeschäft abholen. Ich wundere mich, warum sie der Verkäufer aus einem Versteck unter der Verkaufstheke hervorholt. Neugierig öffne ich daher nach Verlassen des Geschäftes die Verpackung: „Mein Kampf" steht auf dem Cover und ein Foto von Adolf Hitler sticht in meine Augen. Ich sehe, dass es an der Zeit ist, weiterzugehen.

Das Sommersemester geht seinem Ende zu, und die Freude an meinem Lehramtsstudium ist nach vier Semestern vollständig aufgebraucht. Ich muss etwas ändern, aber ich getraue mich nicht. „Jetzt hast du schon fast die Hälfte! Du wirst doch nicht so dumm sein und das, was du schon erreicht hast, wegschmeißen!" Ich kann mich nicht entscheiden. Nicht für ein neues Studium, aber für eine neue Reise. Das geht. Ich ignoriere die Gedanken, die mich auch davon abhalten wollen, und buche für die Sommerferien einen Flug nach London. Für mich alleine. Zwei Monate will ich bleiben. Je näher der Tag des Abfluges kommt, umso größer wird meine Angst. Zugleich bin ich froh, dass ich mich mit dem Kauf des Tickets Wochen zuvor selbst ausgetrickst habe. Verfallen lassen schließe ich aus. Das ist der Plan. Den ziehe ich durch. „Es wird schon für etwas gut sein", denke ich mir, auch wenn mir der Sinn in den Tagen vor dem Abflug vollkommen abhandenkommt. Nicht nur das. Mein Verstand prügelt mich bei jeder Gelegenheit für diese „blöde Entscheidung". „Waghalsig, sinnlos und gefährlich sei das", sagt er. Außerdem erinnert er mich an die Reisen, die ich bis jetzt gemacht habe. „Da hast du vorher auch geglaubt, dass alles so toll sein wird, wie du es dir vorgestellt hast, und dann bist du da gesessen an dem fremden Ort, warst mit dir selbst beschäftigt und hast die Reise vor lauter Denken nicht genießen können!"

Ich fliege. Im Flugzeug treffe ich eine Studentin, die mir erzählt, dass sie auf dem Weg zu einer Au-pair-Familie in Brighton sei. Da ich nicht weiß, wo ich bleiben soll, nimmt sie mich mit zu ihrer Gastfamilie. Ein junges Paar mit zwei kleinen Kindern. Sie mögen mich und nehmen mich auf. Nach drei Tagen bitten sie mich freundlich, aber bestimmt, wieder zu gehen, weil sie nicht genug Platz hätten. Ich nehme ihre Wertschätzung für mich mit und ihre Versicherung, dass sie mich gerne bei sich behalten hätten. Gestärkt mache ich mich auf den Weg nach London. Dort suche ich eine Organisation auf, mit der ich schon von Wien aus Kontakt aufgenommen habe. „Civil Service" – ein Wohnheim für junge Männer, die in den Staatsdienst eingeschult werden. Ja, sie würden noch jemanden für die Küche suchen und für die Essensausgabe. Ja, für mich gäbe es auch ein Zimmer. Ich nehme den Job dankbar an und freue mich, angekommen zu sein.

Morgens und abends arbeite ich jeweils ein paar Stunden und danach bin ich frei. Ich suche jeden Ort, jede Besonderheit in der Stadt auf, von der ich schon gehört oder gelesen habe. Am liebsten liege ich im Hyde-Park herum und erlebe mich am Pulsschlag einer neuen Zeit. Spät, aber doch, komme ich so in der Hippiebewegung an. Es ist zwar nicht San Francisco und die Stadt befindet sich auch nicht mehr am Höhepunkt der Bewegung, aber immerhin: London, Hyde Park, Carnaby Street,..

Täglich staune ich aufs Neue, wie leicht es mir fällt, interessante Menschen kennenzulernen und mich in dieser fremden Umgebung zurechtzufinden. „Ich bin wer, auch wenn mich niemand kennt. Ich bin interessant für Menschen. Sie suchen meine Nähe, sie unterhalten sich gerne mit mir. Ich finde mich alleine hervorragend zurecht." Es sind sehr heilsame Gedanken, die ich denke. Sie rücken mich wieder ins Zentrum meines Lebens und lassen mich zur Ruhe kommen. So wie hier habe ich mich selbst noch nie gesehen und erlebt: offen für Neues, neugierig und mutig.

Die zwei Monate gehen viel zu schnell zu Ende und ich fliege wieder zurück nach Wien. Der Wirtschaftsstudent erwartet mich, doch die, die er erwartet, die gibt es nicht mehr. Ich fahre mit dem Zug weiter nach Kärnten. Meine Mutter ist am Bahnhof, um mich abzuholen. Ich sehe sie in der Menge, winke ihr, doch sie kommt nicht auf mich zu. Sie erkennt mich nicht mehr. Ich habe zehn Kilogramm zugenommen, stecke in sündteuren, zerrissenen Jeans und in einem Oberteil aus indischer Baumwolle, das in luftigen, bunten Bahnen um mich herum flattert.

Diese erste Reise allein an einen mir unbekannten Ort wird zu einem wesentlichen Baustein für meine Entwicklung. Sie legt den Grundstein für viele ähnlich gelagerte Reisen, die folgen und die es mir ermöglichen werden, große Schritte auf dem Weg zu mir selbst zu machen. Mit dem Wunsch, die Freiheit und die Freude, die ein Teil von mir sind, zu erfahren und auszudehnen, habe ich die Reise angetreten. Die „fremde“ Umgebung sah ich als neutralen Raum, in dem ich mich neu (er)finden konnte. Herausgehoben aus Gewohnheiten entdeckte ich, wer ich sein kann, und war dankbar für das, was bereits da war. Indem ich ganz auf mich gestellt war, konnte ich mich, die Menschen und die Besonderheiten des Landes gut wahrnehmen und mich dem Außergewöhnlichen öffnen.

Was ich will

Im Herbst beginne ich mit dem Studium der Pädagogik und Psychologie und mache somit, was ich immer schon machen wollte. Mein Verstand hat nach meiner London-Reise seinen Widerstand gegen einen Studienwechsel aufgegeben und sieht langsam ein, dass nichts jemals umsonst gewesen sein kann. Ich liebe Sprachen, ich liebe Bücher und ich liebe es, mich mit allen Mitteln verständlich zu machen. Ich will nur nicht unterrichten. Das bin nicht ich.

Erlebte ich mich in den ersten beiden Jahren eher am Rande des universitären Geschehens, so stehe ich jetzt mitten drin. Die Inhalte sind spannend, das Lernen fällt mir leicht und ich begegne einer Menge Menschen, die mich sehr interessieren. Parallel zu den Vorlesungen besuche ich diverse Arbeitskreise, die sich kritisch mit den von den Professoren vorgetragenen Inhalten auseinandersetzen. Ich bin so beschäftigt mit diskutieren, fragen und Meinung vertreten, dass der Zweifel daran, ich könnte den Studienabschluss nicht schaffen, keine Rolle mehr spielt. Zusätzlich halten mich diverse Jobs und die Erfüllung der Auflagen für das jährliche Stipendium zur Finanzierung meines Studiums auf Trab.

Ich beginne, an Demonstrationen zur Befreiung unterdrückter Völker und Personengruppen teilzunehmen, und trete am Pädagogischen Institut und in der Öffentlichkeit gegen den Bau des Atomkraftwerkes in Zwentendorf auf. Als ich einem Assistenten eine Einladung für die erste große Anti-AKW-Demonstration überreiche, meint er „Ja. Das ist sicher eine gute Sache. Aber Aussicht auf Erfolg hat das keinen. Was können ein paar Menschen gegen so eine Lobby schon ausrichten?“ Monate später, nachdem die Regierung das Aus für den Bau des Atomkraftwerkes und den Ausstieg aus der Atomenergie verkündet hat, nimmt mich derselbe Assistent zur Seite, bedankt sich bei mir und entschuldigt sich dafür, dass er nicht an die Wirksamkeit meines Engagements und der Bewegung geglaubt hat.

Ohne dass es mir bewusst ist, kommt ein Teil meines politischen Engagements aus der Angst in mir. Wie sehr die Erfahrungen, die ich im Laufe meiner Kindheit und Jugendzeit gesammelt habe, Angst in mir haben entstehen lassen, kann ich immer noch nicht sehen. Unter anderem auch deswegen nicht, weil es „normal“ zu sein scheint, sich zu fürchten. Gut oder böse, richtig oder falsch, Freund oder Feind bestimmen meine Beobachtungen und mein Erleben. „Die Welt ist in Gefahr!“, denke ich und suche nach Möglichkeiten, sie zu retten. „Augen auf! Ohren auf! Radio hören! Zeitungen lesen! Nachrichten schauen! Aufpassen!“ sind die Lösungsvorschläge, die mir mein Verstand anbietet. Meine Umgebung bekommt davon nichts mit. Eingehüllt in einen dunklen Gedankennebel suche ich alleine nach Wegen, wieder in lichtvolle Weiten zu kommen. Ich beginne, mich nach beruhigenden Informationen umzuschauen. Aussagen und Meinungen, die vermitteln, dass es noch Hoffnung gibt, dass noch nicht das letzte Wort gesprochen sei, dass es nicht zwingend so kommen müsse. Und ich werde fündig: Hier ein Experte mit einer neuen Theorie, dort ein Bericht über die Unzuverlässigkeit von Zukunftsvoraussagen und schon sehe ich wieder Licht am Ende des Tunnels und meine Angst um die Welt ist gebannt. Bis zum nächsten Mal.

Mit diesen Strategien bin ich bereits nach Wien gereist. Schon lange ist alles in mir auf „Überleben“ eingestellt. Die Tür zu meinem Herzen öffnet sich nur selten. Als mir mein Großvater, der mit Begeisterung meine Entwicklung verfolgt und der mich sehr gerne hat, bei einem Besuch mitteilt, dass er nicht mehr lange leben werde und mir daher einiges übergeben möchte, weigere ich mich, darauf einzusteigen. Ich wische seine Ankündigung mit einem Lachen vom

Tisch und ignoriere seine Wünsche. Er sei doch gesund und schaue auch gut aus, sage ich ihm und vermeide es, über etwas zu sprechen, das mir sehr unangenehm ist. Zwei Monate später erleidet er einen Gehirnschlag, der ihn an das Bett fesselt. Meine Mutter nimmt ihn in unser Haus auf und pflegt ihn. Bin ich zu Hause, weigere ich mich, ihn zu besuchen. An einem Samstagabend will ich mit Freunden in die Disco. Meine Mutter schaut mich entsetzt an und meint: „Doch nicht, wenn Opa im Sterben liegt!" „Ach was, sage ich, Opa würde mir so etwas nie verbieten. Ich gehe und frage ihn." Empört und entschieden, mich gegen die Lustfeindlichkeit meiner Mutter durchzusetzen, betrete ich zum ersten Mal das Zimmer, in dem er seit Wochen liegt. Und erschrecke! Sein Gesicht ist bleich und die Wangen sind eingefallen. Er will mir etwas sagen und kann es nicht. Seine Augen scheinen sich bei mir zu entschuldigen, dass ich ihn so sehen muss. Hinter all den leidvollen Veränderungen zeigt sich große Freude über meinen Besuch. Das zu sehen öffnet mein Herz. Der Schmerz, der der Öffnung folgt, zerreißt mich fast. Wie weggewischt sind die Minuten davor und der Grund, warum ich eigentlich in sein Zimmer gekommen bin. Ich setze mich hin und halte seine Hand. Zwei Tage später ist er tot.

Das schlechte Gewissen darüber, ihn im Stich gelassen zu haben, als er mich um Hilfe gebeten hat, nicht in der Lage gewesen zu sein, zu sehen, was sich vor meinen Augen abspielte, wird mich noch lange begleiten. Bei Tag und bei Nacht. In den Träumen wird mein Großvater am Leben sein, wird uralt werden und geduldig darauf warten, dass sich mein Herz wieder öffnet. „Wie soll das gehen, das Herzöffnen?", fragt sich mein Verstand, „worauf genau wartet er?" „Wie das geht, weiß ich auch nicht", antwortet eine Stimme in mir, „ich weiß nur, dass es sich gut anfühlt."

4

Die Liebe bahnt sich einen Weg

Die Liebe gibt es

Das Wort „Liebe“ verbinde ich vorrangig mit Beziehungen, mit dem Wunsch nach Liebesgeschichten, wie sie mir in Romanen und in Filmen begegnen. Auch wenn ich glücklich bin über jedes Happy-End, weiß ich, dass das Ende erst der Anfang ist. Der Anfang von etwas, das mich zunehmend zu interessieren beginnt. Auch meine Liebesgeschichten sind durchaus filmreif. Während ich mich selbst als „Aschenputtel“ erlebe und verstohlen auf die „Prinzen“ schiele, suchen „Frösche“ meine Nähe und wollen von mir geküsst werden. Irgendwie scheint alles nicht recht zusammenzupassen. Ich sehne mich nach einem, den ich nicht haben kann, weil ich mir nicht sicher bin, ob ich ihn überhaupt will. Während ein anderer mich nicht haben kann, weil ich die nicht sein will, die er in mir sieht. Beziehungen sind nach wie vor etwas sehr Kompliziertes!

Die Erfahrungen, die ich mache, wühlen mich auf, sind abenteuerlich und unterhaltsam. Die „Liebe“ zeigt sich als Herzklopfen, als Sehnsucht, als Enttäuschung, als Begehren, als Spaß und als Fragezeichen. Immer mit einem kleinen Sicherheitsabstand zum Augenblick. Ganz lasse ich mich nie ein. Etwas hält mich davon ab.

In den letzten beiden Jahren zu Hause hatte ich einen „festen Freund“. Einen, der aus den vielen, die in unserem Haus ein und aus gingen, hervorstach, weil er beharrlich meine Nähe suchte und weil er bereit war, mich bei dem, was mich interessierte, zu unterstützen. Ich hatte ihm erklärt, dass ich mit niemandem schlafen werde, solange ich noch zu Hause wohne. Es änderte nichts an seinem Interesse an mir. Die Angst vor einer ungewollten Schwangerschaft und ihren Folgen saß mir im Nacken. Von einer „Pille“ hatte ich zwar schon gehört, aber nichts und niemand in meiner Umgebung schien daran interessiert, junge Mädchen vor ungewollten Schwangerschaften zu schützen. Einem „braven Mädchen“ würde so etwas sowieso nicht passieren, und böse Mädchen hätten es nicht verdient, dass man sie in ihrer Freizügigkeit auch noch unterstütze.

Was mich selbst anbelangte, so war ich letztlich froh, mir mit dieser Entscheidung einen Raum geschaffen zu haben, in dem ich mich relativ frei bewegen konnte. Ich hatte einen Freund, der die Phantasien der Leute von mir wieder abzog und den Tratsch, der jederzeit bereit war, aus mir eine „Hure“ zu machen, verstummen ließ. Dieser Freund akzeptierte meine Entscheidung und war bereit, meinem Körper Lust zu bereiten, die keine Gefahr für mich darstellte und die ich sehr genoss. Das, was ich bis jetzt über „richtige“ Sexualität erfahren hatte, war ohnehin nicht so attraktiv, dass ich mich darum reißen wollte.

Kurz nach der Matura war es dann so weit: Ich war bereit, mit meinem Freund „zu schlafen“. Da so gut wie alle Bezeichnungen für die körperliche Vereinigung von Mann und Frau, die ich bis dahin gehört hatte, mit abwertenden Erzählungen verknüpft worden waren, war ich froh, dass die Bezeichnung „miteinander schlafen“ davon unberührt geblieben war und ich sie für meine Erfahrungen verwenden konnte. Mein Freund hatte dieses Ereignis, auf das er sich schon sehr lange gefreut hatte, perfekt vorbereitet. So perfekt, dass alles, was in diesem wohlorganisierten Rahmen stattfand, nicht an die Erwartungen, die damit verknüpft waren, herankommen konnte. Ich versuchte, die Enttäuschung nicht zuzulassen und nicht zu sehen, wie sehr mich meine Angst vor Schwangerschaft von der Hingabe an den Augenblick abhalten kann. Die Übersiedelung nach Wien und mein neues Leben beendeten schließlich wie von alleine diese Beziehung, für die ich sehr dankbar war.

Paul sieht mich das erste Mal bei einer Studentenfeier seiner ehemaligen Mitschüler in einem Wiener Lokal. Ich sehe ihn nicht, denn meine Augen sind auf einen Unerreichbaren gerichtet. Und diesmal steigt der Unerreichbare für einige Wochen zu mir herab. Zumindest körperlich. Geistig befindet er sich schon bei seinem geplanten Studienjahr in Amerika. Er und einige andere, die an dieser Feier teilnehmen, haben ihre Gymnasialzeit in einem Internat verbracht, das Jahrzehnte später, viel zu spät für hunderte junge Männer, wegen Missbrauchs in den Schlagzeilen stehen wird.

Wir verbringen einige Tage und Nächte miteinander. Ich fühle mich klein neben diesem belesenen und nach Höherem strebenden jungen Mann und hänge an seinen Lippen. Erst als er mir von seinem größten Traum, dem Schlachten eines zarten Lammes und seine Opferung auf einem bereits ausgewählten Steinbrocken in der Nähe seines Elternhauses erzählt, regt sich ganz hinten in meinem Kopf leiser Zweifel an seiner Größe. Bereits Tage vor seinem Abflug verabschiedet er sich wieder von mir und aus der Beziehung. Er brauche die restliche Zeit in Wien für seine alten Freunde, um sich angemessen verabschieden zu können. Als wir uns Tage später zufällig in einem Kaffeehaus begegnen, tun wir beide so, als ob wir uns nicht kennen würden. Das Chaos an Gefühlen, das in mir tobt, zerreißt mich fast.

Der Unerreichbare ist wieder unerreichbar und ich übe mich darin, meine Gefühle zu beherrschen. Da läutet eines Tages das Telefon und Paul ist am Apparat. Ob ich mich noch an ihn erinnere? Er sei derjenige, der mein Berner Würstel bei der Studentenfeier vor einigen Monaten aufgegessen hätte. „Nein“, sage ich, „ich kann mich nicht an dich erinnern.“ „Nicht so schlimm!“, sagt er, „ich bin auf der Suche nach einem Untermietzimmer. Von da, wo ich jetzt wohne, muss ich ausziehen. Kennst du zufällig jemanden, der ein Zimmer frei hat und es mir vermieten könnte?“ Das Gespräch irritiert mich. „Was will er von mir?“, frage ich mich, „einen Tipp für ein Zimmer? Ruft mich nach Monaten an, um mich nach einem Zimmer zu fragen? Da stimmt doch etwas nicht!“ Ich verspreche ihm, mich nach Zimmerangeboten umzuhören und lege den Hörer auf. Danach wundere ich mich noch kurz und lege das Gespräch unter „Eigenartiges“ in meinem Gedankenarchiv ab.

Doch nur einen Tag später ruft er mich wieder an. Ob ich schon etwas wüsste? „Nein, tut mir leid“, antworte ich, „du musst mir dafür mehr Zeit geben“. „Macht nichts. Ich werde schon etwas finden“, sagt er, „aber hast du vielleicht Lust, mit mir ins Kino zu gehen?“ Während ich noch mit meiner Verwirrung beschäftigt bin, höre ich mich „Ja!“ sagen. Wir vereinbaren ein Treffen für den nächsten Tag. Da wir uns erst einmal begegnet sind und nicht sicher sind, einander wieder zu erkennen, vereinbaren wir einen exakten Treffpunkt: Im „Jonasreindl“ (die Endstation einiger Straßenbahnen bei der Wiener Uni) unter der Uhr!

Ich bin ein paar Minuten zu früh da. Weil ich nicht den Eindruck erwecken möchte, dass ich auf ihn warte, betrachte ich die Auslagen der Geschäfte. Was sich hinter dem Schaufensterglas befindet, sehe ich allerdings nicht, denn meine gesamte Aufmerksamkeit ist auf den Platz unter der Uhr gerichtet. „Wer von denen, die da herumgehen und herumstehen, könnte er denn sein?“, frage ich mich selbst und versuche, mich an irgendwas zu erinnern. Nach einiger Zeit fällt mir auf, dass ein schlanker, junger Mann in einer dunkelbraunen Strickweste den Platz unter der Uhr umkreist und schon längere Zeit in keine Straßenbahn eingestiegen ist. Ich schicke ein zaghaftes Lächeln in seine Richtung und hoffe, nicht den Falschen erwischt zu haben. Jetzt schaut auch er zu mir her und lächelt. „Das muss er sein!“, denke ich erleichtert und wundere mich über die große Brille, die er aufhat. „So dick war sie aber vor ein paar Monaten noch nicht!“, denkt er sich. Wir gehen aufeinander zu und geben uns die Hand.

Wie vereinbart, gehen wir ins Kino. Die Filzlaus. Eine Komödie. Danach – in einem Lokal – schildert er mir haargenau einen Krankenhausaufenthalt, bei dem ihm der Daumen genäht werden musste. Er erzählt mit seinem gesamten Körper, und ich biege mich vor Lachen. „So gut habe ich mich schon lange nicht mehr unterhalten!“, denke ich mir und habe nichts dagegen, ihn schon am nächsten Tag wieder zu treffen, wie er vorschlägt. In den darauffolgenden Tagen und Wochen findet Paul immer wieder einen Grund, in meiner Nähe sein zu können.

Er ist gekommen, um zu bleiben. Unauffällig, still und sehr bestimmt fügt er sich nahtlos in meinen Weg ein. Wochen nach unserem ersten Treffen fällt mir auf, dass ich mitten in einer Beziehung zu einem Mann stehe, die sich ähnlich anfühlt wie die Beziehung zu meinem ersten festen Freund. Nur viel eindeutiger, viel dichter. Und ich bin mir nicht sicher, ob ich es so will. Denn auch wenn ich mich immer danach gesehnt habe, mein Leben mit jemandem zu teilen, und es genieße, Paul zu treffen, irritiert mich das viele Zusammensein. Es ist fremd für mich und sehr ungewohnt. Mein Freiheitsdrang duelliert sich mit meiner Sehnsucht nach Verbundenheit.

Doch Paul ist nicht mit leeren Händen in mein Leben gekommen, und so kommt es nie so weit, dass ich wirklich aussteigen will aus dem Miteinander. Mit ihm ziehen Abenteuerreisen, die Musikwelt mit den Ikonen der Pop- und Rockmusik, Literaturbegeisterung und interessante Jobs in mein Leben ein. Lang gehegte Wünsche rücken dank ihm in die Nähe des Machbaren. Es fällt mir leichter, zu tun, was ich tun will, weil er mitmacht. Die Selbstverständlichkeit, mit der sich unsere Interessen decken, stärkt mich. Es ist das erste Mal in meinem Leben, dass ich mich nicht Hals über Kopf verliebt habe. Das Miteinander fühlt sich selbstverständlich und vertraut an und tut mir gut. Ich übe die Hingabe. Kein einfaches Unterfangen!

Aus Tagen werden Wochen, aus Wochen Monate und aus Monaten Jahre. „Ich liebe dich" bedeutet jetzt: „Mit dir fühle ich mich sicher, geborgen und mutig. Ich kann kommen und gehen und du bist da. Was dir Spaß macht, macht auch mir Spaß. Ich bin frei, du bist frei, wir sind verbunden." Ein langer Weg der gegenseitigen Heilung beginnt.

Partnerschaft. Wie geht das?

Nach acht Monaten ziehen wir zusammen. Ich scheine mein Ziel erreicht zu haben: ein Mann, eine Wohnung und eine gemeinsame Zukunft. Klein, fein, überschaubar. Ein Nest zum Kuscheln und zum Genießen. So, wie ich es noch nie erlebt habe. So, wie ich es mir immer erträumt habe. Mein Verstand ist zufrieden und der Körper weiß, was er zu tun hat: wohlfühlen! „Das ist jetzt die Stelle, an der Liebesfilme und Romane normalerweise enden", denke ich mir und freue mich auf das, was auf uns wartet. Doch schon bald tauchen Fragen in mir auf wie: „Wie genau geht das mit dem Glücklichsein beim gemeinsamen Frühstück, beim gemeinsamen Mittagessen und bei der gemeinsamen Abendjause? Was mache ich, wenn es mich graust, die Berge von schmutzigem Geschirr abzuwaschen, und wenn mich der Gedanke quält, was wohl Paul von mir denken wird, wenn er das sieht? Was ist richtig, was ist falsch? Und wer bestimmt das? Er? Ich? Beide?"

Paul studiert Naturwissenschaften. Ich studiere Geisteswissenschaften. Paul sitzt am einzigen Schreibtisch im gemeinsamen Wohn-Schlafzimmer. Paul lernt. Ich koche. Paul hat seine Schulzeit in einem Halbinternat verbracht. Ich habe meine Schulzeit in einem Gasthaus, an einem Teich und in der Disco verbracht. Paul hat Disziplin. Ich habe Paul. Paul sitzt am Schreibtisch mit dem Gesicht zur Wand. Paul hat einen gesunden Schlaf. Am besten scheint Paul zu schlafen, wenn ich neben ihm wachliege. Am schnellsten scheint er einzuschlafen, wenn ich etwas mit ihm besprechen möchte.

Schon nach einigen Monaten fühle ich mich wie eine Löwin im Käfig. Mit gesenktem Haupt streiche ich durch die Vierzig-Quadratmeter-Wohnung, während Paul noch immer oder schon wieder am Schreibtisch sitzt. In mir brodelt und kocht es. Er scheint von meiner Veränderung nichts mitzubekommen. „Was machen wir in diesem Loch?", fragt mich mein Verstand. „Warum kannst du das nicht genießen?“, frage ich ihn, „Das wolltest du doch immer haben!“ Während wir uns gegenseitig die Verantwortung zuschieben, produziert mein Körper Symptome am laufenden Band: Kopfschmerzen, Blasenentzündung, Verspannungen, Gastritis… Ich handle, beobachte, interpretiere, handle, beobachte, interpretiere und fühle mich schlecht.

Ich habe Angst, zu sagen, was ich mir denke, und oft weiß ich auch selbst nicht, was ich gerade denke oder denken soll. Zu sehr bin ich gefangen in Emotionen aller Art. Zwischen dem, was ich will, und dem, was ich mache, klaffen Welten. Außerdem verstehe ich ganz und gar nicht, warum ich jetzt, wo ich endlich habe, was ich wollte, das Erreichte nicht genießen kann. Ein großer Wunsch hat sich erfüllt und ich bin unglücklich! „Wie geht das denn? Was ist los mit mir? Warum verstehe ich das nicht? Und warum kann ich nichts daran ändern?“, frage ich mich und komme keinen Schritt weiter.

Paul arbeitet an der Uni. Ich arbeite an der Beziehung. Meine Nächte werden länger, meine Tage kürzer. Ich bin zornig. Ich bin traurig. Ich will diskutieren. In der Nacht, denn da hat Paul nichts zu tun. Ich wecke ihn. Ich rede. Er hört zu. Ich will erklären und kenne mich nicht aus. Ich erkläre trotzdem. Paul versteht nicht, weil ich nicht verstehe. Paul schläft ein. Ich weine. Ich wecke ihn. Ich rede. Er hört zu…

Außerhalb meines Gedankenkäfigs dreht sich die Welt weiter. Wohngemeinschaften entstehen, Beziehungsexperimente boomen. Dreier-, Vierer- und Mehr-Beziehungen beschäftigen die Köpfe und Herzen der fortschrittlichen Studenten und Studentinnen. Durch mein Studium und durch meine politischen Aktivitäten bin ich außerhalb der Zimmer-Küche-Wohnungs-Welt zunehmend mit Diskussionen und Gesprächen über „Freie Liebe“ und „Frauenemanzipation“ beschäftigt. Mein Anspruch an das Leben einerseits und meine „konservative“ Wohnsituation liefern mich einer Zerreißprobe aus. Mein Verstand jammert: „Das soll fortschrittlich sein, was du da machst? Kochen, putzen, weinen? Trautes Heim, Glück allein! Dass ich nicht lache! Außerdem schaffst du`s eh nicht. Du bist doch todunglücklich!“ Mein Körper hat sich hinter eine Mauer aus verspannten Muskeln zurückgezogen und ist weit davon entfernt, sich wohlzufühlen. „Den brauche ich erst gar nicht zu fragen, was er dazu meint“, denke ich mir. Die Vorstellung, in einer solchen oder ähnlichen Wohnsituation zu bleiben und bis zum Ende meines Lebens für „Mann und Kind“ auf andere Wünsche zu verzichten, schnürt mir mittlerweile den Hals zu.

Je mehr ich darüber nachdenke, desto komplizierter wird alles. Mit dem Denken komme ich nicht mehr weiter, das weiß ich eines Tages. Ich muss handeln, um nicht zu explodieren oder depressiv zu werden. Ich muss weitergehen. Und ich muss riskieren, dass sich Paul von mir trennt. Ich will heraus aus dieser Wohnung, heraus aus der erlebten Enge, hinein in das pulsierende Leben. Am liebsten mit Paul gemeinsam. Und dann platzt es aus mir heraus und ich höre mich eines Abends sagen: „Ich halte es hier nicht mehr aus. Ich will weg. Ich will in eine Wohngemeinschaft ziehen!" „O.k.", sagt er, „wohin?"

Nach eineinhalb Jahren „trauter Zweisamkeit" ziehen wir in eine Wohngemeinschaft. Wir sind acht. Herrlich! Ich bin sehr dankbar, dass Paul bereit war, mitzukommen. Nächtelanger Austausch, gemeinsame Aktionen, Feste und Diskussionen über die Aufteilung der Hausarbeit beherrschen das Miteinander. Reden, reden, reden. Endlich bin ich mitten im Geschehen. Endlich Bewegung. Eine Liebesgeschichte mit einem anderen Mann löst in der Beziehung zu Paul einen Erdrutsch aus. Jetzt kommt auch er in Bewegung. Er weint und spricht darüber, was ich ihm bedeute. Das tut mir gut. Das tut uns gut. Jetzt ist die Aufmerksamkeit ganz bei den Gefühlen und ich spüre, was ich will. Ich will mich mit Paul weiterentwickeln und ich will, dass wir gemeinsam in Bewegung bleiben. Es fühlt sich auch gut an, die Verbundenheit zu spüren und zu wissen, dass es dafür keine äußeren Sicherheiten braucht. Kein Treuegelöbnis, keine fixen Rollen und keine starren Rituale, die als Liebesbeweise herhalten müssen. Ich kann zum ersten Mal sehen, dass uns viel mehr verbindet, als ich mir im Augenblick vorstellen kann, bevor mir die Ablenkungen des Alltags wieder die Sicht auf den Raum hinter den Ereignissen nehmen.

Auch mit meinem Körper scheint sich einiges zu verändern. Zum ersten Mal bereitet es mir körperliches Vergnügen, mich einer Beziehung hinzugeben. Mein Körper fühlt sich bei Paul so wohl wie noch nie zuvor. Paul will mich spüren, er will, dass es auch mir gut geht, dass ich seine Berührungen genieße, dass sich mein Körper in seinen Armen entspannt und Lust empfindet. So fällt es mir leicht, meine Gedanken gehen zu lassen, und mich zumindest für kurze Augenblicke ganz hinzugeben. Auch „die Pille", die ich mir mittlerweile in einer Apotheke, in der mich niemand kennt, verschafft habe, hilft mir, mich dem freien Spiel mit der Lust hinzugeben.

Mein Körper leidet. Was hat er nur?

Interessanterweise bringt die stärkere Aufmerksamkeit auf meinen Körper auch mehr Angst um ihn mit sich. Schon seit längerer Zeit besuche ich im Schnitt alle zwei Monate einen Arzt, weil ich ständig etwas in meinem Körper entdecke, das mich beschäftigt: ein Ziehen hier, ein Klopfen da, Schwindel, Krämpfe,... Die Bedeutung des Wortes „Gesundheit" als „ein Zustand des vollständigen körperlichen, geistigen und sozialen Wohlergehens und nicht nur das Fehlen von Krankheit oder Gebrechen", wie es die Weltgesundheitsorganisation definiert, trifft auf mich nie zu. „Gesund" erlebe ich mich nur in den Augenblicken, in denen ich alles unter Kontrolle habe und ganz sicher sein kann, dass nirgendwo im Körper etwas Bedrohliches dabei ist, zu entstehen. Und diese Sicherheit gibt mir nur ein Befund. Daher muss ich beim ersten Anzeichen einer möglichen Krankheit sofort dafür sorgen, dass mein Körper untersucht wird. Kann ich schwarz auf weiß sehen und lesen, dass nichts gefunden wurde, bin ich gesund. Für ein paar Stunden, für ein paar Tage, und wenn alles gut geht, vielleicht sogar für ein paar Wochen.

Doch leise, ganz leise meldet sich während dieser Gedankenakrobatik eine Stimme aus dem Off, die aus einer beobachtenden Instanz in mir zu kommen scheint und sagt: „Wenn das deine einzige Möglichkeit ist, dich gesund zu fühlen, ist das ja furchtbar! Bist du krank, ist alles klar. Bist du gesund, musst du jederzeit damit rechnen, wieder krank zu werden. Und das Schlimmste ist, dass du nichts tun kannst, außer ständig auf der Hut zu sein! Bist du sicher, dass das der einzige Weg ist, alt zu werden?" Interessanterweise bleibt diese „Beobachterin" dran an mir und wird mit jeder überwundenen Krankheit stärker. Und erstaunlicherweise nehme ich die Gefühle, die ich in diesem Zusammenhang habe, nicht als „Angst" wahr. Ich habe Symptome. Mit meinem Körper stimmt etwas nicht. So ist es. Das ist eine Tatsache, wie es eine Tatsache ist, dass in einem Fluss Wasser ist. Punkt. Ich bin ganz einfach krank. Mehr ist nicht. Das reicht ohnehin.

Was auch immer ich mache, wie groß auch immer die unbewusste Angst ist, die mich überfällt, die Beobachterin in mir bleibt. Sie ist es wohl auch, die mich – kurz bevor ich einen gravierenden Fehler machen kann – aus dem Drama herauszieht. Und dass ich mir dieser begleitenden Instanz zunehmend bewusster werden kann, dazu erhalte ich viel Gelegenheit.

Ein Ziehen in der Nierengegend führt mich zu einem Urologen. Ein alt und verbraucht aussehender Mann sitzt hinter einem riesigen Schreibtisch mit einem übervollen Aschenbecher. Bevor er mich fragt, was mich zu ihm führt, zündet er sich eine Zigarette an. Er lässt mich erzählen und sagt nach einigen Minuten: „Alles klar! Die Symptome sind eindeutig: Nierentuberkulose!“ Ich erschrecke und will nur mehr, dass er mich rettet. Er nimmt mir Blut ab und meint, dass es zwei, drei Wochen dauern wird, bis der Befund da sei. So lange könnte ich aber nicht mehr warten. Ich müsste unbedingt ab sofort Tabletten einnehmen. Er stellt mir ein Rezept aus und ich bin wieder draußen.

Zurück in meiner Wohngemeinschaft packe ich vor einigen MitbewohnerInnen die Tabletten aus. Sie sind unglaublich schön! Paletten bunter Kapseln. In Reih und Glied liegen sie für morgens, mittags, abends – in Rot, Blau und Gelb – verschweißt in Plastik. Wirklich beeindruckend. So beeindruckend und so weit entfernt von dem, wie ich mich fühle, dass etwas in mir sofort weiß: „Die nehme ich nicht! Die brauche ich nicht!“ Dieses Etwas ist stärker als die Angst vorm Sterben. So stark, dass ich mich daran halte und nicht an die Aussagen des Arztes. Die Schönheit der Pillen wird angemessen gewürdigt. Ein Mitbewohner heftet sie in seinem Zimmer als Kunstobjekt an die Wand. Die Befunde, die ich Wochen später abhole, bestätigen meine „Diagnose“. Alles in Ordnung. Das Leben kann wieder weitergehen.

So ziehe ich mich immer wieder aus Emotionssümpfen, lege sie trocken, lasse Gras darüber wachsen und wandere auf vermeintlich festem Boden weiter. Bis die nächste Wahrnehmung auftaucht und meine gesamte Aufmerksamkeit in Anspruch nimmt. Und irgendwann muss auch ich – zumindest vor mir selbst – zugeben, dass ich Angst habe. Denn so, wie ich es nicht mehr vor mir verheimlichen kann, dass es die Angst vorm Sterben ist, die ich spüre, wenn ich mir über Symptome Sorgen mache, so kann ich mir auch nicht mehr weiter vormachen, dass ich die Welt nur retten will, weil mir die Menschen und die Natur so leidtun. Die Erkenntnis trifft mich hart. Ich mag es gar nicht, eine Schwäche in mir zu entdecken. Das macht mich so hilflos und unattraktiv. „Was würden sich wohl die anderen denken, wenn sie mich so sähen? Mit roten, verweinten Augen und ohne Plan? Hilfesuchend“, frage ich mich selbst und die Antwort, die ich mir auch selbst gebe, macht den leisesten Versuch, mich mitzuteilen, zunichte. „Nicht du! Du brauchst niemanden! Du schaffst das allein.“

Irgendwann beginne ich dann, Situationen zu meiden, die mir Angst machen könnten. Zum Beispiel Nachrichten. Kurz vor der vollen Stunde, zur Nachrichtenzeit, überprüfe ich, ob das Radio ausgeschaltet ist. Um neunzehnuhrdreißig achte ich darauf, nicht in der Nähe des Fernsehers zu sein, um der „Zeit im Bild"-Sendung zu entgehen. Ist ein Spielfilm zu Ende, schalte ich den Fernseher schnell aus, denn danach, weiß ich, kommen wieder Nachrichten. Will sich Paul dann noch die Nachrichten anschauen, springe ich auf und erkläre, dass ich müde sei und gleich ins Bett müsse. Um Zeitungen am Kiosk und in der Wohnung mache ich einen großen Bogen, schließlich sind Schlagzeilen am gefährlichsten. Ein Satz, ein Wort und keine Erläuterung. Keine Erläuterung, die durch Beschreibung der genaueren Umstände in der Lage wäre, die Macht der Schlagzeile abzuschwächen.

Trotz meiner Bemühungen – oder besser: wegen meiner Bemühungen – wird meine Angst nicht kleiner. Portioniert, kontrolliert und eingepackt in Vorsorgemaßnahmen geht es ihr nach wie vor sehr gut bei mir. So viel Aufmerksamkeit, so viel Fürsorge und so spannende Abenteuer hat sie mit mir zuvor noch nie erlebt. Klar, dass sie bleiben will. Für mich wird es allerdings langsam ganz schön anstrengend, außerdem habe ich immer weniger Zeit für andere Dinge, immer mehr Aktivitäten fallen den Vorsichtsmaßnahmen zum Opfer. Nach wie vor rede ich mit niemandem darüber. Nicht nur das, ich mache aus meinen Angstvermeidungsstrategien eine Theorie, ein Konzept. Ich erkläre allen, die es hören wollen und auch nicht, warum „man" keine Zeitungen mehr lesen und warum „man" keine Nachrichten mehr hören sollte: Verblödung, Gehirnwäsche, Lügen, Manipulation.

Und jetzt, wo ich zugebe, dass ich sie habe, kennt die Angst in mir keine Grenzen mehr. Überall taucht sie auf, hinter allem scheint sie sich zu verstecken. Nicht einmal das Reisen ist vor ihr sicher und erst recht nicht die Beziehung zu Paul. Sie ist größer als ich, größer als der Augenblick. Und sie bestimmt, was machbar ist und was nicht. Auf den Reisen, die ich mit Paul unternehme, wird mir mit erschreckender Deutlichkeit bewusst, wie sehr mich mein Verstand im Griff hat, wie stark er mit der Angst im Bunde steckt und wie alles zusammen das Beziehungsgeschehen bestimmen kann.

Paul und ich sind mit meinem 2CV unterwegs nach Dubrovnik, um dort zwei Wochen Urlaub zu machen. Ich habe mich schon wochenlang auf diese Reise gefreut. Jetzt ist es endlich so weit. Paul fährt. Meine Gedanken und ich sitzen am Beifahrersitz. Wir fahren die Küstenstraße entlang. Es ist Hochsommer.

Die Sonne brennt auf das Autodach. Die Autofenster sind geschlossen. Die Lüftungsklappen sind zu. Auch das wunderbare „Fetzendach“ bleibt verriegelt. Die Luft kocht. Paul will ein Fenster öffnen. Ich verbiete es ihm. „Dann wenigstens die Lüftungsklappen!“ „Nein“, sage ich, und krampfe mich innerlich zusammen. Ich habe panische Angst, mich zu erkälten, und ich getraue mich nicht, das zuzugeben. Je stärker ich schwitze, desto größer wird die Angst davor. Ich fühle mich schlecht, weil ich so zickig bin. Doch die Gedanken, die mir katastrophale Auswirkungen eines Luftzuges prophezeien, sind stärker. Viel stärker. Die Atmosphäre zwischen Paul und mir ist mittlerweile so stickig wie die Luft im Auto.

Nach einer gefühlten Ewigkeit kommen wir endlich an unserem Zielort an. Ein Campingplatz direkt am Meer. Wunderschön gelegen. Doch mein Verstand hat mich fest im Griff. Die Schönheit des Ortes dringt nur in kleinen Portionen zu mir durch. Zusätzlich zu meiner Angst vor Krankheit trüben jetzt auch Schuldgefühle meinen Blick. Wie kann ich Paul das antun? Ihn so enttäuschen? „Er ist zu recht sauer“, sagt mein Verstand, „aber die Gesundheit ist doch das Wichtigste! Oder nicht?“

Wir stellen das Zelt auf. Am nächsten Tag lege ich mich ans Meer. In die Sonne. Endlich Sonne! Endlich Urlaub! Herrlich! Am Abend ist meine Haut feuerrot. In der Nacht bekomme ich Schüttelfrost. Ein Sonnenstich. Noch in der Nacht erkläre ich, dass ich so nicht hier bleiben kann. Ich brauche einen Arzt. Einen österreichischen. „Wir müssen sofort nach Hause fahren. Ich brauche die richtige Behandlung.“ Am nächsten Morgen packen wir alles wieder ein und machen uns auf den Heimweg. Mir geht es innen und außen schlecht. Wieder zwei Tage im Auto. Eisiges Schweigen bei Temperaturen um die vierzig Grad.

Auch wenn ich nicht anders kann, als mich auf vorgegebenen Geleisen wie ein Zug an einen Fahrplan zu halten, weiß ich zugleich, wie unsinnig meine Gedanken und Handlungen sind, wie sehr sie gegen meine tiefsten Wünsche arbeiten. Besonders ernüchternd ist die Erkenntnis, mit welcher Kraft sich dieses Gedankengebäude durchsetzen und wie sehr es mir den Zugang zu allem verbauen kann, was ich erleben will: Liebe, Freude, Freiheit, Verbundenheit. „Nein! So will ich nicht weitermachen“, denke ich und verspreche mir selbst, dass ich bereit bin, alles zu tun, um diesen furchteinflößenden Gedanken nicht das Feld zu überlassen. Dass Veränderungen bereits in dem Moment wirksam werden, in dem ich mich für sie entscheide, wird mir erst Jahre später bewusst werden. Dass es meine Gedanken sind, die zu körperlichen Reaktionen und somit auch zu Krankheiten führen, ist mir nach dieser Reise vollkommen klar. Klar ist mir jetzt auch, dass es meine Gedanken und meine Reaktionen sind, die mich von der Schönheit, der Freude und der Freiheit und von vielem mehr trennen. Und nicht Paul.

Dass ich diesen Zusammenhang beobachtet und erkannt habe, heißt aber noch lange nicht, dass ich das ab jetzt immer so sehen kann und dass ich froh darüber bin. Ganz im Gegenteil. Es ärgert mich, dass ich nicht mehr so einfach sagen kann: „Der Paul ist schuld!" Und außerdem sehe ich, dass vieles zwischen Männern und Frauen auf dieser Welt nicht stimmt und dass das ganz sicher nicht die Schuld der Frauen ist. Gedanken wie diese und entsprechende Erfahrungen führen mich schnurgerade heraus aus der Wohngemeinschaft hinein in die Frauenbewegung. Sie führen mich auch heraus aus der linksgerichteten Studentenbewegung, mit der ich „sympathisiere" und die mich in ihren Unterlagen als „Kandidatin" führt, was so viel bedeutet wie: „Wir beobachten, ob du die Kriterien für eine Mitgliedschaft in unserem Verein erfüllst. Kommen wir zu einem positiven Urteil, werden wir dich aufnehmen." Doch so weit, dass ich gefragt werde, kommt es erst gar nicht. Bei einer Institutsgruppensitzung meint ein Studienkollege, einer von denen, die mich beobachten, zu meinem Engagement für „Frauenfragen", dass ich mich wichtigeren Dingen zuwenden solle, wie zum Beispiel dem Kampf gegen das Pol-Pot-Regime in Kambodscha, und meine Energien nicht für einen „Nebenwiderspruch" (ein nicht so wesentliches Thema, ein Nebenthema also, was die Unterdrückung von Menschen auf diesem Planeten betrifft) verschwenden.

Eine Frau zu sein macht doch Spaß

Doch mein Zug ist längst schon weitergefahren. Mich mit Problemen am anderen Ende der Welt befassen kann ich nur vermittelt über Medien und indem ich meine unmittelbare Umgebung ausschließe, mich selbst eingeschlossen. Und da ich keinen Impuls verspüre, in eines der Länder zu reisen oder mich intensiv für konkrete Hilfen einzusetzen, geht mein Weg wohl woanders weiter. Mich interessiert zunehmend, was sich in mir und unmittelbar um mich herum tut, und da sehe ich vor allem Frauen im Aufbruch. Frauen, die sich in Gruppen zusammenfinden, Frauen, die Feste für Frauen veranstalten, Frauen, die Bücher für Frauen schreiben, Frauen, die für Frauen auf die Straße gehen.

Als ich nach der Matura mein Elternhaus verlassen hatte, um nach Wien zu gehen, brachte ich Bilder vom „Frausein“ und vom „Mannsein“ mit, die sich sehr klar voneinander unterschieden und die ich mir trotz beobachteter Abweichungen und Ausnahmen (für eine davon hielt ich mich selbst) zurechtgelegt hatte: „Frauen sind Opfer. Männer sind Täter.“ Und diese Rollenaufteilung finde ich auch in der Welt, so wie sie sich mir jetzt zeigt, wieder. Was liegt also näher, als mich der Frauenbewegung anzuschließen, als diese in Wien Einzug hält?

Interessanterweise mache ich das in dem Glauben, „die Frauen“ retten zu müssen, und sehe anfangs keinerlei Verbindung zu mir selbst. Ich habe mich nie „arm“ oder „benachteiligt“ gefühlt und, wie bereits erwähnt, „hatte ich auch keine Angst“. Daher sehe ich auch keine Notwendigkeit, an mir oder für mich etwas zu verändern. Zumal meiner Meinung nach die Lösung aller Probleme ja auch darin liegt, dass sich die Männer verändern. Nennt mich jemand „Emanze“ und bringt so seine Kritik an meiner Haltung zum Ausdruck, fühle ich mich darin bestärkt, dass viel zu tun ist.

Ich gründe mit Studienkolleginnen eine „Frauengruppe“. Wir treffen uns regelmäßig. Neugierig und staunend tauchen wir ein in eine neue Welt und nehmen wohltuende Seelenbäder. Wir befreien Gedanken und Gefühle, tauschen Erfahrungen aus und besprechen Bücher von Frauen für Frauen. Wir nehmen an Demonstrationen teil und feiern Feste. Mit Spekulum, Spiegel und Taschenlampe untersuchen wir uns selbst und bringen uns gegenseitig bei, wie wir unsere fruchtbaren Tage feststellen können. Bei einer dieser Selbstuntersuchungstreffen findet eine Frau Sperma in ihrer Vagina. „Schaut Euch das einmal an!“, sagt sie und zeigt auf ihren Fund, „und er hat gesagt, er habe aufgepasst!“ Ich fühle mich wie im Frühling. In mir und um mich herum erwacht und entsteht etwas ganz Neues. Indem wir die Männerwelt bewusst ausschließen, finden wir in einer Form zueinander und zu uns selbst, die mich sehr bewegt.

Der Wandel in meiner Außenwelt leitet automatisch einen Wandel in meiner Innenwelt ein und verändert etwas, das ich gar nicht als veränderungswürdig angesehen habe. Nie hätte ich es für möglich gehalten, dass „man“ sich als Frau so fühlen kann. So frei, so sicher, so fröhlich und so ausgelassen. Zum ersten Mal nehme ich mich rundum wichtig, auf allen Ebenen. Und zum ersten Mal sehe ich auch, dass ich mich nur erfolgreich für etwas engagieren kann, wenn auch mein Herz dabei ist. Und da sich das Herz in der Mitte meines Körpers befindet, muss auch mein Körper dabei sein, am besten, indem er sich wohlfühlt.

Um mich dem Neuen zuwenden zu können, muss ich mich von einigem abwenden, zu dem bis jetzt meine Aufmerksamkeit geflossen ist. Und darauf reagiert ein Teil meiner Umwelt gar nicht erfreut. Ablehnung, Verunsicherung und auch die eine oder andere heftige Anfeindung sind darunter. Bei einer Party von Freunden greift mich ein unbekannter Mann, nachdem er erfahren hat, dass ich gerade von einer Demonstration für die „Fristenlösung" komme, sogar körperlich an und verletzt mich dabei. Eine Freundin prophezeit mir zornig, dass ich, wenn ich so weitermache, am Scheiterhaufen enden werde. Da ich mich jetzt besonders für Lebensgeschichten von Frauen interessiere und viel darüber lese, geht mir die „Prophezeiung" über ein frühzeitiges Ende am Scheiterhaufen ganz besonders nahe. Ich bekomme eine Ahnung davon, was mutige Frauen im Mittelalter und darüber hinaus mitgemacht haben. Und ich bin dankbar für jede, die es gewagt hat, ihrem Herzen zu folgen. Zu erfahren, dass ich o.k. bin, so wie ich bin, dass nichts falsch ist an mir, wenn ich nicht den gesellschaftlichen Erwartungen entspreche, stärkt mich sehr. Das „Veilchen" in mir gibt endgültig seinen Platz an „die Rose" ab.

Mich selbst verbunden zu erleben und die Stärke und das Glück zu erfahren, das sich aus dem Einssein mit mir und anderen ergibt, verschafft mir den größten und schönsten Wandlungsprozess meines bisherigen Lebens. Jeder Gedanke, jedes Konzept und jede Theorie ordnen sich diesem Prozess unter. Dass Männer und auch überraschend viele Frauen die Frauenbewegung kritisieren und abwerten, finde ich schade, kann es aber nachvollziehen. Schließlich stellen wir alles Bestehende in Frage, steigen aus gewohnten Umgangsformen aus und sind nicht mehr da zu finden, wo man uns sucht. Der Satz „Wir sind die Frauen, vor denen euch eure Männer immer gewarnt haben!" trifft das, was ich erlebe, ganz gut. Es ist ein radikaler Wandel, der sich da in mir vollzieht. Am stärksten wird mir das beim Lesen feministischer Literatur bewusst. Hungrig nach mir selbst verschlinge ich stapelweise Bücher, in denen es um mich geht. Um meine Gedanken, um meine Gefühle, um meine Erfahrungen, um meine Wünsche. Inhaltlich und sprachlich. Und ich staune jetzt über den großen Unterschied zu der Literatur, die ich gewohnt bin. Mir wird bewusst, wie wenig ich mit meinem speziellen Sein in ihr vorkomme. Und das nicht nur wegen der Sprache, in der nur von „Studenten“, von „Lehrern“ und von Menschen die Rede ist, hinter denen sich meist „Man(n)“ versteckt, sondern vor allem wegen der Welt, die die AutorInnen vor Augen gehabt haben, als sie ihre Texte verfassten.

Zum allerersten Mal erlebe ich, dass das, was beim Lesen vorrangig wirkt, die Energie der Person ist, die den Text geschrieben hat. Mit welchen Gedanken, mit welchen Gefühlen, mit welchen Wünschen hat er oder sie den Text verfasst, den ich gerade in Händen halte? Was auch immer es war, es füllt den Raum zwischen den Zeilen. Und aus einem großen Teil der feministischen Literatur fließt mir Befreiungs- und Heilungsenergie zu. Das befreite Potential der Schreibenden befreit auch mich.

Ich beginne, in meinen Texten darauf zu achten, die weiblichen Formen zu verwenden, und freue mich jedes Mal, wenn ich damit den zweiten Teil der Menschheit und somit auch mich selbst würdige. Höre ich, dass sich jemand über diesen „Firlefanz“ beschwert, weil er oder sie es für übertrieben halten, darauf zu achten, lächelt mein Herz, weil es weiß, dass mit dem Verstand alleine der Unterschied nicht wahrgenommen werden kann. Ist man jedoch bereit, ihn zu erspüren, macht der Unterschied einen Unterschied.

Das Schönste an diesem Prozess ist für mich die Verbindung des Persönlichen mit dem Politischen. Indem ich auf mich selbst schaue, schaue ich zugleich auf das Ganze. Zu erleben, dass mein Wandel mein Umfeld verändert und dass die Veränderungen meines Umfeldes wiederum auf mich zurückwirken, bestätigt mir zum ersten Mal, dass alles mit allem verbunden ist und dass ich auf dem richtigen Weg bin. Es bestätigt mir auch, dass ich mich auf „die Stimme“ in mir – Impulse, die ich meist in Form von Gedanken aus dem Off bekomme und die mit jedem Entwicklungsschritt deutlicher wahrzunehmen sind – verlassen kann.

Bis zu meinen frauenbewegten Jahren habe ich die Welt fast ausschließlich aus der Sicht von Männern kennengelernt. Jetzt tauche ich neugierig und überglücklich in die Welt der Frauen ein und bringe viele Erfahrungen mit, die von den Frauen mit großem Interesse aufgenommen werden. Ich wundere mich darüber, welchen Respekt – bis zu Angst – Frauen vor Männern haben können, was sie alles in sie hineininterpretieren und wie sie glauben, sich komplizierte Strategien zurechtlegen zu müssen, um Männer zu erobern oder um sie zu halten. Mich kann das Anderssein auch manchmal irritieren und die größere Kraft kann mir unter bestimmten Umständen auch Angst machen, aber undurchschaubar und kompliziert erlebe ich Männer nicht. Oft denke ich mir, dass sie viel einfacher funktionieren als Frauen. Aus diesen und ähnlichen Erfahrungen schließe ich, dass es an der Zeit ist, dass sich die Frauen aus ihrer, zum Teil selbstgewählten, „Knechtschaft“ befreien.

Es ist Walpurgisnacht. Ich bin eine von ungefähr vierhundert Frauen. Wir reiten, als Hexen verkleidet, auf Besen durch die Wiener Innenstadt. Wir singen Frauenlieder, lachen und rufen Parolen wie „Frauenpower macht Männer sauer!“ und „Eine Frau braucht einen Mann so dringend wie ein Fisch ein Fahrrad“ in die Nacht hinaus. Da tönt ein Ruf durch die Reihen: „Zum Moulin Rouge!“ Wir reiten auf unseren Besen zum Nachtklub. Dort umstellen wir das Etablissement und fordern den Betreiber auf, die bei ihm arbeitenden Frauen freizugeben. Er kommt, begleitet von einigen seiner Mitarbeiterinnen, aus dem Lokal. „Wir sind hier, um euch zu befreien“, rufen wir und laden die Frauen ein, mit uns zu kommen. Da löst sich eine Frau aus der Gruppe um den Nachtklubbesitzer, stemmt ihre Arme in die Hüfte und ruft „Schleicht‘s Euch, ihr Weiber!“

„Das gibt’s doch nicht!“, denke ich mir, „die bleiben freiwillig bei diesem Unterdrücker!“ Ich bin enttäuscht. Keine einzige der Frauen will sich unserem fröhlichen Haufen anschließen. „Was kann es Schöneres geben, als frei zu sein? Wie kann jemand freiwillig in Abhängigkeit leben?“, frage ich mich und bin zornig. Ein bisschen. Zu wenig, um mir bewusstmachen zu können, dass nicht ich es bin, die bestimmt, was für jemand anderen gut oder schlecht ist. Zu wenig, um zu erkennen, dass an meinem Frauenrettungsplan etwas nicht stimmt, dass ich niemanden zwingen kann, glücklich zu sein, dass ich nicht wissen kann, was Glück für jemand anderen bedeuten kann. Und indem mir das alles noch nicht bewusst ist, denke ich so wie die Männer, denen ich das vorwerfe. Es wird noch einige Zeit dauern, bis diese kritischen Gedanken ganz in mir ankommen werden und ich aufhören werde, „Opfer“ zu retten.

Meine Zeit in der Wohngemeinschaft ist schon vor einiger Zeit abgelaufen. In den letzten Monaten war ich die einzige Frau, die noch dort lebte. Wie immer, wurden die Diskussionen auch in diesen Monaten vom Thema „Hausarbeit“ bestimmt und ich kämpfte auch hier wie eine Löwin für die Rechte der Frau. „Jetzt, wo ich die einzige Frau in der WG bin, ist es noch viel wichtiger, dass auch ihr Männer euren Beitrag zur Hausarbeit leistet!“, verteidigte ich meine

Position, um ja nicht zur „Hausfrau“ herabgestuft zu werden. So sehr, dass ich erst beim Ausziehen draufkam, dass ich nie die Wohnung geputzt hatte, sondern immer nur die Männer.

Mittlerweile lebe ich in einer Zweizimmerwohnung, die ich anfangs mit meiner Schwester und später mit anderen Mitbewohnerinnen teile. Die Beziehung zu Paul ist in den Hintergrund gerückt. Ein halbes Jahr nach mir zieht auch er aus der Wohngemeinschaft in eine Zimmer-Küche-Wohnung. Wir genießen beide die neu gewonnene Freiheit. Das Gefühl der Freiheit beziehe ich jetzt vorrangig daraus, dass ich mir erlaube, zu tun und zu lassen, was ich will. Ich kann jetzt treffen, wen ich treffen will, und bleiben, wo ich bleiben will. Es gibt niemanden mehr in meiner unmittelbaren Nähe, an dessen Blick ich das ablesen kann, was ich mir denke, dem ich die Rolle des „Aufpassers“ und „Kritikers“ übertrage. Doch auch wenn ich Paul nicht mehr jeden Tag sehe, bleibt ein Rest von „Was würde er wohl dazu sagen?“ über. Würde mich jemand fragen, wer denn „Paul“ für mich jetzt sei, was er mir bedeute, würde ich wohl so etwas sagen wie: „Mein bester Freund, jemand, den ich nie missen möchte, jemand, der immer für mich da ist.“

Doch genau genommen denke ich darüber nicht wirklich viel nach. Viel zu viel gibt es zu tun. Ich lasse mir von Freundinnen die Haare kurz schneiden, färbe sie mit Henna und kaufe mein Gewand am Flohmarkt ein. Mit Vorliebe Sakkos. Schwarz sollen sie sein und alles verdecken, was mich optisch als Frau auszeichnet. Büstenhalter, Enthaarung, Stöckelschuhe und Schminke lehne ich ab. Am wohlsten fühle ich mich in Latzhosen, weiten Pullovern und Turnschuhen. Ich will mir nie wieder von jemandem diktieren lassen, was ich anzuziehen habe. Nicht von der Werbung, nicht von den Männern, nur mehr von emanzipierten Frauen.

Nach einer intensiven Zeit in der kleinen Frauengruppe spüre ich, dass ich weitergehen muss. Die Themen sind ausgeschöpft und ohne neue Impulse von außen beginnen wir uns ein wenig im Kreis zu drehen. Ich möchte mehr über mich selbst erfahren und dazu brauche ich jetzt eine gezieltere Begleitung. Ein Assistent am Institut erzählt mir, dass er mit drei anderen Männern einen Verein gegründet habe, über den sie Ausbildungen in Gesprächsführung nach Carl Rogers, einem US-amerikanischen Psychologen, anbieten. Sie hätten damit gerade erst begonnen und es würde ihn freuen, wenn ich mitmache. Die Grundausbildung umfasse zwei Jahre und beinhalte vorrangig Selbsterfahrung. Nach dem Absolvieren einiger Zusatzbausteine und einer Abschlussarbeit bekäme ich ein Zertifikat über meine Befähigung zur Führung von „personenzentrierten Gesprächen". Das klingt gut. Vor allem dieser lange Zeitraum, in dem ich mich in einer gleichbleibenden Gruppe unter fachmännischer Begleitung weiterentwickeln kann, gefällt mir. Ich melde mich an.

Unmögliches wird möglich

Es ist Jänner 1982 und mein Studium geht seinem Ende zu. Jahrelang habe ich an meiner Dissertation, einer empirischen Untersuchung über das geschlechtsspezifische Leseverhalten von Jugendlichen am Beispiel von Comics mit dem Titel „Der geschlechtsspezifische Comic-Konsum zwölf- bis dreizehnjähriger Kinder und seine Bedeutung hinsichtlich einer emanzipativen Erziehung" gearbeitet und bin dabei, für die großen Abschlussprüfungen zu lernen. Jetzt, wo ich knapp vor dem Ende stehe, traue mir zu, den Studienabschluss zu schaffen. Zum einen interessieren mich die Inhalte und zum anderen weiß ich mittlerweile, dass ich nicht die einzige bin, die Angst davor hat, etwas nicht zu schaffen. Außerdem ist mir das Thema, das ich gewählt habe, ein Herzensanliegen und durch die aufwändige Untersuchung bin ich zu einer Expertin geworden. Ich will beweisen, dass Kinder, die lesen, was ihnen Spaß macht, keine schlechteren Kinder sind als die, die „pädagogisch wertvolle" Bücher lesen. Und ich will aufzeigen, dass Unterschiede im Verhalten von Buben und Mädchen erlernt sind und daher auch jederzeit wieder veränderbar.

Als ich nach Jahren großen Aufwandes das fertige Werk mit über zweihundertfünfzig Seiten, streng nach wissenschaftlichen Regeln ausgeführt, in den Händen halte, bin ich zwar sehr, sehr stolz, es geschafft zu haben, finde mich selbst im Text jedoch nicht mehr wieder. Die vielen Formeln, das Zitieren anderer Werke und die vorsichtigen Formulierungen machen das Buch für mich unlesbar. Ich spüre eine Sehnsucht in mir, ein Buch zu schreiben, dessen Inhalt nur aus mir kommt und das von meinen Erfahrungen erzählt. Da über das von mir gewählte Thema bisher noch nicht viel geschrieben worden ist, ernte ich mit meiner Dissertation großes Interesse. Ich gebe Interviews und bin als Expertin gefragt. Doch für mich selbst ist dieses Thema abgeschlossen und ich beende meine Karriere als Comic-Expertin, gleich nachdem sie so richtig begonnen hat. Mein Interesse konzentriert sich jetzt ganz auf meine Ausbildung in personenzentrierter Gesprächsführung. Außerdem will ich endlich praktisch in dem Bereich arbeiten, der mich brennend interessiert: Frauen in ihrer Entwicklung begleiten.

Am 7. Juli 1982 halte ich schließlich mein „Rigorosum-Zeugnis" in der Hand und bin überwältigt. Ich habe es wirklich geschafft! Und sogar mit einem „Ausgezeichnet" in beiden Studienrichtungen. Jetzt bin ich eine „Akademikerin", eine „Frau Doktor"! Nie im Leben hätte ich gedacht, dass ich aus eigener Kraft so weit kommen kann. Die ersten Tage befinde ich mich in einem Dauerhoch. Wie auf Wolken gehe ich durch die Welt, die plötzlich eine ganz andere ist. Eine, in der alles gut ist, eine, die Freude macht. Doch dieses wundervolle Hoch währt nicht lange. Bald schon schlittere ich emotional in ein tiefes, dunkles Tal. Jetzt bin ich mit der Schule fertig. Jetzt bin ich da, wo ich immer hinwollte. Vor mir liegt ein endloser Raum von Möglichkeiten. Ich muss nur wählen. Aber was? Wo geht es weiter? Wie geht es weiter? Was gibt mir neuen Halt?

Zum Glück gibt es die Ausbildung, mein Engagement für Frauenfragen und meine Neugier. Nach einigen Wochen wird es wieder hell um mich und es folgen sehr bewegte und spannende Zeiten. Selbsterfahrung pur. Selbsterfahrungsexperimente boomen und für SeminarleiterInnen scheint es eine geheime Regel zu geben: „Wenn in meinem Seminar nicht jede und jeder mindestens einmal ordentlich weint und seinen Emotionen freien Lauf lässt, dann habe ich etwas falsch gemacht!" Ich kämpfe mich durch Gruppen mit unterschiedlicher Größe, Dauer und Intensität. Am heftigsten erlebe ich eine sogenannte „Encountergruppe", in der um die achtzig Personen acht Tage und Nächte miteinander an einem abgeschiedenen Seminarort verbringen. Als Auszubildende darf ich in diesem Zeitraum auch meine ersten Erfahrungen als Gruppenleiterin sammeln. Dabei fühle ich mich wie ein Fisch im Wasser und weiß sofort, dass das ganz mir entspricht. „So will ich arbeiten!", nehme ich mir vor und freue mich über mein erstes klares Bild von einer beruflichen Tätigkeit, die mir Freude macht.

Auch was den Inhalt der Ausbildung anbelangt, bin ich genau richtig. Carl Rogers geht davon aus, dass man nur weitergeben kann, was man selbst auch kennt und lebt. So verbinden sich für mich mein Wunsch nach Selbsterfahrung und mein Wunsch, Menschen in ihrer Entwicklung zu unterstützen, um die Welt zu retten, auf sehr angenehme und herausfordernde Art und Weise. Denn mittlerweile bin ich überzeugt davon, dass „die Rettung der Welt" – Frieden, Freiheit und Freude – nur möglich ist, wenn sich die Menschen verändern, jeder und jede einzelne.

Das, worauf ich beim Begleiten von Personen achten soll, ist überschaubar. Überschaubar, aber ganz und gar nicht einfach in der Durchführung: „bedingungslose Wertschätzung", „Empathie" und „Kongruenz". „Nur" drei Richtlinien. Doch: Um mich einer anderen Person „empathisch" zuwenden zu können und sie zu verstehen, müsse ich auch fähig und gewillt sein, meine eigenen Gedanken, Emotionen, Motive und Persönlichkeitsmerkmale zu erkennen und zu verstehen, heißt es. Ich müsse Gefühle wie Trauer und Schmerz wahrnehmen und zugeben können, um die Gefühle meines Gegenübers deuten zu können. Und das alles, indem ich „kongruent" bin, also echt und wahrhaftig handle.

„Viel Arbeit wartet auf mich!", denke ich mir, „und eigentlich ist das, worauf ich dabei zu achten habe, relativ einfach. Ich muss nur ich selbst sein und drei Regeln beachten. Sonst nichts!" Wie weit diese Gedanken mit dem, was zu diesem Zeitpunkt für mich machbar ist, auseinanderklaffen, davon habe ich – Göttin sei Dank – keine Ahnung. Hätte ich die nämlich, würde ich wohl aus purer Verzweiflung alles hinschmeißen. So kommen die Hindernisse hintereinander und Stück für Stück und erwecken den Eindruck, dass sich hinter jedem bereits das Ziel befindet. Kritische Gedanken, ungeplante Reaktionen, Misstrauen, Zweifel und Körpersymptome aller Art schieben mich ständig in andere Richtungen und treiben mich zu Handlungen, die mich tagelang beschäftigen: „Warum habe ich das nur gesagt? Warum habe ich trotzdem weitergemacht, obwohl mich der Blick von Hans, Franz und Erna irritiert hat? Warum habe ich nicht gesagt, was ich wirklich gedacht habe? Warum nicht getan, was ich wirklich tun wollte? Warum?" Indem ich dem Warum nachgehe, komme ich in längst vergangene Zeiten zu längst vergangenen Ereignissen und wundere mich, wie alles zusammenhängt. „Ich hatte doch früher nie Probleme, warum denn jetzt plötzlich?", frage ich mich selbst und beginne, meine Vergangenheit zu analysieren. Spannend ist das! Und es hat kein Ende! Tagelang könnte ich an der Suche nach den Gründen für mein Verhalten und für das Verhalten der Menschen in meinem Umfeld dranbleiben. Toll fühlt sich das an. So mächtig! Und der Stoff dafür geht nie aus.

Ich gebe mich diesen Prozessen mit großer Leidenschaft hin und freue mich über jeden kleinen Schritt, den ich selbst dabei gehe. Die vier Ausbilder sind

Männer, die Auszubildenden in der Mehrzahl Frauen. Meine Einzelstunden muss ich bei einem der vier Ausbilder nehmen. Es gelingt mir nicht, mich darauf einzulassen. Zu groß erlebe ich den Unterschied zu intimen Gesprächen mit Frauen, bei denen ich mich gerade in diesen Jahren ganz besonders zu Hause fühle. Zu sehr ärgere ich mich darüber, dass dieser Unterschied von den Ausbildern als nicht wesentlich für mein Wachstum erachtet wird. Je stärker sie das betonen, umso öfter weise ich auf Unterschiede zwischen Frauen und Männern in den Gesprächen und Gruppenaktivitäten hin und mein Kampf geht weiter. Auch in meiner Abschlussarbeit beschäftige ich mich damit und schreibe über „Die geschlechtsspezifische Sozialisation als ausgeklammerte Größe im personenzentrierten Ansatz". Und er bestimmt auch noch die Ausstellung meines Zertifikats. Die fachlich korrekt formulierte Beschreibung meines Ausbildungserfolges soll – wie mir ein Ausbilder in einem persönlichen Gespräch Tage danach erklärt – so viel bedeuten wie „Hände weg von den Männern, Maria! Für deren Beratung eignest du dich nicht."

Nach wie vor ist „Kämpfen" für mich das wirksamste Mittel, um Veränderungen herbeizuführen. Kampf, Kontrolle und Risiko. Und daher richtet sich meine Aufmerksamkeit auch in erster Linie auf das, was um mich herum und in der Welt geschieht. Umso mehr irritiert mich ein Traum, der über Jahre wiederkehrt und auf etwas hinzuweisen scheint, das mit großen Veränderungen über neue Wege zu tun hat. So fühlt er sich zumindest an, der Traum, und er lässt nicht locker.

In diesem Traum lebe ich in einem Haus, das mir sehr vertraut ist. Die Möbel sind alt, ihre Farben verblichen. Von den Wänden blättert der Verputz. Eine Küche, ein Schlafzimmer, Nebenräume. Alles ist da, was man zum Leben braucht. Doch die Atmosphäre ist kalt, muffig und ungemütlich. Ich stehe herum, will mich nicht niedersetzen, mich erst recht nicht niederlassen. Da sehe ich eine Tür und freue mich. „Das Haus ist größer, als ich angenommen habe!", denke ich und atme erleichtert auf. Ich gehe auf die Tür zu und öffne sie. Beim Öffnen knarrt sie laut. Spinnweben hängen in ihrem Rahmen und verfangen sich in meinen Haaren. Dahinter befindet sich ein dunkler Gang. Ich zögere. Nichts Einladendes kommt mir entgegen, und doch habe ich das Gefühl, dass es sich lohnen könnte, weiterzugehen.

An dieser Stelle endet der Traum. Immer wieder, denn ich will nicht weitergehen. Ich kann mich nicht überwinden, den Gang zu betreten. Erst einige Träume derselben Art später getraue ich mich. *Schritt für Schritt taste ich mich durch den dunklen Gang. Weit hinten sehe ich Licht und davor einen Türrahmen, der offensichtlich zu einem hellen Raum führt. Meine Freude darüber, auf einen unvermuteten, unbekannten Raum zu treffen, der hell ist und freundlich, ist riesengroß. Mit der Sicherheit von „Es geht weiter und es wird schöner! Da ist noch einiges zu entdecken!" werde ich munter.*

Analog zu meiner Entwicklung in der „wirklichen Wirklichkeit" dehnt sich auch der Traum aus. Jetzt, wo ich weiß, dass sich das Weitergehen lohnt, entdecke ich laufend neue Räume. Sie werden immer heller, immer freundlicher, immer größer. Und es scheint kein Ende zu geben. In jedem Raum befindet sich eine weitere Tür, die mich einlädt, meine Forschungen auszudehnen. Und das Schönste an diesem Traum ist mein Gefühl danach. In mir ist es hell, warm und weit und ich weiß, dass ich dieses Haus bin. Ich weiß auch, dass es leichter als gedacht ist, neue Räume zu entdecken, und dass es dafür keinen Kampf braucht.

Das Verhalten der Menschen – mich selbst eingeschlossen – bildet den Mittelpunkt meines Interesses. Dort sehe ich auch nach wie vor den Hebel für Veränderungen. Mit der Natur und mit dem menschlichen Körper kann ich nicht viel anfangen. Dafür finden sich auch jederzeit Theorien und Argumente, mit deren Hilfe ich mir selbst und anderen „beweise", dass es darum im Leben nicht geht. Das Verhalten der Menschen muss sich verändern: keine Atomkraftwerke mehr bauen, gleiche Rechte für Frauen und Männer in den Gesetzbüchern verankern, keine Kriege mehr führen und die Kinder mit neuen Methoden erziehen. Darauf kommt es an. Nur darauf. Das wird die Welt retten.

Ich bin froh, mich nicht mit den „klinischen" Vorgängen im Körper beschäftigen zu müssen. Denn ich will nicht wissen, was sich in ihm tut. Seine äußere Erscheinung genügt mir. Und die ist so, dass ich „nicht unangenehm" auffalle. Ich betrachte ihn mit Augen, denen ich verbiete, ihn nach den gängigen Schönheitsidealen, wie „neunzig – sechzig – neunzig", abzutasten, was sie allerdings nicht davon abhält, es trotzdem zu tun. So entgeht mir auch, dass ich „trotz schwarzem Haar und großem Busen" eine attraktive junge Frau bin. Wende ich mich meinem Körper intensiver zu, mache ich es in Sorge um ihn, und wenn ich nicht aufpasse, macht er mir Angst. Zu komplex, zu unüberschaubar erscheint er mir: Große, kleine, lange, kurze, dicke, dünne, runde, ovale, rote, braune, weiße, verzweigte Formen tummeln sich kreuz und quer in einem

Raum, der dafür doch eigentlich viel zu klein ist. „Was, wenn eine Ader plötzlich ihre Bahn ändert? Was, wenn das Herz ganz einfach zu schlagen aufhört? Was, wenn die Nase nicht mehr riechen und die Augen nicht mehr sehen wollen? Was ist dann?“, frage ich mich und lasse es gleich wieder bleiben.

Da ist mir der Verstand schon lieber. Ich kenne seine Gedanken. Sie wiederholen sich und sind überschaubar. Er hält sich an Regeln und überrascht mich so gut wie nie. Außerdem kann er mich vor Fehlern bewahren und vor Angriffen schützen, denke ich. Indem er mögliche Katastrophen immer wieder durchspielt und mich darauf aufmerksam macht, was zu tun wäre, wenn es so weit einmal sein sollte, bin ich für alles gewappnet. Denke ich. Und die Außenwelt liefert mir dazu mehr als genug Material.

In den seltenen Momenten, in denen ich in Ruhe nach innen schauen kann, fällt mir auf, dass meine Bilder von einem Danach und von einer Welt außerhalb der mir zugänglichen klein und verschwommen sind. „Was macht das alles für einen Sinn?“, frage ich mich dann und erwarte keine Antwort. Aus der Kirche bin ich längst schon ausgetreten. Das, wovon ich überzeugt bin, ist wenig und lautet ungefähr so: „Ich habe ein Leben. Wenn mein Körper stirbt, ist alles vorbei. Mein Körper verwest wie alles in der Natur. Alle Menschen sterben, das verbindet uns.“ Tröstlich an dieser Überzeugung ist für mich nur der letzte Satz. Damit kann ich leben. Zumindest, solange ich nicht weiter darüber nachdenke. Tue ich es doch, könnte ich verrückt werden, weil das Gedachte immer neue Fragen aufwirft und mich ratlos und traurig zurücklässt. Literatur, die meine Sichtweise stützt, gibt es genug. Ich lese, diskutiere, frage. Einiges bleibt ein Rätsel. Manches droht, mein Denken zu sprengen. Vieles erleichtert mich. Und schließlich komme ich zu dem Ergebnis, dass ich mich nur an Folgendes halten muss:

Da ich eines Tages für immer in der Erde verschwinden werde, obwohl ich ein Leben lang für Veränderungen gekämpft habe – was ich sehr schade finde, aber leider nicht ändern kann –, muss ich Spuren hinterlassen, damit wenigstens die Menschen, die nach mir kommen, etwas von meinen Aktivitäten haben. Eine Sitzung hier, ein Meeting da, eine Demonstration gegen dies und eine Petition für das, ein Arbeitskreis für das eine Thema und einer für das andere, ein Workshop, ein Sit-in, nächtelange Diskussionen.

Doch trotz dieser „Überzeugungen“ sehe ich mich nach wie vor auf einer Bühne stehen, die Teil einer größeren Wirklichkeit zu sein scheint, die mir nicht zugänglich ist. „Was ist das wohl? Was ist dieses Größere? Woraus besteht es und wie funktioniert es? Und wie hängt alles zusammen?“, frage ich mich, und statt eine Antwort zu finden entdecke ich die „Systemische Familientherapie“. Ich bin es gewohnt, Grenzen auszuloten, um sie in Frage zu stellen oder ganz einfach zu ignorieren. „Maria-Test“ nennt es Paul, wenn ich wieder einmal einen Riss in der Gestalt einer scheinbar perfekten Erscheinung entdeckt habe. Jetzt wünsche ich mir, größere Zusammenhänge erkennen zu können und zu verstehen. Ich will mehr darüber wissen, welche Auswirkungen es hat, wenn jemand etwas verändert, welche unbewussten Regeln und Muster dabei zum Tragen kommen, was Wandel unterstützt und was ihn verhindert und wo der Hebel für Veränderungen in kleinen und großen Systemen anzusetzen ist.

Und ich bin immer noch auf der Suche nach der Einfachheit, nach einer Wahrheit, die am besten alles erklärt. Kann ich spüren, dass eine Aussage, eine Erkenntnis keinen „doppelten Boden“ hat, dass sie frei und offen vor mir liegt, ist sie „wahr“ für mich und ich bin zufrieden. Ich selbst, so denke ich, komme meiner Wahrheit näher, indem ich versuche, so echt und authentisch wie möglich zu sein. So, hoffe ich, arbeite ich mich auch an das, was sich hinter der Bühne des Lebens abspielt, heran. „Nur, wie und wann bin ich „authentisch“? Was genau heißt das?“, frage ich mich. Ist es so, dass ich, wenn ich einmal gesagt habe, dass Marillenmarmelade meine Lieblingsmarmelade ist, immer dazu stehen muss? Habe ich zum Beispiel Freunden gegenüber geäußert, dass ich Pablo Picasso für den größten Maler aller Zeiten halte, muss ich bei dieser Meinung bleiben. Denn die anderen müssen sich darauf verlassen können, dass ich zu meinen „Prinzipien“ stehe.

„Nein, das kann's nicht sein!“, denke ich mir, nachdem ich eine Zeit lang versucht habe, mich an „Prinzipien“ und an „Werte“ zu halten. „Das ist viel zu anstrengend! Und was mache ich, wenn mir morgen Monet lieber ist und übermorgen Chagall? Wo bringe ich sie dann alle unter? Das kann wohl nicht ‚die Wahrheit‘ sein, die ich suche.“ Auch wenn das etwas einfach gedacht ist, ist es der Weg, auf dem ich versuche, dem, was „Wahrheit“ sein könnte, näher zu kommen.

Viel wahrer und echter als diese Gedanken fühlt sich für mich die Freude am Weitergehen und an den Veränderungen an. Erlaube ich mir zum Beispiel die Freude am Wandel und genieße sie in dem Bewusstsein, dass sie mir entspricht, und drücke ich sie auch aus (nach innen und nach außen), erlebe ich mich authentisch, rundherum und durch und durch. An etwas zu denken, an das ich noch nie gedacht habe, und etwas zu spüren, was ich noch nie gespürt habe, das gefällt mir. Und jetzt gerade denke ich mir, dass es so etwas wie „eine Wahrheit des Augenblicks“ gibt, die es mir ermöglicht, zu sehen und zu erfahren, was ich an dieser Stelle meines Weges sehen und erfahren kann. Spannend wie einen Abenteuerroman empfinde ich diesen und andere Prozesse in mir. Laufend entdecke ich Neues und jedes Mal ist mein erster Gedanke: „Wem soll ich das erzählen? Wer kann das brauchen?“

Alles, was mich weiterbringt und was mir hilft, Hindernisse loszuwerden, zieht mich magisch an. Ich habe ein gutes Gespür für das, was mir dabei dient, und es wird mir zunehmend bewusst. Bin ich von einer Theorie oder einer Methode fasziniert, beschäftige ich mich so lange mit ihr, bis ich ihre Essenz in mir aufgenommen habe, und gebe sie auch begeistert an andere weiter. Dann zeigt sich mir wieder etwas Neues und ich folge dem mit der Überzeugung, dass mein Weg hier weitergeht. Dabei ist es gleichwertig, ob es sich um den „Marxismus“, um eine philosophische oder eine psychologische Schule, um den „Konstruktivismus“, um ein Sachbuch, um einen Film, um einen interessanten Menschen oder um einen spannenden Roman handelt. Das einzig Beständige scheint mir der Wandel zu sein.

Meinem Verstand ist das Weitergehen allerdings nicht immer recht. Er hat damit zu tun, dass ich mich nirgends „für immer“ niederlasse, und meldet sich laufend kritisch zu Wort: „Was ist los mit dir?“, fragt er mich, „kannst du nicht einmal bei etwas bleiben? Schau dich um! Alle machen Karriere. Nur du nicht! So wirst du nie eine erfolgreiche Expertin!“

Angst? Ich?

Mittlerweile wohnen Paul und ich schon einige Jahre voneinander getrennt. Die Beziehung halten wir nach wie vor aufrecht, sie wandelt sich jedoch laufend. Die gemeinsamen Urlaube werden zum Prüfstein für den jeweiligen Stand der Entwicklung der Personen und der Beziehung. Als ich eines Tages bei ihm übernachte, teilt er mir nach dem Frühstück mit, dass er jetzt gehen müsse, weil er mit seiner aktuellen Freundin ein Treffen vereinbart habe. Ich bitte ihn, zu bleiben und den Tag mit mir zu verbringen. Er lehnt ab. Das irritiert mich.

Ich flehe ihn an. Er lehnt ab. Ich weine. Er lehnt ab. Ich bitte ihn aus tiefstem Herzen, zu bleiben. Er lehnt ab. Plötzlich wird mir schwarz vor den Augen und ich falle in ein tiefes, schwarzes Loch. Als ich wieder zu mir komme, liege ich am Boden. Das erschreckt mich, und mit dem Schrecken taucht ein glasklarer Gedanke aus mir auf: „Schau, wie abhängig du bist! Du musst etwas tun, damit dir so etwas nicht noch einmal passiert."

„Ich und abhängig? Nie im Leben!", hätte ich noch Minuten zuvor gesagt und gedacht. „Ich doch nicht!" Und jetzt kann ich es nicht einmal mehr vor mir selbst verheimlichen, dass ich mich vor dem Alleinsein fürchte. Die Türe zu dieser Information war zwar nur einen Spalt breit offen, aber das hat mir gereicht, um die Botschaft aufzunehmen, die dahinter lag. Ich staune über die Tiefe, aus der sie gekommen ist. Dass ich diese Botschaft, ohne zu zögern, aufnehme, dafür bin ich mir sehr dankbar, denn das lässt mich darauf vertrauen, dass ich etwas tun kann, um eine Veränderung herbeizuführen.

Mich für diesen Veränderungsschritt zu öffnen, fällt mir erstaunlich leicht. Mein Interesse an dem, was denn so alles noch in mir verborgen liegt, ist größer als die Angst, es könnten „Monster" sein, denen ich nicht gewachsen bin. Der Zusammenfall meiner ohnmächtigen Angst mit der Erkenntnis, dass diese aus einer vermeintlichen Sicherheit, nämlich dem Anklammern an Paul, entstanden ist, stimmt mich zuversichtlich, dass ich am Weg zu einer neuen Sicherheit bin, die frei von Angst ist. „Das kann dann wohl nur eine Sicherheit aus mir selbst heraus sein, wenn sie nicht an eine Beziehung geknüpft ist", denke ich mir. „Es gibt also eine noch tiefere Form von Freiheit, tiefer und weiter, als ich sie bis jetzt kennengelernt habe!"

Und während mein Verstand noch mit Verarbeiten und Erklären beschäftigt ist, ist mein Körper schon auf dem Weg in die Buchhandlung, Abteilung „Lebenshilfe". Auf die Frage, wie ich auf Pauls Verhalten reagieren solle, meint die Stimme in mir, die mit jeder Erfahrung lauter wird: „Lass ihn. Konzentriere dich auf deine Entwicklung. Wenn er nur auf deine Wünsche hört, weil du ihn dazu zwingst, ist seine Entscheidung nichts wert. Bringst du ihn von etwas ab, das er erleben will, wird er dir die Schuld geben, wenn er bedauert, es nicht getan zu haben." Die Erklärung erscheint mir plausibel und ich halte mich daran, auch wenn es mir zeitweise fast das Herz zerreißt. Außerdem – wenn ich ehrlich bin – fühlt es sich gut an, wenn auch er in Bewegung ist und sich weiterentwickelt. Auch wenn das – blöderweise – nicht so passiert, wie ich es mir vorstelle.

Nicht neu, aber immer wieder erstaunlich: Es kommt mir richtig und höchst angemessen vor, wenn ich eine Beziehung mit einem anderen Mann habe, hingegen fällt es mir unangemessen schwer, diese Großzügigkeit auch auf Pauls Beziehungen auszudehnen. Zwischen meinem Herzen und meinem Verstand klaffen dann Welten und ich kann nichts daran ändern. Da ich nichts anderes sehen kann, woran ich mich derzeit in der Beziehung halten sollte, bleibe ich dabei, das Gewähren und Zulassen zu üben. Und dazu bekomme ich schon bald ausreichend Gelegenheit.

Wir fahren mit einer Gruppe von Freunden auf Urlaub nach Italien. Ich kenne nur einen Teil der großen Gruppe, die aus Paaren und zwei erwachsenen Töchtern besteht. Beziehungsgeheimnisse liegen in der Luft und ziehen mit uns in das Ferienhaus ein. Für Geheimnisse dieser Art bin ich dank der Beziehung meiner Eltern trainiert. Mein Verstand und mein Körper nehmen die vertrauten Signale auf und widmen sich mit Begeisterung der Beobachtung der Gruppendynamik. Ich will Beziehungen klären, Andeutungen verstehen, Missverständnisse auflösen. Da mich niemand darum bittet, das zu tun, mache ich mir die Gedanken nur für mich alleine. Dass ich aus Angst davor, von der allzu vertrauten Dynamik vereinnahmt zu werden, auf Abstand gehe und beobachte, ist mir nicht bewusst. Ebenso nicht, dass ich mich davor fürchte, zu tun und zu lassen, was ich will.

Also beobachte ich und denke nach. Ein wenig rede ich auch darüber. Mit Paul. Ihm erzähle ich auch, wer sich für ihn zu interessieren scheint. So lenke ich seine Aufmerksamkeit auf eine junge Frau und ermutige ihn, ohne mir darüber bewusst zu sein, sich ihr zu nähern. Mit jeder Wiedergabe meiner Beobachtungen wird das Beobachtete realer. Mit meinen Erzählungen forme ich ein Liebespaar mit und schaue zu, wie es entsteht. Der Gedanke „Ich muss das nicht zulassen!“ ist weit davon entfernt, gedacht zu werden. Stattdessen mache ich weiter wie gehabt, ziehe mich zunehmend zurück und leide. Die Talfahrt meiner Gefühle beschert mir die gesamte Palette des selbstinszenierten Dramas: „Ich habe nichts Besseres verdient. Ich bin hässlich, dumm, alt, dick, fad. Ich habe keine Ahnung von Musik, keine Ahnung von den Büchern, die man gelesen, und den Theaterstücken, die man gesehen haben sollte.“ So sitze ich mit dreißig Jahren, einem schönen Körper und einem wunderbar funktionierenden Gehirn auf einem herrlich duftenden toskanischen Weinberg unter einer strahlenden Sonne und produziere einen quälenden Gedanken nach dem anderen, während ich mir selbst dabei zuschaue, wie ich vergehe.

Erst als ich wieder in meiner Wohnung in Wien bin, löst sich der Bann. Der Nebel des Leidens lichtet sich und ich schwöre mir: „Nie wieder! Nie wieder lasse ich zu, dass ich mich selbst so übergehe!" Der Schock, mich selbst so erlebt zu haben, sitzt tief. Das kann ja unmöglich das „richtige" Zulassen sein, denke ich mir. „Da kann doch etwas nicht stimmen, wenn es mir so schlecht damit geht!" Und mit einem Mal sehe ich den Grund für die Richtung, die dieses Drama genommen hat: „Ich nehme mich selbst nicht wichtig! Nicht so, wie es mir wirklich guttut." Das Wissen darüber, was mir guttut, liegt nach wie vor tief in mir verborgen und getraut sich nicht, an die Oberfläche zu kommen. Und das gewohnte „ich will" entspricht mir nicht, es kommt nicht aus meinem Herzen. Es kommt aus dem Kopf. Wie damals im Gasthaus, als der Gast, „der König", bei mir bestellen durfte, was ich ihm bringen musste, halte ich offensichtlich meine Reaktionen auf Anforderungen von außen für das, was mir entspricht, für mein „ich will".

„Ich will erfahren, was ich wirklich will und was nicht. Ich will mich selbst spüren. Ich will der Freude nachgehen dürfen", sage ich zu mir selbst und – etwas ausführlicher und mit, wie ich hoffe, fundierten Erklärungen – auch zu Paul: „Und ich will, dass jeder von uns in der Beziehung seinen Weg gehen darf und dass wir nicht hart dafür arbeiten müssen, zusammenzubleiben." Zu diesem Zeitpunkt liegt die Entscheidung, wieder miteinander in eine Wohnung zu ziehen, bereits hinter uns und wir stehen mitten in den Renovierungsarbeiten.

Ich muss die Welt retten

Nach Beendigung meines Studiums mache ich mich auf die Suche nach einer Arbeit im Frauenbereich. Eine Freundin aus der ehemaligen Frauengruppe erzählt mir, dass in einem neu gegründeten Frauenhaus im Süden von Wien eine Mitarbeiterin gesucht werde. Mit ihrer Unterstützung beginne ich dort ein „Akademikertraining", ein vom Arbeitsamt für sechs Monate gefördertes Berufseinstiegsprojekt. Anschließend stellt mich der Verein des Frauenhauses als Psychologin an. Ich freue mich sehr darüber. Es ist erst vier Jahre her, dass das erste Frauenhaus in Wien gegründet worden ist, dem vor einem Jahr die Frauenhäuser in Innsbruck und Graz gefolgt sind. Weitere Häuser befinden sich im Planungsstadium. Ich nehme Kontakt mit den Mitarbeiterinnen der

„Autonomen Frauenhäuser“ in Österreich auf und werde in ihren Kreis aufgenommen, auch wenn ich aus einem Haus komme, das aufgrund seiner Statuten und der Motivation der Gründerfrauen nicht aus der autonomen Frauenbewegung entstanden ist, der die Unabhängigkeit von bestehenden Institutionen ein Hauptanliegen ist.

Ich freue mich sehr über die Aufnahme in diesen Kreis, über die ideologische und praktische Rückenstärkung für meine Vorhaben. In vielen Treffen, Diskussionen und Entscheidungsprozessen entwickeln wir die praktische Arbeit für die von Gewalt bedrohten Frauen weiter. Dabei halten wir uns strikt an erarbeitete Prinzipien, die später als Standards festgehalten werden: unbürokratische Soforthilfe, Anonymität, Parteilichkeit und Hilfe zur Selbsthilfe. Und das alles von Frauen für Frauen und deren Kinder.

Die praktische Arbeit im Frauenhaus fühlt sich sehr gut an und bringt ungeahnte Herausforderungen mit sich. Die Frauen kommen aus allen Landesteilen und gesellschaftlichen Schichten, bei Tag und bei Nacht, mit und ohne Gepäck, mit und ohne Kinder, und alle sind sie voll mit Angst. Die Hilfe, die ich in Form von Gesprächen, Begleitung zu Amtswegen und themenbezogenen Gruppen im Haus anbiete, wird unterschiedlich aufgenommen. Meine Erwartung, dass jede Frau bei meinem Anblick erleichtert ausrufen wird: „Endlich bist du da, meine Retterin!“, trifft – leider oder Göttin sei Dank – nicht zu, und so hat die Feministin in mir alle Hände voll zu tun, um sich von den Niederungen des Alltags nicht komplett ihre Überzeugungen ruinieren zu lassen.

Ich will, dass es ihnen endlich gut geht. Ich will, dass sie sich von ihrem schlagenden Mann trennen und dass sie ein eigenes Leben an einem anderen Ort aufbauen können, mit einer schönen Wohnung, mit einer passenden Arbeit und mit einer guten Kinderbetreuung. Und ich mache alles, um sie dabei zu unterstützen. Anfangs geht das auch ganz gut. Die Frauen sind froh, einen sicheren Ort gefunden zu haben, und sie nehmen jede Hilfe dankbar an. Doch als die erste Frau still und heimlich wieder zurück zu ihrem gewalttätigen Partner geht, bin ich tief enttäuscht. „Was habe ich nur falsch gemacht?“, frage ich mich und interpretiere ihr Zurückgehen als mein Scheitern. Je öfter ich das erlebe, umso irritierter bin ich. „Warum schaffe ich es nicht, sie auf den richtigen Weg zu führen?“, frage ich mich wieder und wieder und suche nach dem Fehler. Letztlich komme ich zu dem Schluss, dass ich einfach noch nicht den richtigen Weg gefunden habe, sie von einem besseren Leben „a lá Maria“ zu überzeugen.

Dann komme ich eines Tages in die Gemeinschaftsküche. Zwei Frauen schreien sich an und beginnen zu raufen. Ich stelle mich dazwischen, um den Streit zu schlichten. Jetzt richtet sich der Zorn der Frauen gegen mich. Plötzlich schnappt sich eine der beiden ein großes Küchenmesser und kommt damit auf mich zu. „Schleich di, oder ich bring‘ di um!“, schreit sie und stürmt auf mich zu. Mir reicht es! Voller Zorn schreie ich die Frau an, das Messer wegzulegen. Es wirkt. Beim Nach-Hause-Fahren arbeitet es wild in meinem Kopf. Kein vertrauter Gedanke bleibt mehr auf dem anderen, alle werden sie durcheinandergewürfelt. „So kann ich nicht, so will ich nicht! Ich muss auch auf mich schauen!“, denke ich mir, wenn es für einen kurzen Moment ruhig wird im Kopf.

Auch wenn der Schock groß ist, so bin ich doch dankbar für dieses Erlebnis. Es hat mich auf den Boden gebracht und zurück zu mir. Und aus dieser Perspektive kann ich sehen, dass jede Frau besonders ist und das Recht darauf hat, ihren Weg so zu gehen, wie sie ihn gehen kann und will. Wenn ich besser zu wissen glaube, was gut für sie ist, bin ich eine Täterin wie die schlagenden Männer auch, nur halt wohlmeinender. So sehe ich das jetzt und hoffe, dass das für das Wohl der Frauen und für mein Wohl die hilfreichere Perspektive ist.

Und um meinen neuen Zugang zur Arbeit besser zu verankern, mache ich ein Minikonzept daraus: „In jedem Menschen stecken ein „Täter“ und ein „Opfer“, weil es zwei Seiten einer Medaille sind. Je nach Situation kommt mehr die eine oder die andere Rolle zum Vorschein. Und neutral gesehen sind beide Rollen so etwas wie „Motivations-Energie“, erlernte Muster, aus denen heraus gehandelt wird. Will ich zum Beispiel etwas Bestimmtes erreichen, kann ich wählen, ob ich es aktiv und direkt (Täter) oder passiv und indirekt (Opfer) angehe. Habe ich wiederholt erlebt, dass Tätigsein mit Gewalt einhergeht, scheue ich mich möglicherweise davor, selbst tätig zu werden. Damit ich frei handeln und wählen kann, müssen sich bewertende und gewohnte Gedanken in meinem Kopf auflösen. Bin ich frei von Emotionen, bin ich mit mir selbst verbunden und kann wählen, was mir guttut. Dann brauche ich auch keine Rolle mehr zu spielen, die auf MitspielerInnen angewiesen ist, und kann das Leben führen, das ich führen will. Und für mich als Helferin gilt, dass ich dann hilfreich bin, wenn ich bereit bin, die „Täterin“, also den Anteil, der handeln kann und will, in den Frauen zu sehen. Das ist für mich der Hebel für Wandel. Indem ich – wie bis jetzt – nur die Rolle des Opfers in den Frauen sehe und davon ausgehe, dass ich alles für sie übernehmen muss, bestätige ich den Teil, der Angst hat vor autonomen Schritten." Dankbar für diese neue Perspektive wende ich mich den Frauen „ernüchtert" und wirksamer wieder zu. Und mir selbst.

Ich höre oft, dass ich eine „starke Frau" sei, und meist gefällt mir das auch. Je nachdem, wie ich diese Aussage bewerte, gibt sie mir den Blick frei auf das, wie ich mit mir und meinem Leben umgehe und ob mir das guttut oder nicht. Gut tut es mir, wenn ich damit „Freiheit" und „Wirksamkeit" assoziiere. Weniger gut geht es mir damit, wenn ich Angst habe und sie nicht zeigen kann oder wenn mir jemand damit sagen will: „Was weißt du denn schon von echtem Leid!"

Ich lache viel, sehe meist das halbvolle Glas und es gelingt mir, zu tun, was ich mir vorgenommen habe. Viele denken, dass so etwas nur einem „Glückspilz" möglich sei, dem das Gute und Schöne aus einem rätselhaften Bereich außerhalb des Menschenmöglichen zufliege, während andere vom Pech verfolgt werden. Ja, es stimmt. Ich bin glücklich. Immer wieder. Und immer anders. Und wenn ich nicht glücklich bin, was oft vorkommt, dann bin ich mir sicher, dass ich wieder glücklich werden kann. Warum? Weil ich das Gute am Schlechten sehen kann und will, und weil ich so Wege heraus aus der Krise, aus dem Leid, aus dem Drama finde. Immer wieder. Diese Wahl steht mir offen, wie jedem anderen Menschen auch. So sehe ich das. Als mir das bewusst wird, sehe ich, dass in diesem Sinne alle Menschen „stark" sind, und mir fällt ein Witz dazu ein: *Ein Mann fällt in einen Sumpf. In seiner Angst, zu sterben, wendet er sich hilfesuchend an Gott. Während er immer tiefer versinkt und dabei betet, kommen hintereinander zwei Männer vorbei, die ihm ihre Hilfe anbieten. Er lehnt ab, denn er wartet auf Gottes Hilfe. Langsam wird es eng für ihn und er fleht mit schwindender Kraft Gott noch ein letztes Mal an: „So hilf mir doch bitte und hol mich hier heraus!" Da hört er eine Stimme, die zu ihm sagt: „Warum flehst du mich um Hilfe an und lehnst sie zugleich ab? Ich habe dir bereits zwei Männer vorbeigeschickt, um dich zu retten."*

Schubs in einen neuen Lebensabschnitt

Mit meinem Start ins Berufsleben scheint einiges zu Ende zu gehen. Und das wie von alleine. Ohne dass ich gezielte Schritte setze, verändern sich bestehende Situationen so, dass ich „gezwungen bin", Konsequenzen daraus zu ziehen und weiterzugehen auf meinem Weg. Sieben Jahre habe ich mittlerweile mit wechselnden Mitbewohnerinnen in meiner Zweizimmerwohnung verbracht. Meine aktuelle Mitbewohnerin ist eine Studentin aus Polen. Der Eiserne Vorhang ist noch nicht gefallen und sie erzählt mir immer wieder von Ängsten, die sie begleiten: Angst, eingesperrt zu werden, Angst, verfolgt zu werden, Angst, nicht mehr nach Hause zurückkehren zu dürfen,... Ihre Schilderungen sind heftig und wirken bedrohlich auf mich. Im Laufe der Monate, die sie bei mir wohnt, bleibt sie immer öfter von der Uni zu Hause und sperrt sich häufig in ihrem Zimmer ein. Dann kommt sie eines Tages nicht mehr aus dem Bett. Als ich nach ihr schaue, nehme ich im Zimmer einen sehr strengen Geruch wahr. Sie liegt im Bett und lächelt mich mit einem starren Blick an. Ich sehe, dass sie auf einer Menge von Leintüchern liegt, die von Urin durchtränkt scheinen. „Was ist los mit dir? Du brauchst Hilfe!“, sage ich und bin alarmiert. „Alles in Ordnung!“, meint sie, „ich bin nur ein bisschen krank. Mach dir keine Sorgen! Bleib nur bitte heute zu Hause, weil ich mich alleine fürchte“, und sie verspricht mir, am nächsten Tag eine Psychologin aufzusuchen. In der Nacht steht sie plötzlich in meinem Zimmer und bittet mich, ob sie in mein Bett kommen könne, weil sie solche Angst habe.

Sie legt sich zu mir ins Bett. Sie zittert am ganzen Körper. Ich halte sie fest und sie wird ruhiger. Doch dann beginnt sie, auf die Lichteffekte an meinen Zimmerwänden, die von den Scheinwerfern vorbeifahrender Autos verursacht werden, panisch zu reagieren. Sie hält sie für Suchscheinwerfer von KGB-Agenten und schreit jedes Mal auf, wenn ein Lichtstreifen über die Wand fährt. Ich mache den Vorhang so dicht wie möglich zu, halte sie fest, rede beruhigend auf sie ein. Doch ihre Angst wird immer größer. Vollkommen erschöpft rufe ich Stunden später mit ihrer Zustimmung den Rettungsdienst.

Es ist drei Uhr früh und ich befinde mich mitten in einem Alptraum. In der kleinen Wohnung geht es drunter und drüber. Zwei Rettungsmänner, zwei Streifenpolizisten und ein Beamter des Verfassungsschutzes durchkämmen die Räumlichkeiten. Fragen wie „Wie lange ist ‚die Polin‘ schon in Ihrer Wohnung? Was studiert sie? Hat sie Freunde? Verwandte? War von denen schon jemand hier in der Wohnung? Warum haben Sie sie in ihr Bett geholt? Was wollten Sie von ihr? Kann ihr das Angst gemacht haben?“, hämmern auf mich ein. Ich kann nicht sehen, was die Rettungsmänner mit meiner Mitbewohnerin machen. Zu sehr bin ich damit beschäftigt, diesen Überfall auf meinen intimsten Lebensbereich zu verkraften. Am meisten irritiert es mich, dass die beiden

Streifenpolizisten bei den Aktfotos, die Paul von mir gemacht hat, und die in meinem Zimmer hängen, unangenehm lange verweilen. Nach einer gefühlten Ewigkeit wird meine Mitbewohnerin ins Psychiatrische Krankenhaus gebracht und schlussendlich verlassen auch die Polizisten die Wohnung. Ich bin fix und fertig und die Angst sitzt in jeder Zelle meines Körpers.

Drei Tage danach, ich habe mich gerade ein wenig erholt, ruft mich einer der beiden Streifenpolizisten an, ob er vorbeikommen könne, weil er mich zu einem Fund im Park befragen müsse. Ich getraue mich nicht, nein zu sagen, und so besucht er mich eine Stunde später in meiner Wohnung. Er bringt einen Weidenkorb mit, in dem Blätter und Papierzettel liegen. Er zeigt mir einen der Zettel, auf dem „Wir sprengen die Welt in die Luft. Päng! Päng!“ steht. „Ist das die Schrift ihrer Mitbewohnerin? Könnte der Einkaufskorb von ihr stammen? Wir haben ihn im Park gefunden.“ „Nein“, sage ich, „das kann ich mir nicht vorstellen!“ „Ich hab’s mir eh auch schon gedacht, dass das nicht sein kann, aber überprüfen müssen wir es“, sagt er. Und dann fragt er, ob er mich auf einen Kaffee einladen dürfe. „Jetzt? Jetzt geht es nicht“, sage ich, „ich muss zur Arbeit.“ „Dann halt morgen!“, sagt er und fährt mit seinem Blick meinen Körper entlang. Ich habe nach wie vor Angst, „als Spionin entlarvt“ zu werden, und getraue mich nicht, zu sagen, was ich mir denke. Also sage ich, dass er mich ja wieder anrufen könne. „Ja!“, sagt er und zwinkert mir zu, „das mache ich. Ich habe ja eh alle Daten von Ihnen.“

In der darauffolgenden Nacht, so um zwölf herum, läutet das Telefon. Eine Frau ist am Apparat und fragt mich, ob ich Maria Singer heiße. „Ja“, sage ich, „worum geht es denn?“ „Lassen Sie die Finger von meinem Mann, sonst passiert Ihnen etwas!“, brüllt sie in den Hörer und legt auf. Die Nacht darauf ruft dieselbe Frau gleich zweimal an und wiederholt ihre Drohungen. „Das kann nur mit dem Polizisten zusammenhängen“, denke ich mir und hebe in der Nacht das Telefon nicht mehr ab. Als mich drei Tage nach seinem Besuch der Polizist anruft, um mit mir ein Treffen auszumachen, getraue ich mich nicht, ihn darauf anzusprechen oder abzuweisen. Zu groß ist meine Angst vor unabsehbaren Folgen. Ich halte ihn mit Versprechungen hin und hebe jetzt auch bei Tag das Telefon nicht mehr ab.

Ich fühle mich an diesem Ort, der so viele Jahre eine inspirierende und wohltuende Heimat für mich war, nicht mehr wohl und kündige den Mietvertrag. Die jüngsten Ereignisse werte ich als Zeichen, dass das, was ich mit Hilfe dieser Wohnung erfahren wollte und konnte, fertig ist. Als ich mich im Krankenhaus nach dem Befinden meiner Mitbewohnerin erkundige, erfahre ich, dass sie sich in einem Krankenhaus in der BRD befinde. In der Stadt, in der ihr Vater lebe, seit er aus politischen Gründen aus Polen geflüchtet sei.

Mit Hilfe meiner Arbeitsstelle finde ich in der Kleinstadt, in der das Frauenhaus liegt, eine schöne, aber renovierungsbedürftige Wohnung. Und ich lade Paul ein, wieder mit mir zusammenzuziehen. Die Erfahrungen, die ich in den Jahren getrennter Wege gemacht habe, haben mich satt gemacht, und jetzt, wo ich mich auf meine beruflichen Aktivitäten konzentrieren möchte, fühlt es sich gut an, es gemeinsam mit Paul zu tun. Er arbeitet mittlerweile als Assistent an der Uni und auch er steckt viel Zeit und Energie in seine Forschungstätigkeit.

Die Wohnung hat drei Zimmer. Ein Schlafzimmer, ein Wohnzimmer und ein Arbeitszimmer. Als ich diese Aufteilung dem Installateur bei der Auftragsvergabe mitteile, korrigiert er mich: „Also: ein Schlafzimmer, ein Wohnzimmer und ein Kinderzimmer." „Nein. Ein Schlafzimmer, ein Wohnzimmer und ein Arbeitszimmer", stelle ich mit Nachdruck fest und denke mir: „Was soll das? Sieht er denn nicht, dass wir Wichtigeres zu tun haben, als Kinder groß zu ziehen?" Wochen später erfahre ich, dass ich schwanger bin.

Paul und ich gehen das gemeinsame Wohnprojekt mit viel Elan an. Das Gestalten macht Spaß. Bei den Renovierungsarbeiten hilft uns unter anderem der Freund meiner Schwester. Gemeinsam arbeiten wir wochenlang in den Räumen. Eines Tages ruft mich meine Schwester an und sagt, dass sie mich dringend etwas fragen müsse. Ihr Freund habe erzählt, dass Paul mit mir häufig in einem aggressiven Ton spreche und dass ich klein beigebe. Darauf habe sie ihm geantwortet, dass das unmöglich wahr sein könne. Sie kenne doch ihre Schwester. Die würde sich nie im Leben von einem Mann so etwas gefallen lassen. Ich brauche Zeit, um zu verstehen, was sie mir da erzählt. Nicht nur sie hat offensichtlich ein anderes Bild von mir, auch ich. Langsam sickert der Inhalt der Nachricht in meine tiefsten Tiefen. Dann betrachte ich mich selbst mit den Augen des Freundes meiner Schwester, und was ich sehe, gefällt mir nicht. Es ist wahr! Unglaublich, aber wahr! Ich fürchte mich vor Pauls Zorn. Ein Zorn, der wie aus dem Nichts über mich hereinbrechen kann. Ich Feministin, ich mutige, neugierige und aktive Frau, ich habe Angst vor einem Mann.

Ich will, dass sich das auflöst. Aber wie? Meine Analysen führen mich zurück in meine Kindheit, zurück zu meinen Eltern, zu ihrer Beziehung und zu meinem „Aufpassen, damit nichts Schlimmes passiert!" „Ich bin mir sicher, dass meine Angst mit meinen Beobachtungen aus dieser Zeit zu tun hat", denke ich. „Aber wie werde ich sie wieder los?" Mir das Erleben von damals herzuholen, verwirrt mich mehr, als es mir hilft: Meine Mutter wirkte stark und kraftvoll, wenn sie schilderte, wie sehr sie das Verhalten meines Vaters verletze und wie sehr sie unter ihm leide. Ich wunderte mich, wo sie trotz alledem ihre Lebensfreude hernahm. Nichts schien sie auf Dauer aus der Bahn werfen zu können. Wie ein Stehaufmännchen war sie immer wieder da und sprühte vor Leben.

Ich konfrontiere meine Mutter mit meinen Beobachtungen und hoffe, dass sich so die Angst in mir wandeln kann. Doch ich erfahre nichts Neues und komme mit dem Analysieren nicht ans Ziel. Monate später beginnt sie dann von alleine zu erzählen. Ihre Erzählungen handeln von einer Frau, die ich nicht kenne, eine Frau, der es gelungen ist, sich ein Leben zu kreieren, das parallel zu dem stattfand, an dem ich teilgenommen habe. Eine Frau, die hochkomplizierte Strategien entwickelt hat, um sich Freiräume zu schaffen, auf die ihr Mann keinen Zugriff hatte. Sie schildert mir, wie es ihr gelungen ist, sich nicht unterkriegen zu lassen und ihre Freude am Leben zu bewahren. Diese Offenbarungen sind das größte Geschenk, das sie mir machen kann.

„Das ist sie, die Wahrheit, nach der ich mich immer gesehnt habe und die mir die lang ersehnte Ordnung bringt", denke ich erleichtert und staunend. Noch während meine Mutter erzählt, fällt in mir ein kompliziertes Gedankengebäude in sich zusammen, mit dessen Hilfe ich mir bis jetzt „das Leben" und „das Frausein" erklärt habe, Verbote und Gebote als gerechtfertigt ansah und den Kampf als einziges Mittel für Befreiung zuließ. Ihre Schilderungen ergeben für mich ein vollkommen neues Bild von ihr und verändern mein eigenes Bild vom Frausein von Grund auf. Ein monatelanger Wandlungsprozess in meinem Inneren beginnt, radikal wie nie zuvor. Kein Stein bleibt auf dem anderen. Meine Koordinaten und meine Fixpunkte lösen sich auf. Was genau geschieht, kann ich nicht sehen. Es fühlt sich an, wie wenn mein Körper eine Bibliothek wäre, in der ein Bibliothekar jedes Buch herausnimmt, entscheidet, ob es noch lesbar ist oder nicht, und es entweder verramschen lässt oder an einen neuen Platz stellt. So lange, bis am Ende alle Bücher neu angeordnet sind.

Die unmittelbarste Folge der Offenbarungen meiner Mutter ist mein Rückzug aus ihrem Leben. Ich weiß jetzt, dass sie mich nicht braucht, dass sie mich nie gebraucht hat und dass es nicht meine Aufgabe ist, ihr ein Leben in Freude zu bescheren. Ganz klar und höchst heilsam für mich sehe ich, dass sie immer schon besser auf sich geschaut hat als ich auf mich. Es war eine Illusion, zu glauben, dass ihr Glück von mir abhängt. Eine schöne Illusion, wie ich mit einem tränenden Auge feststellen muss. Ich weiß jetzt auch, was mich zur hilflosen Helferin gemacht hat, warum ich so oft fast verzweifelt darüber war, dass meine Mutter oder ein anderer Mensch meine Hilfe nicht annehmen wollte. Und während ich für andere gekämpft habe, habe ich „die arme Frau“ in mir nicht wahrgenommen. Die, die sich auch fürchten kann und – peinlich für die „starke Frau“ – Angst davor hat, was passieren könnte, wenn sie sich nicht mehr zurückzieht und Pauls Zorn keinen Raum mehr gibt, sondern „Stopp! Ich will das nicht!“ sagt.

Plötzlich Mama

Während meines Studiums war es mir unvorstellbar, Kinder in eine Welt des Eisernen Vorhanges, eines drohenden Dritten Weltkrieges und somit in eine Welt, die mich selbst überfordert hat, zu bringen. Dazu kam mein Engagement in der Frauenbewegung, wo ich für das Recht, über den eigenen Körper bestimmen zu können, gekämpft habe. Die Frauenbewegung setzte sich unter anderem auch dafür ein, eine gesetzlich verankerte Fristenlösung herbeizuführen, was Mitte der Siebzigerjahre auch gelang. Monate nach dem Beschluss im Österreichischen Parlament wurde ich zum ersten Mal schwanger. Ohne lange nachzudenken und in Übereinstimmung mit Paul meldete ich mich gleich in dem einen Krankenhaus an, das Abtreibungen durchführte. Die Operation erfolgte ohne Narkose. Die Grobheit, mit der mich die Ärztin behandelte, nahm ich als „Strafe“ entgegen.

Die Frauenbewegung verstärkte meine innere Ambivalenz. Das Mutter-werden-Wollen kam selten auf in mir und wenn, schob ich es schnell wieder weg, um mich wieder darauf konzentrieren zu können, die Situation der Frauen zu verbessern. Die Politik und die Geschichte halfen mir dabei. Da die Rolle der Mutter immer wieder für politische Machtbestrebungen missbraucht worden war und noch wurde, war es aus meiner Sicht höchst angebracht, sich gut zu überlegen, ob und wie viele Kinder frau in die Welt setzen will. Ich nahm diese

Einstellung und die sich daraus ergebenden Notwendigkeiten so ernst, dass ich mich zeitweise sogar „verpflichtet" fühlte, kein Kind zu bekommen, um der Bewegung nicht zu schaden.

Doch als Paul und ich in die neue Wohnung in der Nähe meines Arbeitsplatzes einziehen, und ich vom Frauenarzt die Bestätigung bekomme, dass ich wieder schwanger sei, ist alles anders. Vom ersten Augenblick an bin ich mir vollkommen sicher: Dieses Kind will geboren werden! Die Signale, die aus mir kommen, sind eindeutig: „Ich will leben!". Sein Lebenswille ist so stark, dass es mich und Paul in Windeseile dazu bringt, alles zu tun, um es angemessen zu empfangen. Meine Bedenken sind wie weggewischt. Der Weg ist frei. Fast.

Ich brauche neun Monate, um mich auf die Geburt einzustimmen. Ja. Ich. Mein Körper natürlich auch. Neun Monate, in denen – vermittelt über Träume – ein Wandlungsprozess in mir abläuft, der sich mit dem Heranwachsen des Babys in meinem Bauch abzustimmen scheint. Als ich das erlebe, staune ich wieder einmal, wie Veränderungen ganz von alleine ablaufen, wenn ich mich einmal für sie entschieden habe. Meine Aufgabe scheint die zu sein, eine Richtung vorzugeben. Eine Richtung, in die die jeweilige Entwicklung gehen soll. Ihr Ablauf folgt dann einem mir unzugänglichen Plan. Und diesmal sollen wohl Hindernisse zum Thema „Kinderkriegen" in mir gewandelt werden, die ich in Form von Gedanken gespeichert habe, nehme ich an, während ich darüber staune, was sich in mir tut.

Ab dem vierten Schwangerschaftsmonat beginne ich, sehr intensiv zu träumen. Immer denselben Traum, der mit meinem Bauch mitzuwachsen scheint: *Ich bin hochschwanger und bereite mich auf die Geburt vor. Ich achte darauf, dass ich alles richtig mache, um meinem Kind einen guten Start zu ermöglichen. Das Kinderzimmer ist fertig, die Klinik gebucht und die Hebamme auf Abruf. Ich schlendere durch die Straßen einer Großstadt. Plötzlich spüre ich, wie sich das Kind in mir bewegt. Hilfesuchend blicke ich mich um, doch die Menschen um mich herum reagieren nicht. Es ist mir auch unangenehm, sie zu belästigen. Daher suche ich nach einem Ort, an dem ich mich verstecken kann. In unmittelbarer Nähe sehe ich einen alten Holzzaun, in dessen Mitte sich eine morsche Türe befindet, die sich mit Hilfe eines verrosteten Schlosses gerade noch am Türpfosten festhält.*

Ich stemme mich mit meinem Körpergewicht gegen die Tür, das Schloss zerbricht und die Tür fliegt auf. Dahinter befindet sich ein alter, halb verfallener

Holzschuppen. Bretter, rostige Nägel, wucherndes Gras. Hektisch suche ich nach einer Stelle, an der ich mich niederlegen kann. Ich weiß, dass mir nicht mehr viel Zeit bleibt. Da sehe ich in dem Teil der Hütte, der noch intakt ist, eine Holzbank stehen. Kaum habe ich mich auf ihr niedergelassen, kommt auch schon das Kind aus mir. Doch noch während es dabei ist, meinen Körper zu verlassen, beginnt es zu wachsen. Als es ganz aus mir heraus ist, hat es bereits die Größe eines vierjährigen Kindes. Ich kann gerade noch sehen, dass es ein Sohn ist, als er sich von mir abwendet und auf das Gartentor zuläuft. Beim Laufen wird er immer größer und in dem Moment, in dem er das Gelände durch das Tor verlässt, ist er bereits ein erwachsener Mann.

Alleingelassen kehre ich in mein Leben zurück. Die Tatsache, dass ich einen Sohn geboren habe, ist aus meinem Gedächtnis gelöscht. Meinen Alltag meistere ich wie gewohnt. Plötzlich taucht die Erinnerung an die Geburt auf wie die Fontäne eines Geysirs. „Ich habe ein Kind. Wo ist es nur? Ich habe es im Stich gelassen. Ich bin unfähig, für jemanden zu sorgen. Ich habe versagt!" Die Gedanken treffen mich mitten ins Herz. Und sie tun weh. Sehr weh. Voller Schuldgefühle mache ich mich auf den Weg. Auf der Suche nach meinem Sohn bereise ich die ganze Welt. Manchmal glaube ich, ihn in der Ferne entdeckt zu haben, doch wenn ich an diese Stelle komme, ist er wieder weg. Bis wir uns eines Tages begegnen und uns in die Augen schauen. Nichts an ihm lässt erkennen, dass er weiß, wer ich bin. In seinem Blick entdecke ich keinen Funken Interesse an mir. Für ihn bin ich eine Fremde. Ich komme zu spät.

Im Laufe der Monate verändert sich dieser Traum langsam und kontinuierlich: Der Ort bleibt derselbe, auch der Handlungsrahmen ändert sich nicht. Doch das Kind, das aus mir kommt, wächst immer langsamer und geht auch langsamer von mir weg. Und der Maria im Traum gelingt es zunehmend, den Kontakt zu ihrem Sohn für ein paar Augenblicke zu halten.

Und dann, einige Tage vor der „echten" Geburt, der Durchbruch: *Während sich das Kind aus meinem Körper befreit, konzentriere ich meine gesamte Aufmerksamkeit darauf, es zu empfangen und bei mir zu halten. Mit beiden Händen nehme ich es auf, halte es fest umschlossen und lege es auf meinen Bauch. Während ich das Kind in meinen Armen halte, wächst und wächst es. Ich versuche, es zu stillen. Es soll meine Milch trinken. Es soll spüren, dass ich für es sorgen kann und will. Da wendet es mir sein Gesicht zu und lächelt. Jetzt sehe ich, dass es schon etwas im Mund hat. Einen Kaugummi! „Oh Gott, schon wieder zu spät!", denke ich, lasse mich aber nicht von meinem Vorhaben abbringen und reiche ihm eine Brust. Es trinkt.*

Mit meinem Tagesbewusstsein nehme ich diesen Traum und seine Entwicklung staunend zur Kenntnis. Ich muss nichts tun. Es geschieht. Der Wandel vollzieht sich von alleine und ich spüre, dass alles eines ist: Das Kind in mir, das Kind „Maria", Maria „die Mutter", „die Welt". Verstärkt wird mein Vertrauen in dieses „es geschieht" auch durch eine erstaunliche Erkenntnis: „Ich bin jetzt in einer Situation, deren Weiterentwicklung und Ausgang ich nicht mehr in der Hand habe. Ich kann die Vorgänge nicht mehr rückgängig machen, indem ich dem Kind sage: ‚Weißt du was? Ich habe es mir anders überlegt. Kannst du dich bitte wieder in eine Eizelle und in eine Samenzelle zurückverwandeln?'" Das zu erkennen, erschreckt und erleichtert mich zugleich. Es ist, wie wenn ich langsam, aber sicher darin unterrichtet werde, dass die Welt auch funktioniert, wenn ich sie nicht am Laufen halte.

Die tatsächliche Geburt findet im leeren Säuglingszimmer (die Babys liegen bei den Müttern) eines Krankenhauses statt, das eines von dreien zu dieser Zeit ist, die eine „natürliche Geburt" ermöglichen. Der offizielle Geburtsraum ist mit einer Frau belegt, die Zwillinge erwartet. Ich liege auf einer Decke am Boden. Paul ist bei mir. Wir warten auf die Hebamme, die uns schon seit Monaten beratend begleitet. Als sie kommt, geht alles sehr schnell. Ich atme ein und atme aus und bin so mit den Vorgängen beschäftigt, dass der Schmerz in den Hintergrund tritt. Zwischen zwei Atemzügen wird mir bewusst, dass auch „Schmerz" etwas ist, das sich wandeln kann, wenn er mit Freude verbunden ist.

Und dann ist er da! Ein Bub! Ein Sohn! Ein süßer kleiner Mensch. Himmelhochjauchzende Freudewellen und eine tiefe, tiefe Zufriedenheit durchfließen meinen Körper. Ich fühle mich so frei und so „groß" wie nie zuvor. Und verbunden mit allem. Ein Glücksgefühl, das alles mit einschließt. Die Hebamme legt meinen Sohn auf meinen Bauch. Noch bevor ich meine Hand auf ihn legen kann, beginnt er zu krabbeln. Über meinen Busen, hinein in die Kehle zwischen Hals und Schulter und dann weiter in Richtung Boden. „Das kenne ich doch!", denke ich mir und schnappe nach seinem Bein. Ich lege ihn auf meine Brust und er lässt sich entspannt nieder. Den Rest der Nacht und den folgenden Tag lasse ich ihn dort liegen, Herz an Herz, ein Rhythmus, zwei Leben. „Ich bin Mutter! Ich hab's geschafft", denke ich immer wieder und immer wieder und kann das Wunder nicht fassen.

Alles ist neu. Alles ist gut. Aufregend, zuweilen anstrengend, ungewohnt und vertraut zugleich. Und es gibt viel zu staunen. Am stärksten wundere ich mich darüber, wie „fertig“ dieser kleine Mensch ist. Noch bevor er aus meiner Sicht richtig zu leben begonnen hat, wirkt er, als ob er das ganze Leben bereits in sich hätte. Kraftvoll, neugierig, präsent, willensstark und „fremd“ kommt er mir vor. „Fremd“ im Sinne von einzigartig.

Das Studium hat mir eine Menge an Theorien und Verhaltensvorschlägen mitgegeben, wie mit Kindern umzugehen sei, doch nichts davon kommt an das heran, was ich von ihm und über ihn lerne. Es ist, wie wenn ich nur genau hinschauen und hinhören müsste, um zu wissen, was zu tun ist. Doch das fällt mir gar nicht leicht. Zu viel habe ich gelesen und zu viel habe ich schon darüber nachgedacht, um es für diese Einfachheit aufgeben zu können. Ich bin bestens auf alles vorbereitet, aber jetzt liegt so ein kleines Wesen vor mir, das selbst zu wissen scheint, was es will und was nicht, und das eine Art Plan zu haben scheint, der sich meinem Wissen entzieht.

Ich will alles richtig machen. Kinderwagen brauchen wir keinen, denn „Tragetücher“, mit denen man sich die Babys an den Bauch bindet, sind „das Beste“ für ein Kind. Ebenso das Stillen. So lange wie möglich. Einmal pro Woche besuche ich mit meinem Sohn eine Stillgruppe. Kaum betreten wir den Raum, beginnt er zu weinen und steigert die Lautstärke im Laufe des Aufenthaltes unaufhaltsam. Bis ich ihn schnappe und mit ihm fluchtartig den Raum wieder verlasse, weil ich es nicht mehr schaffe, zu lächeln und so zu tun, als ob ich alles im Griff hätte. So wie die anderen Mütter, deren Babys sich alle pudelwohl zu fühlen scheinen. Genau genommen habe ich gar nichts mehr im Griff. Nicht in der Stillgruppe und auch nicht anderswo. Das hindert mich aber nicht daran, mich weiterhin zu bemühen, das Geschehen unter meine Kontrolle zu bringen.

Ohne extra darüber nachzudenken, bin ich felsenfest davon überzeugt, dass ein Kind nicht von alleine einschlafen kann. Diese Überzeugung führt dazu, dass ich mir in den ersten Monaten nach der Geburt alles Mögliche ausdenke, wie ich mein Kind dazu bringen kann, zu schlafen. Und nicht nur das. Ich gebe mein Wissen auch an Paul weiter. Auch er soll sich an mein Konzept halten: stundenlanges Herumtragen in absoluter Stille, leichtes Schütteln, wenn sich ein Ansatz von Weinen zeigt. Sobald das Kind eingeschlafen ist, langsames Herauslösen aus dem Arm und behutsames Niederlegen. Doch bitte erst dann, wenn der Atem schon längere Zeit tief und regelmäßig fließt. Anschließend das Kind noch fünf Minuten beobachten, ob das Konzept gegriffen hat. Erst danach leises Entfernen, am besten auf Zehenspitzen. Und dann in der Nähe bleiben. Für alle Fälle.

„Muttersein" bedeutet für mich: aufpassen, kontrollieren, wachen, Probleme erkennen, Lösungen suchen, alles richtig machen. „Lieber zu viel tun als zu wenig!" ist mein Motto. So weit die „Pflicht", wie ich sie sehe. Doch bei weitem größer und schöner sind die Geschenke, die ich mir so nie hätte vorstellen können, und die mich alles andere vergessen lassen: wohliger Körperkontakt, Einssein, spielen, kuscheln, anschauen und es nicht fassen können, interessiert beobachten und Liebe, Liebe, Liebe im Überfluss. Es fühlt sich wunderbar an, erzählen zu können und eine Welt zu zeigen, wie ich sie liebe: blühende Blumen, bunte Schmetterlinge, fleißige Bienen, fröhliche Menschen, endlose Meere, funkelnde Sterne. Ich genieße es, durch die Augen meines Kindes die Erde neu zu entdecken. Zu sehen, was ich noch nie gesehen habe, zu hören, was ich noch nie gehört habe, zu riechen, zu tasten, zu schmecken. Und ich fühle mich, als ob ich mit ihm noch einmal auf die Welt gekommen wäre. „Wenn er nur ein Baby bleiben könnte, das wäre schön!", denke ich mir oft und will mir gar nicht vorstellen, dass dieses kleine Wesen einmal ein Mann sein und mich wieder verlassen wird.

Und früher als gedacht sitzt ein kleiner Mann vor mir, der sich mit nichts von dem, was er will, ablenken lässt. Und was er will, ist von Anfang an ganz klar: alles alleine machen, alles ausprobieren und fragen, fragen, fragen. Meine Pläne und meine sorgsam ausgeklügelten Vorhaben werden mit einem „Nein!" vom Tisch gewischt und lassen mich hilflos zurück. Ich muss mich richtig zusammenreißen, um nicht laufend auszuflippen. Sein starker Wille löst in mir Stürme aus und ich gebe ihm die Schuld dafür. Am liebsten würde ich ihn packen und so lange schütteln, bis dieses „Nein! Ich will nicht!" aus ihm herausfällt und er wieder macht, was ich will. Drei-, viermal geht mein Zorn mit mir durch und ich mache das auch. Kurz drauf geht es mir fürchterlich schlecht und ich entschuldige mich bei ihm. Dann erscheint die „kleine Maria" vor meinem geistigen Auge und mir wird bewusst, wie sehr es meiner Umwelt trotz alledem gelungen ist, mir meinen Willen „auszutreiben". Tief in mir spüre ich etwas, das sich ähnlich kraftvoll und frei anfühlt wie mein Sohn. Und es macht mich traurig, zu erleben, wie weit weg dieses Etwas in mir ist, wie überlagert von Strenge, Schwere und dem Zwang, Haltung zu bewahren. Koste es, was es wolle! Und schmerzlich wird mir bewusst, dass ich trotz der vielen Selbsterfahrung noch lange nicht alle Hindernisse aus dem Weg geräumt habe.

Das führt auch dazu, dass ich mich im Umgang mit meinem Sohn oft auf dünnem Eis erlebe. Ich will nicht, dass er meinen Zorn abbekommt, ich will, dass er er selbst bleiben darf. Wie ich ihn dabei unterstützen kann, dafür wurde ich nicht ausgebildet und kann auch nicht auf Beobachtungen zurückgreifen. Ich bin daher auf ein Versuchs-Irrtums-Verhalten angewiesen, was so viel heißt wie: Ich bin bereit, mit ihm und durch ihn zu lernen. Daher greife ich auch selten ein, wenn er etwas aus sich heraus machen will. Wie zum Beispiel, als er mit vier Jahren Buchstaben zu malen beginnt. Auch nicht, als er mit Fünf seinen Familiennamen überall hinschreibt: „SINGA". Bis wir dann eines Tages vor einer roten Ampel stehen, und er genügend Zeit hat, das Schild über dem Geschäft für „SINGER Nähmaschinen" zu betrachten. Plötzlich ruft er empört: „Mama! Warum hast du mir nicht gesagt, dass ich meinen Namen falsch schreibe!"

Schritt für Schritt wandelt sich meine Rolle als Mutter und die Art, wie ich sie anlege. Als mein Sohn mit der Schule beginnt und ich erlebe, wie ich ihm mit meinem Ehrgeiz, getarnt als Fürsorge, Stress zu machen beginne, weil aus meiner Sicht eine Hausaufgabe so und so zu machen sei, bin ich froh, dass ich bereits sehen kann, dass mein Verhalten nicht gut für ihn ist. Ich ziehe mich zurück und überlasse es ihm, zu tun, was er für richtig hält. Wenn er Fragen hat, solle er sich an seinen Vater wenden, sage ich ihm, und er atmet erleichtert auf.

Der Bereich, in dem ich mich noch relativ lange als Überfürsorgende halten kann, ist der Bereich der Krankheiten. Kaum tropft seine Nase, kratzt sein Hals oder sticht es in seinem Ohr, bin ich mit einer Liste von Behandlungsschritten zur Stelle. Besonders die alternativen Methoden ermöglichen es mir, viel zu tun: Zwiebelwickel, selbstgemachte Ringelblumensalbe, viertelstündige Gabe homöopathischer Tropfen, Föhnen des Gehörganges. Jetzt, wo mein Sohn alleine schlafen kann, „weil ich es ihm beigebracht habe", habe ich alle Hände voll zu tun, ihn zu heilen. Bis sich auch diese Überzeugung zu wandeln beginnt und ich ihn Jahre später, als er selbst schon das Behandeln übernommen haben wird, bitten werde, alles zu vergessen, was ich ihm zum Thema „Körper" und „Krankheit" beigebracht habe.

Das Muttersein wandelt auch die Rolle der Tochter. Freier, selbstbestimmter und mutiger trete ich meinen Eltern entgegen. Mein Sohn ist mir dabei ein guter Lehrmeister. Fröhlich und vollkommen unbelastet von gemeinsamer Geschichte sagt er, was er sich denkt, was er will und was er nicht will. Dabei trifft er oft punktgenau den Kern und verhilft mir zu vielen heilsamen Erkenntnissen. So antwortet er zum Beispiel auf den „Befehl“ meines Vaters, dem ich nie zu widersprechen gewagt hätte: „Martin, hol mir mein Taschenmesser vom Kasten in meinem Schlafzimmer“, mit: „Sag einmal, Opa, warum holst du es dir nicht selbst! Bist du vielleicht zu faul dazu?“ Oder er sagt zu meiner vor sich hin singenden Mutter, die ich niemals zu kritisieren gewagt hätte: „Oma, kannst du dir das Lied bitte denken!“

Als mein Sohn sieben Jahre alt ist, besuche ich ein „Trauerseminar“. Aus beruflichem Interesse. Ich bin dazu von einem Auftraggeber eingeladen worden. Auf die Frage des Seminarleiters, welches traurige Ereignis mich hierher geführt hat, antworte ich vollkommen überzeugt: „Keines!“ Und kurz darauf geht es los. Wie aus dem Nichts taucht das ungeborene Kind vor meinem geistigen Auge auf. In Gestalt eines kleinen Mädchens kommt es langsam auf mich zu und lächelt. Als es nur mehr ein paar Schritte von mir entfernt ist, streckt es seine kleinen Hände nach mir aus. Die Trauer trifft mich mit voller Wucht. Eine Nacht und einen Tag dauert es, bis die Tränen versiegen und ich mir selbst verzeihen kann. Nach diesem Seminar fühle ich mich wie neugeboren. Die Liebe fließt so frei wie noch nie zuvor und ich bedauere meinen Sohn nicht mehr insgeheim dafür, ein „Einzelkind“ zu sein.

Mit der Hilfe meines Sohnes fällt es mir zunehmend leichter, mich dem hinzugeben, was mir Freude macht. Zu spielen, ohne nachzudenken, auf Wiesen herumzukugeln und sich im Wasser zu aalen. Es fällt mir leicht, ihn zu umarmen, wann immer mir danach ist, und darauf zu vertrauen, dass er gerne mit mir zusammen ist. Es fällt mir leicht, ihm seine Bitten zu erfüllen und darauf zu achten, dass es ihm gut geht. Und es fällt mir auch leicht, für ihn meinen Spielraum hier auf der Erde zu erweitern. „Alles ist möglich, wenn das möglich ist!“, denke ich und genieße diese Erfahrungen. Es ist, wie wenn er mir einen Schlüssel zu einer Tür aus einer unbekannten Dimension mitgebracht hätte. „Lass uns feiern, staunen, machen!“, scheint er zu sagen und ich bin bereit. Vorerst nur mit ihm und für ihn. Dass ich einmal in der Lage sein werde, das alles und mehr aus mir alleine entstehen zu lassen, das wünsche ich mir sehr.

Meinen Sohn hat mir ein Himmel geschickt, an den ich nicht glaube. „Gott? Himmel? Liebe? Das brauche ich nicht! Viel zu kitschig, viel zu irreal!“ war meine Devise. Und jetzt stehe ich mitten drin in etwas, das ich sogar selbst mit „Liebe“ beschreiben würde, und genieße es rundum. Und bin dankbar. Auch neu! Auch gut, denn die Dankbarkeit verbindet mich mit dem, was um mich herum sichtbar geworden ist. Sie macht das Sichtbare wahr und erlebbar. Alles, was war und was ist, erscheint mir in einem neuen Licht. Am meisten staune ich aber darüber, wie sicher ich mir plötzlich bin, dass DAS immer schon da war und immer da sein wird. Es scheint nur an mir zu liegen, den Zugang herzustellen.

Auch wenn „die Liebe“ als Wort, als heilende Kraft und als erlebbare Qualität in meinem Leben angekommen ist, steht mir – ohne es zu wissen – noch ein weiter Weg bevor, bis ich ihre Größe und ihre Weite ganz erfassen und erleben kann. Jetzt will ich genießen, was ich erreicht habe, will ausleben, was da ist: „meinen“ Sohn, „meine“ Familie, „meinen“ Mann und „meine“ Arbeit. Wir wohnen in einem Zweiparteienhaus, in dem es noch eine weitere junge Familie gibt, deren Kinder ein und zwei Jahre älter sind als unser Sohn. Es werden zwanzig wunderbare Jahre, die wir hier gemeinsam verbringen und in denen wir uns gegenseitig unterstützen. Als unser Sohn sein Gespräch zur Aufnahme in die Volksschule hat, antwortet er auf die Frage des Direktors: „Hast du Geschwister?“ mit „Ja! Zwei!“, und auf die Frage nach ihrem Namen nennt er die Namen der Kinder unserer Nachbarn.

5

Die Angst kommt aus ihrem Versteck

Mein Körper leidet. Was soll ich verändern?

Ich höre und lese immer wieder, dass „Selbstliebe“ so wichtig sei. Das Wort sagt mir nicht viel. „Wie wenn man die Liebe teilen könnte! Eine Liebe für mich. Eine Liebe für das Kind. Eine Liebe für die Partnerin. Eine Liebe für die Geliebte. Eine Liebe für die Mutter. Eine Liebe für den Hund. Eine Liebe für die Blume“, denke ich und wüsste gerne, was genau sich hinter diesem Wort versteckt. Und natürlich möchte ich das auch gerne erleben. Letztlich komme ich zu dem Schluss, dass ich etwas Bestimmtes tun muss, um „Selbstliebe“ zu erfahren, wie: „Lächle dir dreimal täglich in einem Spiegel mindestens eine Minute zu!“ oder „Streichle deinen Körper vor dem Schlafengehen fünf Minuten und sag‘ zu dir selbst: Ich bin schön, schlank und beliebt.“ Finde ich in einem Buch eine praktische Anleitung, führe ich diese mit Begeisterung aus. Doch schon beim dritten oder vierten Mal lässt mein Eifer nach und ich lege auch diese Übung am virtuellen Stapel der gutgemeinten Ratschläge ab.

„Das muss doch auch einfacher gehen!“, denke ich mir, „aber wie?“ Doch eine Antwort auf diese Frage bleibt leider aus und daher mache ich mit dem weiter, was sich bis jetzt als brauchbar herausgestellt hat: Zum Beispiel der Leitgedanke: „Ich will, dass etwas aus mir wird, das mir Spaß macht.“ oder die Warnung „Lass das lieber, das führt zu nichts!“ oder die Erkenntnis „Wow, das tut mir gut!“ oder die Erlaubnis, dass ich das, was ich fühle, genauso wichtig nehmen darf, wie das, was ich denke.

Und darauf zu achten, dafür bekomme ich mehr als genug Gelegenheiten. Um das, was in mir geschieht, mit dem, was sich um mich herum tut, zu verbinden und daraus zu schließen, dass mein Denken und mein Wollen die Quelle meiner Erfahrungen sind, davon bin ich noch weit entfernt. Die Leitung zwischen meinem Kopf und meinem Herzen scheint endlos lang zu sein und sehr störungsanfällig. So kommt es vor, dass mein Körper mit Anspannung auf etwas reagiert, das nie als Gedanke in meinem Kopf ankommt. Ich bin dann mit Schmerzen beschäftigt, ohne zu wissen, wo diese herkommen und was ich tun kann, damit sie wieder aufhören.

Magenschmerzen und Verspannungen aller Art begleiten mich durch den Tag und durch die Nacht. Laufend lasse ich mich von meinem Hausarzt behandeln, der immer wieder „das Ärgste" verhindern kann. Eines Tages beschließe ich, dass es eine wahre Ursache geben muss, die er nicht findet, und dass es dazu einen guten Facharzt braucht. Da schlummert sicher etwas Schlimmes in mir, das gefunden werden muss.

Dieser Gedanke bringt mich zu einem bekannten Internisten in einer anderen Stadt, denn: Ist jemand sehr bekannt, wohnt er weit weg, und ist er auch noch teuer, dann ist er gut. Ach ja, dazu gehört natürlich noch, dass man lange auf einen Termin warten muss. Das alles trifft auf ihn zu und ich bin mir ganz sicher, dass er das Etwas findet. Und das tut er auch: In meinem Blutbefund gibt es an einer Stelle eine gravierende Abweichung vom Durchschnittswert. Er schaut mich an und meint, dass es ein Wunder sei, dass ich noch lebe. Laut diesem Wert müsste ich schon tot sein.

Das ist es also! Jetzt wurde es endlich gefunden, dieses Etwas! Ich bin erschrocken und erleichtert zugleich. Wieder zu Hause mischt sich in die Gefühle von Erleichterung und Angst diese zarte, immer wiederkehrende Stimme und sagt: „Da stimmt doch etwas nicht. Du lebst ja noch und so schlecht geht es dir auch wieder nicht." Die Diagnose findet tief in mir keinen Widerhall. Daher lasse ich auch diese Palette an Kapseln ungeöffnet liegen und mache mir einen Termin bei meinem Hausarzt aus. Dieser schaut sich den Befund an, lächelt und sagt: „Da ist sicher eine Kommastelle im Labor falsch gesetzt worden." Ja, das fühlt sich richtig an. In dem Moment weiß ich, dass es so ist. Herrlich! Das Leben hat mich wieder. Mit einem Satz hat er alle Angstgedanken in mir gelöscht. Das Labor bestätigt seine Annahme und korrigiert den Fehler.

Dem Internisten schicke ich einen kritischen Brief. Ich bin wieder einmal durchmarschiert durchs Drama und will, dass der dafür Verantwortliche erfährt, dass er sich irren kann und dass er etwas verändern muss. Ich will auch, dass er weiß, dass er nicht das ist, wofür ihn viele halten: einer, der über der Angst vor dem Tod steht. Der Internist schickt mir als Antwort meinen nicht verwendeten Krankenschein zurück.

Mein eigener Anteil an dieser und ähnlichen Geschichten ist mir nur in Ansätzen bewusst. Lediglich am Ende einer jeden Geschichte, dort, wo ich dann doch nicht mache, was mir aufgetragen wurde, taucht ein leiser Verdacht auf, dass ich diese Geschichten mitschreibe, zumindest ihren Anfang und ihr Ende. Trotz diesem und einiger anderer Ansätze, zu erkennen, wie ich funktioniere, stecke ich noch mitten im „Krank/Gesund-Angst-Programm". Dieses wirkt um mich und in mir und mir ist nicht bewusst, dass ich mich in diesem Programm befinde. Je weniger mir das bewusst ist, umso stärker scheint die Angst mein Denken und Tun zu steuern. Da jedoch aus meiner Sicht das Denken die einzige Instanz ist, die die Gefahren, die um mich herum lauern, einigermaßen im Zaum halten kann, bin ich doppelt gefangen.

Ich brauche meinen Verstand so, wie er ist. Denn nur er ist aus meiner Sicht in der Lage, mich vor Katastrophen zu bewahren, indem er alles unter Kontrolle hält. Dass er es auch ist, der meine Ängste produziert und schürt, entzieht sich meiner Wahrnehmung. Eine Beobachtung, die ich schon seit meiner Jugendzeit kenne, lässt mich jedoch an meiner Meinung manchmal zweifeln: Wenn ich tanze, wenn ich lache und wenn ich mache, was ich gerne mache, fühle ich mich leicht und frei. Keine Schmerzen, keine Sorgen, kein Problem. Ich bin in einer anderen Welt.

Nach solch einer Beobachtung tauchen Fragen auf wie: „Wieso geht es mir nicht immer so? Wo sind die Schmerzen, wenn ich lache? Was geschieht mit ihnen? Welche dieser beiden Wirklichkeiten ist jetzt eigentlich die wirklichere?" Antworten finde ich darauf (noch) nicht. Vorerst ist alles, was ich will, ernst genommen zu werden. Ich will, dass man mir zuhört, wenn ich von meinen Symptomen erzähle. Ich will, dass mir geholfen wird. Das sage ich natürlich nicht. Ich denke es mir nur. Ich will nicht um Hilfe bitten müssen, ich will sie nur haben. Und statt um Hilfe zu bitten, schildere ich – Experten gleich – die Symptome und Auswirkungen meiner aktuellen Krankheit in allen Facetten. Während ich mir selbst beim Reden zuhöre, habe ich tief in mir nur einen einzigen Wunsch: in den Arm genommen zu werden und zu hören, dass alles wieder gut wird, weil alles gut ist. So wie es meiner Mutter gelungen ist, wenn sie mir das Lied „Heile, heile, Gänschen, es wird bald wieder gut..." vorgesungen hat. Doch alleine die Vorstellung, dass mich das Gegenüber in den Arm nehmen und mir über den Kopf streicheln könnte, treibt mir den kalten Schweiß auf die Stirn. Folglich bleibe ich bei dem, was ich gewohnt bin, und erzähle weiter.

Und paradoxerweise passiert dann genau das, wovor ich mich insgeheim fürchte und was ich am allerwenigsten will: dass sich jemand von mir abwendet. Meine Zuhörer und Zuhörerinnen, sofern sie dies überhaupt sind, steigen geistig und später auch körperlich aus, weil sie meine Krankengeschichten nicht mehr hören können. „Hab' ich mich nicht klar genug ausgedrückt? Den Ernst der Lage nicht richtig vermittelt?", frage ich mich selbst und erzähle noch spannender, noch ausholender, noch noch noch…

Partnerschaft. Ein heilsamer Ort

Langsam, aber sicher bin ich bereit, zu sehen, dass mich meine krankhafte Suche nach Auffälligkeiten im Körper nicht weiterbringt. Und langsam, aber sicher bin ich auch bereit, mir selbst einzugestehen, dass ich Angst habe. Auch wenn mir das Eingeständnis fast mehr Angst macht als die Angst selbst, komme ich nicht mehr darum herum. Immer deutlicher sehe ich, dass hinter meinen Sorgen um den Körper die Angst vorm Sterben steckt und dass meine Beziehung zu ihm im Wesentlichen davon bestimmt wird. Dass nicht nur die Beziehung zu meinem Körper von Angst bestimmt wird, sondern auch andere Beziehungen, wird mir in einer Auseinandersetzung mit Paul klar vor Augen geführt.

Paul und ich liegen im Bett und tauschen Tagesereignisse aus. Locker plaudern wir dahin. Ein Thema ergibt das andere und plötzlich gehen die Emotionen hoch: „Was? Ich soll das gesagt haben? Wie kommst du darauf? Immer verdächtigst du mich! Dir kann ich wohl gar nichts recht machen!" „Ach, jetzt gibst du mir wieder die Schuld! Ja, ja, alles klar. Ich bin der Idiot. Ich hätte es mir ja gleich denken können, dass die Diskussion wieder einmal darauf hinausläuft…" Jedes Wort wird zur Munition. Während mein Mund feuert, macht sich in mir das Keiner-versteht-mich-Gefühl breit und breiter. Ich beginne zu weinen. Paul braust wütend auf, sieht sich als Opfer meiner Emotionen. „Das darf doch nicht wahr sein! Wenn hier jemand ein Opfer ist, dann ich!", denke ich und bin beleidigt. Paul beginnt zu fluchen und fuchtelt mit seinen Armen in der Luft herum. Sein Zorn macht mir Angst, ich springe aus dem Bett und sperre mich im Klo ein.

Wie bei einer Diashow jagen jetzt Bilder durch meinen Kopf: blutige Messer, Männerhände, Schläge, angstverzerrte Gesichter. Ich sehe mich als Kind mitten in einer Rauferei im Gasthaus. Dann sehe ich mich im Schlafzimmer meiner Eltern. Sie schreien, sie drohen, sie weinen. Ich habe Angst um sie. Die Angst lähmt mich. Dann sind die Bilder wieder verschwunden und ich sehe mich am Klo sitzen. Eine erwachsene Frau voller Angst. Verwirrt frage ich mich, wovor ich mich denn so fürchte? Jetzt? Hier? Als Antwort taucht ein Bild in mir auf. Paul, wie er mit einem Messer auf mich losgeht. „Ach das ist es!", denke ich, „ich fürcht' mich davor, dass mich Paul umbringen könnte!" Das kommt mir so absurd vor, dass ich ruhiger werde. „Es ist doch nicht er, dem ich das zutraue, sondern meinem Vater!" Und ich sehe, wie „groß" ich mittlerweile bin. „Es ist die kleine Maria, die sich fürchtet!", sage ich mir selbst und bin erleichtert.

Ich verlasse das Klo und treffe vor der Tür auf einen hektisch herumlaufenden und rauchenden Paul, der mir fragende Blicke zuwirft. Kein Messer. Kein Blut. Nur Angst. „Er hat auch Angst!", denke ich mir und meine Angst wandelt sich augenblicklich in Mitgefühl. Ich bin wieder zurück. Ich bin wieder bei mir. Die alten Gespenster verblassen langsam in meinem Kopf. Um mich ganz von meinem Respekt vor Pauls Zornausbrüchen zu befreien, werden wir beide noch ein paar Entwicklungsschritte machen, aber der Bann ist gebrochen.

Jetzt, wo mir bewusst ist, dass ich Angst in mir habe, erlebe ich mich echter und ehrlicher und mutiger. Und das macht mich interessanterweise um ein gutes Stück freier. Nach dieser Erfahrung ist mir auch zum ersten Mal so richtig bewusst, welche Entwicklungschancen in der Erkenntnis stecken, dass nicht Paul die Ursache für meine Ängste ist und dass ich mich in der Beziehung zu ihm von ihnen befreien kann.

Unser Sohn ist mittlerweile neun Jahre alt und wir sind seit zwanzig Jahren mehr oder weniger „zusammen". Zu Beginn unserer Beziehung hat mir Paul einige Male den Vorschlag gemacht, zu heiraten. Unvorstellbar für mich! Ich wollte und konnte niemandem versprechen, „für immer" an seiner oder ihrer Seite zu bleiben. Doch jetzt habe ich das Gefühl, dass unser unausgesprochenes Beziehungsmotto, das von Tag zu Tag sich weiterschleppende „Schauma amal, ob wir morgen noch zusammen sein wollen!" mir auf die Dauer viel zu anstrengend wird. Wir haben mit der Beziehung begonnen, indem wir uns freigehalten haben, ob wir zusammenbleiben wollen. Diese (äußere) Freiheit war mir damals sehr wichtig, weil ich mich nicht abhängig fühlen wollte. Doch im Laufe meiner Entwicklung bin ich mir meiner selbst sicherer geworden und habe entdeckt, dass das Gefühl der Freiheit aus mir kommen muss. Ich bin jetzt in der Lage, zu wählen. Und ich hätte gerne eine eindeutige Situation, damit die Energie nicht mehr von einem Beziehungsmuster verschlungen wird, in dem das Vielleicht und das „wer weiß, wie's weitergeht?" das Klima bestimmen.

Ich mache Paul einen „Heiratsantrag": „Heiraten wir doch! Wenn es danach leichter wird, ist es gut. Wenn nicht, dann sollten wir uns trennen." Er ist einverstanden und nimmt meinen Antrag an. Am Abend vor der Trauung fühle ich mich schwer wie ein vollbepackter Esel am Ende eines tagelangen Marsches. Am liebsten würde ich für immer liegen bleiben. Stelle ich mir vor, dass ich am nächsten Tag zum Standesamt gehen „muss", sehe ich mich nicht in der Lage, die zweihundert Meter von unserer Wohnung dorthin zu Fuß zu schaffen. „Absolut unmöglich!", denke ich „Meine Beine werden unter meinem Körper einknicken wie Strohhalme oder ich werde ohnmächtig umfallen! Sollte ich es doch schaffen, wird mir das „Ja" im Hals stecken bleiben. Ich kann nicht! Es geht nicht!"

Ich kann. Es geht. Und es wird ein wunderschönes und fröhliches Fest. Zuerst im Rathaus, wo wir mit einer sehr feinen und punktgenau auf unsere Beziehungsgeschichte zugeschnittenen Rede eines Standesbeamten, den wir nicht kennen, überrascht werden. Anschließend feiern wir mit Freunden und Verwandten ausgelassen bis in die frühen Morgenstunden.

Und es wirkt. Die Entlastung ist schon in den ersten Tagen unserer Ehe deutlich spürbar. Ich fühle mich leicht und von einer großen Last befreit. Ich weiß nicht, was genau diese Last war. Ich weiß nur, dass es etwas sehr Altes, etwas Schweres war, das ich schon lange mit mir herumgetragen habe. Dieses Etwas war mit meiner Herkunftsfamilie verbunden. Als ich mich klar für meine kleine Familie entschieden habe, hat sich eine Art „unsichtbares Gebot oder Verbot" in mir gewandelt. Ich bin sehr froh darüber, dass ich mich getraut habe, aus diesem Bann herauszutreten. Das klare Ja zu einem eigenen Weg setzt viel Energie frei und reduziert die Streitkultur in der Partnerschaft auf ein „natürliches" Ausmaß.

Auch in unserem Sohn scheint sich ein Wandel zu vollziehen. Von einem Tag auf den anderen sind sein Gesicht und seine Hände voll von Warzen. „Die Mutter" in mir begibt sich in den Behandlungsmodus: Besuch der praktischen Ärztin, chinesische Kräuter, Farblichttherapie. Abends, wenn er schläft, bestrahlen Paul und ich abwechselnd sein Gesicht und seine Hände mit unterschiedlichen Farben. Wochenlang. Es zeigen sich kleine Veränderungen, doch der große Heilerfolg bleibt aus. Gegen den Willen unseres Sohnes vereinbare ich einen Termin beim Hautarzt. Er soll dieses Mahnmal meines schlechten Gewissens – „Leidet er unter der Hochzeit?" – entfernen. Als ich ihn am Morgen des vereinbarten Termins wecke, sind die Warzen verschwunden. Ich staune und freue mich sehr darüber und er wirkt auf mich, wie wenn er damit gerechnet hätte. Jahre später wird er mir erzählen, dass die Hochzeit ein wichtiges Ereignis für ihn gewesen sei und dass er sich nach anfänglicher Irritation sehr darüber gefreut habe, dass seine Eltern danach nicht mehr so viel miteinander stritten.

Ich bin gelassener und fühle mich bestärkt darin, auf mein Wohlergehen schauen zu dürfen. Jetzt kann ich mich auch in Pauls Gegenwart in Ruhe auf das konzentrieren, was mir guttut und was nicht. Mit dem Wissen, dass er mir mein Leben nicht schwermachen will – zumindest nicht bewusst – und dass auch er an sich einiges verändern will, fällt es mir viel leichter, mich meinen Ängsten zuzuwenden. Und schon habe ich ein neues Lernprogramm, mit Paul als Trainingspartner und dem Ziel: „Wenn ich in seiner Gegenwart tun und lassen kann, was ich will, habe ich es geschafft. Wenn ich nichts mehr in ihn hineinprojiziere, und wenn mich seine Reaktionen nicht mehr aus der Bahn werfen können, bin ich ich selbst." Die Nähe zu ihm und die Herausforderungen, die der Alltag bereithält, machen die Beziehung zu dem Ort, an dem ich die größtmöglichen Entwicklungschancen für mich selbst und das Ganze sehe. Paul weiß nichts von meinem neuen Programm und seiner Rolle darin. So weit, dass wir frei über unsere tiefsten Empfindungen, über unsere „innere Wahrheit" reden können, sind wir beide noch nicht.

Im Kern meines Lernprogrammes geht es darum, schmerzhafte Verhaltensmuster und mühsame Gewohnheiten zu erkennen und loszulassen. Mit diesem Programm fällt es mir leichter, durch plötzlich hochschießende Emotionen und quälende Gedanken hindurchzutauchen und mir selbst die Ehrenrunden zu verzeihen. Mein Erstaunen ist besonders groß, als ich eines Tages erkenne, dass alles, wirklich alles, was ich bisher auf Paul geschoben habe, aus mir kommt und durch mich wieder verschwinden kann. Dass Fragen wie „Warum, bitte warum nur, muss ich mir das immer wieder anhören? Wie komme ich dazu, mir das gefallen zu lassen? Hundertmal habe ich ihn schon gebeten, damit aufzuhören. Wann kapiert er das endlich?" mich in eine falsche Richtung führen, weil ich die (Er)Lösung von ihm erwarte und mich damit abhängig mache.

Jede Herausforderung, die mir begegnet, gibt mir die Gelegenheit, etwas zu verändern. Das ist mir mittlerweile klar, nachdem ich oft und oft die Erfahrung gemacht habe, dass ein und derselbe Vorfall nur mich aus der Ruhe bringt und andere entspannt weiterleben lässt. Also kann die von mir erwünschte Veränderung auch nur durch mich kommen. Vorausgesetzt, ich bin bereit, es so zu sehen, und will es auch. Und das mit dem Wollen ist nicht so einfach. Anfangs will ich gar nicht: „Warum schon wieder ich? Jetzt bin ich eh die, die sich dauernd um die Beziehung kümmert. Und jetzt soll ich mich noch mehr anstrengen? Kann denn bitte nicht auch er einmal was machen? Wo ich mir nichts mehr wünsche, als dass mir endlich jemand etwas abnimmt!" Mein Verstand ist ganz und gar nicht damit einverstanden und braucht sehr, sehr lange, um zu verstehen, dass das der schnellste, kürzeste und beste Weg für mich und alle Beteiligten ist, um zu dem Erwünschten zu kommen.

Auch andere Erfahrungen machen mir bewusst, wie paradox es in Beziehungen zugeht: Erlebe ich einen Konflikt, gehe ich davon aus, dass mein Gegenüber dahintersteckt, weil er mich bremst, mich abwertet oder mich gar vom Weg abhält. Denke ich dann: „Pah! Das gibt's doch nicht. Wieso versaut er mir schon wieder den ganzen Tag!", erleichtert es mich. Kurzfristig. Geht's mir schlecht, ist er schuld. Wer sonst? Kann ich mich nicht aufraffen, etwas Bestimmtes zu tun, hält er mich zurück. Wer sonst? So weit so ungut! Betrachte ich die Abläufe genauer, sehe ich allerdings auch mich. Ich sehe, dass ich mich bremse, ich mich abwerte und ich mich von meinem Weg abhalte. Das zuzugeben fällt mir nicht leicht. „Klingt doch verrückt, oder?", denke ich mir und wende mich lieber einfacheren Dingen zu.

Paul ist ein wandelndes Lexikon. Will ich etwas wissen, muss ich nicht lange suchen. Er hat eine Antwort. Ob Musik, Natur, Politik, Technik oder Literatur, er kennt sich aus. Zeige ich mich begeistert, zitiert er oft einen früheren Lehrer: „Man muss es nicht wissen, man muss es nur behaupten können!" Mir gefällt das. Es imponiert mir. Auf die Idee, meine Beobachtungen mit dem Zitat zu verbinden, komme ich nicht. Wieso auch? Es ist angenehm, auf jede Frage eine Antwort zu bekommen. Mich auf das, was Paul sagt, zu verlassen, wird mir daher zur Gewohnheit. Ich halte alles für wahr und fürchte mich zunehmend vor Aussagen wie: „Was? So viel kostet dieses Kleid? Hast du nicht schon ein ähnliches?", „Solltest du nicht besser etwas machen, mit dem du auch Geld verdienst?", „Ein Haus willst du einmal haben? Wozu? Ich lebe gerne in dieser Wohnung."

Ohne es zu bemerken, übernehme ich seine Bewertungen. Ich fühle mich schlecht, wenn ich mir etwas Schönes kaufe, und verstecke es vor ihm. Fragt er mich, ob denn dieses Kleid neu sei, ziehe ich die Wahrheit in die Länge und antworte: „Neiiiiin, das hängt schon lange im Kasten. Ich habe nur noch keine Gelegenheit gehabt, es anzuziehen." Komme ich in einem Geschäft bei etwas Schönem vorbei und denke mir: „Jöööö, das könnten wir gut brauchen", belasse ich es dabei und ärgere mich Tage später, dass ich es nicht gekauft habe. Obwohl ich alleine immer gut mit Geld zurechtgekommen bin, denke ich immer öfter, dass ich mit Geld nicht umgehen kann und aufhören sollte, mir immer etwas zu wünschen. Gemessen an Pauls Strenge und klarer Position fühle ich mich weich und grenzenlos an. „Warum kann ich nicht auch so eine klare Haltung haben und eindeutig sein in dem, was ich will und was nicht, was ich für richtig halte und was nicht? Warum kann ich mich nicht auch um acht Uhr ins Büro setzen und bis achtzehn Uhr konzentriert arbeiten? Warum nicht?", frage ich mich zunehmend unzufriedener.

Aus politischen Gründen habe ich mich immer geweigert, in die USA zu reisen. Zu kapitalistisch! Als unser Sohn zehn Jahre alt ist, überredet er uns und wir besuchen gemeinsam mit einer befreundeten Familie Disneyland, die Universal Studios und die Westküste der USA. Der Jetlag macht es möglich, dass ich „Gary Grant" und „die Blues Brothers" in den Studios für echt halte und großen Spaß daran habe, mich gemeinsam mit den Kindern dieser Vergnügungswelt hinzugeben. Wir kurven mit Minibuggies Sanddünen rauf und runter, suchen nach Achaten in der „Achatbucht" und sammeln Schwemmholz aus dem Meer. Schon bald kann ich es kaum erwarten, nach dem Besuch einer Sehenswürdigkeit in den angeschlossenen Shop zu kommen, um die der Schönheit des jeweiligen Ortes angepassten Verkaufsgegenstände zu bestaunen. Fülle pur.

Die zweite Frau in der Reisegruppe scheint diese Fülle wie ich zu genießen und – im Unterschied zu mir – bedient sie sich nach Lust und Laune aus ihr. Kommen wir mit den Kindern an den Strand, nimmt sie deren Wunsch nach Sandspielzeug auf und kauft an der nächsten Ecke Schaufeln, Kübeln, Rechen. Gefällt ihr ein Kleidungsstück in einem der vielen Outlet-Stores, kauft sie es ganz einfach. Sagt jemand: „Wenn wir jetzt auch noch etwas zu trinken hätten, wäre es perfekt", steht sie auf und besorgt es. Ich bin beeindruckt davon, wie selbstverständlich sie aus der Fülle schöpft und wie leicht ihr das zu fallen scheint. Dass davon wir alle profitieren, gefällt mir ganz besonders. Am meisten überrascht es mich, dass Paul auch nichts dagegen hat. Ich hätte damit gerechnet, dass er sich zumindest bei mir darüber beschwert, wie „leichtfertig" in der Reisegruppe mit Geld umgegangen werde. Aber nichts dergleichen geschieht. Paul scheint das alles wie ich zu genießen. Und ich treffe eine Entscheidung: „Das will ich auch! Ich will aus der Fülle schöpfen und mich nicht mehr davon abbringen lassen."

Wieder zu Hause, übe ich. Die Erinnerung an Amerika hilft mir eine Zeitlang gut über Hindernisse hinweg, die im Alltag auftauchen. Besonders aufpassen muss ich, wenn ich, statt zu tun was ich tun will, ängstlich auf Paul schiele. Ist mir das bewusst, kann ich schnell mit einem „Ach ja!" den Bann brechen und verbietende Gedanken wegwischen. Übersehe ich, dass ich mich wieder einmal zurücknehme, wird es mir spätestens dann bewusst, wenn meine Welt wieder klein und eng wird und ich mich schlecht fühle. Doch auch das Mich-schlecht-Fühlen bedeutet einen Fortschritt, denn vorher habe ich mich „irgendwie" gefühlt und dieses Irgendwie ist mir „normal" vorgekommen. So verändern sich Schritt für Schritt meine Wahrnehmung und mein Verhalten und Paul wird davon mitbewegt. Das geht gar nicht anders. Verändere ich mich, muss auch er sich verändern, will er die Beziehung weiterführen.

Trotz besseren Wissens und wohltuender Erfahrungen schaffe ich es nicht ganz, mich aus der auf Paul projizierten Strenge, die ich für „Vernunft" halte und der ich nach wie vor gerecht zu werden versuche, ganz zu befreien. Bei einem Gespräch mit ihm über Wünsche und Sehnsüchte erfolgt dann der Durchbruch. Er erzählt mir, dass es sein größter Wunsch sei, ein Leben in Freude und Leichtigkeit zu führen, und dass ihn meine Fröhlichkeit und Leichtigkeit dabei sehr unterstützten. In mir macht es „Plopp!" und ich sehe mich selbst in einem vollkommen neuen Licht: „Das, was ich spüre, was leicht und selbstverständlich aus mir hervorsprudelt, ist etwas Gutes, etwas Erstrebenswertes. Das, was für mich so „normal" ist, dass ich bereit bin, es für scheinbar Wichtigeres zu opfern, ist für ihn nicht selbstverständlich. Das Leben leicht nehmen zu können und sich an der Freude zu orientieren ist etwas Wertvolles!", denke ich und fühle mich herrlich dabei. „Ich muss mich nicht anpassen, muss mich niemandem zuliebe verbiegen. Ich muss mich nicht anstrengen, muss nicht eine andere sein, muss nichts zurückhalten, nichts verstecken. So einfach ist das?" Das gefällt mir sehr. Und dass noch dazu auch meine Umwelt den höchsten Gewinn davon hat, ist für mich die Krönung dieser Erkenntnis.

Ein weiterer großer Schritt zu mir selbst ist gemacht und die Umsetzung folgt, in ihrem Tempo, langsam, aber sicher. Und auch auf diesem Teil meines Weges gibt es wie gewohnt einige Ehrenrunden. Befinde ich mich zum Beispiel mitten in einer Auseinandersetzung mit Paul, kann es leicht sein, dass diese „tolle" Erkenntnis nicht auftaucht und nicht, um mich aus den Wirrnissen der Emotionen zu befreien. Unvorstellbar ist es für mich dann zum Beispiel, zu sagen: „Oh, danke. Wie lieb von dir, dass du mich darauf aufmerksam machst, dass ich dich nicht zu Wort kommen lasse", und für ihn, zu antworten: „Gerne. Erzähl ruhig weiter. Ich weiß, dass ich selbst dafür verantwortlich bin, mich einzubringen."

Und noch etwas anderes wird mir in diesem Zusammenhang bewusst: Die Liebe zu mir selbst ist die Voraussetzung für eine erfüllende Liebesgeschichte mit einer anderen Person und nicht, wie ursprünglich gedacht, das Ergebnis. Liebe ich mich selbst, erlaube ich mir, zu sein, wie ich bin und wonach mir gerade ist. Das habe ich mittlerweile über diese Form der Liebe herausgefunden. Ich darf mich kleiden, wie ich will, darf dick sein, darf dünn sein, darf sagen, was ich will. Ich darf barfuß durch den Regen laufen, darf in High Heels über die Kärntnerstraße schreiten, darf Faschingskrapfen essen und mir Rosen schenken. Ich darf für meine Arbeit so viel Geld verlangen, wie ich will. Ich darf mich in einem Raum voller Menschen in die Mitte stellen und „juchu" rufen. Ich darf Karriere machen und ich darf Kinder kriegen. Ich darf mir einen Putzmann nehmen und mich bekochen lassen. Ich darf ich selbst sein. Hier. Dort. Überall.

Viel ist in Bewegung. Sehr viel. Doch paradoxerweise finde ich mich oft, wenn ich einen erfolgreichen Schritt zu mir selbst gemacht habe, Stunden oder Tage danach in einem Meer verwirrender Emotionen wieder. „Das gibt es doch gar nicht!", denke ich mir dann, „jetzt, wo ich weiß, was ich wirklich will, sollte doch endlich Schluss sein mit der Angst, der Trauer und den Schmerzen! Was mache ich nur falsch, dass ich mich immer noch durch diese fürchterlich mühsamen Täler schleppen muss?!" Und der Kreislauf von angstvollen Gedanken – Schmerzen – kritischen Gedanken – Schmerzen – angstvollen Gedanken – Schmerzen – … hat mich wieder in seinen Klauen. In die Angst vor dem Tod mischt sich die Angst um die Welt, und nichts davon dringt nach außen.

„So geht es nicht mehr weiter!", sagt mir eines Tages sogar mein Verstand, „du erstickst ja an deiner eigenen Angst, noch bevor du die Welt gerettet hast!"

Der Drang, mein Schweigen zu durchbrechen, wird immer stärker. Ein Bericht über die Auswirkungen des Atomunfalls in Tschernobyl verschafft mir den heilsamen Durchbruch. Die Angst, die ich in mir und um mich herum spüre, ist zu groß für mich alleine. Plötzlich höre ich mich Paul fragen: „Wie geht es dir damit? Kannst du auch nicht mehr schlafen? Hast du auch Angst?" „Nein", antwortet er, „wieso?" „Nein?!!!"

Er fürchtet sich nicht! Zumindest nicht so wie ich. Das kann ich nicht glauben! Ich bin davon ausgegangen, dass es allen wie mir ergeht und dass, wie ich, nur keiner darüber spricht. Mein Gehirn braucht Zeit, um diese neue Information einzuordnen, und mit ihr verschiebt sich mein Platz in der Welt. Plötzlich spüre ich nicht mehr den „Auftrag" in mir, wie Jeanne d`Arc mit dem Schwert in der Hand alle Menschen vom Joch der Angst befreien zu müssen. Verwirrt stehe ich am Rande dieser vertrauten Vorstellung und kenne mich nicht mehr aus. Doch zugleich spüre ich, wie gut es mir getan hat, Paul von meiner Angst zu erzählen. Und ich erzähle weiter: wovor ich mich sonst noch fürchte und wie ich die Angst zu vermeiden suche. Schon während ich erzähle, verblassen die Gedanken, meine Brust weitet sich und ich kann wieder durchatmen.

Zu erleben, dass das Reden darüber hilfreich ist, macht mir Mut und motiviert mich, am Loslassen dranzubleiben. Leicht fällt mir das allerdings nicht. Die Angstgedanken sind meist stärker als mein Wille und sehen keinen Grund, warum sie plötzlich von der Bühne verschwinden sollten, nachdem sie mich jahrelang so hervorragend unterhalten haben. Sie bestehen darauf, dass sie „wahr" seien. „Angst ist nützlich!", sagen sie und fühlen sich darin auch von wissenschaftlichen Untersuchungen bestätigt. Egal, wie sie ihr Bleiben rechtfertigen, sobald sie die Oberhand haben, bin ich ihnen sowieso ausgeliefert. Auch wenn ich durch Erzählungen einiges loswerde, bleibt die Tür zu Gedankenräumen in mir mit dem Raumklima „Katastrophenstimmung" immer noch offen. Und auch der Körper lässt sich von meinen neuen Erkenntnissen nicht sonderlich beeindrucken. Kaum taucht ein Angstgedanke auf, verspannt er alle Muskeln und Organe. Die Anspannung erzeugt weitere Angstgedanken, die noch mehr Anspannung auslösen und so weiter und so fort. Und meine Besuche bei Ärzten und Ärztinnen nehmen wieder zu.

Doch auch wenn ich aus diesem Teufelskreis noch nicht zügig aussteigen kann, bin ich gut auf dem Weg. Das Eingestehen meiner Angst, das Aussprechen meiner Gefühle und Gedanken und der Blick darauf, dass und wie das alles zusammenhängt, helfen mir sehr. Dass ich in der Lage bin, etwas zu tun, das die Angst in mir – für immer bitte! – auflöst, davon bin ich jetzt überzeugt. Und ich will es! Und wie! Zu wissen, dass ich nicht mehr darauf warten muss, bis die Mächtigen dieser Welt einsehen, dass Kriege nicht die Lösung sind, weil Gewalt Gewalt erzeugt, dass Kampf Kampf mit sich bringt und dass hinter jedem Versuch, die Welt so retten zu wollen, Angst steckt, macht mich froh. „Wenn ich schon durchs Erzählen einiges losgeworden bin, dann kann ich sicher durch andere Möglichkeiten alles loswerden, was in mir lauert!", denke ich mir und konzentriere mich auf den Wunsch: „Es darf sich bitte alles in mir auflösen, was mir Angst macht! Danke."

Karriere ohne Leiter

Nach sieben Jahren Arbeit im Frauenhaus mache ich mich als Psychotherapeutin, Supervisorin, Trainerin und Ausbilderin selbständig. Mit der Ausbildung für „Familientherapie und Systemberatung", die ich zwei Jahre zuvor begonnen habe, bin ich sehr zufrieden. Ich lerne zu sehen, wie eines mit dem anderen zusammenhängt und aufeinander einwirkt und dass wir erlernten Mustern folgen, die sich im Verhalten komplex zeigen und doch aus einer überschaubaren Anzahl von Wünschen hervorgehen wie: Frieden, Freiheit, Liebe, Freude. Jahre später werden meine Erfahrungen ergeben, dass sich letztlich alles auf einen Wunsch reduzieren lässt, dem Wunsch nach Liebe, weil in ihr alles enthalten ist.

Es erleichtert mich, zu erfahren, dass ich nicht mehr den Urgrund eines Problems herausfinden muss, um Heilprozesse in Gang zu setzen, sondern auch einfach das Verhalten ändern kann, das mich stört. „Ich kann ich selbst werden, indem ich so denke und handle, wie ich denken und handeln will. Es ist ausreichend, wenn ich mich im Augenblick darauf konzentriere. Langsam komme ich an die Einfachheit heran, die ich immer gesucht habe", denke ich und freue mich darüber, dass ich jetzt nicht mehr (so viel) analysieren, nicht mehr (alles) verstehen muss, nimmt doch das Verstehenwollen kein Ende. Es erheitert mich, dass ich bisher davon ausgegangen bin, alles und jeden verstehen zu müssen, wo es mir ja nicht einmal gelingt, mich selbst zu verstehen. Genau genommen bin ich mir selbst fremd, wenn ich nicht mehr von meinen antrainierten Verhaltensmustern ausgehen und sagen kann: „Ich bin nicht sehr ordentlich, neige zu Misstrauen und bin eine gute Beobachterin!" „Was zeigt sich, wenn die Muster und die Gewohnheiten wegfallen? Welche Maria kommt dann zum Vorschein?", frage ich mich und bin sehr, sehr interessiert daran, Antworten darauf zu finden und – wenn mir gefällt, was dabei herauskommt – auch so zu leben.

Diese Perspektive auf mich selbst und auf meine Welt fühlt sich sehr angenehm an. Ich bin fasziniert von der Vielfalt an Möglichkeiten, die sich so vor meinem geistigen Auge auftut, und aus der ich jederzeit wählen kann. Eine Erklärung erscheint mir jetzt wie das willkürliche Herauspicken einer Möglichkeit von vielen aus einem Pool der Fülle mit dem Anspruch, das einzig Wahre in der Hand zu haben. Dabei ändert sich schon alleine meine Wirklichkeit von Augenblick zu Augenblick. Nachträglich kann ich auch mein Festhalten und Verstehenwollen, das mich in meiner Kindheit und Jugendzeit begleitet hat, loslassen. Deutlich sehe ich, dass ich an einer Stelle nach Sicherheit gesucht habe, an der es sie nicht gab und auch nicht geben konnte. Ein Gasthaus ist ein hochkomplexes System, das sich laufend verändert. Es ist nicht berechenbar und kann daher auch nicht unter Kontrolle gebracht werden. Ob ich wollte oder nicht, ich „musste" in mir nach Sicherheit suchen. Doch diese Suche sah mein Verstand als zweite Wahl an und interpretierte sie daher als Scheitern. Er gab mir die Schuld, dass ich das tägliche Chaos in meinem Elternhaus nicht in den Griff bekam. Daher erzählte ich in den ersten Jahren in Wien auch nie von Zuhause. Teilweise genierte ich mich sogar für meine Herkunft, weil doch ein Wirtshaus kein guter Ort für ein „richtiges Mädchen" sei. Und jetzt, mit meiner neuen Perspektive auf die Dynamik von großen Systemen, entschulde ich mich selbst und bin sehr froh über den Ort, an dem ich aufgewachsen bin. Die Schulung und das Training, das ich dort erfahren habe, haben mich fit gemacht für ein selbstständiges Leben. Auch für einen Beruf, der gerade erst im Entstehen ist.

Offiziell gibt es den Beruf der „Psychotherapeutin" noch nicht. Die Ausbildungsvereine und das Gesundheitsministerium arbeiten gerade an einer Gesetzesvorlage. Ich beteilige mich an der Initiative, dieser Tätigkeit eine rechtlich anerkannte Position zu verschaffen. 1991 wird das Psychotherapeutengesetz im Österreichischen Parlament beschlossen. Absolventen und Absolventinnen der Vereine, die es bei den Verhandlungen geschafft haben, in die Liste der anerkannten Ausbildungsvereine aufgenommen zu werden, geben neue Zertifikate auf Basis der neuen Ausbildungsrichtlinien aus, mit denen man sich auf die sogenannte „Psychotherapeutenliste" des Gesundheitsministeriums eintragen lassen kann. So wird aus mir – quasi über Nacht – eine „Personenzentrierte Psychotherapeutin" und eine „Systemische Familientherapeutin".

Der Bundesverband für Psychotherapie wird gegründet, um die Interessen der PsychotherapeutInnen zu vertreten. Ich übernehme gemeinsam mit einem Kollegen die Funktion der „Bezirkskoordinatorin" und arbeite mit KollegInnen aus den anderen Bezirken an der Umsetzung dieser neuen Ordnung in die Praxis. Ein spannender und sehr unterhaltsamer Prozess. Mit Hilfe monatlicher Treffen gelingt es uns im Laufe der Zeit, die seit vielen Jahren alleine vor sich hinarbeitenden „neuen" PsychotherapeutInnen aus ihren Wohnzimmern, Vorzimmern und Praxen zusammenzubringen, um die Energien zu bündeln. Obwohl viele Themen anstehen, über die wir uns bei den monatlichen Treffen austauschen sollten, kommen wir im ersten Jahr über die Vorstellungsrunden nicht nennenswert hinaus. Die therapeutische Kultur des „authentischen Seins und des empathischen Zuhörens" lässt uns für jede dazukommende Person mit der Frage „Wer bin ich heute?" von vorne beginnen. Bis eines Tages meine empathische Neugier an ein Ende kommt und ich Plakate und Moderationsstifte schnappe, um die Gesprächskultur zu straffen.

Im Laufe dieses Prozesses verlasse auch ich mit meinen KlientInnen mein Wohnzimmer und gründe mit dem Kollegen, mit dem ich die berufspolitischen Tätigkeiten teile, eine Gemeinschaftspraxis. Das fühlt sich sehr gut an. Jetzt hat alles einen guten Platz. „Wie damals zu Hause", denke ich mir „als ich Johann auf den rechten Weg bringen und ihm seinen ‚Adolf' wegnehmen wollte! Jetzt ist es so weit." Ein stiller Raum, eine klare Vereinbarung, ein Ziel. Mein Potential, das offensichtlich schon immer da war, hat dazu beigetragen, eine Form entstehen zu lassen, in der ich das tun kann, was ich tun will. So sehe ich den Zusammenhang und bin sehr zufrieden mit mir. Später, wenn die Einengung der Form – Zunahme der Vorgaben und der Reglementierung von außen, interne Machtkämpfe – beginnen wird und ich keine Lust haben werde, diese Entwicklung mitzutragen, werde ich von allen Funktionen zurücktreten und aus dem Berufsverband austreten, um meinen Weg weitergehen zu können.

Johann war mir ein guter Lehrer. Hätte ich das schon damals erkannt, hätte ich mir einiges erspart. Er hat mir vermittelt, dass nicht ich es bin, die bestimmt, ob und wie jemand geheilt wird, sondern immer die Person selbst. Doch trotz alledem bin ich nach wie vor überzeugt davon, dass ich es bin, die andere Menschen heilen kann. „Finde ich das rechte Wort zur rechten Zeit, gebe ich den passenden Blick dazu und bleibe dann so lange still, bis mein Impuls wirksam wird, habe ich es geschafft", denke ich und werde nicht müde, dranzubleiben. Dass mich bei vielen meiner Gespräche ein Gefühl in der Qualität von „Fast! Fast hätte es geklappt und sie hätte freudestrahlend meine Praxis verlassen, um für immer sorgenfrei zu leben!" begleitet, lässt mich weiter hoffen. Dabei geht es mir bei den Gesprächen, um die ich gebeten werde, noch ganz gut damit. Schlimm wird es dann, wenn ich mich – ohne darum gebeten worden zu sein – in funktionierende Lebenskonzepte einmische, um zu verkünden, was der oder die Betreffende verändern sollte.

Dessen ungeachtet läuft meine Praxis sehr gut und ich bekomme viele dankbare Rückmeldungen. Parallel dazu entwerfe und gestalte ich, gemeinsam mit einer Kollegin, Aus- und Weiterbildungen für Menschen im beruflichen Wandel, bin als freie Trainerin und Ausbilderin bei einem Ausbildungsverein aktiv und biete Supervisionen an. Bald schon mache ich so viel, dass ich mich vor der Frage „Was machen Sie denn beruflich?" fürchte. Ich mache mehr, als ich beschreiben kann. Zusätzlich zu den bezahlten Tätigkeiten engagiere ich mich ehrenamtlich für diverse Projekte im Bezirk, gründe Initiativen und Einrichtungen und arbeite an Bestehenden mit.

So ist mein Tag schon bald minutiös aufgeteilt, der Kalender mit Terminen für zwei Jahre im Voraus voll, das Rabenmutterfeeling allgegenwärtig. Den Fußweg von der Wohnung in die Praxis lege ich zügig zurück, Blick geradeaus, Ohren zu. „Habe ich den Herd eh abgedreht? Habe ich meinem Sohn genug Jause für den Kindergarten eingepackt? Ich darf nicht vergessen, morgen das Auto rechtzeitig in die Werkstätte zu bringen. Oh Gott, die Frau M. Hoffentlich spricht sie mich nicht an. Ich habe keine Zeit zum Plaudern! Was koche ich am Abend? Ist genug Milch zu Hause für das Frühstück?" Zwei-, dreimal im Monat halte ich mir ein Terminfenster im Anschluss an die Praxis frei, und besuche das sündteure Designergeschäft auf meinem Heimweg. „Guten Tag, Frau Doktor, wir haben wieder so schöne Sachen bekommen! Sie werden staunen. Aber nehmen Sie doch zuerst ein Glaserl Sekt und setzen Sie sich hin. Wir bereiten in der Zwischenzeit alles für Sie vor." Es bleibt nie bei nur einem Stück. Glücklich und zufrieden verlasse ich das Geschäft.

Diese Dichte erscheint mir ganz normal. Es ist mein Leben. Es ist mein Alltag. So ist es. Ich mag es, wenn sich etwas bewegt. Ich bin gerne überall dabei.

Ich kann viel. Ich weiß viel. Ich bin neugierig. Ich rede gerne. Ich mache am liebsten alles selbst. Und ich denke nach: „Hätte ich das nicht noch besser machen können? Haben mich alle eh richtig verstanden? Was passiert, wenn ich doch nicht recht haben sollte damit?"

Ich bin an Zusammenhängen interessiert und daran, dass sich viel bewegt. Am liebsten arbeite ich daher mit Gruppen oder mit Organisationen, weil ich das Gefühl habe, so am meisten bewirken zu können. Es geht mir gut, wenn meine Auftraggeber und meine Auftraggeberinnen offen sind für Veränderungen. Habe ich bei einem Team zum Beispiel das Gefühl, dass die Mitglieder nur Emotionen loswerden wollen und nichts an deren Ursachen verändern, stresst mich das. Arbeite ich unter solchen Bedingungen und getraue ich mich auch nicht, das anzusprechen, geht es mir danach schlecht. Ich denke, dass es mir nicht zusteht, meine Gedanken und Gefühle den Betroffenen so pur mitzuteilen, wie sie aus mir kommen, und mache daraus die Hypothese: „Die wollen es nicht anders!" Erst als ich Jahre später beginne, meine Gedanken und Gefühle auszudrücken, mache ich die Erfahrung, dass die meisten dieser „Verweigerer" dankbar sind dafür und mich bitten, sie bei der Veränderung ihres Verhaltens und Denkens zu unterstützen.

Ich gehe sehr gerne in die Praxis und höre sehr gerne den Geschichten der KlientInnen zu, und doch fühlt sich das meist so an, als ob mir etwas Wichtiges fehlt. Mitunter fällt es mir sogar schwer, mit einer Person in einem kleinen Raum zu sitzen, während sich außerhalb davon die Welt in eine Richtung weiterdreht, die mir nicht behagt. Doch eine Stimme in mir bleibt dabei, dass es wichtig sei für mich, genauer zu werden in meinen Beobachtungen und mich detailliert damit zu befassen, wie Menschen denken und fühlen. Ich ahne, dass dieser Entwicklungsschritt wichtig ist für mich und dass er ein Ende haben wird, und bleibe dran. Die Geschichten, die mir erzählt werden, faszinieren mich. Sie geben mir einen guten Einblick in das Menschsein und in die Entstehung von Welten und sie bestätigen den von mir vermuteten Veränderungsbedarf.

Mit zunehmender Beratungserfahrung fällt mir auf, dass ich den KlientInnen beim Sprechen nicht mehr in die Augen schaue. Immer wieder ertappe ich mich dabei, wie mein Blick zu einer Stelle über ihren Köpfen geht. Von dort bekomme ich Informationen, die ich aus dem, was die Person sagt, nicht bekomme. „Es ist unhöflich, den Menschen beim Reden nicht in die Augen zu schauen!", denke ich mir und zwinge mich, meinen Blick wieder auf Augenhöhe zu bringen. Doch irgendwann wird mir das wieder zu anstrengend, weil der Zug zu der Stelle im Raum zu stark ist. Außerdem sind die Informationen, die sich so bekomme, sehr hilfreich. Umfassend, direkt, stimmig und gewährend, nicht so „hart", wie ich meine Gedanken oft erlebe. Am meisten staune ich aber darüber, dass diese Informationen nahtlos und ohne Widerstand mein Gegenüber erreichen. Ich bin es gewohnt, dass meine Bemühungen, heilsame Gedanken zu vermitteln, oft mit „Aber..." beantwortet werden.

Eine weitere Beobachtung, die ich mache, bestärkt mich darin, dass Heilung Wege gehen kann, die mir bis jetzt nur in Ansätzen bewusst sind, obwohl ich schon sehr lange in einem helfenden Beruf tätig bin. Es ist mein Vater, der mir zu dieser Erkenntnis verhilft. Seit ich ihn kenne, lebt er in zwei Welten. Das scheint für ihn ganz normal zu sein. Mit uns spricht er, wenn überhaupt, kurz und meist in Befehlsform: „Hol mir! Bring mir!" Telefoniert er hingegen mit einem Freund oder mit sonst wem, spricht er freundlich und nett und verwendet viele Höflichkeitsfloskeln. Ist jemand zu Besuch, ist er auch zu uns sehr nett. Wir können dann alles von ihm haben und er scheint es auch gerne zu machen. Mir kommt das so vor, wie wenn er in seinem Kopf einen Schalter hätte, den er je nach Situation umlegen kann. Ist er in der einen Welt, ist es so, wie wenn es die andere nicht gäbe. Als Kinder haben wir diese Spaltung zu nutzen gewusst. Wenn wir etwas von ihm haben wollten, haben wir ihn immer dann darum gebeten, wenn Besuch da war oder er gerade telefoniert hat. „Ja freilich darfst du das! Ja natürlich kaufe ich dir das!", antwortete er dann freundlich und zuvorkommend und hielt sich auch an seine Versprechen.

Mein Vater ist an die sechzig, als er eines Tages auffallend freundlich, nett und friedlich durch das Haus spaziert. Er lächelt den Angestellten und Gästen zu, fragt sie, wie es ihnen geht, wünscht ihnen einen schönen Tag. Meine Mutter und die Kellnerinnen sind irritiert, so haben sie ihn noch nie erlebt. Sie fragen sich, was wohl mit ihm los sei. Eine meint sogar: „Maria! Maria! Das ist ja unheimlich! Da ist es mir hundertmal lieber, wenn er schreit." Da sich alle einig sind, dass dieses freundliche Verhalten nicht normal sei, bitten sie einen Bekannten, ihn ins Krankenhaus zu bringen. Dort wird ein „Gehirnschlag" diagnostiziert und er wird stationär aufgenommen.

Als ihn meine Schwester am nächsten Tag besucht, trifft sie dort auf zwei seiner Jagdfreunde. Seit vielen Jahren schon ist unser Vater leidenschaftlicher

Jäger und Heger und bekleidet die Funktion des Obmannes im Verein. Peinlichst hat er darauf geachtet, dass seine Jagdkollegen in ihm einen guten Jäger und einen anerkennenswerten Kollegen sehen. Seinen Aufgaben als Obmann ist er mit ernster Miene und einer Verlässlichkeit nachgekommen, die er für andere Bereiche in seinem Leben so noch nie aufgebracht hat. Meine Schwester traut daher ihren Ohren nicht, als sie unseren Vater im Bett sitzen sieht und hört, wie er seinen beiden Jagdfreunden mit sichtlichem Vergnügen beichtet, welche Regeln er in seiner Funktion als Jäger überschritten und welche Verbote er ignoriert habe.

Nach dieser „Krankheit" ist mein Vater wie neugeboren. Ich erlebe ihn zugänglicher, ehrlicher und präsenter. Einige Wochen vor seinem Tod werde ich mit ihm über dieses Ereignis sprechen und meinen, dass es eine gute Idee gewesen sei, sich mit Hilfe eines Gehirnschlages ein neues Leben zu organisieren. Er wird lachen und meine Annahme bestätigen.

„Es ist schon erstaunlich, wie Veränderungen ablaufen", denke ich mir. Während meine jahrelangen Bemühungen, meinen Vater zu verändern, zu nichts geführt haben, verändert ihn eine kleine Ader im Kopf von einem Moment auf den anderen und präsentiert mir einen Vater, der mit seiner Aufmerksamkeit da ist, wo ich auch bin. Was genau er sich gewünscht hat, erfahre ich nicht, aber dass die Veränderungen ganz in seinem Sinne sind, ist offensichtlich. Dank ihm bin ich jetzt um eine große Erfahrung reicher: Ich kann niemanden heilen. Ich kann darum bitten. Ich kann dafür danken. Ich kann es geschehen lassen. Und ich kann dieses Wissen und diese Erfahrung allen vermitteln, die daran Interesse haben.

Erahnen, wer ich bin

Nach dem Ende meiner Familientherapieausbildung habe ich zum ersten Mal den Wunsch, mich auf meinem Weg von jemandem begleiten zu lassen, dem ich rundum vertraue. Bis jetzt habe ich mich mehr oder weniger alleine „durchgebracht". Die Entwicklung, die ich mit der Hilfe diverser Gruppen nehmen konnte, sowie meine Einzeltherapie im Rahmen der ersten Ausbildung waren auf die „Rettung der Welt" ausgerichtet. Jetzt bin ich so weit, etwas nur für mich selbst tun zu wollen. Als ich meinen Ausbilder bitte, mir jemanden zu empfehlen, meint er: „Geh zur Greta. Sie hat, wie du, viel Intuition!“ Ich höre zum ersten Mal, dass ich „Intuition habe“, und weiß nicht, was genau er damit meint, aber es klingt gut, und daher frage ich auch nicht weiter nach.

So komme ich zu Dr. Greta Adolf-Wiesner und es ist ganz sicher kein „Zufall“. Der erste Kontakt fühlt sich sehr vertraut an und ich fühle mich sehr wohl bei ihr. Sie ist Psychologin und Soziologin, hat die Familientherapieausbildung bei demselben Verein wie ich gemacht und arbeitet als Psychotherapeutin und Supervisorin in freier Praxis. Ich genieße es, mit einer Person verbunden zu sein, die – gleichwertig, ob es sich um ein persönliches oder berufliches „Problem“ handelt oder ob ich Fragen habe, die meinen Weg betreffen – meine Aufmerksamkeit auf das lenkt, was das Beste für mich ist, neutral und liebevoll. So jemanden „ganz für mich“ hat es in meinem Leben bis jetzt noch nicht gegeben und das tut mir sehr, sehr gut.

Anfangs gehe ich eine Zeitlang regelmäßig zu ihr, danach nach Bedarf. Und dann sagt sie mir eines Tages, dass ich mittlerweile die einzige sei, mit der sie noch in der „alten Form“ arbeite. Das macht mich neugierig und ich frage nach. Sie erklärt mir, dass sie sich in ihrer neuen Form der Begleitung als „Übersetzungshilfe“ für Menschen, „die Zugang zu ihrer inneren Weisheit und zu sich selbst finden wollen“, zur Verfügung stelle, indem sie aus deren „Energiefeldern“ lese. Wenn ich mich dafür interessiere, könnten wir ja beim nächsten Mal gemeinsam diese neue Form ausprobieren. Ich kann mir nicht vorstellen, was genau das ist, was sie da macht, aber ich bin sehr interessiert, es zu erfahren.

Bei meinem nächsten Termin sitzen wir uns wie gewohnt gegenüber. Dann schließt Greta die Augen und „stellt sich ein“, indem sie sich mit meinem Energiefeld verbindet und um Informationen, die jetzt daraus für mich relevant sind, bittet. Ich sitze ihr gegenüber und schließe auch meine Augen, um mich besser auf das, was sie sagt, konzentrieren zu können. Und das, was sie sagt, kommt so direkt und so pur auf mich zu, dass ich gar nicht anders kann, als zu „verstehen“. Es ist, wie wenn die Worte ohne Umleitung über den Kopf direkt in meinem Herzen ankämen und sich von dort in jede Körperzelle hochwirksam ausbreiteten. In meinem Kopf kommt eine einzige Information an und die ist: „Das ist wahr! So ist es!“ Unmittelbar nach dieser überraschenden Erkenntnis – ich sitze in derselben Haltung am Sofa – schnellen meine Beine in meiner Vorstellung vom Boden in die Höhe, die Fußsohlen kleben sich an der Decke fest und ich hänge kopfüber im Raum. Ich kann meine Augen nicht mehr öffnen.

Diese Vorstellung ist so real für mich, dass mir schlecht wird. Als Greta mitbekommt, was mit mir los ist, bricht sie den Versuch behutsam ab und meint, dass dieser Weg möglicherweise doch nicht der richtige für mich sei.

Doch wieder zurück im Raum weiß ich sofort, dass mein Weg hier weitergeht. Denn auch wenn ich mir nicht erklären kann, was mit mir in den Minuten davor passiert ist, so habe ich doch das für mich Wesentliche begriffen: Es gibt eine Hilfe und somit eine Wahrheit, die mich mit einer Maria und mit einer Freiheit in Verbindung bringen kann, wie ich sie bis jetzt noch nie erlebt habe. Auch wenn dadurch mein gesamtes Leben „auf den Kopf" gestellt wird, will ich es wissen, will ich es erfahren. So beginnt eine neue und für mich sehr spannende Begleitung durch Greta, und jedes Mal, wenn ich ihre Praxis verlasse, fühle ich mich frei und voller Energie.

Zunehmend wird mir bewusst, wie diese Begleitung funktioniert, und ich weiß jetzt auch, was ich mache, wenn ich beim Zuhören an den KlientInnen vorbei in den Raum schaue: Ich hole mir Informationen aus ihrem kreativen Feld, aus dem Raum, in dem ihr Körper eingebettet ist und der größer ist als ihr Verhalten und ihr Denken. Auch um mich herum scheint es so einen Raum zu geben. Und mit diesem Raum bringt Greta mich in Verbindung. Mit MIR praktisch. Sie fungiert als eine Art „Brücke". Ich kann diese nutzen, indem ich Fragen stelle. Durch ihre Antworten komme ich an MICH heran. Je näher ich mir selbst auf meinem Weg komme, desto deutlicher kann auch ich sehen, wer ich bin, und desto mehr kann ich ohne Hilfe aus dem Feld schöpfen. Die Stimmen aus mir, die mich schon lange als eine Art „inneres Team" begleiten und die zunehmend lauter geworden sind, scheinen auch aus dieser Ebene zu kommen.

Diese praktische Erfahrung mit Greta passt für mich sehr gut zu meinen derzeitigen Lieblingstheorien, die davon ausgehen, dass wir selbst bestimmen, was wirklich ist und wie wir unser Leben gestalten, bewusst und unbewusst. „Wenn alles wählbar ist und in Bewegung, dann ist wirklich der Wandel das einzig Beständige, und ich bin gut beraten, mich ihm hinzugeben", schließe ich daraus und freue mich sehr auf alles, was jetzt kommen kann.

Mit diesen und anderen Annahmen experimentiere ich im Rahmen meiner Tätigkeit als Ausbilderin. Ich bin fasziniert davon, zu erleben, wie bestimmte Gedanken und entsprechendes Verhalten zu „Wirklichkeiten" führen. Wie schnell zum Beispiel zwei und mehr Menschen, die sich zu einer bestimmten

Zeit an einem bestimmten Ort treffen, sich über eine bestimmte Sicht der Welt einig sein können. Ein Wort oder ein Blick genügen dem jeweils anderen, den Ball aufzunehmen und eine gemeinsame Geschichte zu kreieren. Auch wenn nichts davon „wahr ist", kann es so „wahr werden".

Ich erfinde Rollenspiele, um den Auszubildenden zu zeigen, wie sehr wir selbst unser Leben gestalten. Bei diesen Rollenspielen gibt es keine Handlungsanleitungen und keine Vorgaben. Treffen dann zum Beispiel vier Personen aufeinander und beginnt einer das Gespräch mit der Frage „Wer von Ihnen hat mich eingeladen?", findet sich in Windeseile eine Person, die antwortet. Je nach Antwort – wie zum Beispiel „Ich wüsste auch gerne, wer mich eingeladen hat." oder „Ich war das!" oder „Keine Ahnung! Wo sind wir hier eigentlich?" – entwickelt sich eine ganz bestimmte Szene, nimmt die Geschichte einen ganz speziellen Verlauf. Bestimmt durch jeden einzelnen Beitrag entsteht so eine gemeinsame Wirklichkeit.

Mit diesen Erfahrungen betrete ich einen Bereich, den ich nicht mehr so fassen kann, wie ich es gewohnt bin. Ich kann die Welt nicht mehr in Schwarz und in Weiß einteilen, ich sehe nicht mehr Opfer auf der einen und Täter auf der anderen Seite, ich weiß nicht mehr, was gut und was schlecht ist und ich habe keine Lust mehr zu kämpfen. Ich verliere schlicht und einfach meinen Halt und komme mir vor wie in dem Witz, in dem zwei Betrunkene in der Nacht auf einem Bahngeleis nach Hause torkeln. *Sagt der eine: „Warum sind denn plötzlich die Stufen so weit auseinander?" Antwortet der andere: „Das ginge ja noch, wenn nur das Geländer nicht so tief unten wäre!"*

Als ich noch vorrangig mit Hilfe meines Verstandes durch mein Leben gegangen bin, fühlte ich mich sicher und man hörte mir zu, wenn ich etwas zu einer Diskussion oder zu einem Gespräch beitrug. Als ich jedoch die mehr oder weniger anerkannten Wirklichkeiten wie „Wissenschaft", „Philosophie", „Politik" und „Psychotherapie" zu verlassen beginne und mich in neue, noch unsichtbare Gefilde wage, wendet sich das Blatt. Ich fühle mich unsicher, finde keinen Überbegriff mehr für das, was ich erlebe, und kann meine Erfahrungen kaum weitergeben. Meine eigene Unsicherheit macht es Menschen, mit denen ich mich zuvor glühend unterhalten konnte und die noch immer wissen, was „richtig" und was „falsch" ist, schwer, mit mir zu reden. Ich bekomme Zuschreibungen wie „Gehen Sie zur Frau Doktor Färber-Singer in Beratung. Sie arbeitet spirituell!" oder „Nein, ich glaube nicht, dass du die Räumlichkeiten meiner Kollegin für deine Gruppen mieten kannst, denn sie will keine ‚esoterischen' Aktivitäten in ihrer Praxis!" Anfangs trifft mich das sehr, weil ich mit diesen Zuschreibungen nichts anfangen kann und noch bereit bin, meine neuen Schritte und ihre Auswirkungen in Frage zu stellen. Doch zunehmend wird mir klar, dass ich nur tun und lassen kann, was zu tun und zu lassen ist, und dass mein Weg halt verläuft, wie er verläuft. Und dieser Weg ist einer, der mich in unsichtbare Welten führt, in immer wieder neue Wahrnehmungsräume und in eine immer größere Freiheit. Und er hat keinen Namen. Er braucht ihn auch nicht. Ein Name würde ihn nur einengen, würde mein Weitergehen verlangsamen und mich letztlich davon abhalten, ihn als das anzunehmen, was er ist: das größte Geschenk, das ich mir selbst machen kann.

Die Wende verkleidet sich als „Burnout"

Paul, unser Sohn und ich befinden uns in einem Fünf-Stern-Hotel auf den Malediven. All inclusive. Morgens, mittags und abends ein herrliches Buffet. Cocktails an der Bar. Weißer Strand, Sonne, ein kleiner Bungalow direkt am Strand, bunte Fische vor der Haustüre. In einer halben Stunde können wir zu Fuß die Insel umrunden, auf der ein einziges Hotel steht. Unseres. Wir tauchen, schwimmen und baden in der Sonne. An den Abenden unterhalten wir uns des Öfteren mit einem der Kellner. Er erzählt uns aus seinem Leben und von dem, was sich hinter den Kulissen unseres Urlaubsparadieses abspielt. Die Umstände und Hintergründe, die uns paradiesische Zustände ermöglichen, machen mich betroffen. Dann macht er eine Aussage, die mich mitten ins Herz trifft: „Ihr Urlauber seid ein interessantes Volk. Ihr arbeitet fünfzig Wochen im Jahr hart, um das Geld zu verdienen, mit dem ihr euch dann hier bei uns wieder erholen müsst."

„Das ist es. Das ist das, was ich schon lange spüre, aber nicht hab' benennen können!", denke ich erschrocken. Ich bin müde und erschöpft auf diese Insel gekommen. Aus einem Leben, in dem ich nicht mehr vorkomme. In diesem Zustand bin ich angewiesen auf ein Hotel, in dem ich verwöhnt werde und das die Geschichten über die Menschen, die das ermöglichen, zudeckt. Wenn ich auf mich nicht schaue, kann ich auch nicht auf andere schauen. Außerdem will ich es auch gar nicht, weil mir das viel zu anstrengend wäre. Stattdessen ignoriere ich das Drumherum und mache mit bei einem Programm, das die

Reichen immer reicher werden lässt und die Armen immer ärmer. Damit (auch) ich meine Ruhe habe.

Dass ich mich von dem entfernt habe, was ich wirklich will, erschreckt mich. Dass ich ein Leben führe, aus dem ich vieles ausgeklammert habe, was mir und anderen guttut, noch mehr. Dass ich mit Reisen, die „teuer", „weit weg" und mindestens „fünf Sterne" haben müssen, dem Bedürfnis „Ich kann mir das (auch) leisten!" nachgegangen bin, wird mir peinlich bewusst. „Jetzt habe ich das alles gemacht. Jetzt kann ich es abhaken!", entscheide ich still für mich und packe den Impuls des Kellners zu meinem Gewand in den Koffer obenauf, um ihn zu Hause gleich wieder bei der Hand zu haben.

Wieder zurück in meinem Alltag beginne ich mich selbst zu beobachten. „Ja, ich bin müde. Ja, ich habe viel zu tun. Und? Ich bin halt eine, die viel aushalten kann, die viel gleichzeitig machen kann. Das ist doch nichts Schlechtes. Schließlich gibt es für Fähigkeiten wie diese auch schon eine Bezeichnung: ‚Multitasking'. Das klingt doch gut! Was ist falsch daran, wenn jemand mehr kann und mehr aushält als andere?", denke ich und höre mich stolz jammern, wie viel ich zu tun habe.

Und ich bleibe dabei, die Beratungstermine nach den Bedürfnissen der KlientInnen zu richten, obwohl ich mir jede Woche aufs Neue vornehme, die Beratungszeiten von vornherein so einzuteilen, dass sie gut in mein Leben passen. „Ach, Sie können nicht um vierzehn Uhr? Oje, oje. Sie können erst ab achtzehn Uhr und da nur am Freitag? Was machen wir da? O.k., dann kommen Sie halt am Freitag um achtzehn Uhr. Ach, am kommenden Freitag geht es nicht? Da treffen Sie sich schon mit einer Freundin? Na gut, wie wäre es denn dann mit dem Freitag eine Woche drauf? Das geht? Na fein!", höre ich mich sagen und streiche den Kinobesuch, den ich mir für diesen Abend mit einer Freundin ausgemacht habe.

Immer öfter beobachte ich mich auch dabei, wie ich – statt über eigene Erfahrungen zu reden – in Diskussionen und Gesprächen mit FreundInnen und Bekannten von KlientInnen erzähle: „Unlängst war eine ältere Dame bei mir, die hat genau dasselbe Problem wie du." „Afghanistan? Einer meiner Klienten kommt gerade von dort und der meint…" „Nein, das sehe ich anders. Ein Klient von mir arbeitet in dieser Branche und der hat mir Folgendes erklärt..." Den Stoff für meine Gedanken kann ich ja nur mehr aus der Arbeit beziehen, weil ich sonst fast nichts mehr mache. Ich lese keine Zeitungen, kaum Bücher, und wenn, meist

Fachliteratur. Ich gehe sehr selten ins Kino und habe keine Zeit, mich mit anderen Inhalten zu befassen. Es scheint mir sogar, dass ich gar keine habe. Arbeit und Familie füllen mein Leben komplett aus. In dieser Reihenfolge.

„Secondhandleben" – Leben aus zweiter Hand – werde ich diese Phase meines Lebens später einmal bezeichnen, weil ich von den Geschichten anderer Menschen lebe und mein Gefühl von Lebendigkeit aus ihnen schöpfe. Ohne es zu bemerken, ist mir meine eigene Lebendigkeit längst schon verloren gegangen. Während mein Verstand weiterhin den Lebensgeschichten meiner KlientInnen fasziniert zuhört, entfernt sich mein Körper immer mehr aus der Wohlfühlzone und beginnt, ein Eigenleben zu führen. Er ermüdet schnell, bekommt ausgerechnet an den Wochenenden oder im heißersehnten Urlaub eine Erkältung, eine Nervenentzündung oder einen eitrigen Zahn. Wären da nicht diese unliebsamen Unterbrechungen durch schmerzhafte Körpersymptome, würde sich der Verstand wohl bis zum Lebensende mit Geschichten anderer Menschen beschäftigen können.

Wenige Monate nach dem Urlaub auf den Malediven werde ich in meiner Funktion als Bezirksvertreterin der PsychotherapeutInnen vom Ärztevertreter eingeladen, ein Impulsreferat zum Thema „Burnout" für die Ärzte und Ärztinnen des Bezirkes zu halten. Während ich vortrage und dabei mit dem Zeigefinger der rechten Hand die zwölf Stufen des Burnout-Rades, das ich auf einem Plakat mitgebracht habe, abwandere, denke ich: „Kenne ich. Kenne ich. Kenne ich. Kenne ich…" Bis zur Stufe acht von zwölf ist mir alles vertraut. Und zunehmend wird mir klar, dass das nichts Gutes bedeutet. Mein Mund beginnt auszutrocknen und die Schleimhäute schwellen mit jedem Erkenntnisschritt mehr an, bis ich kaum mehr sprechen kann. Irgendwie schaffe ich es dann doch, den Vortrag zu Ende zu bringen, und bin froh, den Vortragssaal so schnell wie möglich wieder verlassen zu können.

„Ich bin also mitten in einem sogenannten ‚Burnout'", denke ich mir und sehe plötzlich, wo ich stehe. Vor dem Abgrund! Die vielen Infekte, die mich in den letzten Jahren immer häufiger überfallen haben. Die Kopfschmerzen. Der Umstand, dass ich immer dann krank werde, wenn ich frei habe. Die Übelkeit in der Magengegend, wenn ich in meinen Kalender schaue, um nach freien Tagen zu suchen. Alles bricht auf einmal über mich herein. Mit einer Wucht, die ich nicht mehr übergehen kann.

Ich muss etwas ändern. Schnell mache ich mir einen Termin bei Greta aus.

Sie muss mir helfen. Greta fragt mich, was ich will. Wie aus der Pistole geschossen antworte ich: „Die Psychotherapie beenden. Alle Funktionen abgeben!“ Sie wiederholt: „O.k., du willst also die Psychotherapie beenden und alle Funktionen abgeben!“ Das schockt mich, was sie da sagt. „Wie stellt sie sich das vor? Wovon soll ich leben? Was mache ich danach? Das geht nicht! Das ist unmöglich!“, denke ich mir. „Wer soll das alles übernehmen? Was passiert mit den vielen hilfsbedürftigen Menschen, wenn es mich nicht mehr gibt? Wo soll das Geld herkommen? Wovon werde ich leben?“ Und ich beruhige meinen Verstand mit Aussagen wie: „Nur für ein halbes Jahr!“ „Es wird mir guttun. Und finanziell lässt sich das verkraften.“

Es kommt mir vor, wie wenn ich vor einer Gletscherspalte stünde, die ich überqueren muss, um weiterleben zu können. Auf der gegenüberliegenden Seite sehe ich festen Boden. Es erscheint mir vollkommen unmöglich, ohne Hilfsmittel auf die andere Seite zu kommen. Doch noch während mein Verstand an diesen Bildern dran ist, ist meine Entscheidung, zu springen, offensichtlich längst schon gefallen, sodass seine Argumente, warum ein solcher Sprung sehr, sehr unklug wäre, keine Wirkung mehr haben. Den letzten Impuls, zu springen, vermittelt mir eine Erfahrung, die ich gleich nach der Sitzung bei Greta mache. Eine Erfahrung, die mir die sinnliche Version meines Wunschgedankens „Ich will aufhören!“ nachliefert. Der Kick kommt als Musik verkleidet. Beim Autofahren höre ich eine CD mit Arien, gesungen von Pavarotti. Obwohl ich mir diese CD schon oft angehört habe, höre ich sie plötzlich wie nie zuvor. Von einem Moment auf den anderen verbindet sich Pavarottis Stimme mit mir und aus jeder Zelle meines Körpers ertönt Musik. Pure Lebensfreude durchströmt mich. Ich weine Tränen der Erleichterung und verspreche mir selbst: „So will ich mich fühlen! Für immer.“

Als mich mein Verstand Tage danach zu einer Klientin sagen hört: „Ich höre auf! Wir sollten den gemeinsamen Prozess abschließen!“, ist der Bann gebrochen und jetzt weiß auch er, dass ich mich bereits auf der anderen Seite des Abgrundes befinde. Unversehrt und entlastet. Innerhalb von zwei Monaten schließe ich alle therapeutischen Beziehungen ab, lege meine Funktionen im Berufsverband und in den anderen Einrichtungen nieder, reduziere die Supervisionsaufträge auf die Teams, mit denen es mir leichtfällt, zu arbeiten, und behalte im Trainingsbereich die Aufträge bei, in denen mir die Kooperation mit Kollegen und Kolleginnen Spaß macht.

Mein Körper ist müde. Sehr müde. Seine Reserven sind ausgeschöpft. Nichts geht mehr. Jetzt, wo ich ihm Raum gebe, kann ich spüren, dass es höchste Zeit war, mein Leben zu verändern. Einige Wochen kann ich nicht aus dem Bett aufstehen. Der Körper ist wie Blei. Nicht einmal in Gedanken ist es mir vorstellbar, dass mich meine Beine weiter als bis zur Toilette oder ins Bad tragen könnten. Ich will nur schlafen. Sonst nichts. Während sich die Muskeln und die Gelenke im Ruhemodus befinden und es mir gelingt, auch das Denken zu reduzieren, weil viel zu anstrengend, ist etwas im Körper am Arbeiten. Von alleine. Das spüre ich ganz deutlich und es macht mich sehr zufrieden und zuversichtlich. „Es wird schon wieder!“, denke ich mir und nehme an, was ist. Es scheint so, als ob sich mein Körper von alleine heilt. Auf jeden Fall habe ich keinen bewussten Zugang zu diesem Prozess und will es auch nicht. Zu müde. Es fühlt sich an wie die Inventur in einem großen Geschäft zum Jahresende. Während das Geschäft für die Außenwelt geschlossen ist und wirkt, wie wenn alle auf Urlaub wären, arbeiten hinter den Rollläden die MitarbeiterInnen hochkonzentriert an der Bestandsaufnahme und an den Vorbereitungen für ein neues Geschäftsjahr.

Die „Bestandsaufnahme“ meines Körpers, die mir einen Neubeginn ermöglichen wird, dauert letztlich ein ganzes Jahr. So lange läuft in ihm ein Prozess ab, der spürbar meiner Heilung dient. Offensichtlich haben mein Verstand und mein Körper, während meine gesamte Aufmerksamkeit auf die Hilfe für andere ausgerichtet war, jahrelang gespeichert, was auch mir guttun würde. Wie sich ein Murmeltier seinen Winterspeck für den Winterschlaf anlegt, so scheinen sie aufgenommen zu haben, was ich mit und für meine KlientInnen erarbeitet habe. Als ich dann bereit war für meinen Heilungsprozess, stand alles mir selbst zur Verfügung. Während der Körper vor sich hin arbeitet, erhole ich mich und meine Kraft kommt langsam wieder zurück. Nach einigen Wochen im Bett stehe ich wieder für die ausgewählten Aufträge zur Verfügung. Dabei achte ich sehr darauf, ob es mir damit gut geht. Mein Wohlbefinden steht jetzt über allem.

„Burnout“. Diese Diagnose ist gegen Ende des zwanzigsten Jahrhunderts noch relativ neu. Hatte ich früher immer gedacht, dass das ein Zustand sei, in den Menschen kommen können, in denen ein Feuer brennt, so sehe ich es jetzt anders. Mein Feuer hat vor meinem Zusammenbruch nicht gebrannt. Denn nicht ICH war es, die im Mittelpunkt meines Lebens gestanden hat. Nicht ICH war es, die um jeden Preis geliebt werden wollte. Nicht ICH war es, die ihre Leistung auch dann noch steigerte, als ihre Batterien schon vollkommen leer waren. Und nicht ICH war es, die sich todmüde stolz sagen hörte, was sie alles schaffen kann. Wer auch immer das war, ICH war es nicht. Es war ein von Kindheit an eintrainiertes Gedankenprogramm, das mich tun ließ, „was getan werden musste und sollte". Es war erlernt, zu glauben, dass das, was andere von mir erwarten, zugleich auch das Beste für mich sei. Und was ich für mein „Feuer" gehalten habe, war „Eifer", kraftvolles Bemühen, das Richtige zu tun, um für „gut" befunden und anerkannt zu werden. Und was mich am meisten verblüfft, ist die Erkenntnis, dass trotz all der Anstrengung und der großen Bemühungen in der Zeit vor meinem „Burnout" nur ein Bruchteil von dem, was in mir ist, zum Vorschein kommen konnte.

In den Jahren nach dieser Erfahrung werde ich oft darüber staunen, welchen Weg die Diagnose „Burnout" in der Öffentlichkeit nehmen wird. Besonders über die Versuche, damit eine „Krankheit" zu beschreiben, werde ich mich sehr wundern. Nie, auch nicht in den schmerzvollsten Zeiten, hätte ich meine Erfahrungen als „krank" beschrieben. Immer war mir klar, dass die beobachteten Symptome einen Übergang markierten, ein Ende von etwas einläuteten. „Es ist höchste Zeit, dass du etwas veränderst", sagte mir mein Körper. „So kann ich nicht mehr lange weitermachen. Dafür bin ich nicht geschaffen. Und sei ehrlich, das, was du machst und denkst, bist doch nicht du. Du strengst dich an, machst dich fertig und für was?" So, wie mein Körper zu mir sprach, sprachen zuvor auch die Körper der Klienten und Klientinnen zu mir und baten mich, zu übersetzen: „Wir wollen mit Menschen sein, deren Augen strahlen, weil ihnen etwas Schönes, etwas Besonderes widerfahren ist. Wir wollen mit Menschen sein, die mit einem Lächeln Herzen öffnen und mit ihren Händen zärtlich über Blumen streichen. Wir wollen mit Menschen sein, die singen, wenn sie singen wollen, reisen, wenn sie reisen wollen, tanzen, wenn sie tanzen wollen."

Welche „Diagnose", welche „Krankheit" oder welches sonstige Ereignis wir zum Anlass nehmen, um uns und unser Leben zu verändern, ist für mich einerlei. Wesentlich erscheint mir, zu wissen, dass ein Geschenk in Form einer Einladung zur Veränderung hinter dem Ereignis steckt. Für mich war es eindeutig die Einladung, mein Leben als etwas wahrzunehmen, was ein Ende hat, und mir bewusstzumachen, dass sich irgendwann all das nicht mehr verwirklichen lässt, was ich noch gerne erleben möchte, wenn ich nichts an dem Ist-Zustand verändere.

Mittlerweile bin ich mir ganz sicher, dass ich alle Hilfen bekomme, wenn ich mich für eine Veränderung entscheide. Ich muss mich nur dafür entscheiden, aus ganzem Herzen. Dann ist es, wie wenn mir eine unsichtbare Instanz laufend zuarbeitet. Durch mein klares Ja verändert sich scheinbar meine Aufmerksamkeit und ich schaue genauer auf das, was um mich passiert. Im Sinne meines Wunsches. Ich höre dann, dass in einem Gespräch ein Hinweis auftaucht, den ich gut brauchen kann, finde in einem Artikel eine hilfreiche Information oder komme gar drauf, dass sich ein Beitrag im Radio punktgenau mit dem beschäftigt, wo ich mich gerade befinde. Laufend bekomme ich so Impulse für meinen nächsten Schritt. Und ich bin immer aufs Neue davon begeistert, wie wenig ich dazu beitragen muss, dass entsteht, was ich will, und vor allem, wie wenig ich verstehen muss von dem, was sich dabei tut.

Die wohl spannendste Erfahrung dazu mache ich bei einem Seminar im Rahmen meiner Ausbildung für „Systemische Strukturaufstellungen", bei der mit Hilfe einer räumlichen Abbildung ein System (Organisation, Problem, Frage etc.) „veranschaulicht, untersucht und in gewünschte Richtungen verändert" werden kann. Der Seminarleiter erklärt uns, dass man Aufstellungen auch machen könne, ohne das Anliegen und das, was sich verändern soll, zu kennen. Der Erfolg einer Aufstellung hänge nicht davon ab, ob wir verstehen, was in diesem Prozess geschieht. „Das ist genau das Richtige für mich! Ich will nicht mehr analysieren und nachdenken, ich will nur mehr, dass es mir gut geht", denke ich mir und melde mich für ein Übungsbeispiel. Der Seminarleiter bittet mich, eine Zahl zu nennen. „Halb", sage ich. „O.k.", sagt er, „wenn es ein ‚Halb' gibt, gibt es auch ein zweites ‚Halb' und ein ‚Ganz'". Ich wähle Personen aus der Gruppe für die Positionen „Maria", „Halb", „Ganz" und für das „Hindernis". Letzteres ergibt sich daraus, dass „Halb" einen Zustand wiedergibt, in dem ich mich schlecht fühle. Folglich hindert mich etwas am Wohlfühlen.

Ich stelle die gewählten Personen, die stellvertretend für die Anteile agieren, so im Raum auf, wie es sich richtig für mich anfühlt. Dann gehe ich in die BeobachterInnenposition und der Seminarleiter übernimmt die Durchführung der Aufstellung. In mir beginnt es zu rumoren. Jeder Schritt, den ich im Außen beobachte, entfacht Bewegungen in meinem Inneren. Oben, unten, rechts, links – überall spüre ich größer und kleiner werdende Wellen, die zum Herzen strömen und von dort wieder weg, bis in die entlegensten Winkel meines Körpers. Von himmelhochjauchzend bis zu Tode betrübt schwanken meine Gefühle. Es ist unglaublich, wie schwer sich die beiden Hälften dabei tun, aufeinander zuzugehen. Und dann endlich die Lösung, das Ende des Wandlungsprozesses: Die beiden Hälften finden zueinander und vereinen sich zu einem Ganzen.

Und augenblicklich weiß ich, dass das Mich-getrennt-Erleben ein Ende hat, weil mich diese Aufstellung dabei begleitet hat, ganz zu werden. Tränen der Freude begleiten ein unbeschreibliches Gefühl in mir von „nie gekannt und doch vertraut". Und plötzlich weiß ich, warum ich beim Betrachten bestimmter Filme und beim Lesen bestimmter Bücher so viel weinen musste. Es waren wohl die gleichen Tränen wie jetzt, nur mit dem Unterschied, dass das jetzt mein Film ist und ich seine Hauptdarstellerin. Hauptdarstellerin in einem Liebesfilm. In meinem Liebesfilm!

Der Wandlungsprozess, der mit Hilfe meines „Burnouts" eingeleitet wurde und der mich in ein schöpferisches Leben begleitet, zieht sich über Jahre. Immer anders, immer spannend und laufend Neues produzierend führt er mich von einer Station zur nächsten. Kaum glaube ich: „Jetzt bin ich fertig! Jetzt habe ich mein Ziel erreicht!", ziehe ich eine Erfahrung an, die mir bewusstmacht, dass nichts fertig ist. Bis ich dann schlussendlich einsehe und aufhöre, damit zu hadern, dass nichts jemals fertig sein kann und wird, denn „leben" heißt für mich inzwischen „wandeln" und „wandeln" heißt „leben".

Langsam begreife ich auch, dass ich eine bin, die Freude hat am Gehen. Musste ich mich anfangs noch sehr überwinden, einen neuen Schritt zu machen, fällt es mir mittlerweile leicht, mich auf Veränderungen einzulassen. Und interessanterweise bin ich wirksamer und hilfreicher als je zuvor. Seit ich darauf achte, ganz bei dem zu sein, wo ich mich gerade befinde, legen sich nur wenige unbewusste Gedanken zwischen mich und meine Umwelt. Sagt zum Beispiel jemand zu mir: „Aber ist das denn nicht egoistisch, so auf sich zu schauen?", reagiere ich nicht mehr mit einem schlechten Gewissen und bin daher frei, zu spüren, dass das nicht wahr ist. Und wenn ich will kann ich dann so etwas sagen wie: „Nein! Denn geht es mir gut, geht es allen gut, die gerne in meiner Nähe sind. Wie kann ich jemanden (er)nähren, wenn ich selbst am Verhungern bin?" Und ich erinnere mich dabei an ein weniger dramatisches Bild, das mir Greta einmal mitgegeben hat, als ich sie dasselbe gefragt habe: „Denk an die Sonne. Sie macht das, wozu sie da ist. Sie scheint. Und sie macht sich keine Gedanken darüber, ob auch alle etwas von ihr haben."

Viele Jahre nach meinem Ausstieg aus der psychotherapeutischen Arbeit werde ich von der neuen Bezirkskoordinatorin eingeladen, einen Vortrag zum Thema „Burnout“ bei einem ihrer Treffen zu halten. Ich fühle mich geehrt und freue mich darauf. Doch als es so weit ist, wundere ich mich sehr darüber, wie schwer es mir fällt, im Kreis ehemaliger KollegInnen frei darüber zu sprechen, warum ich diesen Beruf aufgegeben habe und wie groß mein Gewinn daraus war. Nicht nur das! Ich bin mir plötzlich so gar nicht mehr sicher, ob es eine gute Entscheidung war, freiwillig aus etwas auszusteigen, das mir so viel Anerkennung, Ansehen und Einfluss gebracht hat. Mit diesen Gedanken im Kopf und der Suche nach Worten für meinen Vortrag, den ich so auf diese Runde zuschneiden will, dass sie mein Aussteigen gutheißt und somit meine eigenen Zweifel zerstreut, arbeite ich mich durch den Abend. Umso erstaunter bin ich, als mich in der anschließenden Diskussionsrunde ein ehemaliger Kollege ganz direkt fragt: „Du sprichst von Transformation. Stimmt das?“ „Ja!“, sage ich überrascht und wundere mich über seinen mutigen Vorstoß. Drei Monate später erfahre ich, dass er Wochen nach diesem Treffen völlig überraschend verstorben ist.

6

Der Blick auf mich selbst wird frei

Ich bin gerade wieder einmal mit der unangenehmen Gewohnheit beschäftigt, aus einem Ziehen im Körper einen bedrohlichen Schmerz entstehen zu lassen. Mittlerweile kann ich mich darüber schon ganz schön ärgern, doch ich weiß nicht, wie ich aus diesem Krankheit produzierenden Kreislauf herauskommen kann. Erinnerungen an meinen leidenden Vater und meine leidende Großmutter werden wach und verstärken meinen Ärger. „Ich will nicht mehr!“, denke ich und sehe plötzlich Mitglieder aus meiner Herkunftsfamilie vor meinem geistigen Auge, lebende und bereits verstorbene, Hand in Hand mit einem schwarz gekleideten Mann. Dunkle, schwere, leidende Gestalten schlurfen durch einen düsteren Raum. Alles ist grau in grau.

„Das ist doch der Tod! Sie klammern sich alle an den Tod, statt das Leben zu feiern!“, denke ich und erschrecke. „Wie ich auch! Vor lauter Angst vorm Sterben vergesse ich das Leben! Das ist ja arg!“ Jetzt kann ich sehen, dass ich mir, während ich atme und das Blut in meinen Adern pulsiert, beim Sterben zuschaue, anstatt endlich zu tun, wozu ich auf die Erde gekommen bin, und den Weg dorthin freimachen, indem ich mich von der Angst vorm Tod befreie. Und ich wähle eindeutig und bestimmt: das Leben.

Es ist sicher kein Zufall, dass mir das jetzt bewusst wird. Ein großer Entwicklungsschritt kündigt sich an. Mein Körper hat sich mittlerweile ganz gut erholt und ist wieder bereit für weitere Abenteuer. Mein Sohn ist dabei, sich mit Mama-du-bist-peinlich-Meldungen von mir abzuwenden. Das Familienklima wird von einer Lebensphase, die die Psychologie „Pubertät“ nennt, bestimmt. Die Beziehung zu meinem Sohn ist höchst angespannt, und ich erfahre nichts von dem, was er macht und was er denkt. Das ist hart für mich, denn „ich meine es ja nur gut mit ihm“. Wir versuchen, Regeln aufzustellen und zu kontrollieren, ob er diese auch einhält. Das strengt mich fürchterlich an. In meiner Verzweiflung besuche ich einen Vortrag zum Thema und höre dort den Satz: „Wenn Ihr Kind pubertiert, leisten Sie sich doch auch Ihre zweite Pubertät und legen Sie auch los." Das gefällt mir und ich lege los. Ich schimpfe, fluche und lasse meinen Gefühlen freien Lauf. Das macht Eindruck auf meinen Sohn und bringt mir auch das eine oder andere schallende Gelächter ein.

Verinnerlichte Regeln in mir wie „keine Gefühle zeigen", „nicht zu laut lachen", „sich nicht selbst loben", „keine neugierigen Fragen stellen" schmelzen wie Schokolade in der Sonne. Dank der Pubertät meines Sohnes kann ich mich von vielen, längst erledigt geglaubten Verboten aus meiner Kindheit befreien. Und ich erlebe, dass das, was aus mir sprudelt, viel mehr mir selbst entspricht als das kontrollierte, „vernünftige" Verhalten, das ich gewohnt bin. Auch wenn die offensichtlichen Verbote für mich schon längst keine Rolle mehr spielen, sitzt noch einiges an „richtigem Benehmen" in meinem Körper. Der Fröhlichkeit und der Leichtigkeit, die ich tief in mir spüre, gelingt es nur selten, diesen Panzer aus antrainierten Verhaltensabläufen zu durchbrechen.

„Wo geht jetzt mein Weg weiter? Was kann ich dazu beitragen?", frage ich mich und als Antwort tauchen Erinnerungen an zwei Reisen auf. Reisen, die ich zu einer Zeit unternommen habe, in der ich noch sehr in mir selbst gefangen war. Reisen, die mich mit einer Maria in Kontakt brachten, die in der Lage war, sich frei und fröhlich treiben zu lassen. Ohne Krankheiten. Ohne Angst. Mit großer Freude am Leben.

Ich bin mit einer Freundin autostoppend durch Italien unterwegs. Wir sprechen beide Italienisch, haben einen groben Reiseplan und nehmen die Dinge so, wie sie kommen. Wir lassen uns von Einheimischen die schönsten Orte zeigen, nehmen Essenseinladungen an, sind zu Gast bei Familien und stellen neugierig Fragen über Land und Leute. Ich fühle mich wie ein Fisch im Wasser. Sicher in mir ruhend bin ich offen für die Schönheiten des Landes, für die Gespräche mit den Menschen und für die Geschenke, die wir erhalten.

Diese Erinnerungen machen mir bewusst, wer ich sein kann und wie leicht ich mich in Situationen zurechtfinde, die ein vernünftiger Verstand als „gefährlich" und „riskant" einstufen müsste. Und dass umgekehrt eine Situation, in der ich alles beachte, um maximal „sicher" zu sein, mich noch mehr einsperren kann, als ich ohnehin schon bin. So wie die Urlaube, die ich mit Mann und Kind – der Sicherheit wegen – in Viel-Sterne-Hotels verbracht habe. Damals hatte ich zunehmend das Gefühl, dass ich mich mit jedem Euro, den ich für eine Reise bezahlte, von dem wegbewegte, wonach ich mich sehnte. Und obwohl sich jedes Hotel mit seinen „extra auf mich abgestimmten Angeboten" darum bemühte, meine Wünsche zu erfüllen, entfernte ich mich immer weiter von Land und Leuten, von meiner Sehnsucht nach Freiheit und Hingabe und letztlich von mir selbst.

In mir wächst die Idee, alleine zu verreisen und mit Land und Leuten an mir fremden Orten in Kontakt zu kommen. Ganz offensichtlich braucht mich mein Sohn nicht mehr so wie früher, und mir fällt es sehr schwer, ihn aus dem gewohnten Alltag heraus so einfach gehen zu lassen. Ich mache mir einen Termin bei Greta aus und bitte sie, mich bei meiner Entscheidung, wohin die Reise gehen soll, zu unterstützen. „Ich brauche Ruhe. Ich will zu mir finden und ich will mich von dem befreien, was mich hindert, fröhlich zu sein. Ich will so weit weg wie nur möglich. In ein warmes Land, ans Meer", erzähle ich ihr und sie nennt mir Länder. Als sie „Thailand" sagt, klingelt es in mir. „O.k. Thailand. Passt!"

Es sind die Gedanken, die Angst machen

Drei Wochen „Urlaub". Es ist meine erste Reise nach Asien. Ich bereite so wenig wie nur möglich vor, um mich ganz auf das konzentrieren zu müssen, was aus dem Augenblick heraus entsteht. Hin- und Rückflug und vier Übernachtungen auf der Insel Ko Samui, die ich über ein thailändisches Reisebüro im Internet buche, sind die einzigen Sicherheiten, die ich mir gönne. Die Anreise klappt hervorragend. Am Nachmittag komme ich in einem komfortablen Holzbungalow eines kleinen Resorts an. Rücklings werfe ich mich auf das große Kingsize-Bett in der Mitte des Raumes und fühle mich wie eine Königin. „Alles für mich. Nur für mich!", denke ich und bin sehr zufrieden mit mir. Ruhe, Licht, Wärme, Grün, … und ein Tier. Ein riesiger Gecko beobachtet mich von einem Holzbalken aus. Mein kurzes Erschrecken macht mir bewusst, dass ich es tatsächlich gewagt habe, mich alleine einer fremden Umgebung auszusetzen.

Mein Körper fühlt sich wohl an diesem Ort. Er will sich im Bett und am Strand wälzen, Wärme tanken, von kundigen Händen massieren lassen und sich am Grün der Pflanzen satt sehen. Er will sich zeitlos fühlen und frei. Frei für diesen schönen Ort. Auch mein Verstand meint, dass es jetzt endlich losgehen könne mit der Entspannung. Was beide in diesem Augenblick nicht wissen (können), ist, dass für die genussvolle Hingabe (noch) zu viele Hindernisse da sind, in Form von Erinnerungen, in Form von Angst. Etwas drängt mich, weiterzugehen. Als ich mich frage: „Wohin?", antwortet das Etwas: „Such dir einen Ort mitten in der Natur, ohne Komfort!"

Ich checke in dem Luxusresort aus. Mit dem Rucksack am Rücken mache ich mich auf die Suche nach einem neuen Quartier. In einem Resort am Rande eines kleinen Ortes werde ich fündig. Einfache Holzhäuschen mitten im Grünen, weit verstreut. In der einfachsten der einfachen Kategorie ist noch eine Hütte direkt am Meer, abseits vom Rest, frei: ein Raum, ein Bett, ein Stuhl, ein Tisch. Alles aus Holz. Eine Dusche im Freien an der Hinterwand der Hütte, daneben eine einfache Toilette. Die Nähe zum Meer und die Stille inmitten von blühenden Pflanzen fühlen sich sehr gut an. Bei Tageslicht.

Bereits in der ersten Nacht beginnt sich für mich dieser Ort der Ruhe und der Schönheit in einen Ort der Einsamkeit und des Grauens zu verwandeln. Wo mich früher Bäume, Büsche, Blumen und Wasser mit der Welt verbunden haben, ist jetzt nur mehr eine schwarze Wand. Eine Wand, die zuerst meine Sinne und dann auch meine Gedanken von der Umwelt abschneidet. Während die Welt vom Schwarz der Nacht aufgesogen wird, werden meine Gedanken immer mehr, immer größer, immer dramatischer. Zeit und Raum ignorierend zerren sie mich in die Vergangenheit, an längst vergessen geglaubte Orte zu längst vergessen geglaubten Ereignissen. Nahtlos reißen sie mich von dort wieder weg und rasen mit mir in eine Zukunft aus Angst. Zwischendurch machen sie kurz Halt in der kleinen Hütte, um mir zu sagen, dass auch vor und in dieser Hütte Böses und Gefährliches lauert. In meinem Kopfkino jagt ein Film den anderen: Alte und betrunkene Männer starren gierig auf meinen Busen. Messer, Gewehrkugeln und andere Geschosse schwirren durch die Luft. Blutige Nasen, spuckende Münder und stinkender Atem mischen sich mit Angstschweiß. Schlägereien, Verfolgungen, Beschimpfungen und mitten drinnen ich. Voll von Angst.

Mitten im Paradies ergreift der Schrecken Besitz von meinem Körper und meinem Verstand und nimmt mich gefangen, fernab von Zeit und Raum. Alle Wahrnehmungskanäle sind weit offen. Das Knarren des Holzbodens, das Schaben an der Decke, das Flattern vor meinem Gesicht. Jedes Geräusch greift nach meinem Herzen, presst die Luft aus dem Körper und lässt ihn erstarren.

Während das Chaos in meinem Körper dabei ist, sich langsam, aber sicher in Wahnsinn zu verwandeln, versuche ich mit allen mir zur Verfügung stehenden Mitteln, die Kontrolle über diese Vorgänge zu bekommen. „Du bist doch Psychotherapeutin“, meldet sich eine Stimme mitten aus dem Durcheinander, „du musst dir doch zu helfen wissen. Denk nach!“ Ein, zwei Methoden tauchen auf. Beim Versuch, diese anzuwenden, werden sie sofort von Angstgedanken, untermalt von Bildern und Geräuschen, erstickt. Alles erscheint viel zu schwach, verglichen mit der mächtigen Angst, die mich in ihren Klauen hat. Allein meine Fähigkeit, mich zumindest zwischendurch auf eine BeobachterInnenebene begeben zu können oder mich daran zu erinnern, dass das hier ja nicht alles ist, nur ein Ausschnitt von etwas Größerem, bewahrt mich davor, „verrückt“ zu werden. Diese Fähigkeit ermöglicht es mir auch, mich bis zum Morgengrauen – oder besser: bis zum Morgenlicht – über Wasser zu halten. Mit den ersten Sonnenstrahlen falle ich in einen tiefen Schlaf.

„Überlebt!“, denke ich beim Erwachen. Gerne würde ich auch denken, dass ich die Monster der Nacht besiegt habe. Doch ich ahne, dass es nicht fertig ist. Nach einem kräftigen Frühstück lege ich mich in die Sonne. Mein Körper ist hungrig nach Wärme, meine Seele hungrig nach Licht. Ich weiß, dass ich den beiden eine Erholung gönnen muss, und ich weiß, dass wir das Energietanken für die nächste Nacht brauchen können. Während mein Körper die Sonnenstrahlen genießt, arbeitet mein Verstand auf Hochtouren: „Was ist los mit dir? Du bist doch nicht tausende von Kilometern gefahren, um dich zu quälen! Das hättest du zu Hause billiger haben können! Und diese Erinnerungen! Wo kommen die denn auf einmal her?“ Fragen, Vorwürfe und keine Antworten, keine Vorschläge. Nicht aus dem Kopf. Nur das Gefühl, dass es passt, wie's ist! Es reicht mir, um dranzubleiben.

Auch wenn mir mein Verstand keine Alternativen aufzeigen kann, so führen seine Aktivitäten doch zu einer sehr nützlichen Erkenntnis. Ich bin mir jetzt ganz sicher, dass sich die Dramen ausschließlich in mir abspielen. Über meine Gedanken, durch meine Erinnerungen. Im Laufe des Tages verankert sich dieses Wissen immer stärker und ermöglicht mir, das nächtliche Geschehen als Teil von etwas Größerem zu sehen. Das Größere nehme ich als „neutralen Raum“ wahr, der sich angenehm und weit anfühlt. In diesem Raum erscheinen mir die Dramen relativ klein und unbedeutend, und in mir wächst die Zuversicht, dass das Größere das Kleinere absorbieren kann und wird. Schlussendlich fühle ich mich etwas sicherer als am Tag zuvor. Die nächste Nacht kann kommen.

Und sie kommt. Und nicht alleine. In ihrem Reisegepäck befinden sich nach wie vor die Geister der vergangenen Nacht. Doch diesmal bin ich vorbereitet. Während die Bilder wieder durch mein Kopfkino jagen, halte ich mich an der Vorstellung des großen Raumes fest. Immer wieder, immer wieder. Die Filme sind dieselben wie in der letzten Nacht, doch ihre Kraft ist eine Spur kleiner, weil ich sie mit der Vorstellung „nur Gedanken“ ein wenig auf Abstand halten kann. Zusätzlich hilft mir das Vertrauen in eine Art Sinn. Ich nehme einfach an, dass diese Abläufe einem Zweck dienen. So wechsle ich in dieser Nacht zwischen mitspielen und zuschauen und ermögliche mir dadurch kleine Verschnaufpausen. Auch diese Nacht ist lang und auch diese Nacht geht vorüber. Der heißersehnte Sonnenaufgang stellt sich verlässlich ein. Geschafft!

Bei Tageslicht betrachtet erkenne ich kleine Unterschiede zwischen der ersten und der zweiten Nacht und bin sehr erleichtert. Blassere Bilder, kürzere Szenen, alles ein kleines bisschen weiter weg. Ich habe das Gefühl, das Ärgste hinter mir zu haben. Während des Tages ist mein Verstand wieder damit beschäftigt, zu verstehen. Er hat wohl verstanden, dass er sich jetzt anstrengen muss, um mir zu helfen, weil mich sein Hang zur Kritik jetzt in den Wahnsinn treiben könnte. Mit seinen Fragen nach dem Warum kommt er immer noch nicht recht weiter. Also versucht er es mit dem Sammeln von Beobachtungen: „Du lebst. Die Monster haben dich weder verrückt gemacht noch umgebracht. Wie es scheint, ist das auch nicht ihre Absicht. Aber was wollen sie dann? Gesehen werden? Gut. Hast du. Warum haben sie dich aber dann bitte an die Grenze des Gerade-noch-Aushaltbaren gebracht? Das waren doch nicht die. Die haben dich nicht an deine Grenzen bringen wollen. Denen ist es doch egal, ob du etwas aushältst oder nicht. Ja, wer denn dann? Wer hat dich dann so an deine Grenzen gebracht? Du vielleicht? Wolltest nicht du, dass sich etwas ändert? Nicht so? Haha! Hast du es dir schon jemals aussuchen können, WIE sich etwas verändert? Wenn ich mir das, was hier passiert, genau überlege, dann rennt eh alles bestens. Du hast doch immer Angst vor Dunkelheit und vor Vergewaltigung und vor Krieg gehabt. Erinnere dich! Und du hast dich ganz schön angestrengt, die Angst zu schlucken, zu vertuschen oder wegzuwischen. Wo glaubst du denn, dass das alles hingekommen ist? Hast du wirklich geglaubt, dass du die Angst damit hast wegmachen können? Sie war immer da und jetzt, wo du bereit dazu bist, sie anzunehmen, kommt sie hoch. Sie kommt hoch, damit du sie siehst und gehen lässt. Ja, heftig! Was du erlebt hast, war auch heftig! Höchste Zeit, dass du das siehst und annimmst. Du hast verdammt viel ausgehalten! Und lange Jahre warst du nicht in der Lage, das zu sehen. Es hätte dich umgehauen, verrückt gemacht. Viel Kraft hat es dich gekostet, die Monster in dir nicht zu wecken. Und sag, ist es nicht besser, dass die Angst stirbt statt du? O.k., o.k., war ja nur eine Frage! Du hast dich eh schon längst entschieden. Für dich! Fürs Leben! Oder?"

„Jetzt oder nie!" war wohl der Schlachtruf der uralten Ängste in mir, als sie mitbekommen haben, dass ich entschlossen bin, sie anzunehmen. Doch statt sich endlich satt in mir ausbreiten zu können, werden sie durchgelassen. Sie finden keinen Halt mehr in mir, weil ich mich nicht mit ihnen beschäftige. So fließen sie durch den Körper und werden von ihm ausgespült. Und ein großer Teil der „alten Maria" stirbt mit ihnen. Eine Maria, die, ohne es zu wissen, ihre Gedanken auf Angstvermeidung aufgebaut und sich damit erst recht an die Angst gebunden hatte.

Und während ich meinem Körper ein Sonnenbad gönne, beginne ich, immer deutlicher zu sehen, was los ist mit mir. So wie es „Dunkelheit" nur in Verbindung mit „Licht" gibt, so erscheinen mir jetzt auch die „Monster" in mir vor dem Hintergrund meines wahren Wesens. Die Dunkelheit der Nacht hat mir wie ein Spiegel mein Gebannt-nach-außen-Starren und meine Angst vor „der Welt" wiedergegeben. Das Licht des Tages hilft mir, eine heilsame Ordnung herzustellen. Während die Dunkelheit der Nacht bleibt, wird es in mir von Nacht zu Nacht heller. Das Licht, das sich in mir zunehmend ausdehnt, befreit die Dunkelheit aus den Höhlen meines Körpers und wandelt sie in Lebensenergie. Es hilft mir, die Verbindung zwischen meinen Gedanken, meinen Emotionen und meinem Verhalten zu sehen. Und es zeigt mir, dass ich nicht meine Gedanken bin und dass meine Innenwelt von derselben Qualität ist wie das Licht in dem weiten Raum um mich. So wandelt sich meine Selbstwahrnehmung laufend, und erleichtert und froh denke und spüre ich: „Ich bin auch Licht! Ich bin das Licht."

Oft kommt mir das Wort „Gehirnwäsche" in den Sinn. Der Prozess, den ich erlebe, hat etwas davon. Alte Gedanken werden ausgespült, verlassen meinen Verstand und meinen Körper, machen Platz für neue. Die ungewohnte Umgebung ist ideal dafür. Sie lässt nicht zu, dass ich mich an Gewohntem festhalte.

Für diesen neutralen Raum bin ich bis ans Ende der Welt gefahren. Körperlich und seelisch. Jetzt bin ich mir ganz sicher, dass „nur“ meine Gedanken Angst erzeugen und dass ich wählen kann und auch sollte, was ich denken will. So wie in der Nacht. Statt angstvolle Gedanken festzuhalten und mit ihnen verrückt zu werden, habe ich sie ziehen lassen und mich somit für den Wandel entschieden.

Nach der vierten Nacht in meiner Holzhütte erwache ich mit dem Gedanken: „Fertig!“ Der Kopf ist leer, das Herz leicht. Der Körper liegt erschöpft und entspannt auf der Matratze. Beim Betreten der kleinen Terrasse staune ich über eine vollkommen neue Welt: grüne Palmen, roter Hibiskus, weiße Orchideen, blauer Himmel, wohlriechender Frangipani, Lotosblüten, wärmende Sonnenstrahlen, Meeresrauschen, Vogelgezwitscher. Ich höre, rieche, schaue, spüre. Ich bin frei! Ich bin da. Ich bin hungrig.

Während ich mein Gewand für den Besuch des Restaurants wähle, entsteht ein komisches Gefühl in mir. Ungelenk, steif, schüchtern. Die Vorstellung, mich unter Menschen zu begeben, verunsichert mich. „Wie redet man? Was sagt man? Wie nehme ich Kontakt auf? Was, wenn mir nichts Gescheites einfällt?“, denke ich und Beklemmung macht sich breit in mir. Wäre nur nicht der Hunger so groß, würde ich mich wieder ins Bett legen. „Aus, Schluss, basta!“, sagt mein Verstand, dem mein Zögern auf die Nerven geht und der zunehmend bereit ist, meinen neuen Weg zu unterstützen: „Jetzt reicht`s aber! Wenn du dich noch mehr hineinsteigerst, kommst du gar nicht mehr heraus! Reiß dich zusammen und geh!“ Gehen, o.k. „Aber was kann ich tun, um nicht mitten unter den Menschen vor Einsamkeit und Scham zu vergehen?“, frage ich. „Alles, was du willst!“, antwortet es aus mir, „du bist frei.“ „Ja genau“, sagt mein Verstand, „du gehst ins Lokal. Wird es dir komisch, gehst du zu einer Person, die alleine an einem Tisch sitzt, und sagst: ‚Please talk to me before I go crazy!‘“

Ich gehe. Im Lokal setze ich mich an einen freien Tisch und sehe rund um mich nur Paare. Während ich länger als notwendig in der Speisekarte lese, um damit ‚ich habe eh was zu tun‘ zu signalisieren, betritt ein junger Mann das Lokal. Er schaut sich kurz um und stürzt dann direkt auf mich zu: „May I join you? I need to talk to someone. “ Der junge Mann ist Australier und hat sich – wie ich – diese Reise verordnet. Er will sich mit Hilfe dieser Reise von seinem Drogenkonsum befreien. Parallel zu mir hat er ein paar Hütten weiter mit seinen Dämonen gekämpft. Bis zum Ende meines „Urlaubs“ unterstützen wir uns gegenseitig, indem wir wie Kinder neu gehen lernen in einer Welt, die sich durch den Prozess in uns laufend wandelt.

Tage später nehme ich an einem Tagesausflug auf eine benachbarte Insel teil. Ein Kleinbus sammelt die Ausflügler ein. Bei einer der Haltestellen steigt ein junger Engländer ein. Er hat sichtlich eine durchzechte Nacht hinter sich und der Restalkohol hindert ihn auch jetzt noch daran, sein Verhalten zu koordinieren. Zu meinem großen Erstaunen sehe ich, wie für ihn trotz alledem alles wie am Schnürchen läuft: Der Fahrer des Kleinbusses wartet, bis die Zimmervermieterin den Gast und seinen Tramperrucksack im Auto untergebracht hat. Beim Aussteigen aus dem Bus reicht ihm der eine die Hand und wieder andere nehmen sein Gepäck. Am Boot weist man ihm einen schönen Platz zu. Bei der Ankunft auf der Insel achten alle Reisenden darauf, dass der junge Mann mit seinem Gepäck gut in seinem neuen Quartier ankommt. Ich bin tief beeindruckt davon, was alles möglich wird, wenn man die Kontrolle abgibt. Bis jetzt habe ich es als fix angenommen, dass ohne mein ständiges Auf-mich-Aufpassen und dem Alles-selber-machen-Wollen nur Nachteiliges für mich oder schlicht und einfach nichts geschieht.

Auf der Heimreise verbringe ich noch ein paar Tage in Bangkok. Vom Flughafen zum Hotel nehme ich ein Taxi und bekomme eine Gelegenheit geboten, die mir zeigt, wie sehr ich schon von Angst befreit bin. Als ich in das Taxi steige und dem Fahrer die Adresse angebe, sehe ich, wie er nachdenkt und mit seinem Taxameter spielt. „Er scheint zu überlegen, ob und wie er mich übers Ohr hauen könnte", denke ich mir und bleibe entspannt. Als er mir dann in gebrochenem Englisch und mit unruhigem Blick etwas von einem Unfall und der Notwendigkeit, einen großen Umweg machen zu müssen, erzählt, schaue ich ihm in die Augen und sage, dass er das Lügen bleiben lassen und mich auf dem schnellsten Weg zu meinem Hotel bringen soll. Mit einem Mal hören seine fahrigen Bewegungen auf und er schaut mich zum ersten Mal direkt an. „O.k.", sagt er und fährt mich zu meinem Hotel.

Zurück in Österreich fühle ich mich wie neu. Viel Gewicht, das ich vorher gar nicht gespürt habe, ist von mir abgefallen. Alles scheint einfacher zu sein, selbstverständlicher. Mein Verstand hat einiges dazugelernt und spielt mit neuen Perspektiven. Der Körper ist erleichtert. Alles ist gut und ich ahne, dass das erst der erste Schritt war, um die Angst in mir für immer aufzulösen.

Ich bin der Wandel

Wie immer, so folge ich auch jetzt dem nächsten Impuls. Oft ist dieser die Resonanz auf ein Angebot, zum Beispiel in Form von Gedanken und Gefühlen wie „Jö! Das klingt gut. Das will ich!“. Greta erzählt mir, dass sie gemeinsam mit einem Kollegen ein Seminar auf Paros ausgeschrieben habe. Ich melde mich an. In den letzten zehn Jahren habe ich zwar selbst sehr viele Gruppen und Seminare geleitet, teilgenommen habe ich jedoch kaum, und ein Seminar nur für mich selbst habe ich wohl überhaupt noch nie besucht. Auch wenn ich keinerlei Vorstellung davon habe, was mich bei diesem Seminar erwartet, weiß ich, dass ich damit den nächsten großen Schritt gehen werde. Weil ich es so will.

Was ich nicht weiß, ist, wie grundlegend sich mein Leben nach diesem Seminar verändern wird. Mittlerweile ist mir bewusst, dass Erfahrungen nicht nur in Form von Gedanken gespeichert sind und Angst auslösen können, sondern auch, indem sie sich im Körper einnisten. Auch er scheint ein Gedächtnis zu haben, aus dem Reaktionen hervorgehen. Noch bevor ich zum Beispiel weiß, dass mich etwas erschreckt hat, ist mein Körper schon stocksteif und die Muskeln beginnen zu schmerzen. Das geschieht so schnell, dass ich es nicht kontrollieren kann. Daher kann ich auch nicht sagen, wie viel Angst in Form von eingespeicherten Erinnerungen noch in meinem Körper sitzt. Was ich sagen kann, ist, dass ich frei sein will von ihr und dass ich will, dass diese Schreck-Reaktionen nicht mehr stattfinden. Es ist möglich. Das weiß ich. Nur das Wie liegt wie immer nicht in meiner Hand.

Bei Erfahrungen wie diesen blende ich absichtlich mein Wissen über den Körper aus, um den Wandel aus mir heraus erfahren zu können, mit den mir zur Verfügung stehenden Möglichkeiten und Zugängen. Ich will eigene Worte dafür finden, was ich wahrnehme, damit ich an mir dranbleiben und meinen Weg gehen kann, ursprünglich und schöpferisch.

Gemeinsam mit Elisabeth, mit der ich zu Beginn meines Studiums die ersten Befreiungsschritte erlebt habe, fahre ich zum Seminar auf der Insel Paros. Es ist September 2001. Ich bin sehr aufgeregt und neugierig. Ich habe gelesen, dass sie auch mit „Aufstellungen“ arbeiten werden. Das beruhigt mich. Diese Methode ist mir vertraut. Mit Gruppen kenne ich mich aus. Auch das beruhigt mich. Wie immer verschaffe ich mir schnell einen Überblick, ordne die

Teilnehmenden ein in „interessant“ und „uninteressant“. Mir selbst gebe ich insgeheim eine Position in Leitungsnähe. Ich wähle den besten Platz im Raum und lasse mich selbstbewusst nieder. Ich habe den Überblick. Alles Roger. Es kann losgehen.

Eine der ersten Übungen ist eine „Körperaufstellung“ mit den Positionen „Ich“, „Verstand“ und „Höheres Selbst“. Wir sollen diese Übung mit uns selbst machen. Zuerst legen wir am Boden mit Hilfe von Zetteln den Platz für jede Position fest. Dann schlüpfen wir der Reihe nach in die jeweilige Position, nehmen ihre Perspektive ein und lassen die Gedanken und Gefühle, die auftauchen, auf uns einwirken.

Ich beginne, indem ich in die Position des Ich schlüpfe. Aus dieser Perspektive sehe ich einen Verstand (meinen Verstand), der groß und mächtig hinter dem Höheren Selbst steht. Das fühlt sich sehr vertraut an. Dann begebe ich mich in die Position des Verstandes und fühle mich pudelwohl. Wow! So viel Überblick. So mächtig! Einzig die Position des „Höheren Selbst“ stört mich aus dieser Perspektive ein wenig, aber sonst passt alles wunderbar. Als ich in die Position des Höheren Selbst schlüpfe, denke ich mir: „Wieso stehe ich hier? Wer ist das über mir? Der Verstand? Der steht ja auf meinem Platz!“

Die nächste Aufgabe, alle Positionen so zu stellen, dass es ihnen miteinander gutgeht, löst einen Erdrutsch in mir aus. Das „Höhere Selbst“ will in eine freie Position mit Überblick. Das „Ich“ will den „Verstand“ an seiner Seite haben, auf Augenhöhe und zur Unterstützung. Der „Verstand“ überlässt dem „Höheren Selbst“ nur sehr ungern den Überblick. Als endlich alle drei so stehen, dass sie mehr oder weniger damit zufrieden sind, wird mir bewusst, wie neu und ungewohnt sich diese Ordnung anfühlt.

Und ich ahne bereits, was mir diese Woche bevorsteht. Radikales Umgestalten. Ich will das, auch wenn mein Verstand alle Reserven mobilisiert, um seine Macht zu verteidigen. Er ist doch der Chef und er will es auch bleiben: „Versteht denn hier niemand, wie wichtig ich bin? Ich hab‘ immer hart für Maria gearbeitet. Hab‘ auf sie aufgepasst, sie beschützt und beraten. Und jetzt taucht ein „Höheres Selbst“ auf und macht sich wichtig. Wo, bitte wo, war dieses Höhere Irgendwas in all den Jahren, als sich die Maria mit mir hat durchkämpfen müssen? Wo? Jetzt taucht es auf einmal auf und will sich in das gemachte Bett legen. Nicht mit mir!“

Viel schlechter noch als dem Verstand ergeht es dem Körper. Alle Zellen sind in Alarmbereitschaft: „Aufpassen! Gefahr! Was ist los da draußen? Sie setzen den Chef ab? Es soll einen neuen geben? Höheres was? Wo kommt der her? Jetzt, wo wir uns an den Alten gewöhnt haben, wo wir uns endlich zusammengerauft haben? Jetzt soll er abgesetzt werden? Was machen wir mit seinen Aufträgen? Mit der laufenden Produktion?" Der Körper ist vollkommen aus dem Häuschen und aktiviert das Abwehrsystem: „Muskeln versteifen! Herztätigkeit beschleunigen! Atmung verflachen! Magensäureproduktion erhöhen! Schlaf einstellen!"

Wäre ich nicht in einem Seminar und wäre mir nicht bewusst, dass ich mich für diesen Prozess entschieden habe, würde ich annehmen, dass ich sterbe. So stark sind die körperlichen Schmerzen. So tief ist das Loch, in das ich falle. Alles um mich herum verblasst. Ich kann nicht mehr beobachten, nehme die Menschen um mich nur schemenhaft wahr. Mitten im Körper tobt ein Feuer. Der ganze Körper ist davon erfasst. Greta hat alle Hände voll zu tun mit mir. Und auch Elisabeth. Sie ist da und schaut auf mich. Das tut mir gut.

Zunehmend wundere ich mich, dass trotz großer Verwirrung und starker Schmerzen keine Angst vor dem, was sich in meinem Körper tut, auftaucht. Ich habe mich offensichtlich – wie schon in den Nächten auf Thailand – in die Obhut von etwas Größerem begeben. „Das kann nur dieser neutrale, weite Raum sein, den ich in Thailand wahrgenommen habe!", denke ich mir, auch wenn ich ihn hier nicht sehen kann. Und die Hilfe, die ich von Greta, ihrem Kollegen und von Elisabeth bekomme, der Rahmen des Seminares und das Gefühl, dass alles wunschgemäß geschehen wird, ist von derselben Qualität wie dieser neutrale Raum, in dem alle Schmerzen verblassen und sich wandeln können.

In diesem Zustand komme ich am vierten Tag beim Aufenthaltsraum des Hotels vorbei und sehe auf einem großen Fernsehbildschirm ein Flugzeug in ein Hochhaus fliegen. Immer wieder. Immer wieder. Vor dem Bildschirm sitzt eine Menge Leute. Es herrscht Totenstille. Ich brauche lange, bis ich begreife, dass es sich bei dieser Szene nicht um einen Ausschnitt aus einem Actionfilm handelt. Dann kommt irgendwann das gesamte Ausmaß dieses schrecklichen Ereignisses in mir an. Das ist der New Yorker „Twintower". Das ist ein Terroranschlag. Und die Bilder kommen aus der wirklichen Wirklichkeit. Da begreife ich, dass angesichts dieser Tragödie gerade ein Wunder geschieht. Für mich. Ich sehe etwas, vor dem ich mich immer am meisten gefürchtet habe: ein Ereignis, das in der Lage ist, den lange angekündigten 3.Weltkrieg auszulösen.

Noch Monate zuvor hätte mich eine Beobachtung in der Dimension von „das Böse ist immer und überall“ vor Angst gelähmt. Während ich noch immer auf die Leinwand starre, auf der das Flugzeug wieder und wieder in das Hochhaus fliegt, formt sich ein Gedanke in mir: „Du hast keine Angst! Du schaust da zu und hast keine Angst!“ Während ich Zeugin eines der unvorstellbarsten Gewaltakte der Gegenwart bin, durchfließt mich tiefe Dankbarkeit für mein befreites Dasein. Zum ersten Mal in meinem Leben begegne ich der Gewalt mit tiefer Ruhe. Ich weiß jetzt, dass ich bei etwas angekommen bin, was stärker und kraftvoller ist als jedes äußere Ereignis. Stärker und kraftvoller als meine Gedanken und wesentlicher als die Vorgänge in meinem Körper. Der neutrale Raum scheint in der Lage zu sein, auch die größten Katastrophen in eine neutrale, fließende Energie umzuwandeln.

Greta hat mir vor diesem Seminar einmal gesagt, dass einige Menschen sich entschieden hätten, im selben Körper neu geboren zu werden, diese wollten ihn nicht sterben lassen, um ein neues Leben beginnen zu können. Und jetzt begreife ich, was sie damit sagen wollte, und denke mir: „Ich bin so jemand. Das, was hier mit mir geschieht, ist wie Sterben.“

Tags darauf schwimme ich ins Meer hinaus, lege mich auf die Wellen und lasse mich von ihnen tragen. Mein Körper ist leicht und fließend, mein Geist ist frei und ich bin zum ersten Mal in meinem Leben vollkommen eins mit der Natur. Ein einziger Gedanke – „Ich bin das Wasser, ich bin der Ozean, ich bin das All-eins-Sein.“ – begleitet mich und fügt sich nahtlos in den Genuss des Augenblicks. Grenzenlos wohlfühlend und leicht erlebe ich mich als Teil eines neutralen, lichtvollen und unendlichen Raums und zugleich bin ich der Raum selbst. Genuss pur.

Heilung geschieht

Ein Jahr nach dem Seminar auf Paros schreibt Greta mit demselben Kollegen ein Seminar in die Tunesische Wüste aus. Nie im Leben wäre ich von alleine auf die Idee gekommen, in die Wüste zu reisen. Was sollte ich dort? Keine Pflanzen, keine Tiere, kein Meer und vor allem keine Menschen. Dann lese ich die Ausschreibung und höre dieses „Jööö…!“ in mir. Ohne nachzudenken, melde ich mich an.

Die erste Woche des Seminars findet in einem Hotel auf der Insel Djerba statt. Mittlerweile fühle ich mich wohl mit dieser „Arbeit“, in der die Aufmerksamkeit auf die Wünsche und auf das, wer wir sein wollen, gelenkt wird und nicht auf die Aufarbeitung von „Problemen“ und das Finden von „Lösungen“. Das, was mich schon viele Jahre theoretisch fasziniert hat, übe ich jetzt praktisch. Ich gestalte mein Leben und kreiere die Wirklichkeit, die ich haben will. Dabei dient mir ganz besonders eine Art „Grundformel“ – ich bitte darum, ich danke dafür und es geschieht – und die Ausrichtung auf das „Ich will. Ich kann. Ich tue.“

So kommt es immer öfter zu überraschenden Erfahrungen für mich. Bei diesem Seminar zum Beispiel. In einer Morgenrunde spreche ich darüber, dass ich gerne tun möchte, wonach es mir gerade ist. „Sing!“, meint Greta. „Singen? Das kann ich nicht! Das hat schon meine Mutter gesagt!“, antworte ich erschrocken. „Probier‘ es einfach und sing!“, wiederholt Greta ihre Einladung. In meinem Kopf rauscht es und mein Herz pocht laut. „Mach das nicht!“, sagt mein Verstand, „du wirst dich blamieren!“ „Augen zu und durch!“, höre ich die vertraute Stimme aus dem Off. Ich hole tief Luft, öffne meinen Mund und aus mir tönt laut und kraftvoll „Sebben che siamo donne paura non abbiamo…“ (Obwohl wir Frauen sind, haben wir keine Angst…), ein italienisches Freiheitslied. Nicht nur ich bin baff, auch die restlichen TeilnehmerInnen staunen. In der Pause spricht mich eine Frau darauf an und meint: „So wie du nach Gretas Einladung dreingeschaut hast, war ich mir sicher, dass du – wenn überhaupt – ‚Hänschen klein‘ singen wirst.“

Nach dieser Woche starten wir unsere Treckingtour in die Sahara. Schon als ich die Wüste betrete, spüre ich ihre Kraft und bin überwältigt. Wir marschieren stundenlang oder reiten auf Kamelen und nachts schlafen wir in Schlafsäcken unter freiem Himmel. Bereits in der ersten Nacht unter einem Himmel, wie ich ihn noch nie zuvor gesehen habe, werde ich von einer kraftvollen Energie, der mein Körper direkt ausgesetzt ist, durchgeputzt. Wie auf einem Fließband werden mir meine Albträume serviert. Einer nach dem anderen taucht aus den Tiefen meines Unterbewusstseins auf. Und erstaunlicherweise enden sie diesmal nicht dort, wo sie sonst immer geendet haben: an den Stellen, an denen die Gefahr auf ihrem Höhepunkt ist und der Traum aus Angst vor den Folgen abgebrochen wird. Diesmal träume ich jeden Traum bis an sein Ende.

In einem stehe ich zum Beispiel im Schalterraum einer Bank, die plötzlich überfallen wird. Ein Mann mit einer Pistole im Anschlag droht, mich und die anderen Kundinnen zu erschießen, wenn wir nicht tun, was er von uns verlangt. Die anderen werfen sich auf den Boden, nur ich bleibe stehen. Er stellt sich vor mich hin, hält mir die Pistole auf die Brust und starrt mir in die Augen. Ich denke: „Wenn ich mich konzentriere und mich sehr anstrenge, kann ich ihn davon abhalten, mir und den anderen Gewalt anzutun." Ich spüre die Schwere dieser Aufgabe. „Ich will das nicht! Das ist mir viel zu anstrengend", denke ich und sage: „Schieß!" Er drückt ab. Kein Schmerz. Keine Katastrophe. Nur unendliche Erleichterung. Ein tiefes Gefühl der Erlösung durchströmt meinen Körper und er wird zu fließender Energie.

Am nächsten Morgen ist mein Körper ganz leicht. Mir scheint, als ob er Flügel hätte. „Ich bin frei!", denke ich und bin der Nacht und diesem Ort zutiefst dankbar. Keiner dieser Albträume wird jemals wieder auftauchen. Ich habe zum ersten Mal eine Kostprobe von dem bekommen, was „Energie", dieses formlose Etwas unendlicher Möglichkeiten, sein kann und – möglicherweise – ist. Die Wüste erscheint mir jetzt wie die irdische Version des neutralen Raumes, der mir bereits seit Thailand sehr vertraut ist.

Den Rest dieser Woche verbringe ich weinend. Ein Weinen, das guttut und kein Thema hat. Kaum öffne ich am Morgen die Augen und sehe die unendliche Weite, beginnen die Tränen zu fließen. Unaufhaltsam. Ich weine auf dem Rücken des Kamels, ich weine beim Wandern über die Dünen, ich weine beim Tanzen um das Lagerfeuer. Die Welt verbirgt sich hinter einem nassen, grauen Schleier. Beim Nach-Hause-Fliegen übernehmen Mitreisende mein Gepäck und führen mich an meinen Platz. Erst zu Hause, bei meiner Familie, versiegt dieser Strom. Wochenlang taucht er immer dann noch auf, wenn mich jemand anschaut und aufrichtig wissen will, wie es mir geht. Und dann ist eines Tages alles durch und ich fühle mich wie neugeboren.

Und wieder einmal staune ich: Ich muss nur wählen, der Rest geschieht von alleine. Indem ich mich der neutralen Weite, in der ich keine Absicht sehe, öffne, versetzt sich mein Körper von selbst in einen Zustand, der sein natürlicher zu sein scheint und in dem er mir am besten dienen kann. Erinnerungen werden von alleine ausgeschwemmt, Blockaden gelöst. Damit das passieren kann, brauche ich über kein Thema mehr nachzudenken und schon gar nicht Probleme zu wälzen. Ich muss die Blockade nicht kennen, muss sie nicht einmal so nennen. Je weniger ich zu wissen glaube und je weniger Aufmerksamkeit ich zu einer

Wahrnehmung gebe, umso schneller kommt die Energie wieder ins Fließen, Heilung geschieht und mir geht es (wieder) gut.

Ich bin noch nicht fertig mit der Wüste und sie nicht mit mir. Bereits ein halbes Jahr nach dieser ersten Reise fahre ich alleine wieder hin. Ich habe Kontakt mit einem der Wüstenführer und seiner Familie aufgenommen und bin ihr Gast. Eines Nachts finde ich mich inmitten von festlich gekleideten Frauen wieder, die mit mir über eine Sandpiste auf einen vollen Mond zumarschieren. Wir sind unterwegs zu einem Konzert. Am Vortag wurde ich von den Frauen mit Henna-Tattoos geschmückt und mit wehenden Tüchern ausgestattet. Während ich beim Gehen jede einzelne Muskelzelle spüre und mich ein wohliges Gefühl durchrieselt, schüttelt mein Verstand ungläubig meinen Kopf: „Ich kann es nicht glauben! Was machst du da? Gehst einfach so dahin unter fremden Menschen in einer fremden Kultur mitten in der Nacht und denkst dir nichts dabei."

In den beiden darauffolgenden Jahren veranstalte ich zwei Reisen in die Wüste als Seminarleiterin. Und jedes Mal, wenn ich in die Weite und die Leere der Landschaft eintauche, fühle ich mich ganz zu Hause. Bei mir. Das Vertrauen und die Hingabe, die ich bei meinen Wüstenreisen entwickeln kann, sind wie Vorboten des Vertrauens und der Hingabe an das Leben. An mein Leben. Das „Es geschieht. Ich bin geführt. Alles ist gut." hat für immer Einzug in mein Leben gehalten. Und in meinen Verstand, der sich zunehmend mit meinem Herzen verbindet.

Es braucht Mut, mich selbst zu zeigen

Ohne dass es mir bewusst ist, führt die Angst auch Regie bei einer Frage, die mich schon Jahrzehnte begleitet: „Warum fällt es mir so schwer, mein Potential zu entfalten und zu tun, was ich tun will?" Ich wünsche mir, etwas zu tun, das in die Kategorie „reine Freude" fällt. Ich will es so und ich kann es auch. Doch kurz bevor es dann so weit ist und es um das Tun geht, kommt etwas dazwischen. Irgendwer braucht Hilfe, irgendwo gibt es einen Notfall. Braucht keiner Hilfe, gibt es keinen Notfall, entdecke ich plötzlich, dass der Hund hinkt oder dass die Katze viel zu dünn ist. Sind auch die beiden nicht verfügbar, finde ich sicher etwas an mir, um das ich mich dringend kümmern muss. In jedem dieser

Fälle gibt es ein Ergebnis: Ich kann unmöglich an dem Freudigen weitermachen, das ich mir vorgenommen habe.

Nach meinen Erfahrungen in Thailand, auf Paros und in der Wüste beginnt sich jetzt auch in diesem Bereich etwas zu bewegen. Beim Lesen einer Biografie über Peter Handke, der in der Nähe meines Heimatortes aufgewachsen ist, geht es mir so schlecht, dass ich nicht mehr weiterlesen kann. „Ich kann und will über das gewaltvolle Umgehen mit dem slowenischen Volk, über die Naziverbrechen und über die Blut- und Bodengeschichten aus meiner Heimat nichts mehr hören und lesen!", denke ich mir. „Ich will, dass die Freude das Leben der Menschen bestimmt, die Freiheit und die Liebe!" Doch die Frage, warum mich dieser Inhalt noch derartig berühren kann, wo ich doch der Meinung bin, dass ich das alles bereits hinter mir habe, lässt mich nicht los.

Zusätzlich taucht auch noch der Verdacht in mir auf, dass ich die Gräuel des Krieges verdrängt haben könnte, um mich mit einer billig erkauften Leichtigkeit über Wasser halten zu können. Ich erzähle Paul und unserem Sohn von meinem Dilemma, weil ich herauskommen will aus diesen Gedanken. „Verdrängen kannst du nur etwas, das du erlebt hast", antwortet Paul. „Und warum habe ich dann trotzdem ein schlechtes Gewissen, wenn ich fröhlich bin, während es in der Welt so viel Leid gibt?", frage ich weiter und unser Sohn antwortet: „Weil du dich an eine Regel hältst? Weil du dir die Freude leidvoll verdienen musst? Weil du zuerst etwas leisten musst, um ein Recht auf Leichtigkeit zu haben?" „Da ist was dran!", antworte ich, „in diesen Aussagen steckt der Schlüssel für die Lösung meines Rätsels." Meine Aufmerksamkeit richtet sich jetzt auf die Geschichte meiner Herkunftsfamilie. Jetzt, wo ich mir sicher bin, dass das Gebot, mich selbst zurückzuhalten und nicht „unangenehm aufzufallen", nicht ursprünglich aus mir kommt, fühle ich mich frei, genauer hinzuschauen.

„Wo kommt dieses Gebot denn dann her?", frage ich mich und achte darauf, welche Erinnerungen auftauchen. Meine Erinnerungen führen mich geradewegs zu meinen Großeltern, in die Zeit vor und während des Zweiten Weltkrieges. Und sie offenbaren mir, dass das Schweigen in meiner Herkunftsfamilie nicht – wie immer angenommen – ein neutrales, selbstgewähltes Verhalten war, das ihren Persönlichkeiten entsprach. Es war vielmehr ein Verschweigen und ein Stillhalten, eine Reaktion auf die Erfahrungen im Krieg und die Zeit danach. Obwohl mir aus Büchern und Filmen bekannt ist, dass das Schweigen eine Bewältigungsstrategie war, die viele Menschen wählten, um nach dem Krieg mit dem Leben wieder zurechtzukommen, bin ich nie auf die Idee gekommen, dass auch meine Großeltern diese Strategie gewählt haben könnten. Eine Strategie, an die sich auch mein Vater hielt, wenn er jede Antwort auf Fragen nach seiner Kindheit und Jugend strikt verweigerte. Bis auf ganz wenige Geschichten, die er erzählte, erfuhr ich nichts über seine Kindheit, seine Jugendzeit und sein Elternhaus. Entlockte ich ihm dann doch einen Satz zu einer Frage, erschrak er, wenn er sich selbst antworten hörte, und brach die Erzählung sofort wieder ab.

Der Vater meines Vaters war Soldat im ersten Weltkrieg und kämpfte anschließend auf Seiten der „Deutsch-Österreicher" im sogenannten „Kärntner Abwehrkampf" gegen Serben, Kroaten und Slowenen für den Verbleib Kärntens bei der – 1919 im Vertrag von Saint-Germain festgelegten – „Republik Österreich". Nach dem Zweiten Weltkrieg war er lange Jahre Ortsgruppenstellvertreter beim Kärntner Abwehrkämpferbund. Der Ortgruppenleiter, den er vertrat, war während des Krieges Ortsgruppenführer in der Nationalsozialistischen Partei für den Teil des Tales, in dem meine Familie lebte.

Meine Oma, seine Frau, erzählte, dass sie im Krieg „eine Respektsperson" gewesen sei. Sie hätte alle Bewohner des Ortes „kontrollieren müssen" und sei „regelmäßig kassieren gegangen", in Begleitung ihres Schäferhundes, denn „man wusste ja nie, wozu diese Menschen im Ort fähig waren." Bei so einer Gelegenheit soll der Hund einmal ein Stück Fleisch vom Tisch einer Nachbarin gestohlen haben. Als sich die Besitzerin bei meiner Großmutter beklagte, dass sie und ihre Familie jetzt lange kein Fleisch mehr essen könnten, weil dies die gesamte zugeteilte Ration gewesen sei, soll meine Großmutter, eine reiche Bäuerin, geantwortet haben: „Ja, vergönnen Sie dem armen Hund doch auch einmal etwas Gutes!"

Es gab also mehr als einen guten Grund für das Schweigen in meiner Familie. Und mehr als einen guten Grund, Angst davor zu haben, zu sagen, was man denkt, wie man sich fühlt und was man am liebsten tun würde. Jetzt kommen auch noch andere Erinnerungen hoch: Die Träume von Tod und Gewalt, die ich immer hatte, wenn ich im Haus meiner Großeltern geschlafen habe. Die Erzählungen meiner Oma, die ausschließlich davon handelten, dass niemand seinem Schicksal entrinnen könne und dass hinter jedem freudvollen Ereignis eine Katastrophe lauere.

Auch wenn das, was ich herausfinde, nur ein kleiner Teil der Wahrheit ist, brauche ich keine weiteren Beweise, um zu wissen, wo meine angstvolle Zurückhaltung herkommt. Ich spüre, dass es diese Atmosphäre ist, die mich gehalten hat und die in mir den Krieg und somit die Vorstellung, dass es ums Überleben geht, hat weiterleben lassen. Und wenn es ums Überleben geht, dann ist da kein Raum, sich zu entfalten und sich in Sicherheit zu wiegen. Es gibt dann nicht das Gefühl, angenommen zu sein und in Ordnung zu sein, so wie man ist. Man will dann auch nicht zeigen, wie man sich fühlt und was man denkt. Als mir das alles bewusst wird, kann ich die Angst davor, so zu sein, wie ich wirklich bin, und das zu tun, was mir Freude macht, wieder dorthin zurückgeben, wo es hergekommen ist, und mein schlechtes Gewissen loslassen.

Es gibt MICH. Unglaublich!

Im Frühjahr 2002 fahre ich alleine auf die Insel La Gomera. Ich arbeite mich gerade durch das Buch von Julia Cameron „Der Weg des Künstlers" und genieße die Übungen, die mich dabei begleiten, meine Kreativität zu entfalten. Ich wohne in einem Appartement mit Blick aufs Meer. Es fällt mir schwer, Kontakt mit den Menschen auf der Insel aufzunehmen. Ich fühle mich klein, schwach und uninteressant und wundere mich sehr darüber. Mich so auf mich zurückgeworfen zu erleben, ist mir fremd. Um dem inneren Gefängnis zu entgehen, in dem das Denken immer größeren Raum einnimmt, beginne ich zu wandern. Mich in der Natur zu bewegen, freiwillig und ohne ein Ziel vor Augen, ist für mich vollkommen neu. Ich gehe sonst nur, wenn ich unbedingt muss. Umso erstaunter bin ich, als ich bemerke, dass mir das Gehen gefällt und mich die Natur zu faszinieren beginnt.

Wenn ich nicht wandere, sitze ich am Balkon mit Blick aufs Meer und lese mit Hingabe im mitgebrachten Buch. Mit einem Mal kommt eine unbändige Lust in mir hoch, zu malen. Grüne, rote, blaue, gelbe, violette und türkise Streifen, Kugeln, Blitze, Wellen ziehen durch mich hindurch und wollen auf Papier gebracht werden. Sofort mache ich mich auf in das einzige Papierfachgeschäft des Küstenortes und kaufe alles auf, was es dort an Malmaterialien gibt: Temperafarben, Wasserfarben, Buntstifte, Zeichenblöcke.

Zurück im Appartement beginne ich, ein Blatt nach dem anderen zu füllen. In den unterschiedlichsten Farben und Größen kombiniere ich Kreise, Rechtecke, Spiralen und diverse andere Formen miteinander. Die Bilder sprudeln nur so heraus aus mir. Wie wenn sie schon seit Ewigkeiten in Reih und Glied gestanden und nur auf diesen einen Moment gewartet hätten. Unglaublich! Ich kann gar nicht mehr aufhören.

Dann nehme ich die Bilder von den Wänden, die zum Appartement gehören, und tapeziere sie mit meinen Werken. Als ich schließlich mitten im Raum sitze und die Wände mit meinen Bildern betrachte, bin ich tief berührt und genieße mit einer nie dagewesenen Zufriedenheit das Ergebnis. Ich kann es nicht fassen, dass ich das alles gemacht habe. „Das bin ich“, denke ich und spüre die Buntheit und die Formen in mir und die satte Weite, sie sie auslösen. Jahre danach werde ich dieses Gefühl, in dem ich mich so wundervoll aufgehoben und angenommen fühle, „Liebe“ nennen. Das, was mir aus den Bildern entgegenkommt, ist voller Kraft, voller Freude, voller Ideen. Lebenskraft in Form gegossen, sichtbares Potential, Maria pur!

Alles, was ich bis dahin gemacht habe, ist den Weg über das Denken gegangen. Und jetzt kommt mit einem Mal etwas aus mir, das direkt über meine Hände in eine Form fließt und eins zu eins dem entspricht, was in mir ist , ohne den Weg über den Kopf zu nehmen, ohne einen Filter zu brauchen. Die Kraft dieser Produkte und meine Freude sagen mir: „Ich will mehr davon. Viel, viel mehr! Am liebsten möchte ich nur aus dieser Quelle heraus leben!“ Mit diesem Wunsch verlasse ich die Insel.

Beim Nach-Hause-Fahren nehme ich mir vor, so bald wie möglich ein Bild auf einer echten Leinwand zu malen, ein „richtiges“ sozusagen. Kaum zu Hause, setze ich dieses Vorhaben um. Das Ergebnis hänge ich strahlend im Vorraum unserer Wohnung auf. Maria, die Schöpferin, Maria, die Kreative, ist im gelebten Leben angekommen und hat den Überlebensmodus verlassen. Für immer! Halleluja!

7

Ein Herzenswunsch wird Wirklichkeit, oder: Wie mir bewusst wird, wer ich bin

Ein Haus

Obwohl ich in den ersten vierzig Jahren meines Lebens viele Erfahrungen gesammelt habe, dass und wie sich meine Wünsche erfüllen können, vertraue ich meinen kreativen Fähigkeiten noch nicht ganz. Ist etwas so gekommen, wie ich es wollte, denke ich mir: „Gut. Diesmal hat es geklappt. Aber wer weiß, ob es auch beim nächsten Mal funktioniert." Mein Verstand sieht nicht immer mich und meine schöpferischen Fähigkeiten als die Ursache des Erfolges. Er kann auch nicht sehen, dass ich das, was ich erfahren will, anziehe, und wie das letztlich funktioniert. Das Zusammenspiel der Kräfte, die mir die Wunder bescheren, entzieht sich seiner Wahrnehmung, und mir fehlt daher die Sicherheit, mich ganz auf schöpferische Prozesse einzulassen. Das betrifft in erster Linie große Wünsche, Wünsche, deren Erfüllung nicht mehr alleine durch mein Tun erreicht werden kann. Hier zieht mein Verstand eine scharfe Grenze und verweigert mir sogar, mir etwas Großes zu wünschen, mit dem Argument: „Das geht nicht. Das schaffst du nicht. Das steht dir nicht zu. Lass es!" So bestätigt er seine eigene Annahme, dass sich nur Wünsche erfüllen können, die er überblicken und verstehen kann.

Bei dem Seminar auf Paros wird mir bewusst, welch hohen Stellenwert mein Verstand in meinem Leben gehabt hat. Er war der Chef und er hatte alles unter Kontrolle. Er hat mir leidvolle und freudvolle Gedanken verschafft, war immer da, wenn ich ihn brauchte, und hat mich mit seinem straffen Führungsstil durch tiefe Täler und auf hohe Berge geführt. Er hat mir gute Dienste geleistet, bis ich so weit war, angstfrei aus mir selbst schöpfen zu können und alles abzulegen, was in ihm unter „richtig" und „falsch", „gut" und „böse" gespeichert war.

Gegen Ende dieses Seminars, als ich bereits den Höhepunkt meines schmerzvollen Erneuerungsprozesses überschritten habe, werden wir von den Seminarleitern zu einer Übung eingeladen. Wir sollen uns selbst fragen: „Was ist das, was ich in diesem Leben unbedingt noch erfahren möchte?“ und die Antwort darauf in uns entstehen lassen. Ich schließe die Augen und sofort erscheint ein Bild auf meiner inneren Leinwand: Ein Haus! „Ich wünsche mir ein Haus!“, denke ich mir, „sowas!“ Je länger ich das Bild betrachte, umso mehr Details tauchen auf. Ich sehe ein helles Haus auf einer leichten Anhöhe, eingebettet in alten Bäumen und viel Grün, mit einem weiten Blick in die Umgebung, viel Glas und Räume, die sich mit der umgebenden Natur wie selbstverständlich verbinden. Alles fühlt sich sehr gut an, frei und gemütlich, hell und freundlich. Es ist, wie wenn das Haus sagen würde: „Das entspricht dir! Das bist du!“

Ich wundere mich sehr über diesen Wunsch. Nie hätte ich mir den offen zugestanden: zu groß, zu spießbürgerlich, zu teuer, unmöglich. Auch wenn ich schon seit Jahren „zum Spaß“ bei jeder Gelegenheit, die sich bietet, zu Paul Sätze sage wie „Ja, gründe eine Firma, dann können wir uns ein Haus leisten!“, „Wenn wir einmal ein Haus haben, werde ich Rosenzüchterin!“ „Wenn wir ein Haus haben, nehme ich mir einen Hund.“ „Wo sollte das Haus, das wir haben werden, denn stehen?“, bin ich fast erschrocken darüber, diesen Wunsch so klar vor Augen zu haben. Und auch wenn ich – seit ich aus meinem Heimatort weg bin – noch nie das Gefühl gehabt habe, in einer neuen „Heimat“ angekommen zu sein, kann ich mir noch immer nicht vorstellen, mich an einem „fremden“ Ort so fix niederzulassen.

Trotz alledem bleibe ich mit den Bildern, die ich gesehen habe, verbunden und habe Freude daran, sie weiter auszubauen. Damit zu spielen fühlt sich gut an. Vor allem die Tatsache, dass ich es mir erlaube, darüber auch mit anderen zu reden. Schon dadurch wird mein Wunsch wirklicher. Auf der Heimfahrt vom Seminar erzähle ich jedem, der in meine Nähe kommt, dass ich schon bald in einem Haus wohnen werde, und mit Elisabeth bespreche ich weitere Details wie, wo der Ort wohl sein könnte, den ich gesehen habe, was wohl Paul dazu sagen wird?

Zu Hause angekommen informiere ich ihn gleich und erzähle in den Tagen darauf jedem, der es hören will, dass wir jetzt ein Haus suchen. Unter anderem auch meinem Bruder. In den darauffolgenden Wochen fahren Paul und ich in der Gegend herum und halten nach einem passenden Objekt in der Nähe Ausschau. Mit jedem Ausflug kommen wir weiter von unserem Wohnort weg, bis wir schließlich ganz die Lust verlieren, weil nichts Passendes auftaucht. Stattdessen machen sich unangenehme Fragen in meinem Kopf breit: „Womit sollen wir das Haus finanzieren? Wo die Zeit hernehmen, eines zu finden? Wie sucht man überhaupt richtig? Planen und bauen neben Familie und Job? Wie soll das gehen?" Ich habe keine Antworten und will mich auch gar nicht bemühen, welche zu bekommen. Viel zu anstrengend! Der Schwung, mit dem ich vom Seminar nach Hause gekommen bin, ist aufgebraucht. Ich bin bereit, das Projekt sein zu lassen, und bin letztlich froh, mich nicht mehr damit beschäftigen zu müssen.

Da ruft mich mein Bruder an und gibt mir die Telefonnummer von Freunden. Er nennt einen Straßennamen und sagt dazu, dass sich diese Straße in unserer Nähe befinde. Seine Freunde seien auf der Suche nach Käufern für das Nachbargrundstück. Ich notiere die Telefonnummer, speichere den Straßennamen im Kopf ab und gebe mich meinen Gewohnheiten hin. Eines Tages, als ich, wie gewohnt, meinen Sohn im Auto zur Schule fahre, fällt mir auf, dass ich dabei durch die Straße fahre, die mir mein Bruder genannt hat. Immer schon. „Ach!", denke ich mir, „hier in dieser Straße ist es also, das Grundstück! Eine schöne Gegend. Hier zu wohnen ist sicher toll!" Und ohne weiter darüber nachzudenken, ohne mich für die Hausnummer und für die weiteren Gegebenheiten zu interessieren, fahre ich ab jetzt mit der lustvollen Vorstellung durch diese Straße, dass ich hier einmal wohnen werde.

Monate später, es ist der 1. Mai 2002, warten wir auf meinen Bruder und seine Familie, die zu Besuch kommen wollten. Sie verspäten sich und entschuldigen sich damit, dass sie vorher noch ihre Freunde in der Nähe besucht und diesen schönen Ort nur ungern verlassen hätten. Dann fragt mich mein Bruder: „Warum hast du nicht angerufen? Sie sind jetzt dabei, das Grundstück an jemand anderen zu verkaufen." Bei diesen Worten klingelt es in mir und ich sage zu unseren Gästen: „Zieht euch bitte die Schuhe wieder an. Wir schauen uns jetzt das Grundstück an!"

Minuten später sind wir in der Straße. An der Adresse, bei der mein Bruder hält, war ich noch nie. So genau habe ich mir die Straße nie angesehen. Wir steigen aus dem Auto und gehen auf einem schmalen Gehweg einen kleinen Hügel hinauf. Mein Bruder und seine Familie, dahinter Paul und am Ende der Schlange ich. „Langsam! Langsam!", sagt eine Stimme in mir und meine Schritte fühlen sich ehrfurchtsvoll an, gewichtig. Vor mir höre ich ein „Hallo!

Hier sind wir wieder!“ meines Bruders und gleich danach mischen sich fremde Stimmen in die Unterhaltung. Ich sehe einen Mann und eine Frau mit meinem Bruder sprechen und gleich danach sehe und höre ich nicht mehr, was um mich herum geschieht.

Denn jetzt hat der schmale Aufgang den Blick auf einen Bungalow freigegeben, der auf einer leichten Anhöhe steht, umgeben von hohen Bäumen. Ich bleibe wie angewurzelt stehen. „Das ist er! Das ist der Ort, den ich auf Paros gesehen habe!“ Lichtwellen rauschen durch meinen Körper und hüllen den Ort und mich ein. Wie in einen Kokon. Hell, kraftvoll und die Welt um mich herum ausschließend. Nie zuvor habe ich so eine Energiequalität erlebt. Der Licht-Kokon hat so ein starkes Eigenleben, dass ich die Unterhaltung um mich herum nur mehr wie durch Watte wahrnehmen kann. Weit, weit weg. Ich schnappe Worte auf, Bruchstücke von Sätzen und höre mich selbst denken: „Interessant! Die sind ja ganz woanders. Die wissen noch nicht, dass wir hier wohnen werden.“ Es ist, wie wenn wir uns zwar am selben Ort, aber in unterschiedlichen Zeiträumen befinden würden.

Nach einer gefühlten Ewigkeit stellt mein Bruder auch mich seinen Freunden vor. Dabei erfahre ich, dass in dem Bungalow eine alte Frau wohnt, die sehr krank ist. Die Freunde meines Bruders sind – gemeinsam mit einem anderen Ehepaar – die Erben dieser Frau. Da sie gerne Nachbarn hätten, mit denen sie sich gut verstehen, schauen sie sich jetzt schon nach Käufern für den Teil des Grundstückes um, der unter dem Haus liegt. Das Haus selbst planen sie zu vermieten. Da ich gerade aus der Zukunft komme, weiß ich, dass wir den Teil mit dem Bungalow kaufen werden. Ich weiß aber auch, dass ich dieses Wissen so nicht weitergeben kann. Wir versprechen, uns bald wieder zu melden, und verlassen den Ort. Ich bin so durcheinander, dass ich vorschlage, zu einem Heurigen zu fahren, um wieder herunterzukommen aus den Wolken.

Wieder zu Hause erzähle ich dann Paul genau, was ich erlebt habe. Ich brauche lange, um ihn – Schritt für Schritt – davon zu überzeugen, dass wir mit der Haussuche nicht erst am Anfang stehen, sondern bereits am Ende, weil wir unseren Platz bereits gefunden haben. Als dann im Morgengrauen Paul schließlich sagt: „Na gut! Dann kaufen wir es!“, bin auch ich wieder ganz auf der Erde angekommen und bereit, konkrete Schritte zu setzen.

Wir teilen den Freunden meines Bruders mit, dass wir das Grundstück mit dem Bungalow kaufen wollen. Jetzt erfahren wir weitere Details. Das zweite

Ehepaar aus dem Kreis der Erben müsse dem Plan noch zustimmen. Die oberen Nachbarn wollten bauen und damit sie dazu nicht – wie bis jetzt – über das Grundstück der Freunde fahren müssten, sollten wir einer Straße zustimmen, die dann über „unser" Grundstück zu ihrem Haus führen würde. Und das Wichtigste: Die alte Dame liegt nach wie vor in ihrem Bett in ihrem Bungalow. Diese und noch einige kleinere Bedingungen, die an den Kauf geknüpft werden, machen die Tage und Wochen bis zum Vertragsabschluss zu einer emotionalen „Hochschaubahn" für mich. In dieser Zeit bleibe ich durchgehend in Verbindung mit dem Objekt. Tauchen Bilder des Zweifels auf, atme ich sie aus, aus, aus.

Und dann geht plötzlich alles sehr schnell. Wir stehen staunend vor einer Reihe von Kettenreaktionen: Die alte Dame stirbt. Alle Erben stimmen einem Verkauf zu. Wir sind mit einer Zufahrtsstraße für die Nachbarn einverstanden, ihrem Hausbau steht nichts mehr im Wege. Noch im Juni sitzen Paul, unser Sohn und ich mit einer Flasche Sekt auf der Veranda unseres neu erworbenen Hauses, mitten im Grünen, mit wunderbarer Aussicht auf eine Burg und ins Tal. Glücklich, überwältigt, staunend und berauscht. Nicht viel mehr als ein Monat ist seit der ersten Besichtigung des Grundstückes vergangen.

An dieser Stelle habe ich zum ersten Mal den Verdacht, dass es möglicherweise nicht ich alleine bin, die die Wunder vollbringt. Die Ereignisse rund um den Hauskauf waren so vielfältig und so punktgenau aufeinander abgestimmt, dass sogar mein Verstand erkennt, dass all das unmöglich von ihm alleine ausgehen kann. Diese Ereignisse, dieses Zusammenspiel sind nicht seine Handschrift. Er ist sehr beeindruckt und macht Platz neben sich für diese namenlosen Wunderdinge.

Im Juli 2002 halten wir schließlich den Vertrag in Händen. Wir haben für den Kauf des Grundstückes unser Erspartes – eine Million Schilling – aufgebraucht und einen Frankenkredit – mit einem für mich nicht zu durchschauenden, aber laut Finanzberater „todsicheren" Rückzahlungsmodus – für die restliche Kaufsumme aufgenommen. Paul ist bereit, sich näher damit zu befassen. Mir reicht die Vorstellung, dass wir jetzt „keine Schulden haben, sondern Kapital ansparen". Dank der Umstellung von „Schilling" auf „Euro" und der Verwirrung, die sich für mich daraus ergibt, fällt es mir auch relativ leicht, mit diesen Summen umzugehen. Schließlich haben wir eine Million gespart! Was sind da schon ein, zwei, drei Hunderter (in Euro)! Außerdem arbeiten wir beide. Was soll da schon schief gehen! Mein Verstand ist beruhigt, hält sich mit Zweifeln und Angst zurück und lässt mich machen.

Der Bungalow ist klein. Ein Wohnraum, ein Schlafraum, eine Küche, ein Keller, Nebenräume. Der Platz, auf dem es steht, ist wunderbar. Monatelang kommen wir nur auf Besuch, gehen durch die Räume und den Garten und sind glücklich. Nach einer Wüstenreise, die mir gezeigt hat, wie wenig es braucht, um wohnen zu können, richte ich das Haus mit Farben, Tüchern und Bildern so ein, dass auch der Aufenthalt im Innern gemütlich wird. Die Möbel und Wände überpinsle ich mit fröhlichen Farben. Da ich gerade an einem großen Auftrag arbeite, mache ich aus dem Haus für Monate eine Schreibwerkstatt und kann es täglich als Arbeitsstätte genießen.

Langsam wächst unser Wunsch danach, hier ganz zu wohnen. Dafür ist der Bungalow allerdings zu klein. Ich bitte Bibiane, eine Freundin und Architektin, um Rat: „Uns fehlt ein Zimmer. Wo würdest du es denn anbauen?" Ein langer und spielerischer Prozess beginnt. Anfangs treffen wir uns – Paul, Bibiane und ich – einmal im Monat, um Ideen und Wünsche auszutauschen. Jedes Treffen beginnt mit einer Erweiterungsidee der Architektin: „Ich habe mir gedacht, man könnte doch..." Zu dem einen Zimmer kommt ein zweites dazu, und eines Tages erwartet sie uns mit einer Skizze für eine riesengroße Küche in einem eigenen Anbau. „Was sagt Ihr dazu?", fragt sie. „Wow. Ist das schön!", denke ich mir und getraue mich nicht, es laut zu sagen, damit nicht die Frage nach der Finanzierbarkeit auftaucht. Dann kommt ein Stockwerk dazu. „Wow! Wie wohl die Aussicht aus dieser Höhe ist, wenn sie schon auf der unteren Ebene so toll ist?", frage ich mich und sage wieder nichts. „Ich habe mir gedacht, dass du ja auch deine Praxis in dem Haus unterbringen könntest. Was sagst du dazu?", fragt mich Bibiane bei einem weiteren Besuch. „Wenn die Maria im Haus arbeitet, dann will ich das auch. Bitte auch ein Arbeitszimmer für mich", sagt Paul.

Bei jedem Treffen dasselbe Ritual: Bibiane zeigt uns den Plan mit den neuen Ideen. Wir freuen uns darüber und erschrecken zugleich, ohne darüber zu reden. Irgendwann sagt dann Paul doch: „Das geht nicht! Nein, das geht nicht! Womit sollen wir das alles denn bezahlen?" In mir zieht sich alles zusammen und ich denke mir, dass er recht hat. Da ich das nicht wahrhaben und erst recht nicht meinen Wunschtraum nach einem schönen Haus an dieser Stelle aufgeben will, antworte ich schnell, bevor sich der Zweifel in mir und in ihm noch weiter ausbreiten kann: „Ich weiß auch nicht, wo wir das Geld dafür hernehmen sollen, aber schau, wir können es uns ja wenigstens vorstellen. Streichen können wir immer noch!" So kann das Projekt in Ruhe weiterwachsen. Das Haus wird am Papier immer größer und schöner. Nach einem Jahr sind alle Wünsche untergebracht. Wir haben nichts gestrichen und wir werden auch in Zukunft nichts streichen.

„Wir sollten ein Modell anfertigen lassen. Dann könnt ihr euch alles besser vorstellen", sagt Bibiane und macht uns gleich einen konkreten Vorschlag: „Zweitausend Euro kostet so etwas bei einem Kollegen von mir." „O.k., passt!", sagen wir und ich denke mir, dass es nett sein kann, für so wenig Geld ein bisschen Haus zu bekommen. Daran, ob es uns wirklich gelingen könnte, ein Abbild dieses Modelles in groß zu finanzieren, daran will ich gar nicht denken. Das Modell kommt und ist wunderschön. Das Geplante hat eine Form bekommen und ist damit wirklicher geworden. Eine kleine, feine, spielerische Wirklichkeit.

Doch jetzt, wo die Planung abgeschlossen ist und der nächste Schritt nur mehr in Richtung Bauen gehen kann, jetzt kommt das Projekt in eine kritische Phase. Wir haben uns spielerisch auf etwas zubewegt, das durch das Spiel einen Grad an Verwirklichung erfahren hat, der nicht mehr ohne große Enttäuschung rückgängig zu machen ist. Im Spiel konnten wir zulassen, dass alles auf etwas Großes hinausläuft. Etwas Großes, das sich weit außerhalb unserer finanziellen Möglichkeiten befindet. Doch jetzt, wo es zu einer wirklichen Wirklichkeit mitten im gelebten Leben werden soll, wo es in die Umsetzung des Erträumten gehen soll, verliere ich die Kraft, weiterzumachen. Ich kann mir nicht vorstellen, wie das alles ohne Geld gelingen soll. Die Kosten befinden sich mittlerweile in einer Höhe, zu der ich keine Verbindung mehr halten kann. Paul und mir ist es unmöglich, darüber zu reden. Wir würden uns wohl beide energetisch nur hinunterziehen. Wir legen das Projekt auf die Seite. Wochen des Stillstandes folgen.

Dann habe ich eines Nachts – wie schon oft in ähnlichen Situationen – einen Traum: *Ich stehe am Grundstück und bin traurig. Da sehe ich aus allen Richtungen Menschen auf mich zukommen. Jeder bringt einen Teil für das Haus mit. Fenster, Ziegel, Geld. Eine Freundin schleppt sogar alleine eine Tür den Hügel herauf. Sie alle stellen sich um mich auf. „Wir werden das gemeinsam schaffen", sagen sie, „mach weiter! Bleib dran!"* Als ich aus dem Schlaf erwache, wirkt der Traum ganz stark nach, und ich bin felsenfest davon überzeugt, dass es klappen wird. Keine Ahnung, wie, aber es wird. Ich weiß jetzt, dass uns geholfen wird und dass ich das nicht alleine schaffen muss. Voller Energie und Elan setze ich mich wieder in Gang und erzähle allen Beteiligten von diesem Traum, damit sich die Zuversicht auch auf sie ausdehnen kann.

Wir legen eine Summe für den Ausbau des Hauses fest, die wir gefühlsmäßig aufbringen könnten. Gefühlsmäßig, nicht „real". Es ist das Doppelte der Summe, die uns der Finanzberater als „vermutlich noch zu bekommen" genannt hat. Auch wenn ich nicht weiß, ob das funktionieren wird und woher wir den Rest bekommen könnten, spüre ich eine Zuversicht in mir, die mir eine Basis bietet, auf der wir Entscheidungen treffen können. „Da ist großes Vertrauen in mir! Wo kommt das nur her?", wundere ich mich und betrete spürbar den Wegabschnitt „vollkommene Hingabe an das, was entstehen will". Aus Sicht meines Verstandes beginne ich an dieser Stelle allerdings ein „unverantwortliches und ihm unverständliches Risiko" in einer Form einzugehen, die mir und allen Beteiligten lebenslange Probleme einbringen kann.

Und mein Verstand warnt mich zu Recht. Er kann sich noch gut daran erinnern, wie sehr ich als Jugendliche darunter gelitten habe, wie mein Vater mit einem Kredit umgegangen ist. So, dass ich ständig Angst hatte, dass die Auswirkungen die ganze Familie in den Ruin treiben könnten. Und nicht nur ich. Die Themen „Geld und Schulden" brachten viel Leid in die gesamte Familie. Und jetzt stehe ich vor einer Situation, die mich mit dem größten Trauma meines Lebens konfrontiert.

Mein Vater hatte in den Sechzigerjahren, zur Zeit des aufstrebenden Urlaubsbooms, einen Kredit für den Aufbau einer „Pension mit Fließwasser" aufgenommen, den er so gut wie nie zurückzahlte. Statt die laufenden Kreditraten zu bezahlen, wozu er – zumindest in den ersten Jahren – durchaus in der Lage gewesen wäre, vertraute er den Machenschaften eines Freundes, der in der kreditgebenden Bank eine hohe Funktion einnahm. Beinahe zwanzig Jahre ging es so dahin, während der Schuldenberg auf eine astronomische Summe anstieg und ihn und seine Familie zunehmend in einen Strudel der Angst hineinzog. Ließ er wieder einmal einen Brief ungeöffnet in seinem Kasten verschwinden oder verschwand er gleich selbst für Tage, wenn der Exekutor zu erwarten war, waren wir es, die damit zurechtkommen mussten. Es war mir peinlich und zutiefst unangenehm, seine Lügengeschichten weiterzugeben oder gar selbst welche zu erfinden, um drohendes Unheil abzuwenden. Als schließlich mein Bruder als Student der Wirtschaft sich auf Wunsch meiner Mutter dem Ganzen annahm, diverse Machenschaften aufdeckte und innerhalb von ein paar Wochen alles bereinigte, war ich ihm zutiefst dankbar dafür. Auch mein Vater war sichtlich erleichtert.

Bibiane, die Architektin, schaut sich in unserem Auftrag um einen Baumeister um. „Diesen Schritt können wir ja machen", denken wir uns, „damit ist ja noch nichts entschieden." Wir bekommen drei Angebote von Baumeistern, eines davon von einem Generalunternehmer. Er bietet den Bau des Hauses in einem Paket an. In diesem Angebot ist auch der Abriss des alten Hauses bis auf Keller und Kamin enthalten, da dies laut seiner Aussage billiger sei als kompliziert zuzubauen. Fertigstellung in sechs Monaten. Zahlung in monatlichen Raten, letzte Zahlung bei Schlüsselübergabe. Die Stimme in mir sagt ganz klar: „Das ist es! So wird es gehen. Die Ausgaben und die Bauzeit sind festgelegt, die Verantwortung ist klar verteilt, es gibt keine Spielräume für Abweichungen, die ihr nicht wollt. Dieser Ordnung könnt Ihr vertrauen. Sie hält." Nachdem mein Gefühl und auch das von Paul diesen Inhalt bestätigen, und auch aus Sicht des Verstandes die Kombination „überschaubares Angebot und engagierte, kreative Architektin" gutgeheißen wird, wählen wir diese Variante. Sie bietet uns für die Größe des Vorhabens und für das Risiko, das wir eingehen, die Basis, die wir brauchen, um noch handlungsfähig zu bleiben. Jetzt brauchen wir „nur mehr" eine Kreditzusage über die Höhe des Angebotes, um den Auftrag erteilen zu können. Ich bitte unseren Finanzberater, sich auf die Suche zu machen. Er meint, dass es zwar schwierig werden könnte, weil es viel mehr ist, als er ursprünglich für möglich gehalten hat, dass er es aber schaffen kann.

Ich erzähle allen Freunden und Freundinnen, wie weit unser Bauprojekt gediehen ist. Manche sind mehr daran interessiert, andere weniger. Als ich bei einem Treffen mit einer Freundin, die sich immer schon sehr für das interessiert, was ich mache, und mir schon viele gute Tipps gegeben hat, von unseren Aktivitäten erzähle, höre ich plötzlich, wie ihr Mann, der daneben sitzt und zuhört, wie nebenbei sagt: „Wir können euch doch auch Geld borgen. Wie viel braucht Ihr denn?" „Habe ich richtig gehört?", frage ich mich überrascht und sage: „Hunderttausend wären fein, dann kommen wir mit dem Kredit, den wir erwarten, gut über die Runden." „Ja, passt!", sagt er und meint, dass ich mich bei ihm melden soll, wenn es so weit ist.

Die Freude ist groß. Dieses „reale“ Angebot bestärkt uns sehr. Während die Verhandlungen mit dem Generalunternehmer voranschreiten und sich die ursprünglichen Kosten durch Kücheneinrichtung und so weiter laufend erhöhen, sucht der Kreditvermittler fieberhaft nach einem Kreditgeber. Ende Juni sind wir in Kroatien auf Urlaub und bekommen eine SMS vom Finanzberater, dass eine Bank unser Kreditansuchen positiv beantwortet habe. „Sie können bauen!“, schreibt er uns. Wir atmen auf und geben die Nachricht direkt an den Generalunternehmer weiter, der bereits in den Startlöchern steht. Wieder zu Hause, unterschreiben wir den Auftrag. Eine Woche nachdem wir den Vertrag unterschrieben haben, teilt uns der Finanzberater mit, dass das Kreditunternehmen seine mündliche Zusage leider wieder zurückgezogen habe.

Schock! Was jetzt? Der Großteil des Bungalows ist bereits abgerissen. Alle sind fleißig am Arbeiten. Der Zug fährt. Mit dem Geld der Freunde konnten wir die Anzahlung leisten und werden auch noch die erste Rate abdecken können. Aber danach? Als unsere Freunde hören, was passiert ist, verdoppeln sie die Kredithöhe mit einer Laufzeit von drei Jahren. Wir sind erleichtert und sehr dankbar dafür. Für die Rückzahlung dieses Kredites denke ich an mein Kärntner Erbe. Dieses ist allerdings mit so vielen Auflagen, Tabus und Beziehungsverwicklungen belegt, dass ich mich bis jetzt gehütet habe, ins Feuer zu greifen, um mich nicht zu verbrennen. Doch jetzt, mit dem Rückenwind dieser mächtigen Kreation einer „neuen Heimat“, erscheint es mir möglich, den Gordischen Knoten zu lösen und das Bauernhaus zu verkaufen. Als Sicherheit biete ich unseren Freunden daher das einzige an, das ich zumindest in meiner Vorstellung zu Geld machen kann.

Jetzt sind die ersten vier Baumonate finanziell abgesichert und wir haben eine kleine Verschnaufpause. Bei Abriss des Bungalows stellt sich heraus, dass die Substanz schon sehr schlecht war. In den Holzbalken des Dachstuhles lebten massenhaft Ameisen. „Lange hätte dieser Dachstuhl nicht mehr gehalten“, meint der Baumeister und wir freuen uns über unsere Entscheidung, das Haus neu aufbauen zu lassen.

Während die Arbeiten zügig voranschreiten, kündigt sich mein nächster Entwicklungsschritt an. An den Misserfolgen des Finanzberaters, dem es wochenlang nicht gelingt, das noch fehlende Geld aufzutreiben, wird mir bewusst, dass es hier nicht mehr weitergeht, nicht mehr weitergehen soll. Um mir das ganz bewusstzumachen, braucht es allerdings noch eine eindeutige Erfahrung. Sie wird mir prompt geliefert: bei einem Banktermin. „Wir müssen froh sein, dass mir diese Bank überhaupt einen Termin gegeben hat, denn alle anderen haben es von vornherein abgelehnt, sich Ihrem Anliegen anzunehmen“, meint der Finanzberater, als er mich anruft, um mir den Termin mitzuteilen.

Wir sitzen hinter einem großen, glänzenden Schreibtisch. Auf der anderen Seite sitzt eine Frau um die vierzig. Adrett gekleidet und sehr freundlich. Zu freundlich. Eingehüllt in ihr Lächeln schrumpft mein Selbstwert von Minute zu Minute. Bald schon komme ich mir so klein vor, dass ich durchs Schlüsselloch verschwinden könnte, ohne dass jemand meinen Abgang bemerken würde. „Wir brauchen Geld! Wir haben keines! Sie hat viel, sehr viel. Genau genommen hat sie es auch nicht. Die Bank, für die sie arbeitet, hat es. Das macht aber keinen Unterschied. Denn sie ist es, die bestimmt, ob ich überhaupt kreditwürdig bin. Ich muss dafür einen bestimmten Eindruck erwecken. Aber welchen? Sicher nicht den, den ich gerade mache. Am liebsten würde ich aufstehen und gehen.“ Diese Gedanken machen mich fertig, aber noch schlimmer ist es für mich, an den Augen des Finanzberaters abzulesen, dass er nicht an unser Projekt glaubt. Diese Abhängigkeit fühlt sich grausam an. Die Bankangestellte lehnt unser Anliegen ab. Es überrascht mich nicht.

„Aus! Schluss! Fertig!“, denke ich mir beim Verlassen der Bank. „Du musst das jetzt selbst in die Hand nehmen!“, meldet sich die Stimme in mir. Und – Göttin sei Dank – ist die Dringlichkeit so groß, dass sie sich in meiner Vorstellung in „Rückenwind“ verwandelt und mich in die Lage versetzt, meinen starken Widerstand und meine Angst zu überwinden. „Ich kann jetzt nicht dasselbe machen wie mein Vater!“, denke ich mir, „ich bringe sonst das gesamte Projekt zum Kippen!“ Und das ist mittlerweile undenkbar für mich. „Wenn das der größte Wunsch ist, den ich an mein Leben habe, dann wäre ich doch echt verrückt, ihn für ein Verhalten fallen zu lassen, mit dem ich mich eh nie wohlgefühlt habe“, denke ich und bin bereit, geradeaus in das Schwierigste und Unangenehmste, das ich mir vorstellen kann, hineinzugehen: mich dem Thema „Geld“ und allem, was dazugehört, zu stellen.

Diese Wahl genügt, um mich von einem Moment auf den anderen stark, sicher, entschieden und zuversichtlich zu fühlen. Dass ich es in der Hand habe, den Wundern die Tür zu öffnen, weiß ich jetzt. Ich spüre es. Es macht mich frei. Wie ein Blatt im Wind werde ich von fröhlichen Energieströmen erfasst und mitten in das Geld-Feld hineingewirbelt, das mir jetzt kleiner und wie ein

Spielplatz vorkommt. Dieselbe Frau, derselbe Körper, eine andere Bewusstseinsebene. Und schon ist alles möglich. Unglaublich!

Ich betrete eindeutig eine neue Welt in mir und um mich herum. Mein gewohnter Gedanke „Experten können das besser!“ entpuppt sich als Strategie, mich selbst zu schützen und mich davon abzuhalten, negative Erfahrungen zu machen. Jetzt, wo ich sehe, dass es meine Präsenz in einem Projekt braucht, das meiner Entfaltung dient, sehe ich auch, dass ich die Verantwortung dafür an den entscheidenden Stellen nicht abgeben kann, schon gar nicht an Menschen, die nicht an das glauben können, was ich sehe. Stattdessen taucht ein neuer kraftvoller Gedanke auf: „Wenn es mir gelingt, mein Potential in diesem Projekt zu entfalten und so dazu beizutragen, dass es von Erfolg gekrönt ist, habe ich mir selbst bewiesen, dass alles möglich ist, alles, was ich bin. “

Wir lösen die Kooperation mit dem Finanzberater auf. Ich mache mich auf den Weg nach der fehlenden Summe. Wir sprechen offen mit jedem, der es wissen will, wo wir stehen und was wir brauchen. Bibiane stellt den Kontakt zu einer Versicherungsberaterin her. Sie ist engagiert und kann in unserem Projekt sehen, was für den Berater unsichtbar war: Wir sind das! Es ist unser Herzenswunsch. Wir sind bereit, Wunder wahr werden zu lassen. Sie trägt unser Anliegen dem Leiter der Kreditabteilung vor, und es gelingt ihr, ihn für unser Projekt zu interessieren.

Wandel in der Familie setzt Schaffenskraft frei

Nichts ist mehr so, wie es einmal war. Der Wandel erfasst alle Bereiche meines Lebens. Meine Rolle in meiner Herkunftsfamilie ist davon ganz besonders betroffen. Als ich mir damals bei der Suche nach einem Haus dachte, dass ich das lieber bleiben lassen sollte, um einen allzu großen Wirbel in meinem Leben zu vermeiden, war ich in meiner Vorstellung weit von der Realität entfernt, in der ich mich jetzt befinde. So viel Wirbel hätte ich mir nicht ausdenken können. Allerdings hätte ich mir auch nicht ausdenken können, wie schnell ich den Gewinn der Veränderungen spüren werde. Da sich alles bewegt, kann ich nichts mehr überblicken und nichts mehr kontrollieren. Ich bin darauf angewiesen, mich auf den Augenblick, auf das Jetzt zu konzentrieren. Ohne nachzudenken.

Schon das kleinste „Was wäre, wenn…“ würde meinen Verstand kollabieren lassen. Und das tut mir – paradoxerweise – sehr, sehr gut.

Die Erleichterung nach jedem Schritt, das Gefühl zunehmender Freiheit und die Ausrichtung auf ein sehr, sehr attraktives Ziel formen einen festen Boden unter meinen Füßen. Deutlich kann ich spüren, dass ich mich von uralten Lasten befreie, und ich kann zuschauen, wie das geschieht. „Unglaublich!“, denke ich mir dann, „ich will gar keinen Konflikt oder sonst etwas und doch tapse ich von einer Auseinandersetzung in die nächste.“ Schon alleine, indem ich nicht mehr wie gewohnt auf Herausforderungen reagiere, entstehen Brüche in der Kommunikation, Enttäuschungen und Interpretationen bei den Beteiligten, die mich ins Out katapultieren. Mit meinem Verhalten passe ich nicht mehr hinein in die eingespielten Abläufe. So werde ich zum Beispiel in Situationen geführt, die meine Geschwister „zwingen“, den Kontakt zu mir abzubrechen.

Jetzt, wo wir das Geldbeschaffen für den Hausbau selbst in die Hand genommen haben, getraue ich mich auch, den Verkauf des Bauernhauses in Kärnten anzusprechen. Meine Schwester, mein älterer Bruder und ich sind seit dem Tod unseres Großvaters Anfang der Siebzigerjahre die Besitzer dieses Jahrhunderte alten Hauses. Seit Mitte der Neunzigerjahre bewohnen wir es auch in den Ferien. In die Renovierung haben wir viel Zeit und Geld gesteckt. Geerbt haben wir es mit der Auflage, es auf keinen Fall zu verkaufen. Und da dieses Erbe eigentlich unserem Vater gebührt hätte, den Großvater mit dem Satz „Mein Sohn bekommt nichts, weil er mir zeit meines Lebens schon genug Geld aus der Tasche gezogen hat!“, testamentarisch ausgeschlossen hatte, hatten wir es, ohne darüber zu reden, unserem Vater überlassen, bis er schließlich sein Interesse daran verlor.

Ich fühle mich dem Haus und der Auflage unseres Großvaters ganz besonders verpflichtet, und so kommt es, dass letztlich nur mehr mein Bruder mit seiner Familie und ich mit meiner Familie das Haus nutzen und für seinen Erhalt aufkommen. Einige Monate bevor wir mit unserem Hausbau begonnen hatten, war unsere Mutter in das Bauernhaus eingezogen, weil sie alleine leben wollte. Ohne uns zu fragen, ließ sie einen Teil der von uns gepflanzten Bäume wieder umsägen und machte auch sonst einige Veränderungen an Haus und Hof, die meinen Vorstellungen zuwiderlaufen. Denke ich darüber nach, kommt eine Verzweiflung in mir hoch, die kaum auszuhalten ist. Die Verantwortung, die ich für dieses Haus zu haben glaube, die Investitionen, die Paul und ich finanziell und emotional getätigt haben und noch immer tätigen, die fehlende Dankbarkeit der Nutznießer, das Nicht-kritisieren-Dürfen und meine große Sehnsucht nach Freiheit scheinen nicht gleichzeitig Platz zu haben in meinem Körper.

Rutscht mir dann doch ein Kommentar wie „Wenigstens fragen hättest du uns können!“ heraus, werde ich mit einem Schwall an Aggression überschüttet, der mich innerlich fast zerreißt. Mich um die Kränkungen zu kümmern, die meine Wünsche offensichtlich auslösen, schaffe ich nicht mehr. Nichts geht mehr! Nichts passt mehr zusammen, alles tut weh, ich bin fix und fertig. „Ich kann mich nicht mehr um dieses Haus kümmern, ich will nicht mehr dafür bezahlen, ich kann nicht mehr, ich will nicht mehr, ich will nicht! Ich will frei sein! Frei sein!“, hämmert es in meinem Kopf. Da ich alleine keine Möglichkeit mehr sehe, wie ich aussteigen könnte aus dieser verworrenen Situation, lasse ich mich von einem Rechtsanwalt beraten. Ich bitte ihn, einen Plan zu erstellen, wie Ordnung in das Chaos kommen könnte und wie wir alle gut aussteigen könnten aus einem Erbe, das niemandem mehr dient. Ich bin mittlerweile bereit, das Anwesen zu verkaufen, auch wenn es mir sehr schwerfällt, das Verbot meines Großvaters zu umgehen. Doch der Hausbau, das Geld, das wir dafür brauchen, und meine Sehnsucht nach Freiheit haben eine solche Kraft, dass mir diese alten und mit Tabus belegten Geschichten nur mehr wie eine Geißel, voller Leid und ohne Liebe, erscheinen.

Der Brief des Rechtsanwaltes schlägt ein wie eine Bombe und katapultiert mich endgültig an den Rand der Familie. Meine darauf folgenden, aussichtlosen Erklärungsversuche, dass eine Auflösung dieses gemeinsamen Besitzes allen dienen wird, bringen mich nur noch mehr ins Out, und ich schaue verzweifelt zu, wie sich eine Person nach der anderen von mir abwendet. In Briefen und E-Mails versuche ich, zu beschreiben, was ich sehe. Doch nichts davon kommt in den Köpfen meiner Geschwister und meiner Mutter an und in ihren Herzen erst recht nicht. Zu unerwartet und zu heftig ist wohl mein Schritt für sie.

Mit meinem jüngeren Bruder und mit meinem Vater, der zu der Zeit schon sehr schwer krank ist, habe ich noch Kontakt. Doch bei einem Besuch „gelingt es mir“, auch den jüngeren Bruder durch mein Verhalten so zu irritieren, dass er sich ebenfalls von mir abwendet. „Das gibt’s doch gar nicht!“, denke ich mir, „alles, was ich mache, läuft darauf hinaus, dass mein Kontakt zu meiner Familie vollkommen unterbrochen wird! Ich kann diesen Zug nicht mehr aufhalten!“ Dass ich zwischendurch diese Perspektive einnehmen kann, ist unbedingt notwendig, um nicht zu kollabieren. Damit ich das Vertrauen in die Sinnhaftigkeit dieses schmerzvollen Chaos nicht verliere und tun kann, was zu tun ist, konzentriere ich mich auf die Beziehung zu Menschen, die auch am Weg zu sich selbst sind und die in meinem Verhalten den Befreiungsversuch sehen können und es daher nicht für einen „Egotrip“ halten müssen.

Parallel zu diesem heftigen Wandlungsprozess entwickelt sich in der Beziehung zu meinem Vater etwas Neues. „Herr Singer, Sie sollen die Diät nicht zusätzlich nehmen, sondern ausschließlich!“, riet ihm der Hausarzt vor vielen Jahren und war damit nur mäßig erfolgreich. Mein Vater leidet an Altersdiabetes und hatte nicht vor, das zu verändern. Zu gerne aß und trank er, worauf er gerade Lust hatte, und fuhr mit dem Auto vor Haustüren, auch wenn sich diese auf 2000 Meter Seehöhe befanden. Sie nahmen ihm das eine Bein ab, dann das andere. Die letzten Jahre in seinem Haus verbrachte er im ersten Stock im Rollstuhl. Erstaunlich zufrieden. Es schien mir, als wenn er dort angekommen wäre, wo er in seinen Gedanken schon immer hinwollte: beim Als-bedürftig-gesehen-Werden, bei der Zuwendung. Und das ließ ihn zur Ruhe kommen und machte ihn auf eine eigenartige Art fast glücklich.

Er wollte „nie in einem Pflegeheim landen“. Seine fortschreitende Krankheit machte es meiner Mutter jedoch immer mehr unmöglich, für ihn zu sorgen. Als er zum wiederholten Mal im Krankenhaus lag, stellten die Ärzte fest, dass er professionelle Pflege brauche. Mein Vater sollte einer Überstellung in ein Pflegeheim zustimmen und dazu ein vorbereitetes Formular unterzeichnen. Als sie ihm das Dokument vorlegten, begann er, sich verwirrt zu zeigen. Tagelang gelang es dem Krankenhauspersonal nicht, von ihm die Unterschrift zu bekommen. Immer wenn es so weit war, sprach er verwirrt und war nicht ansprechbar. Schließlich übernahm mein jüngerer Bruder die Verantwortung und unterschrieb das Dokument. So kam mein Vater an einen Ort, an den er nie wollte, in ein Pflegeheim, acht Kilometer von seinem Wohnhaus entfernt. Den verwirrten Zustand behielt er bei.

Zweimal im Monat besuche ich ihn. Da ich mit dem Rest der Familie keinen Kontakt mehr habe, versorgt mich meine Schwägerin mit den wichtigsten Informationen, wofür ich ihr sehr dankbar bin. Bei einem dieser Besuche begleitet mich mein Sohn. Wir schieben Vaters Rollstuhl in den Garten, spazieren eine Runde. Dabei reden wir über dies und das. Vater erzählt, was er noch so alles vorhat. Er will auf die Jagd gehen, Freunde treffen, einen Ausflug mit Mutter machen. Ich lasse ihn, nehme an, dass ihm diese Vorstellungen guttun, will ihn nicht stören in seiner Welt.

Als wir uns von ihm verabschieden, will er mit. Ich solle ihm seine Schuhe bringen. Sein Auto stehe schon bereit. Hermi, seine Frau, warte mit dem Essen. Es sei schon finster. Er müsse sich beeilen. „Wo sind die Schuhe? Komm! Gib sie mir! Komm! Hilf mir aus dem Bett! Da! Nimm meine Hand! Zieh mich!" Er wirft die Decke auf die Seite. Seine Beinstummel lassen gerade noch ein Knie erkennen. Die Beinteile der Pyjamahose baumeln leer über den Bettrand. Mir zerreißt es fast das Herz. Ich kann nicht mehr so tun, als sähe ich das alles nicht. Mühsam halte ich die Tränen zurück. Er tut mir so leid. Es ist so schrecklich, zuzusehen, wie er nach Schuhen sucht, die es nicht gibt, für Füße, die es nicht gibt.

Da bricht mein Widerstand in sich zusammen, und die Tränen beginnen zu fließen. „Was hast du? Was ist mit dir?", fragt er mich und blickt erschrocken in mein Gesicht. „Ich kann nicht mehr. Ich kann nicht mehr zuschauen, wie du etwas willst, das es nicht mehr gibt. Es macht mich traurig. Du bist in einem Pflegeheim. Du wirst nie wieder ein Auto fahren, nie wieder gehen können, nie wieder zu Hause leben können. Es tut mir so leid für dich." Mein Vater hört mir aufmerksam zu. Sein Blick wird klar und er scheint seine Verwirrung wie einen Mantel abzustreifen. Von einem Moment auf den anderen ist er wie ausgewechselt. Vollkommen ruhig schaut er mir direkt in die Augen und sagt: „Ihr könnt jetzt fahren."

Ich bin sehr dankbar, dass mein Sohn mit ist. Er fährt den langen Weg zurück, während ich fast ununterbrochen weine. „Jetzt hast du deinen Vater umgebracht", sagt mein Verstand, „du hast ihm die Wahrheit gesagt!" Jeden Tag rechne ich mit einer Todesnachricht. Sie kommt nicht. Zwei Wochen später fahre ich wieder zu ihm. Diesmal alleine. Als ich den Garten des Pflegeheimes betrete, sehe ich meinen Vater am Rande einer Veranstaltung im Rollstuhl sitzen. Er erblickt mich und ein Strahlen geht über sein Gesicht. Als ich ihn umarme, flüstert er: „Du hast mir beim letzten Mal ein großes Geschenk gemacht. Danke. Das werde ich dir nie vergessen."

Von da an spricht er mit mir wieder ganz normal. Die Verwirrung ist vollkommen weg. Wir reden über diesen Ort, über sein Leben, über das Sterben. Er glaubt an Wiedergeburt. Er erzählt mir, dass er Frieden geschlossen hat mit sich und diesem Leben. Er ist stolz darauf, wie viel er, vor allem in den letzten Jahren, noch verändern konnte. Als ich Jahre später meinem Bruder diese Geschichte erzählen will, wird mir bewusst, dass mein Vater die Verwirrung scheinbar nur mir gegenüber hat fallen lassen. Diese Erfahrung überzeugt mich davon, dass wir es tatsächlich immer in der Hand haben, unser Leben zu gestalten. Vollkommen unabhängig davon, wie es nach außen scheinen mag, vollkommen unabhängig davon, in welcher Lage wir uns befinden und ob es uns bewusst ist oder nicht.

Sehen, wer ich bin

Was ich bis jetzt für festen Boden gehalten habe, ist weg. Verlustschmerz paart sich mit tiefer Erleichterung. Mit dem Abbruch der Beziehungen zu meiner Herkunftsfamilie hat sich auch meine Vorstellung aufgelöst, dass Halt und Sicherheit von außen kommen. Stattdessen ist tief in mir etwas am Entstehen, das laufend an Kraft und Größe zunimmt und mich gelassen werden lässt. Vom Becken hinauf strömt eine Ruhe, deren Wurzeln in den Beinen zu liegen scheinen und die weit über meinen Kopf hinausreicht in einen endlosen Raum. Hole ich mir Hilfe, will ich nicht mehr verstanden werden und schon gar nicht mehr bemitleidet, sondern darin bestätigt, wie gut es tut, wenn meine Leichtigkeit und meine Freude im Außen eine Entsprechung finden. Ich will das Leben feiern – endlich –, will meine Freude versprühen und nie wieder an ermüdenden Gewohnheiten teilhaben, die von mir ein Verhalten einfordern, das mir nicht entspricht. Indem ich darauf achte, gelingt es mir besser und besser, nicht mehr in Muster zu verfallen, die schon längst ausgedient haben.

Um meinen inneren Halt und meine Zuversicht zu stärken, konzentriere ich mich ganz auf mein Herzensprojekt und sammle Erlebnisse und Symbole, die meine Aufmerksamkeit auf einen erfolgreichen Ablauf des Hausbaues lenken. Zum Beispiel finde ich in einem Linzer Park ein Vogelnest, während ich mit der Frage „Hausbau ja oder nein?“ spazieren gehe. „Das ist ein eindeutiges Zeichen“, denke ich mir, „wir sollen bauen und ein Nest für uns schaffen!“ Als ich ein anderes Mal zweifelnd eine Straße entlanggehe und mir viel zu klein für so ein großes Vorhaben vorkomme, sehe ich auf dem Gehweg einen Rosenkranz liegen. Ich hebe ihn auf und strahle. „Ein Zeichen! Wir sind nicht allein. Wir haben himmlische Hilfe", deute ich den Fund klugerweise und meine Zweifel sind wie weggewischt.

Der Eifer der Bauleute ist ein Zeichen, dass alles an diesem Ort so fließend weitergehen wird. Die Bilder eines großen Hauseinweihungsfestes mit fröhlich feiernden Menschen vor meinem geistigen Auge „beweisen" mir, dass alles gut gehen wird. Die Vorstellung, dass alle Familienmitglieder vereint in der Küche unseres neuen Hauses sitzen und Spaß miteinander haben, macht mich sicher, dass wir durch dieses lichtvolle Haus wieder zueinanderfinden werden. In einem Seminar einer russischen Seherin über „Geld und Spiritualität" erfahre ich, dass man keine Kredite aufnehmen soll, weil die Energie von geliehenem Geld für einen selbst nicht gut arbeiten kann, oder so ähnlich. „Ein schlechtes Zeichen?", denke ich irritiert und frage sie, was das für unser Hausprojekt, das ja fast nur mit „fremdem Geld" gebaut wird, bedeute? Sie schaut mich einige Sekunden lang wortlos an und sagt dann: „Vergessen Sie alles, was ich darüber gesagt habe. Für Sie gilt das nicht."

Für Oktober habe ich ein Wüstenseminar ausgeschrieben. Eine Trekkingtour von zwei Wochen mit einer Gruppe Frauen durch die Tunesische Wüste. Vorher sollte unbedingt noch der Termin mit den Versicherungsmitarbeitern stattfinden, die sich ein Bild von uns und unserem Projekt machen wollen, um entscheiden zu können, ob wir in ihren Augen kreditwürdig sind. Ob sie einverstanden seien, uns am Vorabend meiner Abreise in unserer Wohnung zu treffen, frage ich sie, denn mein Mann sei krank und könne nicht zu einem anderen Treffpunkt kommen. „Ja. Gerne", ist ihre Antwort.

Wir treffen uns in unserem Wohnzimmer. Der Raum ist voll mit Gepäckstücken. Am Sofa liegt Paul, eingepackt in eine Daunendecke. Rote Nase, glänzende Augen. Grippe. Die beiden Gäste nehmen am Esstisch Platz. Sie legen ihre Unterlagen auf den Tisch und stellen uns Fragen. Trotz widrigster Umstände erfüllt unsere Begeisterung für das Projekt den Raum im Nu mit prickelnder, Lebensfreude sprühender Energie. Damit lassen sich mühelos die kniffligsten Fragen beantworten. Ja selbstverständlich werden wir das Geld für die Raten zahlen können. Ja freilich wissen wir, wovon wir reden. Ja natürlich haben wir eine Ahnung, was auf uns zukommt. Das lichtvolle Haus wird alles leicht machen, wird lustvolle Projekte anziehen und das Geld wird fließen.

Der Herr von der Kreditabteilung hört uns aufmerksam und interessiert zu. Am Ende der Befragung verspricht er, unser Anliegen sorgfältig zu prüfen, es an die Entscheidungsmitverantwortlichen weiterzuleiten und uns so bald wie möglich über das Ergebnis zu informieren. Als sich der Besuch dem Ende zuneigt, bricht es aus dem vom Fieber gezeichneten Paul hervor: „Wenn Sie uns einen Kredit geben, müssen Sie sehr mutig oder verrückt sein. Meine Frau ist gerade dabei, sich ins Ausland abzusetzen und ich bin am Sterben."

Am nächsten Tag, als ich bereits im Flieger nach Djerba sitze, sehe ich die Szenen vom Vorabend noch einmal vor mir und muss lachen. „So fühlt es sich also an, wenn man erlebt, dass es die Zeit nicht gibt!", denke ich mir, „wenn ich – so wie gestern – ganz eintauche in das, was ich mir wünsche, dann ist das Erwünschte sofort da. Spürbar, erlebbar. Es ist so real, wie es sein wird, wenn wir dann tatsächlich in diesem Haus wohnen werden. Nur halt mit dem Unterschied, dass noch mehr dazukommen wird. Spannend!" Aus der Perspektive des Flugzeuges sehe ich auch gut, was uns die Angst überwinden und diesen „riskanten" Weg gehen lässt: unsere Begeisterung, unser Humor, das Vertrauen, der Mut und das Einfach-Tun. Ganz, ganz wichtig sind auch die Momente, in denen Paul und ich auf derselben Energiewelle reiten. Das sind für mich die schönsten Momente, weil wir uns dann gegenseitig halten und ein Feld verstärken, in dem es keinen Platz für Angst oder Zweifel mehr gibt. Mir gefällt sehr gut, was ich aus dem Flugzeug heraus sehe, und ich wünsche mir „mehr davon, bitte! Danke!"

„Ja gut", meint mein kritischer Verstand, „und was, wenn diese Welle einmal nicht ausreicht? Wenn die Begeisterung verblasst und es sich herausstellt, dass ihr auf Sand gebaut habt?", und er trifft damit einen heiklen Punkt. Nicht nur er, sondern einige Menschen aus unserem Bekanntenkreis warnen uns vor einer Katastrophe und bekommen schon beim Zuhören Angst. Diese Bedenken sind sehr vernünftig, absolut gerechtfertigt und gut gemeint. Aber nicht hilfreich. Weder bieten sie eine echte Alternative, noch helfen sie uns da, wo wir wirklich Unterstützung brauchen können. Würden wir die Bedenken alleine übernehmen, ginge es mit unserem Projekt ganz sicher bergab, denn sie brächten keine Energie mit sich, die Wunder geschehen lässt.

„Das, was wirkt, sind wir. Unsere Präsenz. Unser Potential. Alles hängt davon ab, wie wir damit umgehen, was wir denken, was wir tun", denke ich, und es fühlt sich sehr gut an, auf dieser Energiewelle zu surfen. Und jetzt ist auch die Antwort auf die Frage meines kritischen Verstandes da: „Ja, du hast Recht. Wenn wir uns aus Angst von dem Projekt abwenden, wenn wir die Verantwortung an andere abgeben, wenn wir uns von der Freude trennen, würden wir auf

Sand bauen und alles würde einstürzen. Aber da wir das nicht wollen und auch nicht tun, bauen wir auf festem Boden. Es liegt an uns."

Der Rohbau, ohne Dachkonstruktion, steht. Die Rate für Oktober ist bezahlt. Das Geld unserer Freunde ist aufgebraucht. Mein Vater liegt im Sterben. Ich bin am Weg in die Wüste und bin mir ganz sicher, dass bei dieser Reise der nächste Puzzlestein auf mich wartet. Denn ich habe darum gebeten. Ich habe mich klar auf meinen größten Wunsch im Augenblick ausgerichtet: „Ich will bitte einen Beweis dafür, dass es einen Himmel gibt, der auf mich und alle schaut. Und ich will bitte die Angst vor dem Sterben verlieren, um ganz ich selbst sein zu können. Danke."

Die Gruppe besteht aus sieben Frauen. Wir werden von fünf Führern und zehn Kamelen begleitet. Es ist für alles gesorgt und ich weiß von Anfang an, dass es diesmal um die Hingabe geht und dass die Führung dieser Reise nicht bei mir liegt. Am zweiten Tag fliege ich in einem Rückwärtssalto vom Kamel, mit dem rechten Arm schütze ich beim Aufprall mein Genick und breche mir zwei Finger. Unsere Begleiter machen aus Lebensmitteln einen Gips und ich habe schon bald keine Schmerzen mehr. Tags darauf beginnt sich mein Darm zu reinigen und aus meiner Scheide fließt vollkommen überraschend Blut. Obwohl sich dieser Zustand auf der gesamten Reise nicht verändert, macht mir das gar nichts. Es tut mir erstaunlicherweise gut. Ich fühle mich leicht und frei und mit allem verbunden. Wochen später wird die Gynäkologin feststellen, dass die Zysten aus meiner Gebärmutter verschwunden sind.

Gegen Ende der Tour kommen wir an einer Stelle vorbei, wo es Funkkontakt mit der Außenwelt gibt. Hier erfahre ich durch eine SMS meines älteren Bruders, dass mein Vater einige Stunden zuvor verstorben ist. Ich telefoniere mit Paul und erfahre, dass es beim Bau des Hauses ein großes Problem mit der Dachkonstruktion gibt. Paul klingt einigermaßen verzweifelt und fragt mich, ob ich schon weiß, woher wir die nächste Rate in der Höhe von einigen zigtausend Euro bekommen könnten. Nein. Weiß ich nicht. Nachdem ich mich aus der Gruppe zurückgezogen und mich in Ruhe von meinem Vater verabschiedet habe, setze ich mich am Abend auf die höchste Düne in der Nähe unseres Lagers mit Blick auf die Sonne. Im Schneidersitz starre ich gebannt auf den untergehenden Sonnenball und wiederhole immer wieder: „Bitte, bitte, hilf mir! Bitte, bitte hilf mir!" Während ich auf ein Wunder warte, wie es Goldmarie im Märchen „Frau Holle" erlebt, meldet sich eine Stimme aus mir: „Wieso starrst du die ganze Zeit auf einen einzigen Punkt, wo dir doch der ganze Kreis mit seinen 360 Graden zur Verfügung steht?" Ich lache und sofort löst sich meine verkrampfte Wunderempfangshaltung auf. Jetzt wandert mein Blick staunend den Horizont entlang. Tatsächlich. Da ist ja so viel mehr, so viel mehr an Möglichkeiten. „Ich werde Greta anrufen, sobald ich zu Hause bin. Sie wird uns helfen können!", denke ich und spüre, dass sie das, was ich selbst (noch) nicht sehen kann, für uns sichtbar machen wird.

Und so ist es dann auch. Kaum zu Hause, rufe ich Greta an und bitte sie um Hilfe. „Ja, ich sehe, dass Ihr dringend Hilfe brauchen könnt!", sagt sie und bietet an, gleich am nächsten Tag zu uns zu kommen. Und jetzt geschieht für mich etwas Erstaunliches. Paul und ich hören zu, was Greta sagt, stellen Fragen. Es geht um Alternativen und darum, was wir tun können, um innerhalb der nächsten beiden Wochen zu der dringend benötigten Geldsumme für die nächste Rate zu kommen. Zu Beginn des Gespräches versuche ich, über Gedanken Ideen zu produzieren, und überlege, wer aus meinem Bekanntenkreis Geld hat, wen ich wohl darum bitten könnte, uns zu helfen. Doch sobald ein Gesicht vor meinem geistigen Auge auftaucht, kommt Scham hoch und ich denke mir: „Unmöglich! Du kannst doch nicht die Leute anbetteln. Was werden sich die denn von dir denken!" So arbeitet mein Verstand zwar auf Hochtouren, bleibt jedoch trotzdem auf einen sehr kleinen Vorstellungsraum begrenzt. Doch im Laufe des Gespräches spüre ich, wie ich immer mehr aus diesem Gedankenkreislauf herausgehoben werde und mich von ihm entferne. Mein Körper wird leichter, tritt gemeinsam mit dem Verstand in den Hintergrund und vor meinem geistigen Auge wird es weit und leer.

Greta verlässt uns wieder und wir fallen gleich danach beide in einen tiefen Schlaf. Als ich am nächsten Morgen erwache, befinde ich mich noch immer in diesem weiten, leeren Raum. Nur nicht mehr alleine. Ich sehe die Gesichter von einigen Freunden und denke mir: „Aha, das sind wohl diejenigen, die ich um Geld bitten soll!" Ich setze mich sogleich an den Computer und verfasse ein Schreiben mit der Bitte um Unterstützung. Es fällt mir ganz leicht, weil ich uns alle verbunden sehe, so wie wenn wir alle an einer Sache „arbeiten" würden, die unterschiedliche Ausprägungen hat. Heute brauchen wir Geld für das Haus, morgen braucht ein anderer Unterstützung für ein Vorhaben, übermorgen...

Zwei der sechs angeschriebenen Personen reagieren prompt auf meine Bitte und sind bereit, uns Geld zu borgen. Einfach so. Schnell, gerne und bedingungslos. Die beiden Beträge ergeben zusammen genau die Summe, die wir für die nächste Rate brauchen. Dankbar überweisen wir zeitgerecht an den Baumeister. Zwei Wochen danach erfahren wir von der Versicherung, dass sie uns den Kredit in der gewünschten Höhe bewilligt. Unser Aufatmen ist kilometerweit hörbar. Die zweite Etappe ist geschafft. Der Bau ist finanziell abgesichert. Für den Baumeister läuft alles wie vereinbart. Von den Geldbeschaffungsaktivitäten, die hinter seinem Rücken stattgefunden haben, weiß er nichts.

Eine neue Beziehung zu Geld

Ich sehe jetzt „Geld“ in einem vollkommen neuen Licht. Es hat seine Macht über mich verloren. Banken sind Banken. Finanzberater sind Finanzberater. Und ich bin ich. Und was unsere Kreditsituation anbelangt, so will ich jetzt eine Ordnung haben, die mit meiner Innenwelt kompatibel ist. Eine Ordnung, die sich gut anfühlt, weil sie „ehrlich“ ist und ohne doppelten Boden. Keine Spekulationen mehr, die einem konditionierten Verstand entsprungen sind und ohne Verbindung zum Herzen auszukommen meinen. Paul stimmt mir zu. Wir lösen den ersten Kredit der Marke „todsichere Spekulation“ auf, stornieren das aktiengebundene Ansparen und übergeben alles der Kreditabteilung der Versicherung zur Umwandlung in einen Eurokredit. Die Kooperation mit dem neuen Geldgeber ist einfach, klar und überschaubar und wir sind die ständigen Anforderungen der Bank, die lästigen Fragen und angstmachenden Kontrollen los. Eine Wohltat. Jetzt besuche ich auch unsere „Hausbank“, über die ich seit Studienbeginn meine Geschäfte abwickle und die uns bei unserer Suche nach einem Kredit eiskalt hat abblitzen lassen, und ich teile ihnen mit, wie sehr mich ihr Vorgehen betroffen gemacht hat.

Mitten in das Thema „Geld“ hineingegangen zu sein ist herrlich befreiend und stärkt mich sehr. Bis dahin war mir nicht bewusst, wie sehr dieses Thema mein Leben bestimmt hatte. Oberflächlich schien alles klar. Ich war es gewohnt, Geld zu verdienen, litt nie unter Knappheit, schaffte es immer irgendwie, zu kaufen, was ich wollte. Was ich allerdings nicht wusste, war, dass in mir Glaubenssätze wirkten, die mir Grenzen setzten: „Geld steht dir nur zu, wenn du hart dafür arbeitest. Große Wünsche kannst du dir nicht erfüllen, denn das Geld, das dafür gebraucht wird, kannst du nie erarbeiten. Folglich kannst du auch nie reich und ganz glücklich werden." Diese Glaubenssätze sorgten auch dafür, dass ich oft ein schlechtes Gewissen hatte, wenn ich für Arbeit, die mir leichtfiel und Spaß machte, Geld verlangte.

Meine Beziehung zu Geld erlebe ich jetzt bodenständig und sachlich und sehe, was es ist: eine menschliche Kreation. Meinen Wert messe ich nicht mehr daran, ob ich es habe oder nicht, ob es bei mir ist oder bei jemand anderem, ob vor der Summe am Konto ein Plus oder ein Minus steht. Ich werde immer so viel haben, wie ich brauche, um das zu tun oder zu lassen, was gerade dran ist in meinem Leben. Das weiß ich. Und ich habe ein gutes Gefühl dafür, was dran ist und was nicht. Außerdem eröffnet mir meine Kreativität täglich neue, spannende Wege, zu dem zu kommen, was mir und anderen Freude macht. Für das meiste davon brauche ich kein Geld. Schließlich geht es doch nie darum, ein paar bunte Scheine oder Münzen unterschiedlicher Größe in der Hand zu halten, sondern darum, was uns diese ermöglichen – oder auch, was sie verhindern.

Auch das Spielen mit Geld macht mir jetzt noch mehr Spaß als früher. Zum Beispiel, wenn ich einem Gefühl damit einen Wert geben soll. Wie beim Auspreisen meiner Bilder. „Wie viel soll dieses Bild kosten? Wovon mache ich seinen Preis abhängig?", frage ich mich und habe keine Ahnung, wie viel ich für ein Bild verlangen kann. Nach einigem Hin und Her sehe ich plötzlich ganz klar, dass ich mit Hilfe des Preises bestimme, welcher Wert einem Bild zukommen sollte. Und da sie für mich einen hohen Wert haben, weil sie die Energie transportieren, die ich bin, sollte ich ihnen auch einen Preis geben, der diesen Wert wiedergibt. Dann geht es nicht mehr darum, mit dem Preis meine künstlerischen Fähigkeiten im Vergleich zu anderen KünstlerInnen zu bewerten, um mir einen Platz auf diesem Markt zu geben. Es geht dann auch nicht mehr darum, mich nach dem zu richten, was sich „die anderen" denken könnten.

Interessanterweise fühlt es sich auch sehr gut an, Geld für etwas Lustvolles zu beschaffen, das es schon gibt, wie das neue Haus. Und das funktioniert erstaunlich gut. Das Haus selbst – als Ausdruck unseres Potentials – zieht das Geld an, das gebraucht wird, indem es uns den Raum und die Weite bietet, wir selbst zu sein und zu tun, was wir tun wollen. Wird es zwischendurch einmal eng, entstehen wie aus dem Nichts ungewöhnliche Lösungen und es geht wieder weiter. Erstaunlich und wahr. Auch mein Konsumverhalten hat sich durch das Haus verändert. Jetzt, wo ich an einem Ort angekommen bin, an dem ich mich rundum wohlfühle, weil er mir entspricht, brauche ich vieles, das mir früher sehr wichtig war – wie die neueste Mode, die besten Versicherungen, Mitgliedschaften bei diversen Vereinen, teure Reisen –, nicht mehr. Und das nicht aus Vernunft, weil ich ja das Geld dafür eh nicht hätte, nein, einfach weil ich kein Bedürfnis danach verspüre und keine Angst mehr vor dem „Was-wäre-wenn“ habe.

Die neu gewonnene Freiheit ist herrlich. Einen wirksamen Schlüssel für diesen erfolgreichen Wandel habe ich zu Beginn unseres Hausprojektes über Greta erhalten: „Denke immer daran, dass dir nichts gehört. Betrachte dieses Haus nicht als „dein“ Haus und mach dir bewusst, dass du es so wenig „besitzt“ wie das Geld und wie den Körper.“ Diese Perspektive erleichterte mich ungemein. Alles im Fluss zu sehen – Kommen und Gehen, Geben und Nehmen, Ich und das Ganze – brachte alles in mir ins Fließen und nahm dem Projekt die Schwere. Wann immer ich an diese Aussage dachte, half sie mir, meine Koordinaten wiederzufinden und mich dorthin zu stellen, wo mein Weg in Leichtigkeit und Freude weitergehen konnte. Und was für mich zuvor undenkbar gewesen war, weil ich es gar nicht anderes kannte, entwickelte sich still und leise zu einem riesengroßen Wunder: mein Leben rundum zu genießen, auch auf einem „Berg von Schulden“.

Der Weg dorthin, der mit Ehrenrunden für Gedanken wie „Oh Gott, oh Gott, wie soll das gehen? Jahrelange Rückzahlungen in schwindelnder Höhe! Hilfeee!“, gepflastert ist, ist zwar streckenweise sehr steinig, bleibt jedoch immer gerade. „Ausatmen! Ausatmen! Ausatmen!“, heißt die Übung, die uns weitergehen lässt. Ganz im Hier und Jetzt sein (wie man so schön sagt), den höchsten Gewinn für alle Beteiligten vor Augen haben und alle Gedanken radikal wegschicken sind weitere Übungen, die ich laufend praktiziere. Meist komme ich dann bald wieder heraus aus dem tiefen Tal, manchmal dauert es länger.

Der Herzenswunsch hat sich erfüllt

Der Hausbau verläuft erfolgreich und geradlinig, ohne Komplikationen und mit vielen freudvollen Ahs und Ohs. Die Aufgaben sind gut verteilt. Der Baumeister und sein Team erweisen sich als Glücksgriff und die Architektin achtet beim Bau auf wesentliche Details, die die Lebensqualität im Haus entscheidend verbessern. Es verläuft punktgenau so, wie wir es uns vorgestellt haben. Die Mehrkosten, die aufgrund unserer Wünsche entstanden sind, sind mit dem neuen Kredit auch abgedeckt. Meine Dankbarkeit für die Stimmen in mir und in Paul, die uns so hervorragend und punktgenau begleitet haben, ist riesengroß: „Ja, diesen Zusatz solltet ihr beauftragen. Er wird das Wohnen verbessern. Das Geld dafür wird da sein." oder „Nein, das braucht ihr nicht. Dafür solltet ihr kein Geld ausgeben."

Im März 2005 ziehen wir ein. Ein Mann. Eine Frau. Ein Hund. Eine Katze. Unser Sohn bleibt auf eigenen Wunsch in der Wohnung. Licht, Licht, Licht. Raum. Natur. Verbundenheit. Stundenlang sitzen wir an den unterschiedlichsten Plätzen im Haus, genießen die Stille, die Weite und die tiefe Freude über das gelungene Werk. Monate wird es dauern, bis dieses Wunder in jeder Zelle meines Körpers angekommen ist und es in mir genauso still, weit und hell sein wird wie in diesem Haus.

Das Fest, das bereits seit Monaten in meinem Gedankenkino als Dankbarkeitsritual zur Aufführung kommt, wird zur wirklichen Wirklichkeit. Alle Menschen, die uns direkt und indirekt auf diesem Weg begleitet haben, sind eingeladen, mit uns das Leben zu feiern. Einen der berührendsten Momente erlebe ich, als dann auch eines Tages meine gesamte Familie vereint in der großen Küche unseres neuen Hauses sitzt und miteinander lacht. „So habe ich es mir vorgestellt, damals, als das hier unmöglich schien. Alles ist möglich!", denke ich und freue mich riesig über das, was ich sehe.

Als wir bereits ein Jahr im neuen Haus verbracht haben und das geliehene Geld vollkommen aufgebraucht ist, will mein Wunsch nach einer Sauna nicht verstummen. Da dieser Wunsch im Kopf unter „Luxus" und „nicht leistbar" fällt, schiebe ich ihn immer wieder weg. Doch davon lässt er sich nicht beeindrucken. Es ist, wie wenn er sagen würde: „Ich bin ein wichtiger Baustein. Ich bin der Punkt auf dem I!" Und weil er mir keine Ruhe lässt, beginne ich, nach Möglichkeiten zu suchen, ihn zu verwirklichen. Ich kann gar nicht anders als mich – entgegen jeglicher Vernunft – nach den billigsten der billigen Varianten umzuschauen, und verschaffe mir einen Überblick über die Sauna-Angebote im Internet. Ich spreche mit Freunden darüber und mit Paul. Paul ist dagegen. Er braucht keine Sauna und erinnert mich immer wieder daran, dass kein Geld mehr da ist.

Doch ich bin noch so in Schwung mit dem Kreieren, dass mich nichts aufhalten kann. Nicht einmal meine eigenen Bedenken. Das erfolgreiche Hausprojekt hat ganz, ganz tief in mir eine Sicherheit verankert, die mir nichts und niemand mehr nehmen kann: „Wenn ich zulassen konnte, dass so etwas Großes und Unvorstellbares durch mich entsteht, dass ich Wunder in einem noch nie dagewesenen Ausmaß annehmen und durch meine Präsenz und meinen Willen erfolgreich mitgestalten kann, dann ist schlicht und einfach ALLES möglich." Diese Erkenntnis und das tiefe Vertrauen in meine kreativen Kräfte, die Teil eines unendlich kreativen Feldes zu sein scheinen, ist für mich der größte Gewinn dieses wundervollen Wandlungsprozesses.

Und jetzt scheint mir der Wunsch nach einer Sauna noch einmal in einem kleinen Ausmaß bewusstzumachen, wie das geht. Ich darf mir diesen Luxus noch gönnen und ich werde auch dafür Hilfen bekommen, denn der Wunsch entspringt aus einer Quelle in mir, die auf mein Wohlgefühl schaut, und nicht aus dem Gedanken: Ich will das unbedingt haben, weil es jeder hat. Langsam kommt auch Paul wieder in Fahrt. Er meint: „O.k., wenn du aus deinen Quellen Geld dafür auftreiben kannst, dann mach es halt!", und als ich ihm eine billige Version zeige, die ich ihm gegenüber vertreten könnte, meint er überraschenderweise: „Wenn schon, dann etwas Gescheites!" Und so kommt es dann auch. Woher letztlich das Geld für den Einbau der Sauna kommt, entzieht sich meinem Bewusstsein. Ich bin so konzentriert darauf, dass es gelingt, dass in meiner Wahrnehmung die Quellen, aus der das Geld dafür kommt, in den Hintergrund rücken. Es ist wie im Märchen „Frau Holle". Das Geld regnet aus dem Himmel. Ja freilich weiß ich, dass es über einen der üblichen Wege kommt! Aber es fühlt sich nicht so an. „Es ist nicht wichtig, zu verstehen, wie Wunder geschehen, damit sie geschehen", ist die Botschaft, die mir auf diesem Weg nachgeliefert wird.

Dankbarkeit und Würdigung als Schlüssel für erfolgreiches Kreieren

Mit der Fertigstellung des Hauses sind unsere Aufgaben als „Bauherren" allerdings noch nicht abgeschlossen. Die Darlehen müssen zurückgezahlt werden. Das Erbe in meinem Heimatort rückt jetzt wieder in den Fokus meiner Aufmerksamkeit und somit meine größte Herausforderung. Geht es doch hier um das Auflösen uralter Energien, um sogenannte „Werte", die mich sehr lange begleitet und mein Leben bestimmt haben.

Zum Beispiel „Besitz": ein großes Thema in meiner Herkunftsfamilie, unabhängig davon, ob es ums „Erhalten“ oder ums „Verschleudern“ ging. Darüber hinaus bestimmen „Blut und Boden“-Geschichten, die sich in diesem Teil der Welt in die Köpfe von Generationen eingebrannt haben, nach wie vor das Denken und Handeln der Menschen. Mit Worten wie „Heimaterde“ können sie heute auch noch im Unterbewusstsein weltoffener Menschen ihr Unwesen treiben. Und davon war ich ein Teil und bin es in Ansätzen auch noch. Ohne erklären zu können, warum, darf ich mich von diesem Land und von „meinem“ Erbe nicht trennen, und wenn schon, dann nur mit großen Schuldgefühlen.

Aus der Perspektive des „neuen Hauses“ – als Symbol für ein selbstbestimmtes und freies Leben – erlebe ich das Erbe meiner Großeltern immer mehr als etwas „Totes“, Vergangenes, das der gegenwärtigen Familie nicht mehr dient. Mir nicht, meinen Geschwistern nicht und auch nicht meiner Mutter. Diese schwere, belastende Energie umzuwandeln ist offensichtlich meine Aufgabe. Dass ich das Geld für das neue Haus brauchen kann, ist nicht der Kern der Geschichte. Würde diese Aufgabe in Kärnten nicht auf mich warten, käme es von woanders. Dessen bin ich mir mittlerweile ganz sicher.

In den letzten Monaten des Hausbaues und auch noch danach habe ich zu meiner Herkunftsfamilie keinen Kontakt, meine Schwägerin ausgenommen. Mein Vater ist tot und mit ihm ist für mich auch eine Art „verpflichtender Zusammenhalt“ weg. Es entlastet mich, nicht mehr ständig das Gefühl zu haben, von einem Moment auf den anderen alles liegen und stehen lassen zu müssen, um zur Verfügung zu stehen. Zuvor hielt ich bei jedem Anruf von zu Hause vorsorglich die Luft an: „Hoffentlich ist nichts Schlimmes passiert!“, dachte ich und wartete ängstlich auf die ersten Worte des Anrufers. Und das, obwohl sich in unserer Familie so gut wie nie etwas Dramatisches ereignete. Mit meinem Vater verließ für mich auch ein Großteil der Angst die Familie.

Es ist an der Zeit, mich auf den Verkauf des Erbes zu konzentrieren. In den dreißig Jahren, in denen wir drei Geschwister das Anwesen – ein kleines Bauernhaus mit Nebengebäuden auf einem Hektar Grund – zu gleichen Teilen „besitzen“, haben wir einzeln und miteinander einige Prozesse durchgemacht, die zu unterschiedlichsten mündlichen Vereinbarungen geführt haben. Der letzte Stand – aus meiner Sicht – ist der, dass ich den Teil mit dem Bauernhaus und den Nebengebäuden „besitze“, mein Bruder den Rest des Grundstückes und meine Schwester ein weiteres Grundstück im Ort, dessen Wert allerdings einer ist, der noch in der Zukunft liegt.

Auf Basis dieser Sichtweise sehe ich mich auch autorisiert, das Haus zu verkaufen. Und ein Drehbuch, das schon lange unsichtbar in einer Schublade gelegen hat, kommt zur Aufführung: Maria verkündet ihr Vorhaben. Opa (der ehemalige Besitzer) dreht sich im Grab um. Die Geschwister schweigen. Sie wissen nichts von diversen Vereinbarungen. Opa dreht sich wieder in seine Ausgangsposition. Maria beginnt mit unverbindlichen Vorarbeiten für eine Umwidmung der landwirtschaftlichen Fläche um das Haus in Bauland, um den Gewinn aus einem Verkauf zu erhöhen und bei einer Aufteilung unter den Geschwistern doch noch zu der von ihr benötigten Summe für die Kreditrückzahlung an die Freunde zu kommen: Grundwasserspiegelüberprüfung, Umwidmungsantrag, Einholen von Zufahrtsrechten, Expertengutachten,... Die zuständige Gemeinde zeigt sich nicht sehr kooperativ. Opa liegt entspannt im Grab. Die Geschwister äußern sich kritisch. Maria erkennt, dass es so nicht weitergeht. Mittlerweile ist ihr das Geld bereits vollkommen egal. Sie atmet tief durch und lässt alle mündlich und schriftlich getroffenen Vereinbarungen los. Sie weiß jetzt, dass dieses Projekt nur erfolgreich sein kann, wenn der höchste Gewinn für alle Beteiligten angestrebt wird. Opa in seinem Grab versteht die Welt nicht mehr. Muss er auch nicht. Die Welt hat sich verändert.

Nachdem ich die Entscheidung getroffen habe, alles loszulassen und mich auf den höchsten Gewinn für alle Beteiligten einzustellen, sehe ich auf einmal ganz klar, wie und wo der Weg weitergeht. Und auch wenn Paul und ich auf diese Weise nur ungefähr ein Drittel des Darlehens an unsere Freunde abdecken werden können, wartet der höchste Gewinn auf mich: Freiheit, Frieden und Zufriedenheit aller Beteiligten. Ich teile meine Entscheidung meinen Geschwistern mit und auch, dass ich bereit sei, den Verkauf in die Hand zu nehmen, wenn sie mich dazu beauftragen. Sie tun es. Plötzlich wird aus einem holprigen und steilen Weg mit einer Menge Hindernisse eine breite, gut ausgebaute Straße, die direkt zum Ziel führt. Ein Schritt ergibt den nächsten.

Wir entscheiden, dass wir das gesamte Anwesen mit dem Bauernhaus an Menschen verkaufen wollen, die wertschätzen können, was es bietet. Wir legen eine Verkaufssumme fest und beauftragen ein Immobilienbüro mit dem Verkauf. Wenns und Abers und Zweifel, die an uns herangetragen werden, nehme ich nicht auf. Ich bleibe ausgerichtet darauf, wie wir es haben wollen. Bald schon melden sich einige Interessenten bei der Maklerin. Eine Wiener Familie, die aufs Land auswandern will, erweist sich als ganz besonders interessiert.

Wir vereinbaren einen Besichtigungstermin. Ich begegne dem Vater dieser Familie im Hof des Bauernhauses. Wir schütteln uns die Hände. Die Szene ist mir sehr vertraut. „Davon habe ich doch erst vor Monaten geträumt!", denke ich mir, „da habe ich mich gesehen, wie ich genau an dieser Stelle einem Mann, der aussah wie mein Großvater, die Hand geschüttelt habe! Sowas!" Zwei Tage später erfahre ich, dass der Vater dieser Familie an demselben Tag Geburtstag hat wie mein Großvater. Sie kaufen das Anwesen zu dem von uns angegebenen Preis mit dem Gefühl, sich ihren Traum verwirklicht zu haben.

Mir fällt ein Fels vom Herzen. Ein Gefühl der Freiheit durchflutet mich, das ich noch nie gekannt habe. Es ist, wie wenn sich das letzte und größte Hindernis, mich ganz auf meine Kreationen konzentrieren zu können, aufgelöst hätte. „Jetzt ist der Weg zu mir selbst frei. Das, was sich mir jetzt noch in den Weg stellen kann, wird leicht wieder zu entfernen sein", denke ich mir und spüre es auch.

Mein Anteil am Verkauf geht direkt in die Tilgung des Darlehens. Jetzt, nach der Hälfte der Laufzeit, fehlen uns noch zwei Drittel für die Rückzahlung. „Woher nehmen wir die?", beginnt sich mein Verstand zu fragen. Ich stoppe die anlaufenden „Katastrophen"-Gedanken und bitte den Himmel um Hilfe. Das bedeutet, dass ich konsequent alle Gedanken ausatme, die mich in Panik versetzen könnten, und mich auf die Bitte konzentriere. Dann tauchen aus dem unsichtbaren Raum in mir und um mich Antworten auf. Ein Vorgang, den ich schon aus der Zeit des Hausbaues kenne. Komme ich alleine nicht mehr weiter, begebe ich mich in eine von Gretas Gruppen, die sich mittlerweile eines großen Zustroms erfreuen, und bekomme genau die Information, die mich den nächsten Schritt gehen lässt. Dort sehe ich auch, dass wir es ruhig noch einmal bei der Hypothekarabteilung der Versicherung versuchen könnten. Ich kontaktiere den Abteilungsleiter, der uns schon einmal so gut unterstützt hat. Er freut sich, von mir zu hören. Weniger erfreut ist er über mein Anliegen. Der bestehende Kredit sei ohnehin schon sehr hoch, er könne nichts versprechen, werde aber sein Möglichstes tun.

In den Tagen und Wochen bis zur Entscheidung des Kreditgebers bleibe ich an unserem Wunsch dran wie an einem Film, den ich parallel zu meinem gelebten Leben besuche. Da es in diesem Fall besonders wichtig ist, dass wir diesen Kredit noch bekommen, weil wir alles auf eine sachlich neutrale Ebene bringen wollen und weitere Bitten an Freunde daher ausschließen, bleibe ich besonders klar ausgerichtet. Und irgendwie scheine ich damit meine gesamte Umgebung energetisch aufzuladen, sodass mir die Zuversicht aus allen Ecken entgegenstrahlt. Und es wirkt, wie der weitere Verlauf zeigt.

Zwei Jahre sind mittlerweile nach dem Einzug in „unser" neues Haus vergangen. Zähe Verhandlungen und ausführliche Prüfungen unserer Zahlungsfähigkeit führen schließlich dazu, dass sich die Versicherung mit sichtlichem Bauchweh entscheidet, uns die erwünschte Summe zu geben. „Und verstehen Sie mich bitte nicht falsch, Frau Doktor, Ihre Bilanzen und Ihre Person spielen bei dieser Entscheidung keine Rolle. Wir geben Ihnen das Geld einzig und allein, weil die Firma ihres Mannes die nötigen Sicherheiten bereitstellen kann." Ich höre das und denke mir: „Macht nichts. Egal, wie sie ihre offensichtlich riskante Entscheidung rechtfertigen, wenn sie uns nur das Geld geben."

Ich selbst weiß ja, dass ich es bin, die die Energie, die Kraft und die „Sicherheit" einbringt, damit dieses Projekt auch erfolgreich über hohe Wellen gleiten kann. Ich bin es auch, die Paul dabei unterstützt, auch seine geistigen Kräfte zu mobilisieren. Ich bin es, die verbunden ist mit der Fülle, die uns das Leben bietet. Dass der Kreditgeber diese Funktion wahrnehmen kann, ist nicht notwendig und wohl auch nicht möglich. Dass er Entscheidungen trifft, die davon beeinflusst werden, sehr wohl. Dass es zwischen ihm und uns eine Verbindung gibt auf dem Weg, wie wir diesen Traum verwirklichen, liegt für mich ganz klar auf der Hand. Würde ich ihm das erklären, könnte er es nicht verstehen. Denn zu verstehen gibt es nichts.

Gut so. Der Himmel macht es. Wir bekommen das Geld und geben es gleich an unsere Freunde weiter. Es ist ein unglaubliches Gefühl, dass wir dieses und die beiden anderen Darlehen von Freunden, die uns aus freiem Herzen den Baustart und den reibungslosen Ablauf ermöglicht haben, ein Jahr früher als vereinbart zurückgeben können. Das zu schaffen fühlt sich sehr wichtig und richtig an. Die tiefe Dankbarkeit, die ich für diese Hilfe empfinde, gab mir die Kraft, alles zu tun, was getan werden musste, um das Geld aufzutreiben. Obwohl es schwierig war und uns in große emotionale Turbulenzen versetzt hat, spüre ich sehr genau, dass es darum geht, diesen Geschenken den höchsten Wert zu geben, indem wir unsere Vereinbarung einhalten.

So ehrt unsere Dankbarkeit die Menschen, die bereit waren, zu helfen, sie ehrt das Projekt und sie ehrt letztlich auch uns selbst. Sie ehrt und erdet und verschafft uns einen festen Boden unter den Füßen. Das Erreichte wird noch sichtbarer, noch wirklicher, noch kraftvoller. Jetzt haben wir „nur mehr" Schulden bei einem Kreditgeber, einem offiziellen. Alles ist klar geregelt, steht auf einem guten Boden und ist überschaubar. Auch dafür sind wir dankbar und bitten den Himmel, dass er uns weiterhin dabei unterstützt, den Vereinbarungen nachzukommen. Diese Ausrichtung, diese Bitte ist wichtig. Sie fühlt sich an wie eine Art Klammer, die die Jahre der Kreditrückzahlungen in ein lichtvolles Feld stellt und so die Anforderungen mit der Erfüllung verbindet. Dass es so ist und wie kraftvoll diese lichtvolle Schutzhülle ihre Wirkung entfalten kann, zeigt sich schon einige Monate nach der Zusage für den zweiten Kredit.

Und weiter geht's

Mittlerweile habe ich meine Praxis in das Haus verlegt. Ich biete Supervisionen an, sofern die Teams bereit sind, zu mir zu kommen, mache Coachings für Firmen und beginne gerade damit, „impulsKREISE" zu veranstalten. Offene Selbsterfahrungsgruppen, die die Teilnehmenden auf ihrem Weg zu sich selbst unterstützen. Paul arbeitet nach wie vor auswärts in einer Kleinstadt, wo sich seit zwanzig Jahren seine Firma, ein kleines Unternehmen im Bereich der Pflanzenbiotechnologie, befindet.

Vor und während des Hausbaues hatte ich immer ein kraftvolles, großes Bild vor meinem geistigen Auge: *Das Haus ist ein lichtvoller Ort, an dem spielerisch und leicht neue, kreative Projekte entstehen und in dem es ganz selbstverständlich ist, erfolgreich zu „arbeiten". Zwischen dem Haus und mir und dem Haus und allen Menschen, die sich darin aufhalten, besteht eine inspirierende Beziehung. Außenwelt und Innenwelten spielen und korrespondieren laufend miteinander mit dem höchsten Gewinn für alle Beteiligten. Paul und ich leben und arbeiten fröhlich dahin, Menschen kommen vorbei, genießen den Ort und machen bei dem einen oder anderen Projekt mit. Viele neue und kreative Impulse gehen von hier in die Welt hinaus.* Dieses Bild hat mich im Prozess des Entstehens sehr gut begleitet.

Vier Monate nach Abschluss unseres Gerade-noch-Kredites bin ich bei einem Seminar in Linz. Paul ruft mich in der Früh an und sagt: „Die Firma ist heute Nacht abgebrannt. Und weißt du, was komisch ist? Ich kann nicht sagen, ob das gut oder schlecht ist!" „Wusch! Das geht dahin!", denke ich mir. Seit

Monaten jammert Paul, dass er unzufrieden ist mit dem, wie die Firma läuft. Seit Monaten redet er davon, aussteigen zu wollen aus der Kooperation mit den beiden anderen Firmeninhabern. Seit Monaten schickt ihm sein Körper ein heftiges Symptom nach dem anderen. Seit Monaten denke ich, dass er so nicht mehr lange weitermachen kann. Seit Jahrzehnten ist er es gewohnt, seine Bedürfnisse zu übergehen und seine Liebe und sein Schöpfertum der Pflicht unterzuordnen. Halleluja! „Heftig, aber gut", denke ich mir, „jetzt muss sich alles bewegen."

Das Feuer hat nur ein paar Stunden gebraucht, um die „sichere" Basis, auf die der Kreditgeber gebaut hat, restlos zu zerstören. Als er davon erfährt, trifft ihn das hart. „Das Schlimmste" in seinen Augen zeigt sich aber erst Tage danach: Das Firmengebäude war weit unter seinem Wert versichert. Was für den Kreditgeber eine Katastrophe ist, ist für Paul ein Segen. Es steht kein Geld zur Verfügung, das Unternehmen, in dem er nicht mehr sein will, wieder aufzubauen.

Für Paul beginnt jetzt ein sehr schmerzvolles und sehr erfolgreiches Jahr der Erneuerung. Auf allen Ebenen. Seine Entwicklung mündet letztlich darin, dass er – vom Ballast befreit – die Firma in einer kleineren Version alleine weiterführt und ihren Standort in das neue Haus verlegt. Und wieder trifft etwas ein, das wir uns gewünscht und beim spielerischen Planen vorausgesehen haben: Wir leben und arbeiten in einem lichtvollen, lebensbejahenden Haus, das uns dabei unterstützt, unser Potential zu entfalten. Ich, du, wir. Hund, Katze, Maus. Alles geht sich aus.

Da ich selbst von dem, was wir laufend erleben, überwältigt bin und es „nicht glauben kann", was da alles wie von alleine geschieht, wie ein Wunder auf das nächste folgt und wie alles punktgenau auf unsere Wünsche abgestimmt erscheint, erzähle ich eine Zeitlang begeistert allen, die es hören wollen, davon. Ich will es teilen, will das Ungeheuerliche nicht alleine mit mir herumtragen, will mich ausdehnen damit, um es auszuhalten. Und was geschieht? Ein konditionierter Verstand nach dem anderen antwortet mir: „Was? Wie hoch ist der Kredit, den ihr monatlich zahlen müsst? Hast du dir schon einmal überlegt, was das heißt? Ich möchte nicht in eurer Haut stecken!" „Ach so! Du hast ja etwas geerbt! Na ja, dann! Ich hab' nichts geerbt. Leider!" „So ein Glück, dass ihr so reiche Freunde habt!" „Ach Maria, du hast es ja leicht! Du bist nicht allein. Du hast ja einen Mann, der dich erhalten kann. Kein Wunder, dass sich dann sowas ausgeht!" Diese Aussagen treffen mich mitten ins Herz. „Das kann doch nicht wahr sein!“, denke ich mir. „Sehen die Menschen denn nicht, was hier wirklich geschieht? Sie wischen mit einem Satz die Wunder vom Tisch, knallen vor ihrer Nase Türen zu, die ich Schritt für Schritt mutig und neugierig geöffnet habe, und schlagen meine Einladung aus, mit mir durch sie hindurchzugehen.“ Und jetzt lasse ich mich davon auch noch beeindrucken, bin bereit, ein schlechtes Gewissen zu bekommen und mich für die Wunder zu rechtfertigen.

„Was passiert da eigentlich? Was machen manche Menschen aus meinen Schilderungen?“, frage ich mich, nachdem meine Verteidigungsrede abgeklungen ist. „Warum können sie nicht sehen, was hier geschieht? Warum können sie es nicht wahrhaben, dass sich auch ihre Wünsche erfüllen können? Dass auch in ihnen ein kreatives Potential steckt, das der Himmel mit Freuden unterstützt, wenn sie ihn lassen?“

Doch was auch immer die Antwort auf die Frage, was Mitfreude verhindert, sein könnte, ich will sie nicht mehr wissen. Ich will mich damit nicht mehr beschäftigen. Es ist anstrengend und führt zu nichts. Erlebe ich hingegen, dass sich jemand frischfröhlich frei mit mir freut, ist das ein unvorstellbar schönes Gefühl. Es ist, wie wenn wir gemeinsam einen Raum betreten, in dem uns unvorstellbare Wunder erwarten. Diese gemeinsam zu erleben macht sie noch schöner, noch größer und noch wirksamer und stellt uns mitten hinein in ein Leben, das wir uns, wenn es nach mir geht, alle wünschen sollten. „Mitfreude“ erlebe ich daher wie die Eintrittskarte in eine Wunderwelt, die zugleich von ihr erschaffen und laufend durch sie erweitert wird.

8

Vom Überlebensmodus in das schöpferische Sein

Über die Rolle der Tochter zur Einzigartigkeit

Im Oktober 2004, als sich das Hausprojekt in seiner kritischsten Phase befindet, und ich dabei bin, ein Seminar in die Tunesische Wüste vorzubereiten, verschlechtert sich der Gesundheitszustand meines Vaters dramatisch. Er wird in ein Krankenhaus überstellt, das von Nonnen geführt wird. Hier fühlt er sich wohl, wie er mir berichtet. Besonders in der Obhut einer älteren geistlichen Krankenschwester. Keiner kann sagen, wie lange er noch am Leben sein wird. Ich weiß nicht, ob ich fahren oder bleiben soll. Beides erscheint mir gleichwertig. Stelle ich mich darauf ein, erlebe ich die Verbindung zu meinem Vater so tief und so weit, dass sie weder vom Leben noch vom Sterben berührt werden kann. Auch zur Reise hin spüre ich eine starke Verbindung. Sie zeigt sich mir als „nächster Schritt" auf meinem Weg. Ich entscheide mich, zu fahren. Meinen nächsten Besuch bei meinem Vater gestalte ich in dem Bewusstsein, dass es unser letztes Zusammenkommen sein könnte.

Für die geplante Reise habe ich mir gewünscht, einen Beweis dafür zu bekommen, dass es einen „Himmel" gibt, der größer als der Tod und größer als das Leben ist. Und schon beim Betreten der Wüste spüre ich etwas sehr Vertrautes. Das Gefühl tiefer Verbundenheit, wie ich es aus der Beziehung zu meinem Vater kenne, scheint sich jetzt auf meine gesamte Wahrnehmung auszudehnen. Ich erlebe mich selbst als Teil eines großen, liebevollen Ganzen, das von der Weite und der Leere der Wüste verstärkt wird. Das Wort „Hingabe" kommt mir in den Sinn und ich ahne bereits, was auf mich zukommt. Es ist die Reise, bei der sich mein Körper von altem Ballast befreit und ich die Kontrolle über ihn und über mein Verhalten so gut wie ganz aufgebe.

Gegen Ende der Tour, als wir bei der hohen Düne vorbeikommen, wo mich die Nachricht meines Bruders über den Tod unseres Vaters erreicht, hat sich mein Körper mit Hilfe der Wüste bereits runderneuert. „Vater ist heute um fünf Uhr früh im Krankenhaus verstorben.", steht auf dem Display meines Handys. Erstaunlich gefasst lese ich diese Nachricht und kehre wieder in die Gruppe zurück. Ich bitte die Führer um eine längere Mittagspause, informiere die Teilnehmerinnen und ziehe mich in den Schatten eines Busches zurück. Ich lege mich hin, schließe die Augen und stelle mich auf meinen Vater ein. Bilder aus meiner Kindheit und Jugendzeit kommen hoch und es tut so schrecklich weh, begreifen zu müssen, dass es diese Person nicht mehr gibt, nie mehr geben wird. Nie mehr wieder werde ich meinen Vater anfassen, mit ihm lachen und reden können. Nie mehr! Die Trauer trifft mich mit voller Wucht.

Als ich meine Augen wieder öffne, taucht hinter dem Tränenschleier ein kleiner Vogel auf. Er sitzt auf einem Zweig des Buschs, unter dem ich liege, und schaut mich an. Plötzlich fliegt er hoch und setzt sich auf einen Zweig über meinem Kopf. Jetzt hat er meine volle Aufmerksamkeit. Das scheint er zu bemerken, denn er zwitschert ganz aufgeregt. Nach ein, zwei Minuten hebt er noch einmal ab und landet mitten auf meiner Brust. Ein Damm bricht in mir. Die Tränen fließen in einer Mischung aus Trauer und Freude. Von tief in der Mitte meines Körpers ausgehend fühle ich eine Verbindung bis weit über die Erde hinaus, ausgedehnt und weit. Langsam und schrittweise formen sich Gedanken in mir wie: „Alles das ist mein Vater. Alles das bin auch ich. Wir sind verbunden. Alles ist verbunden. Nichts verschwindet für immer. Es wandelt sich. In Energie. Alles ist durchdrungen von Energie." Ich spüre meinen Vater als eine unendlich ausgedehnte Energiequalität. Er und ich, wir sind wohlig eingebettet in einem nährenden und lichtvollen Feld ohne Anfang und ohne Ende, und als Name für dieses Feld taucht das Wort „Liebe" in mir auf. Ich spüre die Begrenztheit meines Körpers, spüre, wie er sich plagt, diese kraftvollen Energien aufzunehmen und sich auszudehnen. Das und vieles mehr spüre und sehe ich, während der Vogel auf meiner Brust steht und die Verbindung zwischen mir und diesen Erscheinungen zu halten scheint.

Ich weiß jetzt, dass es den „Himmel" gibt, und ich weiß, dass er mir gerade den Wunsch erfüllt, den ich an diese Reise geknüpft habe. Ich weiß auch, dass ich dieser Himmel bin, wie mein Vater und wie wir alle, und dass wir in ihm gut aufgehoben sind. Ich weiß jetzt, dass es kein Ende gibt. Kein Ende der Verbundenheit, die wir „Beziehung“ nennen. Kein Ende von dem Leben, das wir „Energie“ nennen. Vaters Tod hat es mir ermöglicht, das zu erfahren.

Nach einer gefühlten Ewigkeit hüpft der kleine Vogel von meinem Brustkorb auf den Boden neben mir, dreht sich ein paarmal im Kreis, fliegt auf einen Zweig des Buschs und ist dann plötzlich wieder weg. Ich liege noch eine Zeitlang alleine, lasse die Tränen fließen und bin auf eine vollkommen neue Art glücklich und komplett erschöpft.

Ich entscheide mich, nicht zu dem Begräbnis zu fliegen, sondern mich auf meine Art zu verabschieden. Am Tag des Begräbnisses sind wir bereits am Meer. Ich lege mich zur vereinbarten Uhrzeit an den Strand, schließe die Augen und stelle mir vor, dass ich zu Hause unter der trauernden Gemeinde bin. Schritt für Schritt gehe ich die Rituale durch, verbunden mit Vater und der Liebe. Es fühlt sich sehr gut an, mich so von ihm zu verabschieden.

Wieder zurück in Wien, setze ich mich mit meinen – beim Sturz vom Kamel gebrochenen – Fingern, die interessanterweise wehtun, seit ich mich wieder in der Nähe von Krankenhäusern aufhalte, ins Auto und fahre in meinen Heimatort, um das Grab meines Vaters zu besuchen. An diesem Tag ist es stark bewölkt. Die drei Stunden Fahrt verbringe ich unter einer dichten Wolkendecke. Um in mein Heimattal zu kommen, in dem sich auch der Friedhof befindet, fährt man von einer Art Hochebene auf Serpentinen hinunter. Als ich am Ende der Hochebene um die erste Kurve biege, von der sich der Blick ins Tal erstreckt, erblicke ich an einer Stelle ein kleines Wolkenloch, durch das die Sonne strahlt. Als mir bewusst wird, dass der Ort, der von den hellen Strahlen erleuchtet wird, der Friedhof ist, muss ich stehen bleiben, weil meine Hände zittern. „Danke“, sage ich dem Himmel. „Danke, jetzt bin ich mir ganz sicher, dass es dich überall gibt!“

Ich bin meinem Vater, dem Himmel und mir selbst für diese Erfahrungen unbeschreiblich dankbar. Dass es uns beiden möglich war, einen runden und bereichernden Abschied zu gestalten, zählt zu meinen größten Wundern. Und das nicht nur, weil sich damit das Rätsel von alleine gelöst hat, das mich – die Beziehung zu meinem Vater betreffend – immer schon beschäftigt hat: Was ist so stark, dass es in der Lage ist, „Fehler“, Kampf, Enttäuschung, Angst und Ärger zu überwinden und – davon unbeeindruckt – zwei Menschen Verbundenheit erleben zu lassen? Was kann von einem Moment auf den anderen Leid und Trauer vergessen machen und (alte) Wunden heilen? Was ist größer als das Leben und größer als der Tod?

Meine Antwort darauf ist jetzt: „Liebe“. Liebe ist die Qualität, die das, was ich „Himmel“ nenne, ausfüllt. Bin ich mit „dem Himmel“ verbunden, erfahre ich „Liebe“: wohlige Stille, körperloses Fließen, tiefe Freude und Weite, Weite, Weite. Ich fühle mich gehalten, voll von bunten Möglichkeiten und bin ganz sicher, dass alles gut ist so, wie es ist. Mit dieser „Form“ der Liebe bewege ich mich nicht mehr nur auf einer Bühne, sondern in einem weiten, hellen Raum, der kein Ende zu haben scheint. Mein Wirklichkeitsraum umfasst jetzt alles, was ich jemals getan, gedacht, gehofft, gefühlt, gewollt, erwünscht und kreiert habe. Und er beinhaltet alles, was ich noch vorhabe, noch genießen werde und was durch mich auf die Erde kommen will.

Ich bin mir jetzt ganz sicher, dass ich als Liebende auf die Erde gekommen bin. Und ich kann zurückschauen auf mein Leben, bis ganz zum Anfang. Ohne Angst und Zorn. In Liebe. Ich sehe die kleine neugierige Maria, die Tochter, die Schwester, das Mädchen. Und ich sehe als Nächste meine Mutter. Ich sehe, wer sie wirklich ist hinter der Arbeit und der Angst, ob sich wohl alles für sie und ihre Familie gut entwickeln wird, ob ihre Kinder zu glücklichen Menschen heranwachsen werden und ob das Glück auch für sie noch etwas übrig haben und ihr ihre Träume erfüllen wird. Trotz enttäuschter Hoffnungen hegt und pflegt sie ihre Träume. Wie ein Film laufen diese neben einem Alltag ab, der ihr kaum Raum lässt, auf sich selbst zu schauen. „Wenn ich einmal Zeit haben werde, werde ich…“ „Wenn ich nicht mehr arbeiten muss, mache ich…“, lässt sie mich bei jeder Gelegenheit wissen, was sie alles tun und erleben wird, wenn „das hier vorbei ist“. Kraftvolle und lustvolle Bilder heben sie weit über ihren stressigen Alltag hinaus. Und sie scheint eine klare Vorstellung davon zu haben, wann das Wenn zum Jetzt werden darf. Nach ihrer Pensionierung und nach dem Tod ihres Mannes, meines Vaters, beginnt ein vollkommen neues Leben für sie. So, wie sie es sich immer erträumt hat.

Sowohl meine Mutter als auch mein Vater haben mich wohl am meisten dann etwas gelehrt, wenn sie am wenigsten daran dachten. Das, was im Laufe der Jahre durch ihren eigenen Wandel, durch die Veränderungen, die sie sich zu ihrem Wohle erlaubten, sichtbar wurde, war für mich das größte Geschenk, das sie mir machen konnten. Und die Freiheit, die sie mir ließen, damit ich meinen Weg gehen konnte. Dass ich auf diesem Weg lange Zeit darauf gewartet habe, dass sie mir „Liebe“ geben, brachte mir einige schmerzvolle Ehrenrunden ein. Bis zu dem Tag, an dem mir bewusst wurde, dass ich in der falschen Richtung nach einer Liebe gesucht hatte, die mir kein anderer Mensch geben kann. Dass ich sie überhaupt suchte, war ein Zeichen, wie sehr ich mich in meiner Vorstellung mittlerweile von diesem Wohlfühlraum, der immer da war und da ist, entfernt hatte. Erstaunlicherweise hatten mich genau die Gedanken, die mir vorgaben, dass ich „Liebe haben will (und nicht bekomme)", immer mehr von ihr getrennt und in mir eine verkümmerte Version von „Geliebtwerden durch Anerkennung und Leistung" entstehen lassen und mit ihr auch die Abhängigkeit von anderen Menschen. Unglaublich und unglaublich kompliziert!

Hals über Kopf verließ ich nicht zuletzt auch deswegen mein Elternhaus und nahm unter anderem einen Traum mit, der sich mir erst vierzig Jahre später offenbart, als mich mein Sohn auf eine spontan organisierte Reise mitnimmt: *Ich will? Ich soll? Ich muss verreisen. Was davon zutrifft, ist unklar. Es ist eine Mischung von allem. Ich reise alleine. Die Reise führt mich an einen Ort, an dem ich noch nie war. Der Reisezeitpunkt passt mir nicht. Zu Hause ist viel zu erledigen. Ich bin hin- und hergerissen, komme nicht zum Kofferpacken, vergesse den Pass, renne verwirrt durch die Gegend, bin sicher, dass ich etwas Wichtiges vergessen werde, will nicht weg. Oder doch? Die Zeit drängt. Wo ist mein Koffer? Wo das Flugzeug? Oh Gott, die Papiere! Ich schaffe das nicht! Ich schaffe das nicht!*

Soweit der Inhalt, wie ich ihn in unzähligen Träumen erlebt habe. Doch in der Nacht vor meiner Entscheidung, ob ich mit meinem Sohn mitfahren soll oder nicht, träume ich ihn an der Stelle, an der er bis jetzt immer geendet hatte, weiter: *Ich irre auf einem Gelände mit vielen Gebäuden herum, doch nirgends finde ich den Schalter, bei dem ich mein Flugticket bekommen soll. Da tauchen Helfer auf. Paul drückt mir ein wunderschön in Plastik eingeschweißtes Ticket in die Hand. Eine Freundin borgt mir ihre warmen Socken. Im Koffer fehlen Kosmetika, Schuhe, Hosen. „Du kannst dir ja in Russland etwas zum Anziehen kaufen", höre ich jemanden sagen. „Womit?", frage ich. „Hier nimm das Geld!", sagt jemand anderer und drückt mir eine dicke Geldbörse in die Hand. „Beeil dich!" „Das geht nicht, das schaffe ich nicht alleine, es ist so anstrengend!", denke ich und steige in das Flugzeug.*

Langsam werde ich munter. Das Gefühl, das der Traum in mir ausgelöst hat, sitzt mir in den Knochen. Ich spüre jeden einzelnen Muskel, alles tut weh. Ich will mich nicht umdrehen, weil ich Angst habe, dabei den Kopf zu verlieren. Lose und unverbunden fühlen sich die einzelnen Körperteile an. „Das bin doch ich. Die Maria von damals, die sich alleine aufgemacht hat in die weite Welt!", denke ich mir und es tauchen Bilder aus mir auf, die mich beim fluchtartigen Verlassen meines Heimatortes zeigen. „Wer geht da eigentlich weg? Wer will in die große, weite Welt?", frage ich mich. „Die große Maria geht. Und die Kleine? Die Kleine, die vielleicht noch gar nicht so weit ist, wo bleibt die?", frage ich mich und mit einem Mal wird mir klar, wie hungrig die Tochter in mir noch war, während ich nicht schnell genug von zu Hause wegkommen konnte. Hungrig nach Liebe und danach, gesehen zu werden, war sie und noch sehr lange überzeugt davon, dass „Mutti und Vati" dafür zuständig seien. Und das, wo die Große in mir längst schon wusste, dass das nicht möglich ist. Es erstaunt mich ganz besonders, wie erst jetzt, wo ich mich eingebettet in ein wundervolles, kreatives und liebevolles Feld erlebe und satt, Kränkungen aus dem Körper ausgeschwemmt werden, die offensichtlich noch seit meiner Kindheit dort gespeichert waren.

Der Blick zurück in Liebe macht jetzt wohl möglich, dass sich auch das noch zeigt, was am stärksten mit Scham belegt war. Allein die Vorstellung, dass ich ja um Liebe und um Zuwendung hätte bitten können, jagt mir kalte Schauer über den Rücken. Nie im Leben hätte ich mich einer nicht abschätzbaren Reaktion auf so ein starkes Grundbedürfnis ausliefern wollen. Wäre ein entsprechender Versuch schief gelaufen, wäre ich wohl in einem Ausmaß verletzt worden, das viel schlimmer gewesen wäre als das Warten darauf, gehalten, gesehen und bestärkt zu werden.

Wo hätten denn meine Eltern die Freiheit, bedingungslos zu lieben, erfahren sollen? Woher die Gelassenheit, sich nicht darum zu kümmern, „was die anderen sagen werden"? Gemessen an der Beziehungsgestaltung und an den Ängsten ihrer Vorfahren ist ihnen ja ohnehin einiges gelungen. Dass sie das, was sie selbst als Kinder erlebt haben, nicht unreflektiert an uns weitergegeben haben, war für mich schon ein großes Geschenk. Sie hatten das Verhalten ihrer Eltern in Frage gestellt, also durften wir es auch. Zumindest in Gedanken.

Mein Blick zurück in Liebe macht mich auch darauf aufmerksam, dass hinter dem, was ich bis jetzt als meine Vergangenheit sehen konnte, noch etwas steckt, das mir mehr über die Tochter erzählen kann, als mir bis jetzt bewusst ist. Erfahrungen, die von der Angst und der Scham im hintersten Winkel meines Kopfes versteckt worden waren. Diese zu entdecken, dabei hilft mir ein Clownworkshop.

Ein wesentlicher Aspekt einer Clown-Figur ist das Großmachen. Emotionen wie Freude, Trauer, Wut werden „übertrieben" ausgedrückt. Wir machen eine sogenannte „Biografieübung". In der Figur des Clowns erzählen wir Geschichten aus unserer Kindheit. Ich beginne, vom Leben auf dem Land zu erzählen, und lande schließlich bei meinen beiden Großmüttern. „Mädchen, die pfeifen, und Hühnern, die krähen, soll man beizeiten die Hälse umdrehen!", höre ich mich sagen und spüre in dem Moment die Schläge auf den Mund, die mir meine Großmutter verpasste, während sie mich belehrte. Dann höre ich mich davon erzählen, wie ich meiner zweiten Großmutter schildern musste, wer bei der hundertfünfzig Meter entfernten Haltestelle auf den Bus wartete und was diese Personen anhatten. „Was? Die? Schon wieder? Was macht die so oft in der Stadt? Wie? Ein rotes Kleid? Ich möcht' nicht wissen, woher die das Geld für ihre modischen Fetzen hat. Von ihrem Mann sicher nicht, der hat ja zwei linke Hände!"

Zorn kriecht hoch in mir. Am liebsten würde ich schimpfen, schreien, fluchen und alles auskotzen. „Das tut man nicht!", sagt mein Verstand, und ich reiße mich wieder zusammen. Für meine Verhältnisse habe ich mich ohnehin schon sehr über den Tellerrand gewagt, allein indem ich davon erzählt habe. Ich bin fix und fertig. Im Anschluss an meinen Auftritt meint der Leiter: „Das muss ja schlimm für dich gewesen sein. Du kannst die Erzählung noch viel größer machen. Du musst deinen Zorn und deinen Ekel auf der Bühne herauslassen. Wenn du das nicht tust, bleibt er in uns stecken. Lässt du deinen Emotionen freien Lauf, befreist du auch uns."

Am Tag danach bin ich immer noch erschöpft. Die Muskeln schmerzen wie nach einem Marathon. Langsam wird mein Kopf wieder klar und ich sehe, dass sich das Kind in mir ganz freispielen will. „Aber nützt Zorn überhaupt dem Wandel? Ist es nicht besser, zu verzeihen?", frage ich mich verwirrt. Weiter komme ich nicht, denn plötzlich sprudeln die Antworten aus mir: „Das Mädchen will sich befreien von Wut, von Ekel, von Trauer, von der Zurückhaltung, vom Gefügigsein, vom Glaubenwollen, vom Vertrauenwollen, vom Hilfesuchen, vom Widerstand, vom Zweifel. Sie will sich freuen, will glücklich sein und sich geliebt fühlen. Sie will sich nicht mehr verstecken hinter dem Verzweifeltsein-Müssen, hinter dem Bitte-und-danke-sagen-Müssen und dem Abwarten-Müssen. Sie will getröstet werden, will sich nicht täuschen lassen, will wissen und sich zeigen dürfen. Die Tochter versteckt sich hinter den geweinten und nicht geweinten Tränen und hinter den nicht erwiderten Gefühlen. Sie versteckt sich hinter den Versuchen, zu lieben, hinter dem Aushalten von Lügen, hinter dem So-tun-als-ob, hinter dem „Verstehenwollen und nicht können". Sie versteckt sich hinter der Hoffnung, dass alles das einmal ein Ende hat. Das Mädchen hätte verziehen, hätte mitgeweint und mitgelacht, hätte ihr Herz für den Schmerz, der in den Augen ihrer Eltern und ihrer Großeltern sichtbar war, geöffnet, hätte getröstet und sich trösten lassen. Sie hätte die Liebe, die in ihr war, strömen lassen, hätte die Freude, die in ihr war, geteilt, hätte die Hoffnung, die sie leitete, weitergegeben. Dafür und für vieles mehr war sie auf die Welt gekommen. Doch sie traf auf Menschen, die schmerzhafte Erfahrungen durchgemacht hatten und bereits als Kinder von der Erfahrung der Liebe abgeschnitten worden waren. Ihre Erfahrungen hatten sie hart gemacht. So wie mich auch."

Schmerzlich wird mir bewusst, dass auch ich letztlich die kleine Maria vergessen habe. So sehr, dass ich sogar noch zu Beginn dieses Buchprojektes davon ausgegangen war, dass die Rolle der Tochter für meinen Weg vom Überlebensmodus in den Schöpfermodus eine unwesentliche sei. So unwesentlich, dass ich nicht vorhatte, darüber zu schreiben. Heute weiß ich auch, warum. Die Geschichten aus meiner Kindheit hatten mir bereits große Dienste geleistet. Oft und oft hatte ich sie erzählt. Sie hatten mir geholfen, zu verstehen und Bruchstücke zu einem erlebbaren Ganzen zusammenzufügen. Sie hatten mir geholfen, Abstand zu schmerzvollen Erlebnissen herzustellen und den Humor als heilende Kraft in meinen Alltag zu holen. Später, als ich schon ein eigenes Leben fernab meines Heimatdorfes führte, dienten sie mir dazu, in Selbsterfahrungsgruppen und Beratungen seelischen Ballast abzuarbeiten. Kein Wunder also, dass ich dachte, damit fertig zu sein.

Der Auslöser, der mich mit den Ereignissen aus meiner Kindheit wieder in Kontakt brachte, war der Roman von Joachim Meyerhoff „Wann wird es endlich wieder so, wie es nie war". Als ich ihn zu Ende gelesen hatte, ratterten alte Geschichten mit neuen Fragen durch meinen Kopf. Die Figur des Vaters in diesem autobiografischen Roman erinnerte mich sehr an meinen Vater, an seine Affären, an sein kindliches Gemüt, an sein Scheitern. Meyerhoffs Schilderung, wie sich seine Eltern angesichts der tödlichen Krankheit seines Vaters in Liebe vereint hatten, erinnerte mich daran, wie sehr ich mir das für meine Eltern gewünscht hatte.

Und die Frage, die in mir auftaucht, nachdem mir das alles bewusst geworden ist, lautet: „Hätte ich mich lieber in ein gemachtes Nest setzen und die Hände in den Schoß legen wollen? Ist so etwas überhaupt möglich? Kann einen so ein Leben überhaupt glücklich machen?“ Blicke ich zurück auf den Ort und die Zeit, in die ich hineingeboren wurde, sehe ich, dass es viel zu tun gab. Viel zu tun, um die Angst, die den Menschen in den Knochen saß und noch immer sitzt, zu wandeln. Viel zu tun für Menschen, die bereit waren, den Wandel herbeizuführen und zuzulassen. Der Krieg hatte die Liebe mit Füßen getreten und tiefe Wunden in den Köpfen und Herzen der Menschen hinterlassen. Es ging ums Überleben.

Ich sehe, dass der Überlebensmodus Gedanken von Einsamkeit, Sinnlosigkeit und Kampf erzeugt und Gewalt als legitimes Mittel autorisiert. Dass er vorgibt, dass wir uns durchsetzen, uns behaupten und für unsere Überzeugungen kämpfen müssen. Dabei sagt er uns nicht, dass ihn nur unsere Angst am Leben erhält und dass wir – während wir uns nach dem Miteinander sehnen – in das Gegeneinander investieren und dass wir – während wir uns nach Verbundenheit sehnen – das Getrenntsein verstärken.

„Es ist doch verrückt, zu denken, dass ein Kind den Eltern Schaden zufügen will. Zu denken, dass das Kind schuld ist, wenn man sich schlecht fühlt, und dass die Freude und Unbekümmertheit der Kinder in Bahnen gelenkt werden muss“, denke ich mir. „Wir sollten sie vielmehr als unsere LehrerInnen willkommen heißen und sie dabei begleiten, ihr Potential zu entfalten!“ Und ich sehe deutlich, worum es mir mittlerweile geht: gemeinsam eine Welt zu gestalten, in der es Freude macht, zu leben. Und das geht für mich nicht mehr über den Kampf, nicht mehr über das Leid, nicht mehr über die Analyse und nicht mehr über das Hart-Erarbeiten. Es geht für mich über das Ich-selbst-Sein eines jeden Einzelnen und einer jeden Einzelnen. Über die Freiheit und die Liebe. Es geht über das Bewusstsein, dass wir einzigartig und verbunden sind, dass dieses Leben eingebettet ist in einer großen, kreativen Weite, deren Bedeutung und deren Möglichkeiten wir uns bis jetzt nur annähern können und die sich laufend wandelt.

In diesem Wandlungsprozess sehe ich uns als LehrerInnen und SchülerInnen zugleich: füreinander da sein, miteinander gestalten, aufeinander bauen, mitfühlen und sich mitfreuen. Als Töchter und Söhne, Mütter und Väter bekommen wir eine Menge an Angeboten, uns zu verändern und zu wachsen.

Im Überlebensmodus kämpfen wir gegeneinander, schieben uns die Verantwortung zu, sind erleichtert, wenn es (diesmal) nicht uns trifft, sind froh, wenn jemand anderer ein noch härteres Schicksal erleidet. Im Schöpfermodus öffnen wir ohne Angst unser Herz im Wissen darum, dass wir verbunden sind, dass das Glück und die Freude unseres Gegenübers unser Glück und unsere Freude sind und wir so den Weg ebnen für alle, die bereit sind, auf dieser Ebene mitzuschwingen.

Mein Weg zu mir selbst hat mich von allen Hindernissen befreit, die sich zwischen mich und die Liebe gestellt hatten. Und er hat mich letztlich ankommen lassen in einer Qualität, die alles übertrifft, was ich mir jemals vorstellen konnte. Ich bin überrascht und sehr dankbar dafür, wie leicht, wie frei und voll von Wundern das Leben sein kann. Welcher Gedanke, welche Leistung und welches Habenmüssen hätten mir das jemals bieten können, was mir die Liebe einfach so gibt? Ohne Preis, ohne Anstrengung, ohne Angst? Dass mein Weg darauf hinausläuft, hätte ich niemals gedacht. Dass es „die Liebe" ist, auf die ich zumarschiere, wurde mir erst in den letzten Jahren so richtig bewusst. Ich hatte keine Ahnung, was sie bedeuten kann. An „Liebe" auch nur zu denken, war mir peinlich: „So etwas Kitschiges! Im Leben gibt es Wichtigeres, als sich damit zu beschäftigen!" Immer wieder hatte ich die Aussage „Ich liebe dich!" gelesen, gehört und manchmal auch gespürt. Einmal so und einmal so. Und ich fragte mich dann so gut wie immer, was wohl damit gemeint sei. „Bleib mir treu? Verlass mich nicht? Der Sex mit dir ist umwerfend? Ohne dich macht das Leben keinen Sinn (mit dir manchmal auch nicht)? Du bist so stark, du bist so schön, du kochst so gut? Du… du… du…"

Verlasse ich die Ebene der hormonell gesteuerten Definitionen und der sehnsuchtsvollen Gedanken, wird mir bewusst, dass ich „die Liebe" nicht definieren, nicht beschreiben kann. Jeder Versuch wäre nur ein müder Abklatsch von dem, was ich spüre, wenn ich mich bewusst mit ihr verbinde. Die „Liebe", die ich meine, ist viel größer als das, was wir uns in der Beziehung zu einem Mann oder einer Frau wünschen und was wir bereit sind, unseren Kindern zu geben. Sie ist die Essenz jeder Beziehung. Sie ist die Beziehung, sie ist das Leben. Sie ist Ich, sie ist Du, sie ist Wir. Sie ist die Energie, die ich spüre, wenn ich sehen kann, dass alles da ist für alle, dass alles gut ist und dass alles mit allem verbunden ist. Die Liebe öffnet ein Auge, das sich in der Mitte meines Körpers zu befinden scheint und das mir ermöglicht, die Schönheit in allem wahrzunehmen und zu genießen. Sie ist da. Immer und überall. Wie der Ozean, wie die Luft steht sie uns zur Verfügung und hüllt uns ein.

Früher habe ich „lieben" mit „tun und aufpassen und nachgeben" verbunden. Gelang es mir noch, mich einer Klientin oder einer Autorität gegenüber „liebevoll" – meist in der Qualität von „wertschätzend, offen, rücksichtsvoll" – zu verhalten, ließ meine Aufmerksamkeit schon bei meinem Partner und im Umgang mit Tieren deutlich nach und verschwand der Natur gegenüber oft sogar vollkommen. Der Zugang zur Liebe war es auch, der es mir ermöglichte, den Überlebensmodus in mir zu beenden und ganz ich selbst zu werden. Ich habe keine Lust mehr, jemandem zu schaden oder besser zu sein, mich über etwas aufzuregen oder alles und jeden zu bewerten. Passiert es mir dann doch, macht es mir gar keine Freude mehr. Es fühlt sich so leer und so sinnlos an, so anstrengend und unproduktiv, zeitverschwendend. Seit ich „Ich liebe mich" in dieser Qualität sagen kann, fühlt sich das „Ich liebe dich" auch vollkommen neu an.

Heute denke ich nicht mehr nach über das, was Liebe wohl ist. Es fühlt sich gut an, ganz da zu sein mit meiner Aufmerksamkeit bei dem, was gerade ist. Und das, was ist, ist immer viel, viel mehr als ich aufnehmen kann. Also wähle ich, indem ich gut auf meinen Körper achte und dankbar bin für alles, was er in der Lage ist, mir zu verschaffen. Ihn und alles um mich herum als Wunder begreifen und feiern zu können, ist für mich nur ein Dienst, den mir die Liebe erweist. Warum sollte ich bei all dem Reichtum, der sich so für mich zeigt, freiwillig zu kritischen Bemerkungen über meinen Körper zurückkehren? Zu quälenden Gedanken über meine Figur, meine Nase, meine Falten? Warum sollte ich noch in Frage stellen, ob das, worauf ich gerade Lust habe und was mir große Freude bereitet, auch „richtig" ist und anderen gefällt? Wozu sollte ich noch mein Verhalten davon abhängig machen, ob das, was ich mir denke und was ich fühle, auch andere denken und fühlen? Wozu? Wozu, wenn doch meine Einzigartigkeit das ist, was mir den größten Genuss bereiten und mir und meiner Umwelt den höchsten Gewinn verschaffen kann.

Das größte Geschenk, das uns die Liebe anbietet, zeigt sich für mich in der Fähigkeit, Menschen zu lieben, die nicht „liebenswert" sind, Tiere zu lieben, die nicht den gängigen Schönheitskriterien entsprechen, Erdteile zu lieben, die nicht als Weltkulturerbe gelten, einen Wald von Müll zu befreien, der nicht von uns selbst stammt, zu lachen, wenn es „nichts zu lachen" gibt. Nehmen wir all das und vieles mehr an, wozu uns die Liebe einlädt, schenken wir uns „uns selbst" und somit den Himmel auf Erden.

Über die Rolle der Mutter in die Verbundenheit

Unser Sohn wird schneller groß, als mir lieb ist, und mit jedem Entwicklungsschritt entfernt er sich mehr von mir. Zu der Zeit, als er die Matura macht, finde ich so gut wie gar keinen Zugang mehr zu ihm. Ich spüre eine Mauer und weiß nicht, woher sie kommt. Sehe ich ihn, überlege ich mir Fragen oder Themen, die ihn interessieren könnten, doch eine Verbindung von Kopf zu Kopf ist nicht möglich. Als er nach der Matura eine längere Reise nach Asien unternimmt und ich frage, wie ich ihn erreichen könnte, antwortet er mir: „Stell dich doch ein auf mich! Dann weißt du eh, wie es mir geht!"

Was ich in diesem Zusammenhang noch als Zurückweisung erlebe, wird Jahre später zu einem vertrauten Weg der Kommunikation zwischen uns und zeigt mir, dass das die Art Verbindung ist, die ich mit ihm leben kann und will. Bewusst wird mir diese kürzeste und lichtvollste aller Verbindungen, als Paul und ich eines Tages beschließen, dass ich mich mit unserem Sohn in Wien treffen sollte, um ihm eine Sorge mitzuteilen, die wir um ihn haben. Ihm das mitzuteilen ist mir sehr unangenehm, daher bitte ich den Himmel um Unterstützung. Beim vereinbarten Treffen empfängt mich mein Sohn mit den Worten: „Ich habe heute von dir geträumt. Es geht dir nicht gut. Du machst dir Sorgen. Um was denn?" „Um dich!", sage ich und freue mich über diese herrliche Rutsche.

Monate danach besuchen wir gemeinsam ein Seminar bei Michael Beckwith. Michael lädt alle Teilnehmenden ein, der Person, die neben uns sitzt, in dem Bewusstsein in die Augen zu schauen, dass wir uns für einen gemeinsamen Weg entschieden haben, um uns daran zu erinnern, wer wir sind. Als ich meinem Sohn in die Augen schaue, weiß ich sofort, dass das wahr ist. Szenen unseres gemeinsamen Weges tauchen vor meinem geistigen Auge auf, die das bestätigen und die mein Muttersein in einem neuen Licht erscheinen lassen. Jede dieser Erinnerungen lebt vom Geben und vom Nehmen und ist ein Schritt auf einem Weg, der parallel zueinander führt, manchmal sichtbar, manchmal nicht. Zwei Menschen, deren Verbindung ihren Ursprung in etwas viel Größerem hat. So fühlt es sich an. So wirkt es auf mich. So leben wir es auch.

Mit seiner Hilfe bin ich mit der „bedingungslosen Liebe“ in Kontakt gekommen. Anfangs fiel es mir noch sehr schwer, ihm die Freiheit zu lassen, er selbst zu bleiben. Doch zunehmend gelang es mir, meinen Blick zu öffnen, um sehen zu können, wer er ist, und wer er nicht sein will, wo er begleitet und unterstützt werden will, und was ich von ihm fernhalten soll. Mir selbst bin ich sehr dankbar dafür, dass ich diese Chance genutzt habe und so mehr und mehr meinem Herzen folgen konnte. Auch wenn es mir nicht immer leichtfiel und ich mich lange nicht als Ziel seines Aufbegehrens gesehen habe, war ich zunehmend bereit, mich selbst und mein Verhalten in Frage zu stellen. Zog er sich seine Schuhe zu langsam an, blieb er bei jeder Blume stehen und wollte er mir die Steine zeigen, die auf unserem Weg zum Kindergarten lagen, hatte ich sehr damit zu kämpfen, ihm nicht meine Sicht der Welt überzustülpen, und es wurde mir schmerzlich bewusst, wie weit ich mich bereits von den Wundern entfernt hatte.

Da ich trotz einer sehr angenehmen und bereichernden Beziehung zu meinem Sohn einen Rest von schlechtem Gewissen nie ganz los werde, frage ich ihn nach Beendigung seines Studiums, inwieweit ihn meine „Fehler“ im Umgang mit ihm irritiert hätten und wie es ihm damit ergangen sei, dass sich seine Eltern in seiner Kindheit noch im Überlebensmodus befunden hätten. „Für mich war da immer eine große Freiheit. Auch schon zu Beginn. Ich hatte immer das Gefühl, solange ihr spürt, dass ich in Bewegung bleibe, gebt ihr mir jede Freiheit. Ich war nie im Überlebensmodus, habe immer gemacht, was ich machen wollte. Gefühlsmäßig hat sich für mich daher nicht sehr viel geändert über die Jahre, abgesehen von der Pubertät, in der andere Dinge im Vordergrund standen.“

Diese Antwort berührt mich sehr. Ich hätte nie gedacht, dass er gut aufgehoben hat sein können, während in mir und in der Partnerschaft einiges am Arbeiten war. Und ich staune darüber, wie das, was ich in einem Moment erleben kann, doch nur ein kleiner Teil von etwas viel Größerem ist, das (auch) wirkt. Wie sonst ist das zu erklären, dass, während ich selbst noch mit so vielem zu kämpfen hatte, mein Sohn unbeirrt seinen Weg gehen konnte? Dass ich meinen Ärger und meine Ungeduld auf ihn projiziert habe, ohne dass diese sein Herz verschließen konnten? Darauf gibt es für mich nur eine Antwort: „Liebe!“ Die Liebe hat es möglich gemacht, dass verblasst ist, was nie wirklich wichtig, nicht wesentlich und nicht gewollt war.

Die Freiheit meines Sohnes und sein Vertrauen in seine Einstellung „alles ist gut, so wie es ist“ bestärken mich sehr und lassen mich das Leben noch mehr feiern, als ich es ohnehin schon tue. Bei einem gemeinsamen Urlaub wird mir bewusst, wie sehr wir voneinander profitieren und wie frischfröhlich frei es mittlerweile zwischen uns beiden fließt:

Mein Sohn möchte sich mein Auto ausborgen, um mit FreundInnen in Kroatien Urlaub zu machen. Als ich mein Bedauern darüber äußere, dass ich in diesem Sommer das Meer wohl nicht sehen werde, meint er, ich solle doch mitfahren. „Wow!“, denke ich, „ist das schön, dass er mich mitnehmen will!“ Zwei Tage hätte ich Zeit, um mich auf diese Reise vorzubereiten. „So spontan so weit weg für eine ganze Woche! Nichts lieber als das, aber ich kann nicht!“, denke ich und gebe mich den Hindernissen hin. Innerhalb kürzester Zeit wird mein derzeit sehnlichster Wunsch von einem dichten Gedankennebel eingekreist. Verschwommene und verworrene Argumente – für und wider – verweben sich so ineinander, dass ich schon bald vollkommen durcheinander bin. Nichts geht mehr. „Dieser Zustand kommt dir doch bekannt vor. Was passiert da gerade?“, fragt der analytische Teil meines Verstandes. „Wie erklärst du dein plötzliches Aufbrechen deinem Mann? Wer kümmert sich um die Tiere, wenn du weg bist?“, fragt der beziehungsorientierte Teil. „Wolltest du nicht immer deinem Herzen folgen? Dann solltest du es auch jetzt tun!“, rät mir der frischgebackene Herzverstand.

Die Gedanken haben mich so stark im Griff, dass ich dringend etwas tun muss, um ihnen zu entkommen. Ich lasse alles liegen und stehen, setze mich hin, um zu meditieren, und wünsche mir eine klare Entscheidung: „Soll ich fahren? Ja oder nein?“ Keine Antwort. Nur das Denken wird ruhiger, die belastenden Gedanken werden weniger. Während meine Aufmerksamkeit auf eine klare Antwort fixiert bleibt, entstehen vor meinem geistigen Auge Szenen. Ich sehe mich meinem Mann die Entscheidung mitteilen, das Gepäck im Kofferraum so verstauen, dass der Hund bequem darauf liegen kann, meine Reisetasche packen und ein Quartier suchen.

Danach rufe ich meinen Sohn an und erzähle ihm von meinem Dilemma und davon, wie sehr mich diese Situation an einen Traum erinnere, in dem ich verreisen will und es mir nicht gelingt. Er meint, das sei ja dann eine gute Gelegenheit, etwas zu verändern, und ich solle fahren, ohne nachzudenken. Ich höre mich sagen: „Aber die Muskelschmerzen! Mir tut schon jetzt der ganze Körper weh. Wenn ich mir vorstelle, dass ich morgen in diesem Zustand mitfahren soll, breche ich gleich zusammen." „Es ist wohl eher so, dass du die Schmerzen hast, weil du so denkst, und nicht umgekehrt! Es sind nur die Gedanken. Erinnere dich!", sagt er und trifft den Punkt. Ich höre mich lachen und sagen: „Danke! Wir treffen uns morgen früh wie vereinbart." Nach Beendigung dieses Gesprächs beginne ich nahtlos zu tun, was ich mir beim Meditieren „nebenbei" vorgestellt habe. Alles läuft wie von selbst und drei Stunden später bin ich reisefertig.

Am nächsten Tag bin ich pünktlich beim Treffpunkt. Wir sind vier Personen. Das Auto ist randvoll. Der Hund liegt auf einem Stapel von Reisetaschen wie der Prinz auf der Erbse. Es wird eine fröhliche Fahrt, bei der alles wie am Schnürchen klappt. Wir kommen in der Nacht im Ferienhaus der Gruppe an und am nächsten Tag suche ich für mich und den Hund einen Platz am Meer. Es ist Hochsaison. Ich marschiere die Küste entlang und finde, gerade als ich wieder umdrehen will, ein Zimmer in einem kleinen Hotel direkt am Meer. Ich nehme es, obwohl ich nach einem Selbstversorger-Appartement gesucht habe, denn ich bin froh, überhaupt ein freies Zimmer gefunden zu haben. Doch dann komme ich aus dem Staunen nicht mehr heraus. Alles passt und tut mir so gut, dass ich es kaum für möglich halte: ein Balkon mit einer herrlichen Aussicht, köstliches Essen, eine gutsortierte Bibliothek, in der ich ein Buch finde, das ich schon immer gerne lesen wollte. Nach einem Morgenspaziergang schwimme ich mit dem Hund im türkisblauen Meer, frühstücke, schreibe, schwimme, esse, lese, schreibe, schwimme mit dem Hund, wandere mit dem Hund, plaudere mit dem einen und der anderen und bin schlicht und einfach überglücklich.

Bei der Heimreise stehen wir mit dem Auto in der Schlange vor der Fähre. Während die zwei Frauen und mein Sohn im nahegelegenen Geschäft noch Reiseproviant einkaufen, bleibe ich mit dem Hund beim Auto. Nach einiger Zeit bekomme ich Durst und rufe meinen Sohn am Handy an, um ihn zu bitten, mir eine Cola mitzunehmen. Doch leider höre ich sein Handy im Auto läuten. „Oje", denke ich mir, „was mache ich jetzt?" „Dich auf ihn einstellen und ihn darum bitten", ist die Antwort aus mir. So mache ich es dann auch. Als die drei auf mich zukommen, frage ich meinen Sohn: „Hast du meine Cola mitgebracht?" „Ja", sagt er, „hier ist sie!" Ich freue mich und lache. Die beiden Frauen staunen und dann erzählt die eine, dass sie schon bei der Kassa gestanden seien, als mein Sohn plötzlich gesagt hätte: „Ich hole noch schnell eine Cola für Maria!"

Im Schöpferstatus ist mir bewusst, dass ich Teil eines großen, verbundenen Ganzen bin und zugleich das große Ganze. Ich reagiere dann (fast) nicht mehr unbewusst auf Impulse von außen, sondern setze die Schritte und verhalte mich in der mir eigenen Art. Ich vertraue darauf, dass alles da ist in einem Raum, in dem es durch mein „Ich will. Ich kann. Ich tue." darauf wartet, Wirklichkeit zu werden. Alle so entstandenen Wirklichkeiten ergeben zusammen mein Leben. So gelingt es mir zunehmend, in der Liebe und somit in der Freude und der Freiheit zu bleiben, was immer auch geschieht. Dann BIN ICH das Meer, der Baum, der Hund, die Zikaden, die Sonne, der Wind, die Rosen, das Feld, die Menschen, mein Potential. Fühle ich zum Beispiel die Trauer, die jemand erlebt oder die ein Ereignis mit sich gebracht hat, lasse ich sie durch mich abfließen. Ein Liebesdienst, den die Verbundenheit möglich macht.

Über mein Herzfeld bin ich mit dem unendlich kreativen Feld verbunden und offen für alles, was sich durch mich ausdrücken will. Ich lasse zu, dass aus meinem Potential entsteht, was entstehen will, im Sinne von „es schreibt", „es malt", „es spricht". Der Raum, in dem ich mich bewege, ist nicht mehr auf „die Welt" begrenzt, die von Gedanken zusammengehalten wird und auf Materie aufbaut. Mein Lebensraum geht weit über das Sichtbare und Hörbare hinaus, und er lässt mich mit „Energien", „Wellen", „Frequenzen" und noch unbenannten Wahrnehmungs- und Gestaltungsmöglichkeiten spielen.

Der Tod markiert für mich das Ende meines Körpers, aber nicht das Ende meiner Existenz als was auch immer. Ich werde dorthin zurückkehren, wo ich vor meiner Erzeugung war. Und da gibt es etwas Interessantes. Davon bin ich mittlerweile überzeugt, auch wenn ich kein sicheres Wissen darüber habe, was genau dieses Große, Weite und Ewige ist. Ich muss es auch nicht mehr wissen. Alles, was ich aus meiner Sicht wissen muss, ist, dass es viel, viel mehr gibt, als ich mir derzeit vorstellen kann, und dass es für mich daher absolut keinen Sinn macht, eine begrenzte, schmerzvolle und ausschließlich intellektuelle Erklärung über „Leben und Tod" zu wählen. Daher konzentriere ich mich auf das, was sich gut anfühlt, und gebe mich dem hin, wer ICH bin. Und „ICH" ist für mich „das große Ich", das „dem Himmel" und „der Liebe" entspricht und das meine Verbundenheit mit allem ausdrückt. Im Unterschied zu „ich", dem „kleinen Ich", das ich begrenzt auf den Körper und somit auf die Person „Maria" wahrnehme.

Über die Rolle der Partnerin zur Selbstliebe

Sie sucht ihn…

Allein ist doch doof. Oder? Flotte, kluge, humor- und liebevolle, lebens- und reiselustige, kulturinteressierte, genussfreudige, neugierige, bindungswillige Sie, ansehnlich, sucht Dich, der das Leben liebt, sich nichts mehr beweisen muss, für eine ernsthafte Partnerschaft und all das, was gemeinsam guttut!

Er sucht sie…

Sehr attraktiver, sportlicher, aufgeschlossener und einfühlsamer Mann sucht Frau mit Herz, gerne auch mit Familienwunsch, für das Abenteuer Beziehung.

(aus: ZEITMAGAZIN, Rubrik „Kennenlernen")

Bei einem Weiterbildungsseminar für PaartherapeutInnen mussten wir uns Partnerschaftanzeigen genauer anschauen. Ich war fasziniert davon, wie gut man Scheiterstrategien für Beziehungen aus den Formulierungen in Annoncen ablesen kann. „Wonach genau suchen wir eigentlich, wenn wir uns einen Partner, eine Partnerin wünschen? Warum scheinen zu Beginn einer intimen Beziehung alle Wünsche erfüllt, um sich dann nach und nach als Illusion herauszustellen? Wozu die Mühe? Wozu die Anstrengung? Und warum, bitte, glauben wir, dass alles das „die Liebe" ist?" Solche und ähnliche Fragen habe ich mir selbst oft gestellt. Antworten habe ich kaum gefunden, die waren wohl nicht so wichtig wie die Fragen. Außerdem war ich mit dem Beziehung-Leben so beschäftigt, dass ich weit davon entfernt war, entspannt und gelassen auf meine Liebesgeschichten schauen zu können und weise zu lächeln.

Im Laufe meines Lebens sind mir viele Frauen und Männer begegnet. Viele meinten, ich sei „stark" und käme ohne Hilfe aus, manche liebten es, von mir unterhalten zu werden, einige sagten, dass ich sehr wichtig für sie sei, und wenige zeigten es mir auch. Viele Wege trennten sich wieder und einige wenige führen heute noch in dieselbe Richtung. Alle haben sie etwas Besonderes in mein Leben gebracht und mir die Chance geboten, mich zu verändern.

Zu „Freundschaften" hatte ich immer ein ambivalentes Verhältnis. Als ich mich noch im Überlebensmodus befand, haben sie mich oft aus dunklen Tälern herausgeholt oder mich erst gar nicht in solche gehen lassen. Sie haben mich darin unterstützt, mich weiter zu entwickeln, mich interessant und angenommen zu fühlen, nicht einsam zu sein und mich über andere Menschen auslassen zu können. Sie haben mir aber auch Schmerzen bereitet, wenn zum Beispiel etwas von mir verlangt wurde, das ich nicht erfüllen wollte, oder wenn ich ignoriert wurde und nicht wusste, warum.

Aus der Perspektive des Schöpferstatus ist die Verbundenheit zu allen Wesen ganz einfach da. Und der Zugang führt über MICH, über das große Ich. Bin ich mit mir selbst verbunden und mag ich mich so, wie ich bin, muss ich mich auch nicht mehr anstrengen, um Freunde zu haben. Ich muss nicht mehr unausgesprochene Erwartungen erfüllen, sondern kann ganz einfach wählen. Bitte ich zum Beispiel Peter um ein Treffen, tue ich das, weil ich mich mit seiner speziellen Energie verbinden will, mit seinem fröhlichen „Komm, wir machen das jetzt einfach!" Und will ich mich dann tags darauf mit Liselotte treffen, weil es mit ihr immer viel zu lachen gibt, und hat sie keine Zeit, denke ich mir: „Schade! Dann halt bis zum nächsten Mal" und mache mir bewusst, dass ich die Energie, an die sie mich erinnert, jederzeit aus mir selbst holen kann. So fällt es mir leicht, mich dem hinzugeben, was mir der Augenblick schenkt, anzunehmen, dass es gut so ist, wie es ist, und zu wählen, was ich will.

Mein Blick auf Freundschaft und Beziehung hat sich in dem Moment gewandelt, in dem mir bewusst geworden ist, dass ich frei bin, jederzeit auf jemanden zuzugehen und ihn oder sie um etwas zu bitten, dass ich das darf, dass ich das kann und dass ich o.k. bin, auch wenn die Person meine Bitte ablehnen sollte, denn: Beziehung ist. Ich muss sie nicht machen. So wie jeder einzelne Wassertropfen im Ozean mit allen anderen Wassertropfen verbunden ist, so bin auch ich mit allen und allem verbunden. Das ist die Basis des Lebens. Kann ich das nicht wahrnehmen, liegt es an mir, an meinem Denken. Die tiefe Verbundenheit wird davon nicht berührt.

Heute kann ich sehen, dass die Menschen, die wichtig und wesentlich sind für mein Leben, das nicht sind, weil ich mich für sie aufgegeben habe, um ihren Erwartungen gerecht werden zu können. Ich habe ihre Nähe auch nicht gewählt, weil sie mir permanent die Wünsche von den Augen ablesen und mir die Verantwortung abnehmen. Nein. Ich wollte ein Stück des Weges gemeinsam mit ihnen gehen, wollte mit ihnen lachen, wollte meine Gedanken teilen und mit ihnen die Wunder entdecken. Dabei ist es gleichwertig, ob dieses Miteinander Jahre, ein ganzes Leben oder nur einen Augenblick dauert. Das einzig Beständige ist der Wandel und er ist es auch, der aus jeder meiner Beziehungen im Augenblick etwas Besonderes gemacht hat und macht.

Paul und ich, wir sind ein Paar, weil wir beide es so wollen, weil es uns guttut und weil wir viel voneinander lernen können. Ich bin nicht mit ihm zusammen, weil ich keinen anderen Mann gefunden hätte oder Angst vor dem Alleinsein habe. Wir sind zusammen, um uns gegenseitig in der Entfaltung unseres Potentials zu unterstützen und gemeinsam einiges zu bewegen. Und wir tun dies, indem wir miteinander lachen und uns immer wieder daran erinnern, wer wir sind. Wir wählen UNS. Immer wieder.

Die Beziehung zu Paul ist mit meiner und seiner Entwicklung mitgewachsen. Es war einfach so, auch wenn es nicht immer einfach war. Immer dann, wenn ich mir bei einem großen Schritt gedacht habe: „Jetzt macht er sicher nicht mehr mit!“, hat er – auf‘s Neue überraschend – auch etwas Interessantes und Anziehendes an meinem Schritt entdeckt und ist auch weitergegangen. Mit mir. In den ersten Jahren, in denen wir zusammengewohnt haben, haben wir unglaublich viel gestritten und uns aneinander gerieben. Wir waren zwei Einzelkämpfer, die nicht sehen konnten, dass das, was der andere vorschlug, dem entspricht, was man selbst wollte, letztlich für beide das Beste war. Zu groß war das Misstrauen, zu weit weg der Zugang zum Liebesfeld.

Mit meinen Reisen und den Seminaren bei Greta schreitet die Entfaltung meines Potentials rapide voran und zweimal kommt es in der Folge zu sehr dramatischen Auseinandersetzungen mit Paul. Seit ich mich nicht mehr auf meinen Verstand verlasse, sondern auf mein Herz und auf das, was ich darüber hinaus sehen kann, kommt es zu einem Unterschied, der mir körperliche Schmerzen verursacht, wenn es hart auf hart geht. Paul besteht darauf, alles „vernünftig“ zu besprechen, die Ursachen zu finden und mit demjenigen, „der angefangen hat, das Problem zu verursachen“, so lange zu reden, bis die Differenzen vom Tisch sind. Nur ich kann nicht mehr. Ich kann nicht mehr so reden, kann nicht mehr so nachdenken, es geht einfach nicht mehr. Versuche ich es trotzdem, bin ich drei Tage danach kaputt. Mein Körper macht da schlicht und einfach nicht mehr mit. Er spürt jetzt, was er zuvor nicht gespürt hat: dass es verdammt weh tut, zu kämpfen, kritisch zu denken, zu misstrauen, Angst zu haben, und letztlich: sich selbst nicht zu lieben, sondern auszuhalten, durchzuhalten,…

Paul kann nicht mehr nachvollziehen, was plötzlich los ist mit mir. War ich doch früher die, die bis zum Umfallen diskutiert und erklärt hat. Diese angespannte Situation zwischen uns beiden erfährt ihren Höhepunkt circa zwei Jahre nach Fertigstellung des Hauses, als ich bemerke, dass sich in mir so viel verändert hat und noch verändern will, dass das, was ich mache – beruflich und privat – nicht mehr mit dem übereinstimmt, was aus mir heraus will. Mein Wunsch nach Nichtstun wird so stark, dass ich gar nicht anders kann, als ihm nachzugeben und eine Situation herbeizuführen, die es mir, trotz hoher Rückzahlungsraten für die zwei Kredite, möglich macht, mich aus allem zurückzuziehen, um das Neue aus mir entstehen zu lassen.

Nach einem heftigen Jahr, in dem sich für ihn beruflich alles verändert hat und in dem ich ihn sehr intensiv bei seinen Wandlungsprozessen unterstützt habe, fühlt sich Paul in seinem neuen Büro im neuen Haus wohl. Das Arbeiten macht ihm wieder Spaß und die Aufträge nehmen zu. Ich staune, wie weiterhin eines das andere ergibt und wie jetzt Paul das erste Mal in seinem Leben seinem Engagement entsprechend gut verdient. Daher wundere ich mich nicht wirklich, dass jetzt wieder ich dran bin mit dem nächsten Schritt. „Jetzt?“, fragt mein kritischer Verstand, „jetzt, wo ihr auf Jahre hinaus monatlich riesige Mengen von Geld braucht. Jetzt willst du dich entfalten? Bist du verrückt?“ Ja. Das muss ich wohl sein, denn trotz massiver Bedenken wird dieser Wunsch in mir immer stärker. Nur mehr das machen, was ich wirklich machen will. Nie mehr etwas nur wegen des Geldes tun oder weil es jemand von mir verlangt. Konsequent dem nachgehen, wo es mich hinzieht. Herauslassen, was heraus will. Ich will es. Ich will es. Ich will es. Ich will.

Doch Paul darauf anzusprechen, ob er jetzt den Großteil der Refinanzierung alleine übernehmen könnte, fällt mir sehr, sehr schwer. Ich bin es gewohnt, für mich alleine zu sorgen. Ich will mich nicht abhängig fühlen. Von klein auf schon habe ich immer eine Möglichkeit gefunden, Geld zu verdienen. In unserer Beziehung war bis hierher immer alles genau getrennt. Wir haben zwar ein gemeinsames Konto, achten aber streng darauf, dass immer jeder gleich viel hineinlegt. Gibt es ein Ungleichgewicht, wird Buch geführt. Und jetzt soll ich ihn, der sich noch dazu schwertut, sein Geld zu teilen, bitten, mich finanziell zu unterstützen? Der Umstand, dass ich das nicht kann und dass sich in mir – unbeeindruckt davon – der Wunsch nach Veränderung ausdehnt, führt zu einer Funkstille in der Beziehung. Da ich mir diese Veränderung nicht erlauben kann, fehlen mir auch die Worte, um meinen Wunsch zu kommunizieren. Ich ziehe mich zurück und überlasse damit den Raum zwischen Paul und mir für Interpretationen aller Art. Auch wenn ich sehr klar sehen kann, dass alles gelingen wird, dass immer genug da sein wird, um zu bezahlen, was zu bezahlen ist, ist das Darüber-Sprechen, das Tun, fast unmöglich. Das Sehen befindet sich auf der einen Ebene, das Tun auf einer anderen. Und wie immer, hilft uns der Himmel, einen Schritt weiterzukommen. Wer sonst?

Ich bin mit dem Auto in Wien unterwegs. Als ich einsteige, um wieder nach Hause zu fahren, kommt mir plötzlich unsere aktuelle Situation in den Sinn. Statt wie sonst mitten drin im Geschehen zu sein, sehe ich sie weit weg von mir und in einem großen Zusammenhang: Vergangenheit, Gegenwart, Zukunft, Paul, unser Sohn, ich. Alles kann ich für ein paar Augenblicke ganz klar überschauen, auch den Entwicklungsweg von jedem einzelnen und auch, dass es so wie es ist, absolut Sinn macht. Für jeden.

Der Impuls, Paul anzurufen und ihm das mitzuteilen, ist sehr stark. Und er kommt nicht aus der Ebene der Partnerin. Auf der Ebene der Partnerschaft bin ich zurzeit vorrangig mit Emotionen beschäftigt und nicht in der Lage, darüber hinwegzugehen. Der Impuls, ihm das mitzuteilen, was ich gerade sehen konnte, ist jedoch so stark, dass meine Emotionen keine Rolle mehr spielen. „Ruf ihn an!“, sagt die Stimme in mir. „Ruf ihn an, aber frage ihn zuerst, ob er an einer Information interessiert ist, die du aus dem kreativen Feld bekommen hast und die für euch beide gedacht ist. Sprich erst, wenn er zugestimmt hat.“

Ich atme ein paarmal kräftig aus, um die Ebene des klaren Blickes halten zu können, wenn ich mit ihm spreche. Ich wähle seine Nummer. Als er sich meldet, höre ich mich – obwohl ich das noch nie zuvor gemacht habe – fragen, ob er bereit sei, zu erfahren, was ich gerade gesehen hätte. Nach kurzem Zögern ist er einverstanden. Dann höre ich mich Folgendes sagen: „Ich kann ganz klar sehen, dass das, was gerade geschieht, das Beste für alle ist. Auch für dich. Deine Aufgabe ist es, Geld anzuziehen und es für dich und andere fließen zu lassen. Diese Erfahrung wird dich stärken und zu deinem Potential führen. Du bist gut beraten, wenn du diese Herausforderung als Entwicklungsschritt für dich annimmst, indem du für deine Frau und für deinen Sohn finanziell sorgst, denn du hast dafür nicht lange Zeit. Schon bald werden deine Frau und dein Sohn (wieder) sehr erfolgreich sein und die Gelegenheit für dich, daran zu wachsen, wird vorbei sein.“

Während ich spreche, ist es auf der anderen Seite der Leitung ganz ruhig. Auch als ich schon fertig bin, höre ich nichts. Ich frage nach, ob er noch dran sei und ob er die Mitteilung gehört habe. Da höre ich ein leises „Ja. Danke!“ und ich lege erleichtert auf. Auch noch Stunden nach diesem Gespräch konzentriere ich mich darauf, die Energie zu halten und denke nicht weiter darüber nach. Zu ungewohnt ist es für mich und für die Beziehung, aus dieser Ebene heraus zu kommunizieren. Würde ich die Energie nicht halten, überfielen mich sofort kritische Gedanken meines Verstandes und die Frage, ob ich denn jetzt schon komplett verrückt geworden sei.

Zögerlich zuerst und dann immer mutiger trage ich meine Wünsche an Paul heran. Wir sind es nicht gewohnt, gemeinsam zu gestalten. Unser Sohn und das Hausprojekt – das waren die großen Übungen für uns, das Trennen aufzugeben. Und jetzt kommt wohl die Kür. Im Einvernehmen mit Paul entscheide ich mich, alle beruflichen Aktivitäten für sechs Monate zu stoppen. Er wird für mich und die laufenden Kosten aufkommen. Mein Verstand hält mich mittlerweile tatsächlich für komplett verrückt. Nicht nur er, auch einige Menschen in meinem Umfeld tun das. Und denke ich darüber nach, muss ich allen recht geben. Haushohe Schulden und gerade jetzt aufgeben, was mich ein Leben lang gut getragen hat: meine Fähigkeit, Geld zu verdienen, denn bereits die sechsjährige Maria hat sich ihr erstes Taschengeld auf der Kegelbahn verdient. Am Nachmittag. Am Abend wurde sie von den großen Buben verjagt, weil da mehr Geld zu machen war. Aus den sechs Monaten werden sieben, acht, neun,... Jetzt, wo wir damit begonnen haben, fällt es uns immer leichter, weiterzumachen. Und diese Übung ist nicht nur für den einzelnen gut, sondern auch für die Beziehung. Je mehr wir wir selbst sein können, umso mehr Nähe können wir auch zulassen. Für mich ist das eine der vielen paradoxen Erfahrungen auf dem gemeinsamen Weg, die sich bei genauerer Betrachtung als „eh logisch" herausstellt.

Die Erfahrung, die mir die Partnerschaft ermöglicht und die mich am stärksten beschäftigt, weil ich sie nicht und nicht wahrhaben will, ist und bleibt jedoch die Erkenntnis, dass sich wirklich alles durch mich selbst verändern kann. Nie hätte ich gedacht, dass es mir einmal möglich sein würde, jeden Veränderungswunsch in meine Verantwortung zu nehmen. Lange habe ich mich dagegen gewehrt, weil ich dachte, dass ich mich damit schuldig bekenne und dass dies bedeute, dass es nur an mir liegt, wenn nichts weitergeht. Ich wollte doch getröstet und geliebt werden und nicht alles alleine machen müssen. Wie oft habe ich mir gedacht, wie einfach doch alles wäre, wenn sich Paul nicht von dem, was ich sage, irritieren ließe und mich – ohne zu reden – in den Arm nähme? So einfach wäre es gewesen. Aus der Sicht meines Herzens und sicher auch aus der Sicht seines Herzens. Wie schwierig und teilweise unmöglich erschien es uns stattdessen, so zu handeln. Zu gefährlich. Zu unsicher. Zu ausgeliefert. Die persönlichen Geschichten hatten in uns viele Narben hinterlassen und beide hatten wir keine Erfahrung darin, angstfrei unserem Herzen zu folgen.

Und jetzt weiß ich, dass der direkteste Weg zur Wunscherfüllung über mich und meinen Himmel geht. Wenn ich also will, dass mich Paul in den Arm nimmt, sage ich: „Nimm mich bitte in den Arm!“ Und zwar so, dass es ganz selbstverständlich ist für mich, darum zu bitten und es auch anzunehmen. Damit kreiere ich aus dem Stand heraus das, was ich will und was ich vielleicht noch vor Monaten für „unmöglich“ erachtet habe: „Unmöglich, weil dieser Mann dazu schlicht und einfach nicht in der Lage ist. Kein Wunder bei dieser Kindheit! Unmöglich, weil ich mich sicher nicht so weit aus dem Fenster lehne, nur um dann wieder enttäuscht zu werden!“

Ein Wort, das früher für mich genauso „unmöglich“ war, wie um etwas zu bitten und es anzunehmen, ist „verzeihen“. Verzeihen sei der Schlüssel zur Liebe höre und lese ich. „So ein Blödsinn!“, sagt mein Verstand, „bist du nicht schon genug zu Kreuze gekrochen?“, und er erinnert mich an ein schmerzvolles Ritual aus meiner Kindheit: „Mama, bitte entschuldige, ich werde das nie wieder tun.“ „Nein, das will ich sicher nie wieder tun müssen! Ich will geliebt werden, ohne Wenn und Aber, ohne Preis und ohne Selbstverleugnung“, antwortet es aus mir. „Verzeihen“ bedeutet für mich, um Liebe zu betteln, und ich verstehe nicht, was mir das bringen soll. „Du bist es doch, die unter dem Verhalten eines anderen leidet, die sich missachtet und verletzt fühlt. Und statt dass dieser andere endlich damit aufhört, sollst du ihm jetzt auch noch verzeihen? Warum? Das ist ungerecht!“ Mein Verstand wehrt sich mit Händen und Füßen, und die Zuversicht, dass mein Weg hier weitergeht, wird immer schwächer.

Irgendwann klingelt es dann doch und die widerständigen Gedanken verlassen meinen Kopf. Es ist der Moment, in dem ich erlebe, dass „richtiges“ Verzeihen keinen kindlichen Kniefall vor einer übermächtigen Autorität bedeutet, sondern Befreiung. Neue Gedanken sind in meinen Kopf eingezogen und die erklären mir jetzt Folgendes: „Indem du verzeihst, löst du die quälende Verbindung zu einer Person, zu einem Ereignis oder zu dir auf. Du musst dann nicht mehr darüber nachdenken. Es ist erledigt. Fertig. Und du kannst dich wieder den Dingen zuwenden, die dich interessieren. Nichts und niemand kann Macht über dich haben, wenn du es nicht willst." Diese Erklärung wirkt in mir wie ein Kippbild. Jetzt, wo ich alles in einem größeren Zusammenhang sehen kann, sehe ich auch, dass nur ich verändern kann, was ich verändern will und was mich daran hindert, ganz ich selbst zu sein. „Verzeihen ist also zu allererst ein Akt der Liebe mir selbst gegenüber. Über die Verbundenheit wird er automatisch auch zu einem Akt der Liebe meiner Umwelt gegenüber", denke ich mir und bin sehr zufrieden damit, jetzt wieder ein Instrument mehr in der Hand zu haben, kreativ gestalten zu können.

Mittlerweile bin ich sehr dankbar dafür, mit Pauls Hilfe alte Verhaltensmuster und die damit verbundenen Gedanken und Gefühle auflösen zu können. Punktgenau das, was gerade dran ist. Je kleiner und blasser meine eigenen Dramen werden, desto besser kann ich Pauls Dramen sehen. Je weniger Emotionen in mir selbst ihr Unwesen treiben, desto klarer wird meine Sicht auf Pauls Stimmungen und Emotionen. Und dann staune ich sehr, als mir eines Tages bewusst wird, dass ich seine Emotionen übernehme. Eine Art „unbewusster Liebesdienst" scheint mich jetzt, wo aus mir selbst so gut wie keine Emotionen mehr hochkommen, Pauls Trauer, seine Scham und seinen Zorn übernehmen zu lassen. „Wo lassen Sie fühlen, mein Herr?", denke ich, wenn ich mir selbst zuschaue, wie ich während einer Auseinandersetzung von einem Moment auf den anderen in die tiefsten Tiefen rausche.

Ich sehe jetzt, wie das abläuft. Es ist immer das Gleiche: Paul stört etwas. Er spricht nicht darüber und denkt sich seinen Teil. Seine Körperhaltung signalisiert mir: „Achtung! In mir braut sich etwas zusammen." Ich will ihm helfen und frage: „Ist was? Was hast du? Was beschäftigt dich?" „Nichts!", antwortet er. „Das glaube ich nicht, da ist doch etwas!", sage ich. „Ich hab's doch schon gesagt. Nichts!", antwortet er zunehmend aggressiv. „Das gibt's nicht. Ich spüre doch, dass etwas nicht stimmt!", beharre ich. Jetzt reicht es ihm. Er beginnt, mit den Armen durch die Luft zu fuchteln, rennt auf und ab und schimpft vor sich hin. Ich halte tapfer dagegen. „Nein, diesmal weine ich nicht. Diesmal bringt er mich nicht so weit", denke ich, während sich die Tränenflüssigkeit in den Augenwinkeln ansammelt und der Kloß in meinem Hals immer größer wird. „Schon wieder bin ich der Trottel, der alles falsch macht. Wie du das immer wieder schaffst!", zischt es zwischen Pauls Zähnen hervor. Jetzt reicht es auch mir. Ich beginne zu schimpfen, werfe mit Schimpfwörtern Marke „Landgasthaus“ um mich und verschwinde wutschnaubend in meinem Büro. Stunden später begegnen wir uns zufällig wieder, und wenn wir es schaffen, lachen wir. Kann zu dem Zeitpunkt nur eine oder einer lachen oder gar niemand, kann es Tage dauern, bis die Luft wieder rein ist.

Auch wenn dieses Ritual für kurze Zeit reinigend wirkt, kostet es uns immer mehr Kraft. Wir wollen es nicht mehr und kommen doch nicht heraus. Noch schlimmer: Je stärker das Nichtwollen, umso auslaugender das Drama, wenn es nicht verhindert werden kann. Schon der kleinste Streit macht uns beide mittlerweile komplett fertig. Auch wenn sie kürzer, sanfter und leiser sind, ist ihr Preis noch immer viel zu hoch, und wir drücken immer noch auf den „roten Knopf“, den wunden Punkt des anderen, der mit tödlicher Sicherheit die Situation eskalieren lässt. Wissen und Wollen scheinen zu schwach. Lange halten wir es beide nicht mehr aus und ich frage mich, wie wir uns daraus endlich und ganz befreien können.

Dann erreichen wir den tiefsten Punkt. Ich sehe, dass es Paul nicht gut geht. Lange spreche ich ihn nicht darauf an, weil ich nicht der Auslöser für das Drama sein will. Die Stimmung im Haus wird immer dichter und dunkler. Ich bin nicht in der Lage, zu tun, was ich mir vorgenommen habe, während Paul in seinem Büro dahinarbeitet. Die Beobachtung, dass ich zum hundertsten Mal eine Wiederholung erlebe, die ich absolut nicht will, und dass ich noch immer bereit zu sein scheine, mich selbst zurückzunehmen, mich vom kreativen Fluss abzuschneiden und mich von dem abzuhalten, was ich wirklich will, macht mich plötzlich unglaublich zornig. „Das gibt´s doch nicht, verdammt noch einmal! Jetzt weiß ich alles, will das nicht und lasse mich noch immer hineinziehen in die Schwere, das Leid und die Sinnlosigkeit! Das gibt's doch nicht! Das gibt's doch nicht! Aus! Aus! Aus! Schluss damit! Bitte! Bitte! Ich will so nicht mehr! Ich kann so nicht mehr!“

Nachdem ich eine Zeitlang so vor mich hin geschimpft habe, spüre ich, dass mein „Ich will nicht!“ tiefer geht als je zuvor und auf eine Stelle in meinem Körper trifft, die sich wie ein Zentrum anfühlt. Ein Zentrum, das dafür zuständig scheint, die Entscheidungen, die es bis dorthin schaffen, zu hundert Prozent wirksam werden zu lassen. Der Zorn ist verflogen und ich sehe mit einem Mal ganz deutlich, dass damit ein für allemal Schluss sein muss und wird: „Wenn ich das, was ich noch vorhabe, umsetzen will, muss ich mich aus diesem „Liebesdienst“ befreien, für den es noch dazu keinen Dank gibt. Für immer. Denn die Alternative dazu ist der Tod. Wenn ich ständig meine schöpferischen Impulse und Ideen abwürge, ist der Tod das einzige, das dann noch folgen kann“, denke ich mir und spüre das Gedachte in jeder Zelle.

So radikal zu sehen, was Sache ist, ist stark genug, mich zu einer Kehrtwende zu bewegen. Der Satz „Ich bin frei“ erscheint wie ein Regenbogen über mir. „Entweder wir ändern das gemeinsam ab sofort oder ich trenne mich von Paul. So mache ich ganz sicher nicht mehr weiter!“, verspreche ich mir und weiß, dass beides gut sein wird. Ich kann bleiben. Ich kann gehen. Ich kann wählen. Ich bin frei. „Paul“ ist aus mir verschwunden und ich bin Paul so nahe wie noch nie zuvor. Ich teile ihm meine Entscheidung mit. Er kann verstehen und nachvollziehen, was ich sage, und er will den begonnenen Weg mit mir weitergehen. Und schon sehr bald bekommen wir die Gelegenheit, unsere Entscheidung praktisch umzusetzen.

Nur wenige Wochen danach geht es Paul wieder sichtlich schlecht. „Er hat mich gebeten, ihn darauf aufmerksam zu machen, weil er es selbst nicht merkt, wenn es ihm schlecht geht“, erinnere ich mich und spreche ihn darauf an. Er kann oder er will sich in diesem Zustand nicht an das Vereinbarte erinnern, denn er braust wie gehabt auf und fragt mich zornig: „Was meinst du? Was hast du nur immer! Da ist nichts!“ Ich reagiere nicht. Ich denke nicht nach. Ich atme aus, ich atme aus, ich atme aus. Während er weiterhin seine Wut gegen mich schleudert, bleibt es ruhig in mir, der Boden unter meinen Füßen bleibt fest und meine Sicht klar. Ich schaue ihm ruhig in die Augen und sage: „Es geht um dich. Das ist deine Wut. Das ist deine Trauer!“ Plötzlich ist sein Blick klar und ich spüre, wie er aufnimmt, was ich sage. Wie ein Staubsauger nimmt er die Wut zu sich und seine Mimik und Gestik spiegeln den Schmerz wider, zu dem er jetzt Zugang hat. In mir breitet sich angenehme Leere aus. Dort ist er. Hier bin ich. Er ist ER. Ich bin ICH.

„Nur er selbst ist in der Lage, seine schmerzvollen Erinnerungen und Emotionen loszulassen. Es nützt nichts, wenn ich sie übernehme. Im Gegenteil. Verändert kann nur etwas werden, das auch als veränderungswürdig wahrgenommen wird.“ Diese Gedanken helfen mir, das Erlebte bewusstzumachen, damit ich mich auch bei einem nächsten Mal daran erinnern kann, wenn es wieder gebraucht wird. Ich bin sehr dankbar dafür, das erlebt zu haben. Es ist mein Schlüssel für eine Freiheit, die mich in meinem tiefsten Inneren erfasst und nach der ich mich schon sehr lange gesehnt habe.

Besonders beeindruckt bin ich von einer weiteren Beobachtung. In dem Moment, in dem Paul die Wut als zu ihm gehörig wahrnahm und akzeptierte, sah ich die Trauer in seinen Augen und die geheilte Form zugleich. Während sein Gesicht noch den Schmerz ausgedrückt hat, war zugleich der geheilte Zustand im Raum. Es war, wie wenn es in dem Augenblick zwei Körper geben würde: einen traurigen und einen fröhlich freien. Der Wandel muss in dem Moment, in dem er sich dafür entschieden hat, seine Emotionen anzunehmen, bereits stattgefunden haben. „Sehr spannend!", denke ich mir, „so schnell geht das mit dem Wandel. Der Rest ist nur mehr eine Frage der Zeit. Alles ist da. Gleichzeitig. Wenn es also heißt ‚alles ist gut', dann ist wohl dieser Zustand damit gemeint."

Ein Wunsch von mir an Paul, der sich nie erfüllt hat, war, er möge doch bitte auch alleine in Gretas Gruppen gehen oder sonst etwas machen, das ihn in seinem Prozess unterstützen kann. Manchmal ist er mit mir in eine Veranstaltung gegangen, doch alleine nie. Es war mir schon bewusst, dass er sich offensichtlich dafür entschieden hatte, von mir oder durch mich und meinen Prozess begleitet zu werden, aber manchmal war mir das echt zu viel. Anfangs war es noch ganz befriedigend für mich, mehr über Selbsterfahrung zu wissen, als er und ihm Neues und Interessantes erzählen zu können, doch später, als ich nur mehr den Wunsch hatte, auf einer lichtvollen und leichten Ebene miteinander zu sein, erlebte ich das Mitnehmen meist anstrengend. Ich wollte nicht mehr diskutieren, nicht mehr nachdenken, ich wollte ihn aber auch nicht hängen lassen. So hatte ich oft das Gefühl, zwischen zwei Welten auf einem schmalen Grat spazieren zu gehen, ohne wählen zu können, in welcher der beiden wir uns niederlassen. Auch wenn ich ihm das immer wieder sage, bleibt es dabei, dass wir auf dünnem Eis spazieren gehen.

Dann entsteht in mir der Wunsch, etwas zu tun, das mich laufend von quälenden Gedanken und schweren Energien befreien kann, um an mir selbst dranbleiben zu können und dem zu folgen, was aus mir sprudelt. Ich will mich für eine Zeitlang an einen stillen Ort setzen, alles ausatmen und mich dem hingeben, was entstehen will. „Du willst wohl ‚meditieren'?", fragt eine Stimme in mir. Wie das „richtig" geht, weiß ich nicht. Muss ich auch nicht, denn ich habe eine klare Vorstellung, was mir gut tun wird. Ich verlasse mich darauf, dass ich geführt werde und dass es sich sowieso ändern wird. Nach einiger Zeit bekommt auch Paul Lust darauf und schließt sich meinen allabendlichen „Sitzungen" an.

Zum ersten Mal machen wir gemeinsam etwas in diesem Bereich, für das wir uns unabhängig voneinander entschieden haben. Und zum ersten Mal ist jeder von uns selbst dafür zuständig, was er macht und wie. Schon bald bemerke ich, dass Paul ruhiger und gelassener wird und nur mehr sehr wenig auf mich überträgt. Die Atmosphäre im Haus wird fröhlicher, leichter und stabiler.

Als ich unseren Sohn im Zuge des Schreibens an diesem Buch befrage, wie er denn Pauls und meine Beziehung als Kind und Jugendlicher erlebt habe, antwortet er: *„Ich habe mich oft darüber gewundert, wie man sich in der Liebe so wehtun kann. Weil ich gewohnt war, von euch die Liebe, Sicherheit und ein Zusammengehörigkeitsgefühl zu haben und zu spüren, war mir unverständlich, dass eine Beziehung auch solche Auswüchse haben kann. Für mich war das schon unverständlich, warum, wenn man sich gegenseitig eh so gerne hat, man über Lappalien überhaupt solche Emotionen entwickeln kann. Gott sei Dank habe ich dann bald bemerkt, dass es nicht gefährlich werden kann für das große Ganze. Ich glaube zumindest, dass das für mich der Wendepunkt war, wo ich einerseits gemerkt habe, dass es nur ein Teil davon ist und dass es sich gefühlsmäßig ein bissel gelegt hat. Wahrscheinlich auch, weil ich mich zeitweise eingemischt habe. Und andererseits ist mir klar geworden, dass das eine das andere nicht gefährden muss."*

Das sitzt. Es trifft den Punkt und macht mir bewusst, wie weit wir beide damals von der Einfachheit der Liebe entfernt waren. Wir waren auf dem Weg in ein Liebesfeld, das unser Sohn nie verlassen hat, und wussten es nicht. Im Chaos des Alltags war nicht nur das untergegangen. Gewusst habe ich das nicht, aber geahnt. Diese Ahnung hatte ich das erste Mal als junges Mädchen, als ich am Lagerfeuer saß und wollte, dass sich ein Fenster in meine Zukunft öffnet. Als diese Erinnerung beim Schreiben an diesem Buch wieder in mir auftaucht, lasse ich mich ganz in sie hineinfallen und habe ein wunderbares Erlebnis: Ich bin die junge Maria, die in den Himmel schaut und Bilder aus ihrer Zukunft erwartet, und ich bin die Maria, die aus der Zukunft auf die junge Maria schaut. Beide Marias verbinden sich zu einer. Eine Maria ohne Zeit und ohne Raum, unendlich weit und ausgedehnt und einfach da.

Das, was wir miteinander erreicht haben, in Worte zu kleiden ist nicht ganz einfach. Am ehesten wird es erlebbar in Handlungen, Gedanken, Gefühlen, Ereignissen. Dann, wenn ich mich darüber freue, dass es Paul gutgeht. Wenn ich ihm etwas schenke, das er liebt, und das Strahlen in seinen Augen sehe.

Wenn ich es genieße, alleine zu sein und dankbar bin, wenn er da ist. Wenn ich frei und offen über alles reden kann, was mich beschäftigt und er mir gerne zuhört, ohne von eigenen Gedanken abgelenkt zu sein. Wenn er etwas macht für mich, von dem er weiß, dass ich es gerne habe. Wenn ich das mache, was ich gut kann, und er das macht, was er gut kann. Wenn ich ICH bin und er ER ist. Wenn mir bewusst ist, wie einfach alles im Grunde ist – ganz im Sinne einer Empfehlung von Rumi, einem persischen Mystiker und Dichter: „Close your eyes, fall in love and stay there!".

Traf ich früher eine Freundin, die gerade ihre neugewonnene Freiheit genoss, war ich darüber schon ein bisschen neidisch. Litt sie Tage später unter der Trennung und sagte zu mir: „Du hast ja leicht reden, du hast ja Paul!", fühlte ich mich schuldig, dass ich es mir so leicht machte und glaubte, zum Thema „Beziehung" nichts beisteuern zu können. Doch im Laufe meiner eigenen Entwicklung änderte sich auch meine Perspektive darauf. Mittlerweile habe ich es geschafft, mich verbunden und frei zu fühlen, und bin dankbar für diesen gemeinsamen Weg. Wenn Michael Beckwith von einer intimen Beziehung spricht, in der „sich beide Partner in immer tieferes Wasser wagen, um schließlich gemeinsam im großen Ozean zu schwimmen", spricht er auch von der Vision der jungen Maria am Lagerfeuer und er spricht von der Liebesgeschichte zwischen Paul und mir. Wir haben den Überlebensmodus schließlich gemeinsam beendet. Halleluja!

Vor einigen Monaten habe ich Paul in einem – zugegeben etwas psychotherapeutisch angehauchten – Ton gefragt, was er denn Besonderes könne, was ihn von anderen Männern unterscheide. „Neben dir bestehen!", hat er geantwortet. Und was hätte ich wohl gesagt, hätte er mich gefragt, was mich als Partnerin auszeichne? Jetzt, wo ich – auch dank IHM – bei MIR und bei der Liebe zu mir selbst angekommen bin? Wohl so etwas wie: „Ich liebe das Leben und ich finde, es ist sehr fein, mit mir zu sein."

Über die Rolle der Kranken zur gelebten Freude

Im Sommer 2003 übernehme ich eine Methode aus den USA, um sie in Österreich zu verbreiten. Sie besteht aus einem intensiven Training der Vorstellungskraft, welches das menschliche Bewusstsein erweitert und Zugänge zu neuen

Dimensionen schafft. Die Seminare bestehen in der Hauptsache aus Texten, die ich vorlese, während die Teilnehmenden mit geschlossenen Augen zuhören und den Einladungen folgen. Reisen durch alle Ebenen der Materie – Mineralien, Pflanzen, Tiere, Menschen, Farben und abstrakte Formen. Während ich für andere lese, reise auch ich durch diese Vorstellungswelten. Der Höhepunkt jedes Seminars ist eine angeleitete Reise durch den menschlichen Körper. Während ich bei meiner ersten Reise nur Dunkelheit wahrnehme, kann ich später immer mehr Details sehen. So verliere ich nach und nach die Angst vor dem, was sich in meinem Körper tut. Ich stelle mir vor, dass mich – zum Beispiel – ein helles Blau, ein kräftiges Rot oder ein strahlendes Gelb durchfluten. Ein anderes Mal ist es die Vorstellung von Licht, von Wärme oder von fließender Energie. Alles Mögliche probiere ich aus und genieße die Wirkung.

Ich liebe es, durch den Körper zu reisen und mit den Energien, die ihn durchströmen, zu spielen. Mir wird bewusst, dass alles von alleine geschieht und dass sich diese Prozesse im gedankenleeren Raum lustvoll ausdehnen. Das Denken dient mir dazu, es zuzulassen. Mehr braucht es nicht. Im Gegenteil. Mischt sich das Denken zu sehr ein, stoppen die Bewegungen oder entziehen sich meiner Wahrnehmung. Eines Tages fällt mir dann auf, dass ich nicht mehr darüber nachdenke, ob ich gesund bin oder krank oder beides oder keines von beiden. Das Entweder-oder hat sich aufgelöst. Die Worte „krank" und „gesund" haben keine Bedeutung mehr für mich. Sie haben dem Gefühl von „da sein" Platz gemacht. Ein Gefühl, das kein Gegenteil mehr kennt.

Während des Hausbaues verhält sich mein Körper erstaunlich zurückhaltend. Ich wundere mich sehr darüber, wie gut er mit dem monatelangen Stress zurechtkommt, und erinnere mich daran, dass ich mit ihm nie Probleme hatte, wenn ich machte, was ich machen wollte. Und wie mir sein Reinigungsprozess bei meiner letzten Wüstenreise gezeigt hat, ist er offensichtlich auch in der Lage, sich ohne mein Tun von Belastendem zu befreien und sich in kürzester Zeit vollkommen zu regenerieren.

Ich weiß mittlerweile, welche Kraft Gedanken haben. Und ich weiß auch, wie sehr diese die Vorgänge in meinem Körper durcheinanderbringen können und ihn davon abhalten, „er selbst" zu sein. Stelle ich mir zum Beispiel ein Krankenhaus nur vor und denke an Fragen wie „Wann hatten Sie Ihre letzte Gesundenuntersuchung? So lange ist das schon her? Rauchen Sie? Wie viel? Trinken Sie? Wie viel? Machen Sie Sport? Wie oft?", versetze ich ihn in null

Komma nichts in Alarmbereitschaft und ertappe mich selbst dabei, wie ich in meinem Körper nach verdächtigen Hinweisen auf eine tödliche Krankheit zu suchen beginne.

Auch wenn die alten Ängste, die von Erinnerungen genährt wurden, bereits meinen Körper verlassen haben, sitzt die Bereitschaft, Angst zu haben, noch in den Zellen. Ich stelle mir das so vor wie bei einem Computerprogramm: Die Funktionen, zu denen ich als Userin Zugang gehabt habe, sind gelöscht. Doch einiges von dem, was sich im Hintergrund dieses Programmes befunden hat, die in Fachsprache abgefassten, mir unzugänglichen Funktionen, sind noch teilweise aktiv. „Da muss sich also noch etwas wandeln", denke ich mir, „damit mich die Angst nicht mehr so überfallen kann."

Im Herbst des Jahres, in dem wir in das neue Haus eingezogen sind, bin ich bei unserer Hausärztin zur Kontrolle. Sie schaut mich an und sagt: „Lass deine Schilddrüse untersuchen. Da stimmt was nicht, sie ‚blinkt'." Ich vereinbare gleich einen Termin bei der Fachärztin und sie stellt fest, dass ich sogenannte „kalte Knoten" im Hals habe. Sie erklärt mir, dass diese Knoten ‚bösartig' werden könnten. Der Schreck raubt mir den Atem und die Angst schießt wie ein Feuerball in meinen Körper ein. Von einem Moment auf den anderen ist alles anders. Ich kann nur mehr an das eine denken: „Nein, von alleine verschwinden diese Knoten nicht. Wenn Sie Glück haben, verändert sich ihre Größe nicht und sie bleiben, wie sie sind." Eine weitere Untersuchung wird angeordnet und bringt dasselbe Ergebnis. In mir ist alles auf Alarm geschaltet. Mein Verstand arbeitet fieberhaft an Lösungen.

Jetzt liegt sie auf dem Tisch, meine Angst vorm Sterben. Und wie! Bis zu diesem Ereignis sind meine Schmerzen alleine durch den Besuch einer Arztpraxis verschwunden. Die Mitteilung „Es ist nichts Ernstes!" ist mir zur Gewohnheit geworden. Noch dazu bin ich mittlerweile nur noch selten bei einem Arzt und wenn, dann bei einem, der meine Selbstheilungsfähigkeiten unterstützt. Und jetzt, gerade jetzt, wo ich das Krank-gesund-Denken aufgegeben habe, findet jemand etwas „Ernstes" in mir, etwas, das mich aus diesem Leben entfernen könnte, ohne dass ich damit einverstanden bin. Etwas, das vielleicht doch stärker ist als meine Wünsche, der Himmel und alles, was ich auf meinem Weg zu mir selbst erfahren habe? Etwas, das mir ganz eindeutig zu verstehen gibt, dass mein Körper sterblich ist. Das fühlt sich sehr, sehr schlecht an. Das, wovor ich mich immer gefürchtet habe, ist eingetreten! Der uralte, in den Zellen lauernde

Verdacht, dass mein Körper nicht endlos belastungsfähig ist, dass er sterben könnte und dass ich daher nicht alles auf ihn aufbauen sollte, hat sich bestätigt. Jetzt hat sich auch noch der Zauber meiner gewohnten Heilungsrituale als sterblich entpuppt.

„Das ist zu viel für mich. Ich brauche Hilfe. Alleine schaffe ich das nicht!", denke ich und rufe Greta an. Sie ist mein Rettungsanker, wenn mich die Angst so überschwemmt, dass ich den Zugang zu meinem Himmel nicht mehr finden kann. Würde ich ihr dafür so viel bezahlen, wie diese Hilfe gefühlt für mich wert ist, müsste ich ihr laufend alles weitergeben, was ich verdiene, und würde damit nicht annähernd an den Wert herankommen, den diese Hilfe für mich hat. Durch sie sehe ich MICH. Und etwas Größeres und Kostbareres als mein Großes Ich gibt es für mich nicht.

Greta empfiehlt mir, ein paar Personen mit der Bitte einzuladen, mich zu unterstützen. Sie stelle sich auch zur Verfügung und würde eine Aufstellung für mich machen, um die Heilung zu beschleunigen und Heilungsschritte aufzuzeigen. Alle, die ich anrufe, sagen sofort zu. Das berührt mich sehr. Ich bitte um Hilfe und ich bekomme sie, ganz selbstverständlich. „Schon indem ich mich getraue, um Hilfe zu bitten, geschieht Heilung", staune ich und es wird mir bewusst, dass ich damit bereits auf dem Weg zu etwas Neuem bin.

Am vereinbarten Abend sind alle da. Das fühlt sich sowas von gut an! So genährt, so verbunden, so gesehen und so bestärkt habe ich mich noch nie zuvor in einem Kreis von Menschen erlebt. „So im Mittelpunkt zu stehen ist herrlich!", denke ich mir und mir fällt auf, wie gut ich die Hilfe annehmen kann und dass ich keine Impulse verspüre, zu tun, zu erklären, nachzudenken. Greta stellt mit Hilfe der Teilnehmenden Aspekte von mir auf wie „die Knoten", „der Körper", „Maria" und „Marias Potential" und ich erhalte die Möglichkeit, mir die einzelnen Aspekte und ihre Wandlungsschritte von außen anzuschauen. Gleich zu Beginn wird mir bewusst, dass die Knoten in meinem Hals nicht entstanden sind, weil mit dem Körper etwas nicht in Ordnung ist, sondern gerade weil mit ihm alles in Ordnung ist. „Es passt mir nicht, wie du mit mir umgehst!", scheint er zu sagen, „das bringt mich aus meinem Gleichgewicht. Wenn du mit mir alt werden willst, solltest du einiges verändern. Du solltest sagen, was du dir denkst, tun, worauf du Lust hast, und alle Gedanken ziehen lassen, die dich daran hindern. Alle, Maria, alle! Dein und mein Wohlgefühl sollte die allerhöchste Priorität bei allem haben, was du tust. Bei allem! Die allerhöchste! Du musst bei mir bleiben mit deiner Aufmerksamkeit, musst überprüfen, ob dir und mir guttut, was gerade ist, ob du das wirklich so willst oder ob du wieder einmal bereit bist, darüber hinwegzugehen. Zu lange, zu oft hast du das so gemacht. Mach Schluss damit! Die harten Zeiten sind vorbei, vorbei, vorbei! Du musst dich nicht mehr schützen! Wir haben noch viel vor! In Leichtigkeit, in Freude und frei, frei, frei! Hörst du mich, Maria, hörst du mich?!!"

„Ja!!! Und wie ich das höre. Es ist angekommen. Danke, danke, danke!" Voller Dankbarkeit für diese Unterstützung aus der Gruppe und zutiefst erleichtert weiß ich jetzt, dass ich nicht am Ende meines Lebens stehe, sondern am Anfang eines neuen Abschnittes. Jahre später, als mich Richard Bartlett in einem Seminar auf die Bühne holt, umfasst er – auf meinen Wunsch hin, nur mehr aus der Freude heraus leben zu wollen – mit beiden Händen fest meinen Hals und bringt für mich die Geschichte der Knoten mit den Worten auf den Punkt: „Your grandma put a dog collar with nails around your neck." Mein Erschrecken über diese Handlung und seine Aussage katapultiert Omas einschneidende Worte „Mädchen, die pfeifen, und Hühnern, die krähen, soll man beizeiten die Hälse umdreh'n!" in meinen Kopf und macht mir ihre Wirkung bewusst.

Der Aufstellungsabend zeigt mir noch etwas sehr Wichtiges deutlich auf: Die Frage der Schuld muss draußen bleiben aus meinem Kopf! Nehme ich sie nämlich hinein, muss ich so etwas denken wie „Weil ich nicht gut genug auf mich geschaut habe, hat mein Körper diese Knoten ausgebildet. Na gut, o.k., ich war es also nicht, dann halt meine Großmutter. Sie ist schuld. Ich muss aufpassen, damit nicht gleich wieder die nächste Katastrophe passiert!" Denke ich so, enge ich alles ein auf ein bedrohliches Wenn-Dann. Gelingt es mir hingegen, die Schuld draußen zu lassen, denke ich so etwas wie „Ups! Sorry! Bitte alle Gedanken löschen, die den Körper irritieren, die schwere und dunkle Energien anziehen. Und bitte um Bilder, wie ich leben will! Dankeschön!"

Ein paar Wochen nach dieser Aufstellung spüre ich den Impuls in mir, mich alleine in einen Raum zurückzuziehen und in die Stille zu gehen. Es ist, wie wenn eine Stimme zu mir sagen würde: „Nimm dir Zeit. Such dir einen ruhigen, störungsfreien Raum. Setz dich alleine hin, mach die Augen zu und sei bereit für das, was passiert. Du brauchst keine Angst zu haben, es geschieht zu deinem Besten." Im tiefen Vertrauen darauf, dass jeder Impuls, der sich so in mir zeigt, „nächster Schritt" bedeutet, folge ich ihm, ohne nachzudenken.

Ich setze mich in meinen Beratungsraum, schließe die Augen und atme ein, atme aus, atme ein, atme aus,... Auftauchende Gedanken lasse ich los, immer wieder. Schon nach einigen Minuten spüre ich, dass sich tief in mir etwas zusammenzubrauen beginnt. Dieses Etwas bewegt sich immer stärker und drängt nach oben. Bald ist es so stark, dass jede andere Wahrnehmung in den Hintergrund tritt und meine gesamte Aufmerksamkeit nur mehr auf dieses Etwas gerichtet ist. Langsam entsteht auf meiner inneren Leinwand ein Bild. Es ist ein Mensch, ein kleiner Mensch, der da plötzlich vor mir auftaucht. Ein kleines Kind, ungefähr ein Jahr alt. Es sitzt lächelnd da und schaut mich an. Sein offener Blick ist mir unangenehm, er tut fast weh. Ich kann dem Blick nicht standhalten, meine Aufmerksamkeit schweift ab. Am liebsten würde ich aufstehen und weggehen. Doch weil ich weiß, dass es wichtig ist, zu bleiben, bemühe ich mich, das Kind anzuschauen. Die Verbindung zu halten fordert mir viel ab. Eine starke Kraft scheint mich von ihm zu trennen.

Als mir das bewusst wird, macht es mich sehr traurig. Ich kann die Trauer, die immer stärker aus den tiefsten Tiefen in mir zu kommen scheint, kaum aushalten und versuche, sie zurückzuhalten. Doch das nützt nichts mehr, zu stark sind die Emotionen, die jetzt aus mir hervorbrechen. Mein Körper beginnt zu beben und ich weine. Schaue ich dabei dem Kind in die Augen, wird die Trauer unerträglich. Wellen von Schmerzen und Qualen durchziehen meinen Körper. Ich atme ein, ich atme aus, atme ein, atme aus und lass geschehen, was geschehen will. Angst habe ich keine, weil ich auch jetzt zutiefst überzeugt davon bin, dass mir dieser Ausbruch dient.

Während mein Körper macht, was er machen will, sehe ich das Kind immer besser und komme ihm auch immer näher. Bis es so nahe ist, dass ich es berühren kann. Zaghaft strecke ich meine Hand nach diesem kleinen Menschenkind aus, das immer noch strahlt und lacht. Es streckt mir seine Arme entgegen und diese Geste haut mich beinahe um, so sehr rührt sie mein Herz. Schließlich nehme ich es in die Arme und wir sitzen engumschlungen. Jetzt hält mich nichts mehr zurück, die Tränen fließen, die Freude fließt, alles fließt. Irgendwann werden dann die Tränen weniger, bis sie letztlich ganz aufhören. Wir sitzen immer noch engumschlungen da. Selig genießen wir diese himmlische Einheit. Gefühlte Jahre später öffne ich wieder meine Augen und weiß, dass etwas Großes passiert ist. Mein Körper fühlt sich warm und weich an. Im Kopf ist es mucksmäuschenstill. Der Raum ist heller als zuvor, die Blätter an den Bäumen grüner, die Luft würziger, die Vögel lauter. Tiefe Dankbarkeit durchströmt meinen Körper.

Wochen später fällt mir auf, dass ich schon lange nicht mehr an „die Knoten“ gedacht habe und dass mir die Diagnose wie aus dem Körper gelöscht erscheint. Es wundert mich auch, dass ich nicht darüber nachdenken will. Ich fühle mich auf eine ganz besondere Art frei und sehr zufrieden mit allem. Mehr als ein halbes Jahr ist seit der Diagnose vergangen, als ich einen Kontrolltermin bei der Fachärztin wahrnehme. Wie bereits beim ersten Mal werden auch jetzt mein Hals und die Schilddrüse genau untersucht. Mit denselben Verfahren, bei denselben Ärzten. Als mich die Ärztin zur Befundbesprechung in ihr Beratungszimmer holt, ist sie sichtlich irritiert. Da seien keine Knoten mehr zu sehen, sagt sie. Sie habe alles noch einmal sorgfältig überprüft und könne sich das nicht erklären. Ziemlich sicher sei bei den ersten Untersuchungen ein Fehler unterlaufen. Auf jeden Fall sei jetzt nichts Auffälliges festzustellen. Ich müsse auch zu keinem weiteren Kontrolltermin mehr kommen.

Ich verlasse die Praxis auf wackeligen Beinen. Als ich im Auto sitze, schüttelt es mich gewaltig. „Ein Wunder ist geschehen!“, denke ich mir „Ein Wunder! Dass mir das passiert! Unglaublich! Nie im Leben hätte ich das für möglich gehalten! Andere ja, aber ich?! Unglaublich! Es funktioniert wirklich!“ Ich sitze im Auto, denke, weine, staune, weine, denke und kann es nicht begreifen. Insgeheim habe ich mir schon lange ein Wunder in dieser Dimension gewünscht. Gesprochen habe ich mit niemandem darüber, zu unsicher war ich mir, ob es möglich ist, und zu sehr hätte mich eine Aufforderung meines kritischen Verstandes wie zum Beispiel: „Na, mach! Zeig, ob du es schaffst!“, gestresst. Und jetzt, wo ich dieses Wunder gerade erlebe, ist es ganz anders als erwartet. Ich kann es nicht fassen! Während mein Gehirn die Information aufgenommen hat und sie in seinem Archiv einzuordnen versucht und während Freudentränen mein Gesicht benetzen, scheint mein Körper zu klein zu sein, diese Erkenntnis aufzunehmen. (Noch) „zu klein“, um sich (schon) nahtlos einzufügen in die unendliche Weite des kreativen Feldes, der Liebe, des Himmels,...

„Macht nichts! Wird schon“, denke ich mir und bin einfach nur dankbar. Dankbar für dieses unglaubliche Wunder. Dankbar für meinen Körper. Dankbar für MICH. In den letzten Monaten hat sich meine Beziehung zu meinem Körper spürbar verändert. Ich mag ihn. Sehr. Ich finde, er leistet Außerordentliches. Und das alles von alleine. Für mich! Damit es mir gut geht und damit ich tun kann, was mir Spaß macht. Das alles kann er und macht es auch, wenn ich ihn nicht davon abhalte. Kaum zu glauben! Und er hält sich an das, was ich mir von ihm wünsche, formt sich sogar danach. Sehr spannend! „Da gibt es offensichtlich noch einiges, das ich erleben und erfahren kann“, denke ich mir und ich habe große Lust darauf.

Im Internet, auf der Website von Frank Kinslow entdecke ich eine angeleitete Meditationsübung, die mir gefällt. Sie unterstützt mich dabei, mein Bewusstsein auszudehnen. So, dass ich in meiner Vorstellung größer werde als mein Körper und dass ich den Satz „ICH bin es“ in allem spüren kann: ICH bin die Blume, ICH bin die Wolke, ICH bin Europa, ICH bin das Universum, ICH bin Nichts. Das gelingt mir allerdings nicht ruck, zuck. Ich trainiere einige Wochen und freue mich, dass mein Vorstellungsraum mit jedem Üben größer wird. Und eines Tages ist es dann so weit. Die Ausdehnung mit dem Inhalt „ICH bin es“ hat meinen Körper weit gemacht und nimmt ihn jetzt mit hinein in diesen endlosen Raum. So, dass ich ihn nicht mehr spüre und in meiner Vorstellung eins bin mit allem. In dieser Weite entspannt sich der Körper im Nu und der Kopf ist still. So spiele ich mit meiner Vorstellungskraft und entwickle immer wieder Neues. Es macht Spaß. Laufend zeigen sich mir Wege, wie es noch leichter und noch schneller geht, in das bereichernde Nichts einzutauchen.

Während ich viele neue Erfahrungen auf der Ebene des Fühlens mache, bin ich auf einer anderen Ebene als Beobachterin aktiv und frage mich selbst: „Wenn Heilung von alleine geschieht, was ist dann meine Aufgabe? Wo geht der Weg weiter, wenn ich bei mir selbst angekommen bin? Kann ich überhaupt jemals sagen, dass ich angekommen bin? Was genau ist ein „Potential“? Wie drückt es sich aus?“ Alle diese Fragen und noch viele darüber hinaus finde ich unendlich spannend.

Bei einem Seminar auf Bali experimentieren wir sehr intensiv mit dem Loslassen alter, einschränkender Gedanken und mit dem Formulieren neuer, schöpferischer Gedanken: „Schokolade macht mich schlank. Rauchen fördert meine Gesundheit. Meine Augen sehen rein und klar.“ Von einer Teilnehmerin borge ich mir das Buch „Physik der Wunder“ von Richard Bartlett aus. Beim Lesen wächst mein Wunsch, ohne Brille lesen zu können. Ungefähr in der Mitte des Buches probiere ich es aus. Ich konzentriere mich auf die erwünschte Fähigkeit, lege die Lesebrille ab und lese. Wackelig zwar und wechselhaft groß erscheinen die Buchstaben, aber es funktioniert. „Super, wie das funktioniert!“, denke ich und will mehr davon.

Bei dem Seminar „Matrix Energetics“ mit Melissa Joy und Richard Bartlett, bei dem mir Richard an den Hals fährt und mir sagt, dass meine Großmutter ein Hundehalsband mit Nägeln um meinen Hals gelegt habe, weil sie mir verboten habe, zu pfeifen, betrete ich eine eigene Welt. Ich fühle mich wie Alice im Wunderland. Auf der Bühne fallen die Menschen reihenweise um. Ein Effekt, der sich ergibt, wenn die Kontrolle über den Körper aufgegeben wird und alte Muster in sich zusammenfallen. Wir stellen uns auf einen Wunsch ein, rutschen mit der Aufmerksamkeit ins „Herzfeld", entkoppeln unsere Gedanken und Emotionen, verbinden uns mit dem kreativen Feld und überlassen den Körper sich selbst. Ich spüre das kreative Feld, den kreativen Raum wie nie zuvor. Zum ersten Mal ist für mich ein Raum, den ich „nur" anhand seiner Auswirkungen „sehen" und nicht als feste Form wahrnehmen kann, wirklicher als die gewohnte, materielle Wirklichkeit.

Mir ist auch bewusst, dass die Show auf der Bühne dem konditionierten Verstand dient. Dieser braucht ganz offensichtlich spektakuläre Beobachtungen, um neue Sichtweisen zuzulassen. Mein Verstand ist beeindruckt. Und er geht davon aus, dass dieser Zauber nur mit einer bestimmten Methode – in diesem Fall „Zwei-Punkt" – möglich ist. Viele eigene Erfahrungen später wird er erkennen, dass diese wie jede andere Methode ein Vehikel ist, um den Zugang zum Möglichkeitsraum zu öffnen, das Bewusstsein zu erweitern und die eigenen Fähigkeiten auszubauen. Was er jetzt schon weiß, ist, dass es viele Wege gibt, in den Zustand des wirksamen und heilsamen Nichts zu kommen. Dass es dabei vor allem darauf ankommt, zu wählen und vertrauensvoll dabei zu bleiben. „So macht mir das Leben Spaß!", denke ich mir und habe große Lust, weiter damit zu spielen.

Wochen nach dem Seminar bekomme ich die Gelegenheit, diese Erkenntnis bereits in die Praxis umzusetzen. Es ist früher Morgen. Bedächtig und hochkonzentriert mache ich meine Yogaübungen. Ich bin gerade bei der „Kerze", als plötzlich jemand die Tür aufreißt. Ein stechender Schmerz schießt in meinen unteren Rücken ein. Mit Müh und Not stehe ich auf. Ein Muskel scheint „verrissen". Am Nachmittag lege ich mich hin. Als ich eine Stunde später aufstehen will, um ins Bad zu gehen, geht es nicht mehr. Der Körper ist steif und die Schmerzen machen jede Bewegung unmöglich.

Gerade als ich anfangen will zu jammern, erinnere ich mich, dass ich mich ja auch heilen kann. Ich atme alle Gedanken aus, die um meinen bedauernswerten Zustand herum kreisen. Immer wieder schicke ich sie fort. Harte Arbeit! Dann beginne ich, auf meiner inneren Leinwand einen Wunsch-Film zu drehen mit mir als Hauptdarstellerin: Ich stehe auf, gehe die zehn Meter zum Bad, öffne die Türe, nehme die Zahnbürste, … „Was machst du?“, fragt mein Verstand, „du bist streif wie ein Besenstil!“ … Ich stehe auf, gehe zehn Meter zum Bad, öffne… „Wie willst du bis zum Bad kommen, wenn du nicht einmal aus dem Bett kommst?“ …, öffne die Türe, nehme die… „Spiel dich nicht auf! Dein Zustand ist ernst! Ruf einen Arzt. Lass dir eine Spritze geben!“… Ich stehe auf, gehe die zehn Meter zum Bad, öffne die Türe, nehme die Zahnbürste,…. Schlussendlich schaffe ich es doch, den Film in mir zu Ende zu drehen. Der Verstand hat sich in eine Ecke des Kinos gestellt. Bereit, jederzeit einzugreifen. Ich stehe auf, gehe die zehn Meter zum Bad, öffne die Türe, nehme die Zahnbürste,… Die Aufführung gelingt und am Ende lande ich wieder glücklich im Bett.

Stunden später. Es ist Nacht. Paul liegt im Bett neben mir. Ich muss aufs Klo. „Kein Problem“, sagt der Verstand, mittlerweile hoch kooperativ, „du weißt ja, wie das geht. Gedanken ausatmen, Film installieren und Hauptrolle übernehmen.“ Mitten in den Ausführungen, ich bin gerade dabei, mich aufzurichten, höre ich eine fürsorgliche Stimme aus dem Off. „Geht's?“, fragt Paul. Aus! Das war`s! Ich bleibe mit gebeugtem Oberkörper in der Luft hängen. Nichts geht mehr. „Still!“, hauche ich, „sei bitte still!“

Es dauert einige Minuten, bis ich mich mit Hilfe meines Filmes wieder aus dieser schmerzvollen Position befreien kann. Als ich wieder im Bett liege und mein Kopf frei ist für Gedanken aller Art, wird mir bewusst, wie genau der Film sein muss, der den erwünschten Zustand materialisieren soll, wie lückenlos ausgerichtet auf das Erwünschte und wie wenig es braucht, um davon abgelenkt zu werden und in die Krankheitsversion (zurück) zu fallen. Am interessantesten finde ich dabei aber die Erkenntnis, dass Pauls Fürsorglichkeit meinen leidenden Zustand bestätigt und somit festgehalten hat. Erst als er meinem Wunsch, still zu sein, nachgekommen ist und sich nicht weiter eingemischt hat mit seiner Sorge, hilft er mir wirklich. Er lässt mir den Raum, den ich brauche, um aus dem ungewollten Zustand herauszukommen, und stärkt mir so den Rücken für meinen Weg.

Den Weg, wie ich mich „krank“ machen kann, kenne ich mittlerweile zur Genüge. Nichtsdestotrotz ist es zum Beispiel noch nicht allzu lange her, dass ich für diese Fähigkeit eine Ehrenrunde gedreht habe. Per „Zufall“ lese ich in einer Zeitung von einer Diagnose, die erst in den letzten Jahren aufgestellt worden ist und unter deren Symptomen viele Menschen leiden. Man hätte jetzt dafür zwar einen Namen und Therapien, der gesamte Komplex sei aber bis heute kaum erforscht. Meine Neugierde erwacht. „Die meinen mich!", denke ich mir (ja, genau, „mich" und nicht „MICH"!) und bin erleichtert und glücklich, zu lesen, dass die Schmerzen, die ich in den letzten Jahren erlebe, einen Namen haben. „Jetzt kann ich das, was sich in meinem Körper tut, endlich einordnen und richtig behandeln." Ich will mehr darüber wissen und wühle mich durch das Internet. Doch mit jeder neuen Information weicht die Erleichterung einem immer komischer werdenden Gefühl.

„Stopp!", denke ich mir, „das bringt nichts!" und höre auf zu recherchieren. Doch die Vorschläge, was man „dagegen" tun kann, nehme ich dankbar an. Dass das ohnehin das ist, was ich seit Jahren praktiziere und was jedem Körper guttut – Massage, Sauna, Entspannung –, macht mir die Umsetzung leicht. Ich fühle mich in dem bestätigt, dass ich etwas tun kann, und das gefällt mir. Dass ich dabei unbewusst davon ausgehe, dass „ich etwas tun muss", fällt mir nicht auf.

Als ich dann einige Tage später wieder einen Artikel in einer Zeitung zu dieser Diagnose finde, freue ich mich darüber, dass sich wieder jemand „Gedanken über mich" gemacht hat, und stürze mich mit großem Interesse auf den Text. Doch da lese ich plötzlich Worte wie „schwere Krankheit", „gerade in Erforschung", „Ursachen liegen noch im Dunkeln", „Heilungschancen aus heutiger Sicht keine". Mit jedem Wort geht's mir schlechter und schlechter. Eine eiskalte Hand schließt sich um mein Herz und zieht mich in ein dunkles Loch. Ich schaue mir selbst zu, wie ich verfalle und ins Leidental abrutschte. Da höre ich klar und deutlich eine Stimme: „Stopp! Diesen Weg gehst du nicht!" Sofort rutsche ich vom Kopf auf meiner Kinderrutsche ins Herzfeld und lass alle Gedanken los. Aus der Traurigkeit formt sich ein tiefer, tiefer Wunsch: „Nie wieder, nie wieder will ich mich so mit meinem Körper beschäftigen. Und ich will bitte nie wieder, nie wieder Schmerzen haben. Bitte!"

In mir wird es wieder ruhig. Ich kann jetzt deutlich sehen, dass ich wirklich, wirklich, endlich aufhören muss, zu tun, und aufhören muss, zu denken, etwas tun zu müssen. „Ich muss mich nicht heilen. Ich bin heil. Es ist alles eine Frage der Ausrichtung. Ich bin die, die wählt. Das muss ich mir immer wieder bewusstmachen, weil es so ist. Ich will endlich ganz herauskommen aus diesem Überlebensmodus, der mir seine Gedanken vorgibt!", denke ich mir. „Und dafür ist weniger mehr. Ich bitte darum. Ich danke dafür. Und es geschieht. Und aus. Das reicht." Diese Ehrenrunde war meine letzte zu diesem Thema. Dessen bin ich mir ganz sicher. Nach diesem Vortrag an mich selbst sitze ich eine Zeitlang und genieße, dass nichts in mir mehr anspringt. Der Körper bleibt ruhig und entspannt. „Alles ist da. Alles ist gut", denke ich und freue mich, wie einfach und leicht es im Grunde ist, ich selbst zu sein. Ich muss es „nur" zulassen. „Wie ist eigentlich die Beziehung zu meinem Körper jetzt?", frage ich mich. Und als Antwort tauchen Szenen auf:

Früher: *Der (alte) Verstand marschiert mit schnellen Schritten über Berge und durch Täler. Haltung stramm, Blick geradeaus. Ohne sich jemals umzudrehen, ruft er nach hinten: „Aufpassen! Gefährlich. Durchzug. Warm anziehen! Wald. Nicht setzen! Zeckengefahr. Wind. Kopftuch!" Hinter ihm der Körper. Hastig, außer Atem. Vollauf damit beschäftigt, Schritt zu halten, Befehle entgegenzunehmen. Weit hinter dem Verstand und dem Körper schlendert MARIA (ICH). Pflückt da eine Blume, schaut dort einem Schmetterling zu, legt sich ins Gras und stellt sich vor, was schön wäre. Entspannt beobachtet sie Verstand und Körper. „Bald kommen die beiden wieder bei mir vorbei", denkt sie sich. Sie laufen im Kreis.*

Im Wandel: *Der Körper ruft nach vorne „Stopp! Ich kann nicht mehr." Der Verstand hört ihn nicht. „Stopp!" Der Verstand reagiert nicht. „Stooooo-opp!!!" Der Körper fällt hin, steht auf, fällt hin, steht auf, fällt hin, steht auf,... Irgendwann bleibt er liegen. MARIA hilft ihm, wieder auf die Beine zu kommen. Aufgeregt sprudelt es aus ihm heraus: „Ich bin hier, um Spaß zu haben und zu genießen, und nicht, um mich zu Tode zu hetzen." MARIA nickt. Der Verstand dreht sich um. Zum ersten Mal. Er schaut die beiden an und denkt sich: „Wer hätte sich das gedacht! Da ist ja noch wer. Ich bin nicht alleine."*

Heute: *Verstand (neu), Körper (neu) und MARIA sitzen entspannt auf der Wiese und schauen den Wolken zu. Der Verstand ist verliebt. In den Körper, genaugenommen in sein Herz. Er hat seinen Namen angenommen und nennt sich jetzt „Herzverstand". Die Beziehung hält ihn jung und dynamisch. Besonders spannend findet er die vielen Projekte, die aus diesem Team entstehen. Nie hätte er gedacht, was alles möglich ist. Er will beschäftigt werden. So ist er halt. Er hat gelernt, zuzuhören. Statt Alleingängen nimmt er jetzt freudig Aufträge entgegen.*

Der Körper freut sich sehr darüber, ein offiziell anerkannter Teil eines Teams zu sein. Niemand belästigt ihn mehr mit Aufträgen, die ihm keinen Spaß machen. Niemand pfuscht mehr in seine Arbeit. Endlich wird gesehen, was er alles kann. Endlich lässt ihn der Verstand in Ruhe seinen Job machen. Dass ihn der Verstand attraktiv findet, ist angenehm.

MARIA ist sehr zufrieden mit dieser Entwicklung. Jetzt kann auch sie ihre Fähigkeiten einbringen, sichtbar und nicht mehr im Verborgenen. Sowohl der Verstand als auch der Körper akzeptieren ihre Leitungsfunktion. Für Ersteren ist das noch gewöhnungsbedürftig. Er ist aber grundsätzlich mit der Aufgabenverteilung einverstanden. „Bin schon gespannt, was dieses Team noch so alles hervorbringen wird. Langweilig wird mir sicher nicht werden", denkt sie sich und beruft eine Sitzung ein, weil ihr gerade eine Idee für ein Projekt gekommen ist.

Ich kann dieses Team in mir gut wahrnehmen. Dachte ich früher bei Magenbeschwerden: „Oh Gott, schon wieder eine Gastritis. Wann hat Dr. XXX Ordination?", denke ich heute: „Rutsch auf deiner Kinderrutsche ins Herzfeld! Entkopple Gedanken und Emotionen. Stell dir den Magen entspannt und gut funktionierend vor." Oder ich sehe mich weit, weit ausgedehnt, als unendliches Energiefeld, in das ich den Körper zur Regeneration lege. Oder ich denke mir nichts, lasse alles los und mache, was ich machen will. Oder…

Die wiederkehrende Frage meines Verstandes „Liebe Maria, warum musst du dich denn derartig ausführlich mit dem Körper beschäftigen? Findest du nicht, dass du übertreibst?" hätte ich als Studentin und auch noch danach mit „weil ich eine Hypochonderin bin" oder „weil mein Vater ein Hypochonder ist" oder „weil ich Aufmerksamkeit auf mich ziehen will" beantwortet. Ich hatte damit gehadert, hatte mich geärgert, war streckenweise daran – beinahe – verzweifelt. Kein Wunder, ging es doch vorrangig ums Überleben: „Sei vorsichtig! Iss nicht so kalt! Trink nicht so heiß! Zieh dich warm an! Lass den Kaffee! Nimm ab!". Kaum hatte ich ein paar schöne Stunden erlebt, schon zeigte sich ein Symptom und verwies mich in die alten Schranken. Die Vorstellung davon, was gut oder schlecht für meinen Körper war, bestimmte meine Lebensgestaltung. Versuchte ich das zu ignorieren, wurde der Gedanke „Ich bin krank!" immer stärker und setzte sich letztlich wieder durch. „Krankheit" war das Problem. Verzicht war die Lösung.

Heute sehe ich sehr klar, dass ich jede Erfahrung machen wollte. Auch die schmerzvollsten. Ich wollte wissen, wie mein Körper funktioniert, wollte wissen, wie alles zusammenhängt, und wollte wissen, wie genau Entwicklung geschieht. Und ich wollte vor allem ganz in der Freude ankommen. Die Gefahr, dass ich meinen Job zu ernst nahm und zu viel darüber nachdachte, bestand allerdings laufend. Dann verirrte ich mich leicht in einer neuen „Theorie“ oder in Vorgaben, wie ich mich zu fühlen hätte, geriet zu sehr ins „Ich muss das richtig machen“ oder ins „Jetzt weiß ich, wie das wirklich geht“. Lange konnte ich es mir auch nicht erklären, warum ich alles verstehen wollte. Es reichte mir doch ohnehin, es zu erleben. Abgesehen davon, dass mir später bewusst wurde, dass ich meine Erfahrungen weitergeben will, musste ich so ein problematisches Verhalten nicht öfter als unbedingt notwendig wiederholen. Wobei sich auch die Bedeutung von dem, was „unbedingt notwendig“ sei, dehnen ließ.

Früher dachte ich auch, dass eine geheilte Körper-Seele-Beziehung bedeutet, dass der Körper überhaupt keine Reaktionen mehr zeigt. Ich erwartete mir, dass – egal was geschieht – der Körper leicht, luftig und ausgedehnt in Harmonie mit dem Geist schwingt. Und als das dann so nicht eintraf, war ich enttäuscht. Interessanterweise erlebte ich einige Jahre sogar stärkere Schmerzen als zuvor und hatte zu tun damit, nicht meinen Weg in Frage zu stellen. „Das kann doch nicht wahr sein!“, dachte ich mir, „jetzt hast du dich jahrelang mutig in Heilungsprozesse begeben und bist von einem schmerzvollen Lernprozess in den nächsten gefallen und jetzt das? Hat das Leiden denn nie ein Ende?“

Doch! Es hat eines, aber nicht so, wie ich dachte. Die Reaktionen meines Körpers waren wohl nichts anderes als ein intensiveres Coaching, damit ich punktgenau meinen Weg gehe und keinen anderen. Je freier ich wurde von Angst, umso wohler fühlte ich mich in meinem Körper und umso schmerzvoller erlebte ich Abweichungen davon. Meine Erfahrungen gingen – wie so oft – andere Wege als meine Erwartungen. Wollte ich zum Beispiel den Abend alleine verbringen und lesen und ging ich stattdessen mit Freunden aus, vereinbarte ich Beratungstermine, statt zu schreiben, stritt ich, statt zu verzeihen, diskutierte ich, statt zu spielen, konnte ich mich am nächsten Tag vor Muskelschmerzen kaum rühren. Es fühlte sich an, als ob sich die Anspannung, die mein Körper an seiner Außengrenze errichtet hatte, um mich ursprünglich gegen Gefahren von außen zu schützen, jetzt gegen mich richten würde.

Ich brauchte eine Zeitlang, bis mir bewusst wurde, dass mein Körper mit meinen Wünschen im Einklang sein will, um mir Wohlbefinden verschaffen zu können. Auch wenn ich mich nicht (mehr) an meine Wünsche hielt, er tat es und ließ sich im Unterschied zu mir auf keine Kompromisse ein. Schaffte ich es auch, mein Verhalten meinen Wünschen anzupassen verschaffte mir das einen hohen Gewinn: Präsenz.

Meinen Körper als Lehrmeister anzunehmen, führte mich geradewegs in die Freude. Über „Krankheiten" erfuhr ich punktgenau, was ich nicht will. Der Schmerz, den ich spürte, wenn ich von dem abwich, was ich wollte, half mir, mein Verhalten zu korrigieren. Die Konzentration auf mein Inneres führte mich in mein Zentrum, ließ eine reiche Innenwelt entstehen, die sich weit über den Körper hinaus ausdehnte und mich letztlich mit dem heilsamen Nichts verband. So fand ich mich in einem kreativen Feld unendlicher Möglichkeiten wieder, die ich wiederum mit Hilfe des Körpers genießen kann.

Die Bedeutung der Worte „Krankheit", „Gesundheit" und „Tod" wandelte sich während meiner Entwicklung von ganz alleine bis zu dem Punkt, an dem sie sich im Nichts auflöste. Auch der Begriff „Körper" hielt dem Wandel in mir nicht stand. Er wurde durch „Verkörperung" ersetzt, als mir bewusst wurde, wie wandelbar die Form ist, in der ich durch dieses Leben gehe. Sehen zu können, dass sich diese – wie auch mein Vorstellungsvermögen – dem anpassen kann, wer ICH BIN, machte mir bewusst, dass ich den Überlebensmodus verlassen hatte. Das verkörperte Wesen „Maria" und somit meine wahre Qualität mit allen „dem Körper" zur Verfügung stehenden Möglichkeiten in dem Bewusstsein, dass ich diese Wahl getroffen habe, genießen zu können, macht mich überglücklich. Das ist Freude pur.

Über die Rolle der Helferin in das „ICH BIN"

Wollte ich zuerst nur ein paar Monate „frei von (einem Teil meiner) Arbeit sein", werden daraus mehrere Jahre. Genau genommen komme ich nie mehr wieder dorthin zurück, wo ich einmal war. Und „Arbeit" werde ich das, was ich danach machen werde, auch nicht mehr nennen. Doch in den ersten Monaten fühlt sich mein freigewählter Rückzug leider so gar nicht nach „Freiheit" an. So schön habe ich es mir vorgestellt, und jetzt? Jetzt bin ich vorrangig damit beschäftigt, nicht nachzudenken oder fieberhaft nach Beschäftigung zu suchen. Ich war noch nie ohne Beschäftigung. Ich weiß nicht, was ich mit der freien Zeit anfangen soll, außer mir Vorwürfe zu machen, dass ich im Unterschied zu allen anderen jetzt nichts mehr vorzuweisen habe. Was mache ich schon? Nichts! Weil mich nichts interessiert.

Es ist eine Zeit voller emotionaler Berg- und Talfahrten. Wie beim Frühjahrsputz wird nichts ausgelassen. Kein Gedanke kann mehr, was er immer konnte: mich unterhalten. Keine Emotion schafft es mehr, mir das Gefühl zu vermitteln, dass ich mich mit ihr beschäftigen sollte. Umso mehr tauchen sie auf in mir, umso stärker scheinen sie darauf zu pochen, angenommen zu werden. Es ist heftig. Meine alte Identität, die sehr stark mit Tunmüssen und Selbstversorgung im Überlebensmodus verknüpft war, löst sich nach und nach auf. Äußerst widerwillig allerdings. Ich ziehe mich immer mehr zurück und spüre, dass es trotz Gewitter im Kopf dem Körper sehr guttut, zur Ruhe zu kommen.

Ich habe keine Ahnung, wo genau mein Weg weitergeht und ob überhaupt. Bis auf wenige Ausnahmen ist mir das auch recht. In lichten Momenten weiß ich ganz genau, dass alles gut ist und ich schnurgerade geführt werde, auch wenn es selten danach aussieht. Doch egal, was auch geschieht: Mein Ja zu mir und zu diesem Abenteuer ist unverrückbar. Wie ein Fels steht es mitten im Meer. Die hohen Wellen prallen an seiner Oberfläche ab und meißeln aus dem rauen Fels im Laufe der Monate eine formvollendetet Skulptur. Ich weiß, dass der Weg oft mühsam sein kann. („Aber so?“, fragt der Verstand) Ich weiß, dass sich die Mühe wandelt, sobald ich die Mühe-Gedanken nicht mehr denke. („O.k.! Immer? Bist du sicher?“) Ich weiß auch, dass am Ende immer das herauskommt, was ich mir gewünscht habe. („Und du glaubst, diesmal auch? Naaa… Wart’s ab!“)

Besonders hartnäckig halten sich Gedanken, die mir einen finanziellen Ruin voraussagen. Trotz großer Zuversicht in mir gelingt es ihnen, sich immer wieder in den Vordergrund zu schieben und mich zu irritieren. Mein Glaubenssatz „Geld steht mir nur dann zu, wenn ich dafür hart arbeite“ wird dann wieder aktiv und wirkt wie Öl im Feuer. Auch ein weiterer macht mir diese ersten Monate meiner Auszeit schwerer als notwendig: „Mach dich niemals von einem Mann abhängig, denn dann kannst du nie wieder machen, was du machen willst!“ Schaue ich auf all das, sehe ich, dass es höchste Zeit ist, Glaubenssätze wie diese ganz hinzugeben, damit sich auch noch die hartnäckigsten Gedanken, die den Überlebensmodus in mir aktivieren, wandeln können.

Paul ist mit der Übernahme der Kreditrückzahlungen in der Anfangszeit mindestens so überfordert wie ich mit meinem Rückzug. Auch in ihm müssen sich alte Vorstellungen und Ängste auflösen, damit unser gemeinsamer Weg weitergehen kann. Ich erlebe uns wie zwei Schiffe auf hoher See, die wertvolle Fracht geladen haben und in einen Sturm gekommen sind. Während jedes für sich vollauf damit beschäftigt ist, nicht unterzugehen, müssen beide darauf achten, nicht aneinander zu zerschellen. Wir bleiben dran. Die Übung gelingt. Die Wellen werden kleiner und zwischen den Wolken zeigt sich immer öfter die Sonne.

In mir ist eine neue Vorstellung von „Dienen" am Entstehen, die meine alte Form des „Helfens" zu wandeln beginnt. Sie hat nichts mehr mit „Dienstleistung" und nichts mehr mit dem „Bedienen" zu tun. Ich diene jetzt, indem ich zulasse, dass sich mein Potential entfaltet, und indem ich einverstanden bin mit dem, was daraus entsteht. Er ist einer von mehreren Prozessen, die sich in mir abspielen, während es nach außen so ausschaut, als wenn ich gar nichts tun würde.

Und nicht nur nach außen. Streckenweise ist es so leer in mir, dass ich das Gefühl habe, mein Leben könnte an dieser Stelle enden. „Wenn es das war und sich nichts Neues mehr ergibt, dann kann ich genauso gut sterben!", denke ich eines Tages und es erschreckt mich nicht. Ich habe schon sehr viel erlebt und keine Lust mehr auf Wiederholungen. Das Gewohnte und Bekannte interessiert mich nicht mehr und neue Wege zeigen sich nicht. Das einzig Neue, das sich zeigt, ist die Erkenntnis: Ich will diese Erde noch nicht verlassen! Ich habe noch etwas vor. Aber was?

Seit ich zu studieren begonnen habe, begleitet mich ein Gefühl, dass tief in mir etwas ist, das herauskommen will. Nie konnte ich es (be)greifen, erst recht nicht verstehen. Ich war gewohnt, zu tun, was andere von mir verlangten. Ganz zufrieden war ich jedoch nie damit. Etwas fehlte und zunehmend vergrößerte sich die Empfindung von einer Art „Einseitigkeit". Ich sah mich zu oft reagieren und nur sehr selten frei agieren. Ich produzierte nichts. Reagierte ich auf einen Wunsch eines Gegenübers, ohne zu überprüfen, ob ich das überhaupt will, meldete sich dieses Etwas und vermittelte mir: „Pass auf! Da stimmt etwas nicht. So wirst du nie los, was tief in dir steckt. Mach nicht immer nur das, was bestellt wird. Konzentriere dich lieber auf das, was du tun willst." Jetzt, nachdem ich beschlossen habe, dass das Reagieren ein Ende hat, und ich dabei bin, die Leere, die darauf gefolgt ist, auszuhalten, beginne ich langsam zu begreifen, dass dieses Etwas ich selbst bin. ICH bin es, die darauf wartet, gelebt zu werden. Und der Ort, an dem sich das ICH befindet, ist die Heimat meines schöpferischen Seins.

Auf La Gomera hatte ich zu malen begonnen. Jetzt, wo ich Zeit habe, spüre ich, dass ich einiges machen möchte, was ich mir bis jetzt noch nie erlaubt habe. Und ich beginne zu tun, ohne darüber nachzudenken und zu bewerten. Fasziniert mich zum Beispiel eine Baumwurzel, nehme ich sie mit nach Hause und beginne, sie von Erde und Moos zu reinigen. Dabei zeigen sich interessante Formen. Sie machen mich neugierig. Ich kaufe mir Werkzeug, um diese noch deutlicher hervorheben zu können. Am Ende habe ich eine formvollendete Skulptur in der Hand, die mich so begeistert, dass ich ihr ein Eisengestell besorge und sie in meinen Beratungsraum stelle.

Ein anderes Mal lese ich in einer E-Mail von einem Clownworkshop. Aus der Beschreibung unter dem Titel „Entdecke den Clown in dir" springt ein Funke auf mich über und ich nehme Kontakt mit dem Leiter auf. Ob er mir Einzelunterricht geben könne, frage ich ihn, weil ich punktgenau begleitet werden möchte bei dieser Entdeckungsreise. Das hätte wenig Sinn, meint dieser, weil der Clown eine Figur sei, die von der Verbindung mit anderen lebe. „Passt!", sage ich, „dann werde ich Menschen einladen, mit mir gemeinsam ihren Clown zu entdecken." So mache ich es dann auch, und es entsteht eine Reihe von Workshops, in denen ich neben vielen anderen die Möglichkeit bekomme, eine Clownfigur zu entwickeln.

Ich male, singe, koche, schreibe und lese. Und ich staune immer wieder darüber, was ich alles kann, wie leicht es mir fällt und welch großen Spaß es mir macht. Es sprudelt und schäumt und prickelt und fließt. Ein vollkommen neues Lebensgefühl macht sich breit in mir. Bunt, kraftvoll und reich. Je mehr ich zulasse, um so mehr kommt. Leichtes, freudiges Fließen aus einer Quelle, die nie zu versiegen scheint.

Während ich diese lustvollen Ausflüge in neue Welten genieße, formen sich in regelmäßigen Abständen kritische Gedanken in meinem Kopf wie: „Schön und gut, was du da so machst! Aber nichts von alldem ergibt eine Tätigkeit, mit der du endlich wieder Geld verdienen kannst. Einen richtigen Beruf schon gar nicht. Malen ist ein nettes ‚Hobby', aber mehr wohl nicht. Und das Singen? Na ja, als Clown könntest du vielleicht noch auftreten! Aber willst du damit Geld verdienen?" Mein Verstand weist mich dann noch darauf hin, dass die einzelnen Freude-Bausteine ja gar nicht zusammenpassen. Und eine Verbindung zwischen ihnen und meinen erworbenen und anerkannten Fähigkeiten als Beraterin und Psychotherapeutin sieht er erst recht nicht. Und dabei bekommt er ausnahmsweise Unterstützung von meinem Gefühl: Ich spüre überhaupt keine Verbindung mehr zu meinen früheren Tätigkeiten und kann mir absolut nicht vorstellen, in diesem Bereich je wieder zu arbeiten.

Sitze ich in der Stille, damit sich die Gedanken beruhigen, geht es mir zwar gleich wieder gut, aber auf meine Frage, was ich denn jetzt beruflich machen soll, wenn ich meine gewohnten Tätigkeiten als Helferin nicht mehr ausüben kann, bekomme ich keine Antwort. Meist kann ich damit gut leben, aber zwischendurch kann es schon etwas eng werden. Dann bin ich froh, zu wissen, dass die Sorge nur ein Gedanke ist. Und nicht ICH.

Und dann, eines Tages, formen sich plötzlich Ideen für neue Projekte in mir. Von einem Moment auf den anderen (wie) aus dem Nichts. Zuerst spielerisch. In Gedanken. Dann im Tun. Ich sehe mich eine E-Mail schreiben, um ein paar Menschen zu einem Austausch einzuladen, eine Website planen, Kreativworkshops ausschreiben und mich immer wieder denken: „Ah! Das ist interessant. Daraus könnte ich ja ... machen." Ohne Konzept. Ohne nachzudenken. Denn ließe ich an dieser Stelle kritische Gedanken wie „Ist das jetzt die Tätigkeit für den Rest meines Lebens?" zu, würde ich wohl vor Schreck alles gleich wieder abbrechen. Ich muss frei bleiben von jeglicher Form, sonst wird das nichts, das weiß ich.

Und dann werde ich eines Nachts munter, weil in mir einiges in Bewegung ist. Da ich nicht mehr einschlafen kann, setze ich mich an den Computer, um in Worte zu fassen, was da ist. Eine Maßnahme, die ich oft ergreife, um mir Klarheit zu verschaffen. Ich tippe und tippe und nach ein paar Seiten denke ich mir: „Das hört nicht auf. Das wird ein Buch!" Tage später setze ich mich wieder hin und es schreibt und schreibt und schreibt aus mir. Nachdem es eine Zeitlang so dahingeht, kommt die Nachricht, dass das wohl ein Buch werden will, letztlich auch in meinem Kopf an. Drei Jahre später erscheint „Ich bin ICH. Wer sonst!" in einem Verlag, der mir zufliegt, wie der Text in dieser ersten Nacht.

Ich lade interessierte Menschen zu mir ein, um ihnen zu zeigen, was ich so mache, um zu MIR zu finden und bei MIR zu bleiben. Es wird ein inspirierender Abend, den alle Beteiligten sehr genießen. Die Idee, „impulsKREISE" anzubieten, wird geboren. Ähnlich wie Greta stelle ich mich auf die Anliegen der TeilnehmerInnen ein und freue mich darüber, wie leicht es geht, sie mit den Informationen aus dem kreativen Feld zu verbinden. Dabei fällt mir auf, wie glasklar und zuweilen heftig diese Informationen durch mich kommen. Sie scheinen sich nicht an gängige Kommunikationsregeln wie „Das sagt man nicht!“ oder Ähnliches zu halten. Sehe ich zum Beispiel, dass jemand Angst davor hat, seine Emotionen auszudrücken, kann es sein, dass ich mich fluchen oder Schimpfwörter verwenden höre, die wie ein Eisbrecher für die jeweilige Person den Weg zu ihr selbst freimachen. In dem Augenblick, in dem das geschieht, sehe ich, dass das die Hilfe ist, um die SIE mich gebeten hat. Ihr großes ICH, nicht das kleine, wohlgemerkt. Das kleine Ich kann mit dieser Hilfe mitunter hadern.

Doch kaum bin ich dann allein zu Hause und betrachte diese Szene aus dem Kopf heraus, mit meinem kleinen Ich, noch einmal, beginnt mich mein Verstand zu kritisieren: „Was machst du da? So etwas sagt man nicht! Hast du nicht gesehen, dass sich die Person erschreckt hat? Was wird die jetzt von dir denken?“ Und da sind sie dann wieder, die alten Gedanken, die mir verbieten wollen, frei auszudrücken, was der Heilung dient. Und sie schaffen es, dass ich Tage brauche, um mich wieder zu erholen. Für meinen Körper ist es offensichtlich sehr anstrengend, sich zuerst dem Energiefluss zu öffnen und gleich danach mit Gedanken konfrontiert zu werden, die er als Angriff interpretiert und für die er nicht gewappnet ist. „So kann es nicht weitergehen. Das bringt mich auf die Dauer um. Ich muss mich für eine der beiden Welten entscheiden“, denke ich und die Wahl fällt mir nicht schwer. In mir formt sich die große Bitte, immer und überall im Zustand des lichtvollen Energieflusses sein und bleiben zu können. So führt meine Funktion in diesen Gruppen letztlich dazu, dass ich lerne, diese Art des Denkens ganz aufzugeben und den freien Fluss in allen Lebensbereichen aufrechtzuerhalten.

In diesen Gruppen wird mir auch bewusst, wie sehr ich mich verändert habe. Die Person „Maria“ mit ihren Wünschen, Ängsten und Erwartungen gibt es in der alten Form nicht mehr. Durch die neu gewonnene Freiheit stehe ich auch neu zur Verfügung. Immer wieder neu, denn dass er kein Ende hat, der Wandel, ist Teil meiner Lebensgestaltung geworden. Ich bin mittlerweile angekommen in dem Fluss mit dem Namen „Maria“ und lasse mich staunend und hochproduktiv treiben.

„Und wie heißt das jetzt, was du da machst?“, fragt mich mein interessierter, neuer Verstand. „Ist das „spirituelles Arbeiten“?“ Was ich unter diesem Namen im Internet finde, hat mit dem, wie ich es erlebe, nur sehr wenig zu tun. „Ist es gar ‚esoterisches Wirken'?" Nein, denn mit Angeboten, die ich unter dieser Bezeichnung finde, kann ich mich erst recht nicht anfreunden. „Aber was ist es dann?", fragt mich der Verstand weiter und lässt nicht locker, denn er will mir und meinen Aktivitäten einen Platz geben. Da wird mir bewusst, dass ich keinen Namen haben will, weil ich ihn nicht brauche. Es soll frei bleiben. Alles. Ich kann und will mich nicht mehr einordnen, um mich nicht vom Fluss des Lebens und von den herrlichen Geschenken des Wandels abzuschneiden. Was immer es ist und was immer es sein wird, es macht mir riesengroße Freude, entspricht meinem Potential und wirkt.

Woran orientiere ich mich dann, wenn ich Menschen und Systeme auf ihrem Weg zu sich selbst unterstütze? Wovon gehe ich dabei aus? Alles, was sich jemand von Herzen wünscht, ist möglich, weil es seinem Potential entspricht und somit bereits in ihm und in ihr als Möglichkeit angelegt ist. Die Verantwortung dafür, ob Personen oder ein Unternehmen ihr Potential entfalten, liegt ausschließlich bei ihnen selbst. Ich kann die Möglichkeiten dorthin aufzeigen, den Zugang begleiten und das Bewusstsein vermitteln, dass Wandlungsprozesse zu dem „ICH BIN ES" und dem „WIR SIND ES" führen. Dem Wandel mit Interesse und Freude zu begegnen, ist dabei eine wesentliche Haltung für eine erfolgreiche Entwicklung. Diese entsteht am schnellsten durch das Bewusstmachen der einzelnen Schritte und durch das dankbare Hinschauen auf das, was war, auf das, was ist, und auf das, was sein wird.

Wer sich also heute „Maria" als Begleiterin wählt, wählt nicht eine Person mit bestimmten Eigenschaften, sondern eine bestimmte Qualität, ein bestimmtes Potential. „Maria" steht für Klarheit, für Direktheit, für „das Wesentliche sehen können und es auf den Punkt bringen". Sie steht auch für den Mut, auszudrücken, was ausgedrückt werden will. Sie steht für die Freude am Gestalten, für die Lust am Staunen und für das Lachen und … und … und …

Ich habe keinen Plan, ich habe kein Ziel, ich habe keine Absicht. Aus mir kommt auch nicht der Inhalt für die Reise. Alles das ergibt sich aus dem Potential des Systems und aus seinen Wünschen. Ich gebe wieder, was ich im kreativen Feld, im Potential des Systems sehe, und erinnere die Beteiligten daran, wer sie sind und was sie vorhaben. Indem ich ausdrücke, was für eine Person oder für ein System noch im Unsichtbaren liegt, wird es auch für sie sichtbar und kann in ihr Bewusstsein und in ihr Handeln einfließen. Für Ablenkungen, welcher Art auch immer, stehe ich nicht mehr zur Verfügung. Ist dies der Fall, mache ich darauf aufmerksam, sich bewusstzumachen, ob dieses Verhalten dem Erwünschten dient oder nicht. Ich bin da.

9

Was Wirkt

Das, was mich in meinem Wandlungsprozessen vorrangig unterstützt hat, ist das Ausbilden eines „Herzverstandes“. Auf meinem Weg wandelte sich mein durch Richtig-falsch-Programme konditionierter und mir selbst gegenüber sehr, sehr kritischer Verstand immer mehr zu einer Instanz, die zunehmend auf das zu achten begann, was ich wirklich wollte und was mir guttat. Je weniger Angstgedanken er dachte, desto mehr konnte er sich mit dem verbinden, was aus meinem Herzen kam, was mir selbst entsprach. Seine neue Funktion nenne ich daher „Herzverstand“ im Unterschied zu „(konditionierter) Verstand“, mit der ich seine Funktion im Überlebensmodus bezeichne.

War es mir schon bald leicht gefallen, mein Herz dem Schönen und dem Angenehmen zu öffnen, brauchte ich einiges an Training, um es auch dem Unschönen und dem Unangenehmen zu öffnen. Je leichter es mir fiel, auch in Situationen im Herzen zu bleiben, die mein Verstand als „Herausforderung“ oder gar als „Bedrohung“ klassifizierte, umso mehr erlebte ich, wie sich „Probleme“ von alleine auflösten. Je öfter ich mir selbst und anderen etwas verzieh, das laut Verstand „unverzeihlich“ war, umso freier fühlte ich mich selbst.

Die Angst in mir, die aus Erinnerungen gespeist wurde, hat mittlerweile meinen Körper und meinen Verstand verlassen. Dafür bin ich sehr dankbar. Dankbar bin ich auch dafür, dass mir die Abläufe bewusst sind, wie sich neue Angst in mir breitmachen könnte. Einladungen dazu bekomme ich laufend aus der Welt, die mich umgibt. Schildert mir jemand einen tragischen Vorfall und ist diese Person sehr betroffen davon, kann ich zuschauen, wie Angstgedanken Kurs auf meinen Körper nehmen, um ihn auch in Alarmbereitschaft zu versetzen. Nehme ich diese in meinem Kopf auf und mache mir Bilder davon, schlagen sie wie ein Komet mitten in mein Herz ein. Bleibe ich jedoch bei MIR, indem ich die Gedanken erst gar nicht annehme oder gleich ausatme, zischt der

Komet an mir vorbei und verglüht im Nichts. Dann spüre ich eine Verbindung von der Mitte meines Körpers ausgehend, die zu allen Betroffenen führt und sie in eine Art „Kokon“ einhüllt. So eingehüllt, wie ich es erlebt habe, als ich das erste Mal den Ort gesehen habe, auf dem heute unser Haus steht und der sich mit diesem Herzenswunsch verbunden hat.

Die größtmögliche Freiheit, die ich erfahren habe, ist die Freiheit von Gedanken. Davon geht für mich jede andere Freiheit aus. Bestimme ich, ob es ruhig ist in meinem Kopf oder ob er sich mit etwas beschäftigt, das mich interessiert, liegt die Gestaltung meines Lebens ganz bei MIR. ICH achte darauf, dass das, was ich fühle, und das, was ich denke, so zusammenpasst, dass sich beides gegenseitig beflügelt und mich auf Freudewellen von einer Kreation zur nächsten dahingleiten lässt. Ist es ruhig in meinem Kopf, weil ich es so will, regeneriert sich mein Körper innerhalb von Minuten. Konzentriere ich mich vor meinem geistigen Auge auf Bilder eines gut funktionierenden Körpers, erlebe ich diesen umgehend. Um auf dieser Ebene des Bewusstseins bleiben zu können, halte ich die Verbindung zu den jeweils aktuellen Wunschbildern aufrecht. So kann mich „die Welt“ dann nicht mehr aus der Bahn werfen. Die Wahrnehmung meiner Innenwelt hat dann viel mehr Anziehungskraft und Gewicht als die Wahrnehmung der Außenwelt. Und da sich Letztere immer schon aus meinen Gedanken und somit aus mir ergeben hat, formt sie sich jetzt nach dem, was ich wirklich will. Und ja, natürlich mache ich so auch meine Steuererklärung, koche Marillenknödel und surfe im Internet. Genau genommen mache ich sogar mehr als zuvor, nur entschiedener, einfacher, direkter und, ohne nachzudenken.

Mich von meinen Ängsten zu befreien war letztlich das Hauptmotiv für den Weg zu mir selbst. „Was hat mich dabei unterstützt, was war wesentlich aus meiner Sicht?“, frage ich mich. Zuallererst, dass ich bereit war, die Angst in mir wahrzunehmen und anzunehmen. Mir einzugestehen, dass ich Angst hatte, viel mehr als jemals gedacht, und darüber zu sprechen, brachte einen Damm in mir zum Bersten und machte mir bewusst, dass meine Angst, wie wohl jede, erlernt war und kein Teil meines ursprünglichen Wesens ist. Diese Erkenntnis bestärkte mich darin, dass ich etwas, das nicht zu mir gehört, auch wieder loswerden darf und kann. Und das wünschte ich mir aus ganzem Herzen. Ich war bereit, alles zu tun und zu lassen, was diesen hochwillkommenen Wandel ermöglicht. Anschließend brauchte ich dann „nur mehr“ den Impulsen zu folgen, die laufend aus mir auftauchten, meinem Gefühl – „das tut mir gut, das tut mir nicht gut" – zu vertrauen und mich in meinem Verhalten danach auszurichten. Ich war bereit, dafür auch vollkommen neue Wege zu gehen und alles loszulassen, was mich davon abhalten könnte. Die Liebe zu mir selbst in Form von Zustimmung zu allem, was ich tun wollte, Verzeihen von „Fehlern", Stoppen kritischer Gedanken und Verwöhnen mit wohltuenden Aktivitäten, führte mich dann von einer Station zur nächsten.

Zu erkennen, dass Angst eine Emotion ist, die von bewussten und unbewussten Gedanken ausgeht, und dass sie sich im Körper festsetzen kann, half mir, einen heilsamen Abstand zu diesen Abläufen herzustellen. Mir wurde zunehmend bewusst, dass ich wählen kann und soll, ob und was ich denken will. Und dass es mich befreit, wenn ich den Menschen verzeihe, die ihre Angst bewusst und unbewusst an mich weitergegeben haben. Als mir das möglich war, sah ich, hinter wie vielen „richtigen" Handlungen, Vorgaben und „Liebestaten" die Angst Regie geführt hatte. Und es half mir sehr, auch mir selbst zu verzeihen, mitgemacht zu haben in dem Angstkarussell und es auch durch meine Gedanken angetrieben zu haben.

Meine Übung Nummer eins war und ist die Hingabe. Darauf zu vertrauen, dass alles in mir ist, was ich mir wünsche, und dass alles für alle da ist, zuzulassen, was geschehen will, und mich dem hinzugeben – das ist für mich die große Kunst, die zu beherrschen zu allem führt, was ICH bin. Die Voraussetzungen dafür zu schaffen, dass diese Übung gelingt, war mein Bestreben. Die Gedankenleere hat sich dabei als der kürzeste Weg, dorthin zu kommen, herausgestellt.

In der Hingabe trainierte mich ganz besonders mein Körper. Er zeigte mir direkt und eindeutig auf, wo ich mich gerade befand: mitten unter quälenden Gedanken oder im freien Feld des heilsamen Nichts. Er signalisierte mir eindrücklich, dass er die Gedankenleere braucht, um sich zu regenerieren. Gleichwertig, ob ich meditiere, wandere, tanze, Yoga oder sonst eine wohltuende Bewegung mache, bedankt er sich mit Wohlgefühl. Überlasse ich ihn so dem „Nichts", einer unendlichen Weite in meiner Vorstellung, in die die Gedankenleere mein Bewusstsein führt, ermögliche ich es ihm, in einen Zustand der Hingabe zu kommen und sich an die Weite des „Nichts" anzugleichen. Gelingt diese Hingabe für einige Zeit – und im Idealfall für immer –, heilt und regeneriert sich der Körper von alleine. Davon bin ich überzeugt, denn ich staune immer wieder, wie sich zum Beispiel Muskelverspannungen in diesem Zustand innerhalb weniger Minuten in einen tiefentspannten Zustand verwandeln, Unstimmigkeiten in mir auflösen oder Kopfschmerzen verschwinden.

Doch nicht nur der Wandel in der Beziehung zu meinem Körper lehrte mich einiges, auch die Beziehung zu anderen Menschen und zur Natur. Dass wir so oder so miteinander verbunden sind und dass wir durch Beziehungen zu bestimmten Menschen daran erinnert werden, wer wir wirklich sind, davon bin ich überzeugt. Immer wenn ich mich herausgefordert erlebte, „offen und ehrlich" zu sein, wurde ich damit konfrontiert. „Was und wie viel von dem, was ich denke und fühle, getraue ich mich, nach außen und somit mir selbst gegenüber zu vertreten? Kann ich meine Wahrheit im Augenblick sehen und wenn ja, getraue ich mich, sie weiterzugeben, oder versuche ich, sie so lange zu verbiegen, bis sie in den jeweiligen Beziehungs-Ordner hineinpasst?", habe ich mich dann gefragt und war gespannt auf die Antworten.

„Wahr" ist für mich das, was ich sehen kann, wenn ich hinter die gewohnten Gedanken in mich hineinschaue. Dort zeigt sich dann zum Beispiel der Wunsch, alleine zu verreisen oder es fein zu haben mit einer bestimmten Person. Je angstfreier ich wurde, desto deutlicher zeigten sich meine Herzenswünsche und desto eindeutiger stand ich für sie ein. An dem, wie viel von dem, was ich wollte und nicht wollte, ich meinem Gegenüber mitteilen konnte, maß ich den Grad meiner Freiheit. Reagierte ich anfangs auf einen Kommentar wie „Du redest zu viel!" mit Verständnislosigkeit und vielleicht auch mit Ärger und dachte, dass das nicht wahr sei, beantwortete ich Jahre später denselben Kommentar mit: „Stimmt!".

Seit ich sehen kann, dass jeder für seine Gedanken und die daraus entstehenden Emotionen und Handlungen zuständig ist, kommt es in meinen Beziehungen zu keinen Kettenreaktionen an Schuldzuweisungen mehr. Spätestens im zweiten Moment nehme ich eine Aussage nicht mehr persönlich und steige auf eventuelle Einladungen dazu nicht mehr ein. Schuldfragen sind ganz aus meinen Gedanken verschwunden.

Was meine Partnerschaft anbelangt, so bin ich sehr dankbar dafür, dass wir beide mittlerweile wir selbst sind. Anders wäre es auch gar nicht möglich. Wir haben uns gemeinsam einiges „erarbeitet", um zu ermöglichen, was wir gemeinsam und jede(r) für sich erfahren wollen. Wir vertrauen darauf, dass der oder die jeweils andere das Beste für sich und das Ganze will – unabhängig davon, wie er oder sie sich gerade zeigt – und wir wissen, dass wir nur das geben können, was im Augenblick möglich ist. Wir wissen, dass jede(r) selbst dafür zuständig ist, sich zu lieben und sich geliebt zu fühlen. Habe einmal nur ich Zugang zum Liebesfeld, hole ich den Partner mit hinein oder umgekehrt. Mitgefühl und Mitfreude halten mir zuverlässig den Zugang offen.

Wir wissen, dass Erwartungen und Vorstellungen zu einem Gedankenpaket werden können, das uns in unserer Vorstellung voneinander trennt. Wir wissen auch, dass es in solchen Fällen darum geht, dieses „Paket“ so schnell wie möglich wieder loszulassen oder es erst gar nicht anzunehmen. Bleibt einer oder eine im Hamsterrad quälender Gedanken hängen oder in einem unerwünschten Verhalten stecken, holt ihn der jeweils andere mit einem Lachen à la „Achtung Falle!“ wieder heraus.

Gedanken, wie eine intime Beziehung zu sein hat, wie viel Sex man zum Beispiel haben oder was man miteinander tun sollte, diskutieren wir nicht mehr, sondern machen einfach, was wir wollen. So geht eines ins andere über und das Miteinander bleibt im Fluss. Es gibt keinen Anfang und kein Ende mehr, keine Trennung von „Sex“ und „Liebe“, keine fixen Vorstellungen und Erwartungen. So wie ich mich selbst über meinen Körper freue, über die Wahrnehmung, dass es ihn gibt, und darüber, welche Genüsse er mir verschaffen kann, so freue ich mich über den Körper meines Partners.

Indem ich mich auf das konzentriere, was mir an meinem Gegenüber gefällt, was mir Freude macht und was guttut, sehe ich sein Potential und unterstütze ihn dabei, es zu leben. Meine Bereitschaft, meine Aufmerksamkeit darauf zu lenken und nicht auf „Fehler“, ist genauso wichtig wie mein Mut, ich selbst zu sein. Mich selbst und den anderen so anzunehmen, wie wir uns gerade zeigen, und keine Erwartungen mehr damit zu verknüpfen, halte ich für das schönste Geschenk, das ich mir in einer Beziehung machen kann. Auf das Verbindende zu schauen und nicht auf das Trennende, ist dabei die Kunst. Für mich ist das ganz oft der Humor. Dazu fällt mir immer wieder ein Satz ein, der mich in einer Krise wachgerüttelt hat: „Wenn Paare nichts mehr zu lachen haben, haben sie wirklich ein Problem!“

Im Wünschen war ich immer schon eine Meisterin. Doch erst im Laufe meines Weges wurde mir bewusst, warum und wie ich diese Fähigkeit noch vergrößern kann. Meine Wünsche kamen immer schon aus dem Herzen und nicht aus dem Kopf allein, was so viel bedeutet wie: Ich habe sie in jeder Zelle meines Körpers spüren können, weil ich mir konkrete Vorstellungen von dem

Ergebnis machte. Ich freute mich so darauf, dass ich so oft wie möglich in diese Vorstellungen schlüpfte. Und ich war vor allem überzeugt davon, dass eine Verwirklichung möglich ist. Wenn mir das Ziel in der wirklichen Wirklichkeit dank Zweifel unerreichbar erschien, ließ ich mich trotzdem nicht davon abhalten und konzentrierte mich auf konkrete Schritte, von denen jeder einzelne klein genug war, um mir machbar zu erscheinen. Wie zum Beispiel mein Weg von der ersten Klasse des Gymnasiums bis hinauf zur Matura.

Als ich das „kleine Wünschen" schon ganz gut beherrschte, sollte ich wohl das „große Wünschen" auch noch lernen, um ganz im Schöpferstatus anzukommen. Anhand meines Herzenswunsches „Haus" bekam ich dann die Gelegenheit, ins Volle zu gehen. Zuerst musste ich diesen Wunsch annehmen, der mir wie der Wunsch „Freude durch den Körper erleben" als „zu groß" erschien, weil er mit viel Angst verbunden war. Indem ich ihn schließlich doch annahm, ermächtigte ich ihn, die damit verbundene Angst (Kreditgeschichte meines Vaters, Angst vor Krankheiten,..) durch seine Verwirklichung Schritt für Schritt aufzulösen.

In meinen Vorstellungen habe ich dann das Haus, wie alle meine Wünsche, zum Leben erweckt, indem ich in einer großen Küche gekocht und Menschen zum Essen eingeladen habe, in der Badewanne gelegen bin und den Vögeln im Garten zugeschaut habe. Ich habe mich mit fröhlichen Menschen dankbar feiernd gesehen, sah uns zuprosten, tanzen und lachen. Ich habe mir vorgestellt, wie wir in diesem Haus leben und arbeiten, habe lustvolle Projekte entstehen und interessierte Menschen ein- und ausgehen sehen.

So sind kraftvolle Bilder in meiner Innenwelt entstanden, die bunter, größer und strahlender waren als die jeweils aktuelle Außenwelt. Beim Betreten des Grundstückes war ich dann schon so damit verbunden, dass die kraftvollen Lichtwellen, die von diesem Ort ausgingen, mit meiner Innenwelt im Einklang waren. So erschien mir das Haus bereits real, während es erst auf Papier in Planung war. Wann immer ich jetzt ähnliche Lichtwellen in mir spüre, weiß ich, dass das, was ich tun will, sein wird.

Da ich mittlerweile wusste, wie sich Herzenswünsche, die sich auf dem Weg zur wirklichen Wirklichkeit befinden, anfühlen, konnte ich diese von Wünschen und Erwartungen, die aus dem konditionierten Denken kamen, unterscheiden. Es fiel mir auch zunehmend leichter, Zweifel und andere Gedanken als reine Angstmacher zu entlarven und mir zu erlauben, sie wieder ziehen zu lassen. Am schnellsten durch Ausatmen oder – bei größeren „Überfällen" – sie mir als Pakete vorzustellen, die ich dem Himmel mit der Bitte „Himmel, bitte nimm! Ich kann damit nichts anfangen. Es ist mir viel zu schwer." übergab. Danach konzentrierte ich mich wieder darauf, wie ich es haben will, und setzte den nächsten Schritt, ohne groß darüber nachzudenken.

Um meine Erkenntnisse auf die Erde zu bringen und mir selbst bei der Umsetzung so wenig wie möglich im Weg zu stehen, war mir die Dankbarkeit eine wirksame Begleiterin. Anfangs tat ich mir sehr schwer damit. „Ich soll danken? Wem? Wozu?", fragte ich mich selbst und versuchte es schließlich, indem ich „Danke!" dachte. Dabei blieb ich eine Zeitlang. Dann kam eines Tages der Durchbruch: Ich konnte beim „Danke"-Denken plötzlich eine Energie spüren, die wohlig und warm durch meinen Körper rieselte und mich an dem einen Ende mit der Erde und an dem anderen mit dem Himmel, wo sich meine Wünsche im Noch-Unsichtbaren aufhielten, verband. Und ich dachte mir, dass die Dankbarkeit liebevoll zusammenführt, was ich noch als getrennt wahrnehme.

Bei der Umsetzung des Herzenswunsches hat mir und uns das Spielen über die Angst hinweggeholfen und ihr so die Möglichkeit genommen, uns davon abzuhalten, den Überlebensmodus in uns zu beenden. Indem wir uns mit Freude auf das Spiel konzentrierten, gab es keinen Raum mehr, in dem sich kritische Gedanken hätten entwickeln und ausbreiten können. So konnten wir Detail für Detail in Ruhe entwickeln und das Haus durchs Vorstellen, Besprechen und Aufzeichnen immer „wirklicher" werden lassen, bis eine Wirklichkeit entstand, die mit einem oder zwei Gehirnen nicht mehr unter Kontrolle zu halten war. Daher „mussten" wir zunehmend den Handlungsimpulsen, die aus uns kamen und die keine gewohnten Gedanken mehr brauchten, vertrauen. Indem wir durch die Umsetzung dieser Impulse die Erfahrung machten, dass sich alles zu unserem Besten entwickelte, wurden wir immer sicherer auf dieser Ebene. Je sicherer wir wurden, desto deutlicher konnten wir sehen, dass uns alle Hilfen zuflossen, die gebraucht wurden. Meist schon, bevor wir noch daran denken konnten. Ein Wunder folgte dem nächsten, wir mussten nur bereit sein, sie zu sehen und anzunehmen.

Zunehmend konnte ich auch sehen, dass ein Projekt, das aus meinem Herzen kommt, meinem Potential entspricht, egal wie groß es ist. Und dass alles, was meinem Potential entspricht, auch durch mich realisierbar ist, denn das BIN ICH. Und weil ich da bin, um ICH zu sein, muss möglich sein, was zusammenpasst und – spürbar für mich – Sinn ergibt. Dieses Zusammenpassen kennt keine Begrenzung durch Zeit und Raum. Lasse ich die Gedanken bleiben, die so tun, als ob es Grenzen gäbe, stehe auch ich einer Realisierung meiner Wünsche nicht mehr im Wege. Indem wir uns selbst und unser Potential ins Zentrum unseres Projektes gestellt haben, waren wir mit unserer Aufmerksamkeit immer ganz da, wo sie gebraucht wurde, vor allem dann, wenn weitreichende Entscheidungen zu treffen waren.

Wir waren immer auf den höchsten Gewinn aller am Projekt beteiligten Personen ausgerichtet, indem wir auf alle Beteiligten schauten und darauf achteten, dass es ihnen gut ging. Und der Satz „Wir besitzen dieses Haus so wenig wie unseren Körper“ wurde für mich zum energetischen Leitsatz. Ich holte ihn mir immer wieder ins Bewusstsein. So lange, bis er sich ganz mit meinem Denken und Fühlen verbunden hatte.

Je mehr ich „ich selbst“ wurde, umso weniger trennte ich mein Tun und mein Erleben und sogenannte „Lebensbereiche“. Ich bin ICH und aus dem ergibt sich jeden Augenblick das, was gerade dran ist. Mein Potential entfaltet sich und fügt sich nahtlos ein in den Fluss des Lebens.

Auf meinem Weg zu mir selbst war ich immer offen für alles, was mir die Reise ermöglichte und erleichterte. Ich war überzeugt davon, dass hinter dem kompliziert erscheinenden Alltag eine Art Ordnung existiert, die einfach ist. Einfach und „durchschaubar“. Und daraus schloss ich, dass es auch einfach zu handhabende Werkzeuge geben müsste, mit deren Hilfe ich mich selbst gut begleiten, und die ich in Form von Seminaren weitergeben kann. Fasse ich meine Erfahrungen bis heute zusammen, ergeben sich daraus folgende Bausteine für ein „glückliches Leben“:

„Wirklichkeit“

„So geht das nicht!“ „Die Wirklichkeit schaut anders aus!“ „Bist du jetzt endlich am Boden der Realität angekommen?“ Auch wenn wir fest daran glauben: Die eine, die einzige, die wahre Realität gibt es nicht. Da wir die Welt und das Leben immer durch eine Brille betrachten, deren Optik aus unseren persönlichen Erfahrungen und Bewertungen besteht, gibt es so viele Wirklichkeiten, wie es Menschen gibt. Erleben wir Einschränkungen, Grenzen und Unmöglichkeiten, stimmen wir diesen zu – bewusst oder unbewusst. Die einzigen, die uns davon abhalten können, zu tun, was wir tun wollen, sind letztlich immer wir selbst. Durch das, was wir denken und wie wir denken, legen wir unsere

Aufmerksamkeit auf eine Auswahl unendlicher Möglichkeiten und bestimmen, was „real“ wird und was nicht.

Potential

Alles, was wir uns wünschen, ist möglich, weil jeder Wunsch, der aus dem Herzen kommt, unserem Potential entspricht. Wünsche erwecken unser Potential zum Leben. Die Identität, die wir mit Gedanken wie „Das ist richtig, das ist falsch!“, „Wenn ich das so mache, werde ich gelobt.“, „Hoffentlich mache ich keinen Fehler! Was werden dann die anderen von mir denken?“ antrainiert haben, entspricht diesem Potential nicht oder nur marginal und erzeugt Angst. Angst, was geschieht, wenn wir uns nicht mehr an diese Erwartungen halten. Sich diese Angst bewusstzumachen und loszulassen, wer wir nicht sind, somit freizugeben, wer wir sind, ist der Inhalt der Reise, die uns zu uns selbst und somit zu unserem Potential führt.

Regelmäßiges Üben

Eine erfolgreiche Reise erfordert regelmäßiges Üben. In der Regel sind die konditionierten Gedanken so stark und so gewohnt, dass wir den neuen Gedanken „Gewicht“ verschaffen müssen, um sie in uns zu verankern. Jede Form, jede Methode, die uns dabei unterstützt, unerwünschte Gedanken loszulassen, ist hilfreich. Je weniger wir denken, je stiller es im Kopf wird, je mehr wir uns der kreativen Leere, dem „Nichts“, hingeben, desto schneller lösen sich Hindernisse auf: Alte Richtlinien, Glaubenssätze und Vorstellungen. Befreiung geschieht, wir können sie nicht machen. Unsere Aufgabe ist es, für diese Vorgänge den Weg frei zu machen, indem wir unsere Aufmerksamkeit zu dem lenken, was wir uns wünschen.

Leben im Jetzt

Das Jetzt ist zeitlos und somit frei von allem, was uns hindert, wir selbst zu sein. Jedes „Problem“ besteht aus konditionierten Gedanken, die wir auf die Vergangenheit oder auf die Zukunft projizieren. Gelingt es uns, frei von ablenkenden Gedanken und ganz bei dem zu sein, was ist, sind wir mit unserem

Potential verbunden und machen „automatisch“ das Beste für uns und alle Beteiligten. Wir sind hellwach, spüren, hören, riechen, sehen und schmecken das, was in und um uns ist, und wissen punktgenau, ob uns das guttut oder nicht und was wir wollen. Das, was wir aus dem Augenblick machen, bestimmt unsere Zukunft und nicht, was wir über sie denken. „Wünschen“, „wählen“ und „zulassen“ sind die Zauberworte.

Der schnellste Weg ins Nichts und zur erwünschten Wirklichkeit...

... ergibt sich aus den folgenden Schritten: Das ICH in den Körper holen, um ganz (da) zu sein. Die Aufmerksamkeit vom Kopf in das Herzfeld verlagern (zum Beispiel mit Hilfe der Vorstellung einer Kinderrutsche). Mit Hilfe der bewussten Atmung die Aufmerksamkeit im Herzfeld halten. Mit der Vorstellung, dass die Gedanken im Kopf sind, diesen Teil des Körpers mittels Ausatmen loslassen. Mit der Vorstellung, dass sich die dazugehörigen Emotionen unter dem Herzfeld befinden, diesen Teil des Körpers nach unten entlassen. So, dass in der Vorstellung nur mehr das Herzfeld übrigbleibt. Danach – vom Herzfeld ausgehend – das Bewusstsein in die unendliche Weite ausdehnen („Ich bin der Raum, ich bin der Ort, ich bin das Land,...) und über die Atmung so lange wie möglich oder erwünscht in Verbindung mit der Weite bleiben. Gibt es Fragen oder Wünsche, können diese an dieses weite „Nichts“ abgegeben werden. Folgt man anschließend der Aufmerksamkeit, ohne etwas Bestimmtes zu wollen, können sich Antworten auf vielerlei Art und Weise zeigen: Bilder, Worte, Gefühle usw. Dabei ist es gut, sich von der Frage „Fühlt sich das gut an?“ leiten zu lassen. Wenn „ja“, ist es gut so, wenn „nein“, um Veränderung bitten und dem nachgehen, was kommt, bis das Gefühl von „fertig“ auftaucht.

Das Feld des Herzens ist um ein Vielfaches stärker und mächtiger als das vom Gehirn erzeugte. Es ist die wirksamste und potenteste Ebene, die uns zum Kreieren erwünschter Wirklichkeiten zur Verfügung steht.

Dankbarkeit

Dankbar zu sein für das, was gut ist und guttut, macht bewusst, welchen Reichtum es bereits in unserem Leben gibt und dass wir es sind, die unser Leben gestalten.

Dankbar zu sein für das, was wir als schwierig erleben. Damit nehmen wir ein „Problem“ an und zugleich auch die Entwicklungschance, die in ihm steckt.

Dankbarkeit als Grundhaltung verbindet uns mit der Fülle, die in uns und um uns herum da ist und darauf wartet, entdeckt zu werden.

Verzeihen

Indem ich einer Person – mich selbst eingeschlossen – verzeihe, spreche ich sie und somit mich selbst frei, weil ich die „vergifteten“ Gedanken ziehen lasse und mit mir selbst (wieder) in Kontakt komme. Ich lasse die Vorstellung los, dass ein anderer Mensch Macht über mich haben und mich davon abhalten kann, meinen Weg zu gehen.

Feiern

Wenn wir ohne äußere Vorgabe – wie zum Beispiel einen Geburtstag – feiern, bestätigen wir, dass alles, was wir uns wünschen, möglich ist. Feiern wir etwas, das noch nicht existiert, wird es durch das Feiern real. Besonders wichtig ist es auch, Erfolge anderer Menschen zu feiern, sich mit ihnen zu freuen. Besonders dann, wenn sie etwas feiern, was wir auch gerne hätten. Hindernisse in Form von Neid, Eifersucht und dergleichen lösen sich auf und geben den Zugang zu unserem Potential frei.

Neues Interesse

Interesse, das der konditionierte Verstand hervorbringt, entsteht oft aus Gedanken wie: „Das will ich auch erreichen, dann…! Das muss ich wissen, damit ich…! Wenn mir das nicht gelingt, fehlt mir etwas Wichtiges!“ Es ist mit bestimmten Erwartungen verknüpft. „Neues Interesse“ kommt aus UNS und verbindet uns mit Beobachtungen und Handlungen, die aus unserem Potential „gelebtes Leben“ machen. Als eine Art „Motor“, der uns immer weitergehen lässt, versetzt es uns in einen hohen Zustand von Bewusstheit, der wie ein Magnet alles ins Leben zieht, worauf sich unsere Aufmerksamkeit richtet.

Auf dem Weg zu uns selbst entsteht dieses neue Interesse von alleine. Dabei gibt es so etwas wie einen Übergang vom Alten ins Neue, der von „Leere“

und vermeintlichem „Stillstand“ gekennzeichnet ist: „Mich interessiert nichts (mehr)!“ Um an dieser Stelle nicht zu verzweifeln oder den Weg in Frage zu stellen, empfiehlt sich Folgendes: Die Leere, ohne (viel) nachzudenken und ohne zu bewerten, annehmen und aushalten. Konsequent nichts von dem machen, was wir nicht (mehr) wollen, auch wenn wir dann „gar nichts“ mehr machen. Sich bewusst werden, ob die Stille bedeutet „Ich bin fertig mit dem Leben. Ich will sterben!“ oder ob sich hinter ihr „noch etwas“ befindet. Den Wunsch, falls vorhanden, „Wenn noch etwas da ist in mir, das gelebt werden will, dann soll es sich bitte zeigen!“ mit „Ich bitte darum, ich danke dafür und es geschieht!“ bestätigen. Bereitet einem die Leere dann wieder einmal „Sorgen“ oder Ähnliches, kann man sich daran erinnern, dass man um etwas gebeten hat und dass die Umsetzung auf dem Weg ist.

Das neue Interesse will gepflegt sein und wachgehalten werden. So lange, bis es mehr Gewicht hat als die alten, antrainierten Gewohnheiten, die uns von ganz alleine „überfallen“. Wie das ICH braucht es unsere bewusste Aufmerksamkeit, damit es hochkommen kann aus uns und sich aus dem Verschüttetsein befreien und entfalten kann.

„Mut“

Sich auf etwas einzulassen, das wir noch nicht kennen, ist die Voraussetzung dafür, Neues zu erleben. Wir müssen das alte Kleid ausziehen, bevor wir uns das neue anziehen können – und unsere Nacktheit lieben, damit die neuen Kleider passen und Freude bereiten. Vielen Menschen gelingt dieser radikale Schritt mit Hilfe einer tödlichen Krankheit oder einem anderen „Unglück“, das stark genug ist, sie aus dem gewohnten Weg zu katapultieren. „Wie gelingt uns das ohne Katastrophe, ohne angstauslösende Impulse?“ ist die Frage, die mich in diesem Zusammenhang wohl am meisten interessiert.

Ist das neue Interesse einmal geweckt und sind wir damit gut in Kontakt, braucht es aus meiner Sicht den „Schock“, das Erschrecken nicht mehr, das uns herausreißt aus dem Gewohnten. Wir sind schon dort, wo WIR hinwollen. Bei UNS. Ist dieses Interesse einmal geweckt, braucht es nur mehr den Mut, sich ihm – ohne kritische Gedanken – hinzugeben. So gesehen bedeutet dann „Mut“ nicht, sich „Hals über Kopf“ mit „Augen zu und durch!“ in eine gefährliche Situation zu stürzen. Es ist dann vielmehr ein schlichtes und einfaches, aber kraftvolles „Ja!“. Ein Ja zu dem, was sich zeigt, was ich will und dem ich mich – im Vertrauen darauf, dass immer das Bestmögliche für mich und alle Beteiligten geschieht – angstfrei hingebe. Annehmen, was sich so zeigt, und einen Schritt vor den anderen setzen, ohne einen sicheren Hafen vor Augen zu haben.

Humor

Humor schafft eine heilsame Distanz zu dem, was wir oft fälschlicherweise für UNSER Leben halten. Können wir über die Verrücktheiten des konditionierten Verstandes lachen, sind wir mit uns selbst verbunden. Wir wissen und spüren, dass wir nicht (nur) das sind, was wir denken. Indem wir immer wieder, immer wieder die Gedanken ausatmen, die wir nicht denken wollen, befördern wir uns selbst in eine BeobachterInnenposition, aus der heraus wir dann die Art und Weise, wie der konditionierte Verstand arbeitet, gut überblicken können. Dieser Überblick schafft Raum und bietet somit die Möglichkeit, mit liebevollem und wohlwollendem Blick („Jö, Maria, schau! Jetzt hast du dich wieder einmal eingemischt!“) auf unser Denken und Handeln zu schauen.

Fragen

Fragen steuern. Wollen wir Antworten aus dem Herzfeld, dürfen wir keine Fragen an den Kopf stellen. Die meisten Fragen, die uns wie von alleine beschäftigen, kommen aus dem Verstand. Bevor wir uns darauf eine schnelle Antwort geben, rutschen wir besser ins Herzfeld und betrachten die Frage aus dieser Perspektive noch einmal. Ist sie nicht mehr da, war sie nicht wichtig. Ist sie noch da, geben wir sie an das Nichts weiter und achten auf das, was sich danach zeigt.

Haben wir zum Beispiel ein „Problem“, gehen wir davon aus, dass dahinter eine Antwort liegt, die uns weiterbringt. Wir können dann in unserer Vorstellung „das Problem“ in das kreative Feld stellen, es dem Nichts übergeben und fragen: „Was steckt in diesem Erlebnis? Was kann es mir bewusstmachen? Welchen Schritt ermöglicht es mir zu gehen?“

Die beliebtesten Hindernisstrategien

Viele Mittel und Wege stehen uns zur Verfügung, uns davon abzuhalten, wir selbst und glücklich zu sein. Diese anzuwenden, darin sind wir wahre Meister und Meisterinnen: Das, was uns dabei am erfolgreichsten unterstützt, ist die Gewohnheit. Gekoppelt mit Angst ist sie ein starkes Steuerungsinstrument, vor allem dann, wenn uns beides nicht bewusst ist. Zweifel „Ist das wirklich so, kann das wahr sein?“, Müdigkeit, Ablenkung und Langeweile sind nur eine Auswahl dessen, was uns hilft, die Kreativität in uns zu unterdrücken. Ablehnende Meinungen, ausgefeilte Theorien, schlagkräftige „praktische Erfahrungen“ rechtfertigen Widerwille und Vergesslichkeit. Alles in allem: Widerstand. Der konditionierte Verstand will keine unkontrollierbaren Veränderungen. Trickreich wendet er sein gesamtes Repertoire an, um uns daran zu hindern, aus dem Herzen zu leben.

Doch – Göttin sei Dank – sind wir nicht nur das, was wir denken, und die Wahl, Veränderungen herbeizuführen, steht uns jederzeit offen. Wie auch immer wir uns das Leben erklären, was auch immer wir daraus machen, es ist und bleibt gestaltbar. So oder so. Für mich gibt es kein größeres Glück, keine schöneren Erfahrungen und keinen wertvolleren Beitrag zur „Rettung der Welt“, als sich die Freiheit zu nehmen, den Weg zu sich selbst zu gehen. Viel Freude damit. Und weiter geht’s!

DANKE

Ich danke allen, die sich in diesem Buch wiederfinden, für ihre Begleitung auf meinem Weg und für die inspirierenden Impulse, die den Wandel in mir verstärkt und bestärkt haben. Ganz besonders danke ich auch denen, die im Buch nicht direkt erwähnt werden. Die große Bedeutung, die sie für mich und mein Leben haben, bleibt davon unberührt. Danke!

Damit dieses Buch zu dem werden konnte, was es ist, haben mich einige Personen sehr wohltuend begleitet. Danke aus vollem Herzen an:

Karin Kassal. Mit ihrem feinen Gespür für „Wesen-t-liche“ Inhalte und für Sprache war sie mir und dem Text eine inspirierende Partnerin. Ihr freier Zugang zum kreativen Feld und ihre Mitfreude haben mich erfahren lassen, welchen Genuss lichtvolles Kooperieren bereiten kann.

Edgar Färber. Seine Freude darüber, dass ich geschehen lasse, was entstehen will, hat mir das Tun leicht gemacht, und sein liebevolles Dasein hat ermöglicht, dass ich mich dem Schreibfluss hingeben konnte.

Martin Färber. Als Freigeist auf Abruf stand er für knifflige Fragen zur Verfügung und stärkte mir den Rücken, indem er er selbst war und ist.

Hermine Singer. Ihr Interesse und ihre Bereitschaft, sich mit mir und mit dem Text auseinanderzusetzen, ermöglichten mir wesentliche Veränderungen und machten mir bewusst, dass ich frei bin, die Liebe zu leben, die ich bin. Es war und ist eine sehr gute Idee, sie als „Mutter“ gewählt zu haben. Danke, Mama!

Andrea Haneder. Als erste „richtige“ Leserin hat sie sich mit großer Begeisterung dem Manuskript hingegeben und noch einige hilfreiche Verbesserungsvorschläge angebracht.

Das Team des Verlages Via Nova. Vielen, vielen Dank für den wertschätzenden Umgang mit mir und mit dem Text und für die erfrischend sachliche Herstellung dieses Werkes.

Weitere Bücher aus dem Verlag Via Nova:

Ich bin ich – Wer sonst !

Sei du selbst und lebe glücklich

Maria Färber-Singer

2. Auflage

Paperback, 192 Seiten, ISBN 978-3-86616-237-2

Bestätigen wir „die Welt" immer mit denselben Gedanken, die Realität erzeugen, bleiben wir in sehr engen Vorstellungen von dem, was das Leben kann, gefangen. In diesem Buch werden humorvoll „Hindernis-Klassiker" wie Sorgen, Zweifel, Angst oder Liebe zum Dramatisieren so beschrieben, dass es gut nachvollziehbar wird, wie wir diese selbst erzeugen und wie wir sie in unserem Alltag auch wieder auflösen können. Vor allem durch unser kraftvolles Bewusstsein des „Ich bin ich", einzigartig in seiner Kreativität und Wirksamkeit, ist es möglich, das konditionierte Denken zu überwinden und neue Lebensenergie zu schaffen, um ein Leben in Freude und Freiheit zu führen.

Emotionale Reife

Die Heilung der Gefühlswelt

Chuck Spezzano

Fortsetzung des Bestsellers "Wenn es verletzt, ist es keine Liebe" auf der Ebene der Emotionen

Hardcover, 200 Seiten,
ISBN 978-3-86616-280-8

Chuck Spezzanos internationaler Bestseller „Wenn es verletzt, ist es keine Liebe" inspirierte bis heute unzählige Menschen weltweit. Nach fast 20 Jahren präsentiert der berühmte Weisheitslehrer nun den ersten Teil der Fortsetzung seines erfolgreichen Meisterwerks, in das der reiche Erfahrungsschatz seiner Arbeit mit Menschen auf Seminaren und Trainings in der ganzen Welt einfließt. Den Leser erwartet wieder ein Feuerwerk an Inspirationen und Weisheiten, aufgeteilt in praktische, in sich abgeschlossene Lektionen, die mitten im Leben abholen und auf den Pfad der emotionalen Reife führen. Ein Handbuch des Herzens – stets überraschend, humorvoll, tiefgründig und voller Liebe, weist es den Weg zu lebendigem Glück, erfüllenden Beziehungen und innerem Wachstum.

Der Gesang des Windes

Eine Parabel vom Leben und der Liebe

Jill Moebius

Hardcover, 216 Seiten, ISBN: 978-3-86616-310-2

Als Omar, ein junger Hirte, auf der Suche nach Wahrheit, Freiheit und dem Sinn des Lebens einem wandernden Weisen begegnet, beginnt eine spannende Reise. In der Einsamkeit der Bergwelt, in sternklaren Nächten erhält er überraschende Einblicke in die tiefsten Geheimnisse der Schöpfung. Geleitet von der Kraft der Liebe lernt er, der Führung und Weisheit seiner Seele zu vertrauen, die ihm schließlich die Antworten schenkt, nach denen er sich zutiefst gesehnt hat. So findet er zu wahrer Erfüllung und tiefstem inneren Frieden. Über die Entstehung dieses Buches sagt die Autorin: „Wenn man still ist, kann man die Sprache des Windes hören, und der Wind erzählt eine Geschichte. Ich habe aufgeschrieben, was der Wind erzählt hat... Man muss still sein, um es hören zu können. Der Wind weht überall ..."

Kann denn Liebe Lüge sein?

Ein radikal neues Verständnis von Liebe und Beziehungen

Joseph Fries / Wolfgang Weigand

Hardcover, 192 Seiten, ISBN 978-3-86616-296-9

Wer träumt nicht von der großen Liebe und einer glücklichen Partnerschaft? Kaum ein Thema bewegt die Sehnsüchte der Menschen mehr! Dass heute zugleich so viele Beziehungen scheitern, ist ein Dilemma, dem dieses Buch auf den Grund geht. Es vermittelt ein neues Verständnis von Beziehungen und eine zeitgemäße spirituelle Sicht auf die „Fallstricke der Liebe" im 21. Jahrhundert. Zugleich räumt es auf mit falschen Erwartungen und romantischen Vorstellungen und zeigt einen realen Weg der Heilung durch die Entwicklung der eigenen Liebesfähigkeit. Sehr hilfreich ist das erstmal hier vorgestellte Jofri-Balance-Modell, das die Ursachen vieler Verstrickungen offenlegt. Für alle, die nicht weiter von der großen Liebe träumen wollen, sondern sie in ihrem Leben wirklich erfahren möchten!

Liebe dich selbst, sonst liebt dich keiner

Ein neues Selbstwertgefühl für Frauen

Irene Goldmann

Taschenbuch, 176 Seiten, ISBN 978-3-86616-292-1

Wie kann es Frauen heute gelingen, im Spannungsfeld zwischen Freiheit, Selbstbestimmung und der Sehnsucht nach beglückender Partnerschaft die richtige Balance zu finden – ja mehr als das: wirkliche Erfüllung? Der Schlüssel dafür, so die Autorin, ist der bei vielen Frauen noch immer tief verankerte Mangel an Selbstliebe sowie tradierte Vorstellungen von Liebe, Beziehung und Glück. Auf der Basis jüngster wissenschaftlicher Forschungen erklärt sie nicht nur die Ursachen dafür, sondern vermittelt auch, dass Selbstliebe tatsächlich erlernbar ist. Ein zeitgemäßer Wegbegleiter für alle Frauen, die wertvolle Inspiration suchen, um ihr Leben glücklich und sinnerfüllend zu gestalten und sich neu zu öffnen für wahre Liebe und Partnerschaft.

Die Aktivierung des Weltinnenraums

Was Sie in sich selbst bewegen, bewegen Sie in der Welt

Mike Kaiser

Paperback, 576 Seiten, ISBN 978-3-86616-229-7

Der versierte Umgang mit dem eigenen Bewusstsein – dem Weltinnenraum – zählt zu den Schlüsselkompetenzen des 21. Jhs. Indem der Mensch seinen Weltinnenraum mit seinen physischen, mentalen, emotionalen, energetischen und seelischen Dimensionen erkundet und gestaltet, verleiht er wesentlichen Bereichen seines Lebens eine völlig neue Qualität und verändert auch erfolgreich die äußere Welt. Dieses Buch beschreibt Aufbau und Funktionsweise des Weltinnenraumes und gibt dem Leser praxiserprobte Techniken an die Hand. Es verbindet das Wissen alter Weisheitstraditionen mit den neuesten Erkenntnissen der Quantenphysik sowie der Gehirn-, Bewusstseinsund Meditationsforschung. Dieses umfangreiche Werk ist ein wertvoller Ratgeber für alle Menschen, die wiederkehrende Probleme lösen und den Grundstein für ganzheitliche Gesundheit und Glück legen wollen.

Die Sprache des Herzens

Durch Heilung der Emotionen ein Leben in Liebe führen

Chuck Spezzano

2. Teil der Fortsetzung des Bestsellers „Wenn es verletzt, ist es keine Liebe"

Hardcover, 224 Seiten, ISBN 978-3-86616-294-5

Mit seinem neuen Meisterwerk „Die Sprache des Herzens" präsentiert Chuck Spezzano den zweiten Teil der Fortsetzung seines Weltbestsellers „Wenn es verletzt, ist es keine Liebe". Schonungslos ehrlich beschreibt er die Welt der Emotionen und zeigt uns Wege der Heilung, die zu einem befreiten Leben voller Liebe führen können. In den 100 Lektionen setzt er auf seine unnachahmliche Art fort, was er schon in dem ersten Band „Emotionale Reife" begonnen hat: uns unnachgiebig, voller Empathie und Weisheit zu ermutigen und zu inspirieren, den Alltagssituationen mit größtmöglicher Wachheit und Wahrhaftigkeit zu begegnen. Wieder ein wunderbarer Wegweiser des Herzens, der uns zeigt, wie wir den Pfad der emotionalen Reife zu Ende gehen können. Denn die Sprache des Herzens bedarf keiner Worte mehr.

Sein Bewusstsein auf eine höhere Seinsebene bringen

Geführte Meditationen

Werner Vogel

CD, Laufzeit: 70 Minuten, ISBN 978-3-86616-123-8

Die Grundübung aller spirituellen Wege ist die Meditation. Das Ziel der Meditation in allen spirituellen Traditionen ist die Erfahrung eines nicht-dualistischen Bewusstseinszustands. Um in den Zustand des Geistes in der bewussten Erfahrung des „ewigen Hier und Jetzt" zu kommen, bedarf es einer stufenweise aufgebauten Übungspraxis. Geführte Meditationen können helfen, den zerstreuten Geist zu sammeln und auszurichten. Dadurch kommt der Übende zur Ruhe und zur Erfahrung der inneren Stille. Der Geist beruhigt sich und wird klar wie die Oberfläche eines aufgewühlten Sees, auf dessen Grund man sehen kann. Schließlich tritt der Zustand der gesammelten inhaltslosen Wachheit im Geist ein und der Übende wird offen und frei für ein höheres Bewusstsein. In der CD werden 3 Meditationsübungen angeboten, teilweise unterlegt mit meditativer Musik.

Radikales Erwachen

Nimm dich im Alltag ganz an

Jeff Foster

Hardcover, 256 Seiten, ISBN 978-3-86616-282-2

Jeder spirituell Suchende sehnt sich nach Einssein, Freiheit und bedingungsloser Liebe, „anzukommen" und im Hier und Jetzt vollständig aufzuwachen. Wer es liest, begegnet keinem neuen spirituellen Konzept, keiner Theorie, sondern der Einfachheit, Schönheit und Tiefe einer überwältigenden Erfahrung. Lebensnah, humorvoll, berührend und im besten Sinne radikal in seiner Direktheit zeigt Jeff Foster, wie die vollkommene Akzeptanz des Lebens und der Gefühle zur Freiheit führen und alles verwandeln kann. In jeder Zeile ist spürbar, dass er aus der eigenen lebendigen Erfahrung schöpft, und so geraten wir schon beim Lesen in den erfrischenden Sog der Freiheit.

Innere Stärke

Halt und Orientierung im alltäglichen Leben

Franz Decker

Taschenbuch, 192 Seiten, ISBN 978-3-86616-307-2

Glücklich und mit sich selbst im Einklang zu leben, den Widerständen des Alltags, inneren Zweifeln, starken Belastungen und selbst Lebenseinbrüchen zu trotzen und positiv zu begegnen – all das lässt sich trainieren. Mit diesem Buch des erfahrenen Lebens- und Mental-Beraters Prof. Dr. Franz Decker erhalten Sie viele wertvolle Anregungen, Tipps, Techniken und Methoden, wie Sie innere Stärke sowie Selbstvertrauen entwickeln und eigene Kraftquellen neu erschließen können. Wer es beherzigt, ist gewappnet für die „Stürme des Lebens", und den wirft so schnell nichts mehr aus seiner Lebensbahn!

Resilienz – Fähigkeit der inneren Stärke

Gerda M. Kolf

Via Nova KOMPAKT, 112 Seiten, ISBN 978-3-86616-305-8

Es ist eine hohe Lebenskunst, wenn man positive Wege findet, belastende Stress-Situationen oder gar Krisen im Berufs- oder Privatleben sinnvoll und kreativ zu meistern insbesondere wenn dahinter menschliche Konflikte stecken. Dieses Buch zeigt, wie man einen neuen Zugang zu seinen inneren Ressourcen und Potentialen findet, um mehr innere Stabilität und Sicherheit zu erlangen. Auch ein ganz neuer Forschungszweig, die „Kraft der Vergebung", wird vorgestellt und erweist sich als tiefgreifend heilsamer Prozess auf dem Weg zum inneren Frieden. In diesem Buch erhalten Sie beeindruckende Beispiele und hilfreiche Anregungen, um die „Kunst der Gelassenheit" zu erlernen.

Lebenskräfte

Barbara Schenkbier

Hardcover, Geschenkbuch, 64 Seiten, 28 farbige Fotos, ISBN 978-3-86616-285-3

Wenn wir im Gleichklang mit den Kräften des Lebens sind, dann entsteht ein unbeschreiblicher Zauber des Erlebens, wir sind im Fluss, fühlen uns verbunden, voller Frieden, schöpferisch und verwandelt. Wie wir uns mit diesen essentiellen Kräften noch mehr verbinden und sie in unser Leben einladen können, dazu regt uns dieses Buch auf liebevoll berührende Weise an. Die Texte wirken dabei wie Nahrung für die Seele und erinnern uns im Innersten an das wirklich Wesentliche unserer Existenz und die zeitlosen Wahrheiten unseres Seins. Wer dieses Buch zu seinem Begleiter macht, hat stets eine erfrischende Quelle der Kraft und Inspiration an seiner Seite, die sein Leben reicher, bewusster und erfüllender machen kann. Die wunderschönen Fotos aus dem Garten der Autorin von ihrer Enkelin Celina Fine verstärken noch die Wirkung der Worte.